阿伯特作品系列

DEPARTMENT & DISCIPLINE
Chicago Sociology at One Hundred

学系与学科
芝加哥社会学一百年

〔美〕安德鲁·阿伯特 著

邢宇宙 译

肖永虹 汤欣哲 倪羌頔 校

商务印书馆
The Commercial Press

Andrew Abbott
DEPARTMENT & DISCIPLINE
Chicago Sociology at One Hundred
Licensed by The University of Chicago Press, Chicago, Illinois, U. S. A.
© 1999 by The University of Chicago. All rights reserved.
根据芝加哥大学出版社 1999 年版译出

献给伍迪

中文版序言

安德鲁·阿伯特

为什么当代中国社会学家要阅读本书呢？这是一本关于一个美国社会学系的书，已经出版将近二十年了，作者既是该系的博士毕业生，又是该系的教师。

我可以用如下主张回答这个问题：芝加哥社会学对这门学科的发展起到了关键作用；我非常适合来阐述芝加哥学派的理论；自从本书出版以来，芝加哥的过程性（processual）、位置性（locational）社会学变得比任何时候都更加重要。但是如果我这样说，我便表现得如同《三国演义》中某些自负的英雄豪杰，不仅在自己的军队前耀武扬威，挥舞着战戟，宣告之前的胜绩，也挑战其他学术传统的英雄，让他们列举战功，然后和他在知识争论中较量个三十回合。

多年之前，我可能这样行事。在过往的时光中，我的确见过像张飞一样的同事勇猛地大喝一声，挥舞战戟。但是，我不再认为社会学构成这样一种战国体系。我也已经认识到，我们关于社会学的交锋，就像《三国演义》中的诸多回合一样，无法解决这个学科过去、现在或未来的任何重要问题。相反，我认为社会学是一种多个面向的、世界范围内的努力的一部分。这种努力是为了理解甚或改善人类的社会生活。而芝加哥社会学是这种努力的版本之一。要理解这种努力，就要理解一个传

i

统在一个多世纪以来如何解决理解和促进社会生活这个谜题。

然而，当我真正认识到芝加哥学派拥有历史上的和当下的重要性的时候，我知道像所有事情一样，这些终将成为过去。因此，读者是否准确理解芝加哥学派的历史地位和结构，谁在其中和谁不在其中，谁受到了谁的影响和怎样的影响，这些都无关紧要。重要的是读者看到一位芝加哥社会学的实践者，正在理解和实践着其自身的传统，使这一传统适应于新的思想，并且将其他新的思想吸收到这一传统中来。看到另一位学者在其自己所处的地点和时间做这些事情，可能会有助于读者更多地知道，他或她自己在另一个地点和时间可以如何来做。

总之，我认为读者应该将本书当作一首关于芝加哥社会学的散文诗来阅读。这首诗在许多方面都很严谨。它有脚注，引用了许多资料，考虑了替代性假设，并力求做到史实的准确和解释的公允。然而它的主要目标并非真的给出权威的经验分析，即使是在它对芝加哥社会学系著名期刊《美国社会学期刊》(American Journal of Sociology) 四个章节的研究中，也是如此。它的主要目标是利用芝加哥社会学的历史，来展示如何做芝加哥式的社会学研究。为了实现这个目标，它需要一种诗歌的结构。

对于中国读者而言，这是一种熟悉的结构。尽管本书划分为七个章节，但实际上拥有四个部分，正如一首近体诗拥有四联。第一"联"是第一章，关于芝加哥学派著述的历史。第二"联"是第二章，讲述了这个学系在一段短暂时间中的故事。更长的第三"联"用四章讲述了《美国社会学期刊》长达一个世纪的历史。第四"联"则适时得出了整体性的结论，用两个简单的陈述来总结芝加哥学派的核心理论思想：第一，所有社会事实（social facts）都从它们所处的特定物理和社会地点中

中文版序言

获得意义；第二，这些社会事实随着时间的推移被卷入特定的社会过程，也从特定社会过程的时间逻辑中获得意义。

因此，本书以及芝加哥学派的根本主题都是空间位置（spatial location）和时间继替（temporal succession）。这四"联"非常清楚地表达了这两大主题。在关于芝加哥社会学的历史书写中能看到，第一章呈现了芝加哥特定的人物阵容，以及他们所处的特定位置。换言之，该章介绍了在其位置上的行动者。第二章呈现了时间中一个单独的时刻，从而在学系的多重情境中定位学系，然后聚焦于一个学年（1951—1952年）中的研讨会。在此，我们看到了位于某种社会和文化生态中的思想，以及在这种特定生态中行动者之间当下因果关系（present causality）的相互作用。相比之下，第三章到第六章探讨的不是当下的社会情境及其因果关系，而是继替的时间情境，以及它们的叙事关系；它们按照年代顺序记录了我所谓《美国社会学期刊》的"谱系"。第二"联"展示了一系列思想的同心圆式的社会情境，而第三"联"展示了在不同时刻的场景中，一系列实践的继替的时间情境。第二联中采用时间情境，建立起了对某一时刻思想的生态分析，而第三联的各章讨论社会情境，建立了一个期刊在时间中展开的时间叙事。

最后一联是第七章，虽然像第一联一样概括，但不再采用芝加哥学派历史编纂的外部视角，而采用一名学派成员的内部视角，他自己亦尝试在新的时间和地点中重新界定芝加哥学派的一个新视野。这是"展演性的"（performative）尝试，通过明确的术语，陈述芝加哥学派的视角，并付诸实践。因此在最后一章中，我正是在追随浓缩了旅夜中的思索，自比为"天地一沙鸥"的杜甫。我将本书的观点和结构结合成了对芝加哥学派理论的论述，视"现在"（the present）为沙鸥似的行动的不安之所。

只是并非天地之间,而是过去与未来之间;也并非将这种"现在"视为诗人单独的当下,而是视为在复杂结构中,无数个体和社会实体簇拥的"现在",而这正是当下行动的前提条件。

因此,将本书呈现给中国读者的任务,使得我以一种新的方式看待自己的著作。现在让我详解各章的内容,以让读者能够详明这首诗的各个部分如何携手并进。

首联第一章通过评述关于芝加哥学派的大量文献,引入了时间和空间的主题。芝加哥学派作为一种社会结构,既由那些在芝加哥工作和研究的社会学家构成,也由他们的学生中追随某个理论规则体系的人所构成,每个规则都以不同方式表达着空间位置和时间继替的潜在主题。规则共有三个。第一个规则是致力于对社会组织进行参与式的,往往是民族志的研究。调查对象可以是现代性或都市的社会组织,但也并非总是如此。第二个规则是一种动态的社会心理学,聚焦于互动,也将个体自我与社会群体视为在社会过程中持续不断的活动的产物。这是与乔治·赫伯特·米德(George Herbert Mead)有关联的社会心理学,也源于米德及其实用主义的同事:C. S. 皮尔斯(C. S. Peirce)、威廉·詹姆斯(William James)、约翰·杜威(John Dewey),以及查尔斯·霍顿·库利(Charles Horton Cooley)。第三个规则关于处于当下的社会事件的生态学路径:这些事件的结果总是被当作其周围情境的函数。在芝加哥传统中,该规则最好的例子是对犯罪和种族冲突的研究,然而这类生态学模式也是埃弗里特·休斯(Everett Hughes)及其学生的职业社会学的核心。

第一章实践着它所鼓吹的规则。该章对芝加哥学派的介绍,不仅将之视为一系列真实的学者和思想,也视为一种在文化上构建的(芝加哥学派的和关于芝加哥学派的)形象和信念的混合物。它由内部人和外来者怀着参与的热情,肯定和否定地载入编年史,在持续的且经常几乎是无序的研究、教学和反思活动中产生,并深深地受到它周围的学科世界的塑造。然而我自身也是芝加哥学派的又一位"制造者",在我正将它的多位历史学家载入编年史之时,我也创造了芝加哥学派的一种形象。

自从1998年原始数据被收集以来,这一章没有做任何的修改。在这期间,关于芝加哥学派又出现了数十本新书和许多论文,在我的书架上就摆放着用法文、意大利文、日文以及其他文字撰写的关于芝加哥学派的著作。事实上,最近有一本著作将我置于芝加哥传统当前倡导者的位置[来自巴黎社会科学高等研究院的《安德鲁·阿伯特和芝加哥学派的遗产》(Andrew Abbott et l'heritage de l'ecole de Chicago)]。这一切都突显了,"何为芝加哥学派"在不断地变化,既因为当前的研究工作正在不断重构它,也因为历史学家不断尝试弄清它难以捉摸的本质。

然而,第一章的文本并没有被修改,这一事实正好表明以诗歌而不是"科学历史"的方式来阅读它的重要性。它或许最好被视为一个人的诗歌,是这个人在特定时刻为回应对于学系历史的解读所撰写,而他不仅在该系学习,后来还成了该系教师中的一员。

接下来的两"联":第二章与第三章到第六章,分别阐明了芝加哥学派两个重要的主题。正如战后的某个时刻所表明的那样,第二章的焦点是位置与社会和文化情境的形塑力量。又如《美国社会学期刊》的叙事史所表明的那样,第三章到第六章的焦点是时间位置(temporal location),以及渐次展开的谱系的形塑力量。在每"联"内部,空间和时间轮番登场。

正如第一章介绍了整本书的主要人物一样，第二章首先介绍了1945年至1960年这个短暂时期中芝加哥社会学的人物。该章分为两个部分，其本身就包含着芝加哥关于时间和空间的核心洞见。它先讲述了这些年学系的历史，又聚焦于一个时刻：1951—1952年关于社会学本质的学系研讨会。因此在这短短的篇幅中，包含了驱动整个学系和学科存在的所有重要观点，以及关于实证主义和阐释主义、叙事和分析、科学和人文之间的重大争论。此处详细记述的研讨会（400页逐字记录的会议记录为本章的分析提供了资料）也向读者表明："芝加哥学派"这个文化实体如何在思想的生态中，作为在特定环境中一组共振（resonance）和自我支撑的概念而存在。因此，本章从时间的叙事转向文化空间的生态。

第三章到第六章颠倒了时间和空间的出场顺序。这些章节考虑到了期刊历史上的四个延伸"时刻"：阿尔比恩·斯莫尔（Albion Small）的《美国社会学期刊》、两次世界大战期间和战后的《美国社会学期刊》（即第一个和第二个芝加哥学派期间），1950年代中期之后新专业主义的《美国社会学期刊》，以及在"现代"形式下的《美国社会学期刊》（即1980年代和1990年代）。与第二章的顺序相反，每章都以一个继替性时刻的社会-空间情境开篇，即大学以及更大范围学科的状况。在用社会情境开篇之后，这些《美国社会学期刊》的章节叙述了期刊本身的发展。诸章都以社会情境作为引言，展开对期刊的叙事分析，而第二章则是以叙事情境作为引言，展开对思想的生态分析。

这种从生态到叙事的连续转向很容易辨别。第三章是从学科的本质转向《美国社会学期刊》的创办。第四章是从大学和学系的情境，转向导致了《美国社会学评论》（*American*

Sociological Review）创刊的学科冲突。第五章从战后大学和学科的情境，转向了科学主义在《美国社会学期刊》中的兴起，体现为双盲评审的形式，以及相信只有一种正确社会学方法的主编。第六章为了讨论"现状"，省去了社会情境，直接转入对于期刊现代发展的叙述。因此在《美国社会学期刊》诸章中，每章都遵循着从社会情境到叙事发展的内在轨迹，每章的叙事也详细阐述了《美国社会学期刊》的编辑、审稿、财务以及特殊问题等制度实践。

由于第六章将本书带到了当时的现状（1990年代），它必然面临未来的议题。于是该章以从经验分析转向应然性提议而结束，因为这种从现在到未来的转换，必然从是什么（或过去是什么），转向可能是或应该是什么。当然，这种转向有点反讽的意味。在《学系与学科》出版后不久，我本人成为了《美国社会学期刊》的主编（2000年7月）。我担任主编一直到2016年9月（其中2002—2003学年因学术休假暂时离任）。

此处的总结表明，这首"诗"的中心主题在每联内反复出现，然而如同我们已经看到的，第二联的结构与第三联的结构并不对仗（在近体诗中本该如此），而是结构颠倒。整本书中重复了特定的探究模式：一方面是绘制出结构，以及学系、大学、学科和学术的情境；另一方面是学系与学科冲突、期刊编辑的发展，以及学术立场和内容变化的叙事。所有这些事物都意在向读者展示时间和空间复杂的辩证关系：随着时间的推移，谱系的生成与当下时刻中决定性的因果关系，以及情境的中心性和特定位置之间的相互作用，且不论这些情境或位置是社会或文化的，时间或时刻的（momentary）。

第七章将所有这些放到一起，构成了单独的阐述，正如一首遵循近体诗韵律的诗经常以单一意象作结，为诗歌隐含的信息提供了一种形式。不幸的是，在此我的隐喻被打破了。因为第七章并不是一句诗，而是一场公开演讲，是在1992年美国社会学会索罗金讲座原稿上稍作修改的版本。现在，在中国文化中，这种劝导性演讲并非一种重要的文体。因此读者必须跳出熟悉的形式来阅读这个章节，它是英文语境中一种充满激情的尝试，设想听众陷入了纯粹的经验主义，要向他们传道。该章想要表明社会学有一份极好的实体性遗产，社会学并不是抽象和远离现实的，普遍论实证主义（universalist positivism）可能成为毫无意义甚或压迫性的研究工作的一个借口，事实上为了对完全情境化的社会现实（contextualized realities）进行更精妙的分析，未来的方法论将避开这种普遍论实证主义。为了契合这种充满激情的目的，该章的语言和某些观点偶尔是对抗性的。事实上，这章有十足的张飞式风格。

然而自从这章写就以来，其中许多预测已经变成了现实。在序列分析（我自己的贡献）、增长曲线分析，以及其他一系列技术的普及中，将事件置于时间情境的分析已经兴起。将事件置于空间情境的分析，经历了地理信息系统字义的空间性（literal spatiality）与网络分析隐喻的空间性（metaphoric spatiality）的巨大的发展。只有表13右下角的单元格，一个时间和空间情境性共同呈现的单元，仍然有待填补。这种时间和空间共同的理论化左右着我2000年以来大部分的理论关注点。我在专著《过程社会学》（Processual Sociology），以及2016年9月在北京大学所做的演讲中都报告了它的进展。

尽管第七章有些不熟悉的修辞形式，但是对于《学系与学科》这首"诗"来说，它是恰当的情感收尾。因为它恰好是第一章的倒转。第一章尝试从外部冷静地处理历史，尽管并非总是那么成功。相比之下，第七章直接置身其中。它完全是一个

中文版序言

内部行动者的作品,这个人主张应然性地、展演性地界定芝加哥传统。第七章的演讲者告诉我们,第一章中的发言者存在不可避免的偏爱。但这并不是要说这种偏爱是可以避免的,它不可避免。第七章揭示了这种偏爱到底是什么——一个充分认识到不可能达到客观性的人,为了客观性所做的最大努力。事实上,本书的两个核心单元第二章与第三到六章,也都被第七章揭示出可能在某些方面存在偏爱,即使它们的客观性由大量的脚注和档案资料支撑,因而显得更加完整。

于是,本书构成了一个连贯的整体。事实上,从中国视角将本书视为一种特定的诗歌形式,使我比以前更喜爱这本书了。我以前总是认为本书缺乏统一性和连贯性。然而,按照近体诗的韵律来看这本著作,我发现了一种我未曾觉察的统一性。

自从1999年以来,即第六章"现代"的《美国社会学期刊》被2000—2016年"阿伯特的《美国社会学期刊》"(现在它本身也已是过去式)的"当下"所取代以来,关于本书中的人物发生了什么,我仍然还有一些话要说。简而言之,由于作为期刊主编的责任,我自己的观点发生了重大转变,这本期刊的名称不仅表明了其全国性视野的抱负,在阿尔比恩·斯莫尔时期的实践中还体现了对国际性影响的追求。

在全国层面,作为主编,意味着我必须将什么是最好形式的社会学研究的个人观点放在一边。我必须为期刊寻找和接受在作为整体的美国学科中,获得学术认可的某类社会学的真正优秀的典范性论文。学科是一片有众多主题领域和方法论的群岛,非常像菲律宾。有一些大的岛屿,诸如分层、组织或社会运动的社会学;也有一些中等规模的岛屿,像科学社会学、宗教社会学或历史社会学；还有一些小的岛屿，比如谈话分析或音乐社会学。作为编辑，我每年需要两篇来自大岛的论文，一篇来自中等规模岛屿的论文，偶尔还需要一篇来自小岛和环礁的论文。对于我来说，一篇可以被接受的论文需要符合下列三个标准：它被自身所在岛屿的居民评为优秀，它被附近岛屿的居民认为是合乎情理和重要的，并且对于整个群岛中普通的社会学读者来说，它以一种有趣而全面的方式撰写。因为期刊和学系都曾有（并且现在仍有）一个假定，那就是即使在这个高度专业化的时代，仍然有普通的社会学读者。

在这 15 年中，我对 6000 篇论文做过决定，并阅读了这些论文的 17000 份审稿意见。完成这些工作不可能不在很大程度上开阔一个人的胸襟。的确，本书所阐明，以及我自己的研究中 [特别是《时间之重》（*Time Matters*）] 清楚呈现的，我本人对于社会学的本质有着坚定不移的观点。尤其是在职业生涯早期，我有张飞式的精力，抨击占主导地位的"变量范式"。当我执掌《美国社会学期刊》的时候，这绝无可能了。作为主编，我刊发了数以百计的文章，而作为一名学者，私下里我并不认同它们的观点。在这个过程中，我也必然变得越来越不像张飞了。事实上，我开始认为健康的社会学必然是多元的，近乎无政府的状态。正如本书第二章中所描述的，芝加哥大学社会学系自身似乎就是如此。

在国际层面，则发生了一些完全不一样的事情。首先我的目标是增加来自美国之外的文章数量。然而作为主编，我很快认识到社会学文章存在"典型的国别类型"。我们美国人的文章通常篇幅都很长，有源自一般理论传统的明晰的困惑和假设，在假设与方法、细致的数据与方法之间紧密相联，还有明确的理论性结论,即使这些结论往往并不重要。荷兰人和实证的德国人做的社会学,在美国曾被称为"尘暴区社会学"(dust-bowl sociology):文章非常短小,有非常明晰但几乎不基于理论的假设、非常具体的数据、精确的分析,以及非常鲜明的结果,可很大程度上是无法普遍化的。法国人在文章中采用多种方法,从多种视角出发研究单个议题。英国人倾向于许多美国人所谓的"软性社会学"(soft sociology):很强的理论性,松散的方法论,并且经常与应用和公共政策联系紧密。当然,这之中存在例外,所有这些国家都有恣意跨越这些界线的学者,但《美国社会学期刊》在稿件上的"国际化"显然是非常困难的。即使在定量这个美国模式得到非常一致普及的领域,荷兰人以及德国重要的定量学派都撰写简短且信奉简单累积的文章,而这在30年前就已经从美国社会学中消失了。

一个意外之举为我解决了期刊如何实现国际化的问题。因为担心我的学生和年轻同事正在忽略这个学科中重要的传统,我在2009年创建了芭芭拉·塞拉伦特（Barbara Celarent）这个角色。从2009年7月开始,每期都刊发一篇评论性文章,塞拉伦特教授在文中会探讨一些已被遗忘而需要被重新带回学科视野中的著作。我在第一年撰写的文章都有关我自己长期喜好的源自英语传统的著作,但是从2010年7月到2015年这个系列结束,我只书写了那些在欧洲和北美"大都市"之外出生的学者。(这个系列中有三位中国社会学家:陈达、瞿同祖和费孝通。)

塞拉伦特计划使得期刊的部分内容变得真正国际化了〔在2017年3月,这些评论也以《多样化的社会想象力》(*Varieties of Social Imagination*)为名结集出版〕。它也对我自己的学术计划产生了决定性的影响。在撰写这个系列的过程中，我遭遇了一种巴洛克式的多元价值图式，它们在不同的地方支撑着社会学。我不得不开始反思，一种真正国际化的社会学应具有什么样的价值预设，才能又不失价值和文化的多样性，又能维持着如此丰富多样的共同体。定量分析当然是西方社会学国际化的主要模式。在这种视角下，社会学应该变得极其普适和抽象，以至于可以适用于任何文化。但是我自己的理解，以及芝加哥学派的理论基础，都表明这种路径危险和狭隘，实体上是空洞的，并且当它被当作一种展演，即当它变成了评判社会学的标准之时，实际上就变成了将西方价值强加于世界上不同社会和文化的霸权。这令人无法接受。可如果没有它，我们就必须直接理论化国际化和差异的问题，而且要在根本价值上往往存在很大分歧的文化情境中来这样做。

  这就说到了我当前研究工作的重心。从我 2015 年在巴黎的马克·布洛赫（Marc Bloch）讲座中可以看到，[①] 这个问题是我如今理论工作的中心问题。出于所有这些以及许多其他的理由，今天重新回来阅读《学系与学科》，为新读者撰写这篇新序言的，是一个不同的我。或许，这才是我觉得最好将本书看作一首散文诗的真正理由。它是一首关于时间性和社会-文化的情境如何必然塑造所有人类事务的诗。我已不再是撰写本书时的我，这一事实强调了这种塑造作用，这种塑造作用也确实是本书中叙事和讨论的主题，同时也是本书中进行各种历史分析的假定。杜甫说得好：我们所有人都像天地一沙鸥，栖居于

[①] 在《历史与社会科学年鉴（2016）》(*The Annales HSS* 2016: 577-596) 中能找到这篇论文的法语版，题为《社会科学的未来》(L'avenir des sciences sociales)。《历史与社会科学年鉴》也发行了英文版，其中有原文（法语版是翻译本）。

一个不安而复杂的当下，在已然固化的过去和颠簸的、未知的未来之间，心神不宁地翻飞。

参考文献

Abbott, A. 2001. *Time Matters*. Chicago: University of Chicago Press.

——. 2016. *Processual Sociology*. Chicago: University of Chicago Press.

Celarent, B. 2017. *Varieties of Social Imagination*. Chicago: University of Chicago Press.

Demazière, D. and M. Jouvenet, eds. 2016. *Andrew Abbott et l'heritage de l'ecole de Chicago*. Paris: Editions EHESS.

目 录

序言 ··· 1
前言 ··· 6
第一章　芝加哥学派的历史编纂 ·· 10
第二章　第二个芝加哥学派的转型与传统 ························· 54
第三章　阿尔比恩·斯莫尔的《美国社会学期刊》 ············ 120
第四章　芝加哥学派的《美国社会学期刊》 ······················ 154
第五章　向专业主义转型的《美国社会学期刊》 ··············· 203
第六章　现代形式下的《美国社会学期刊》 ······················ 241
第七章　芝加哥学派的持续重要性 ···································· 280

后记 ··· 321
资料来源与致谢 ··· 326
参考文献 ·· 333
索引 ··· 346

序　言

　　1992年某天，时任《美国社会学期刊》主编的玛塔·廷达（Marta Tienda）请我承担该期刊历史的研究，并准备在1995年的百年纪念时发表。我因为忙于其他事务拒绝了。坦白来说，我对于社会学类期刊秉持一种喜恶参半的态度。像许多人一样，我觉得多数期刊文章合格但无趣。当然，我自己最好的论文，如果"最好"意味着引用次数最多的话，几乎总是被重要期刊退稿，《美国社会学期刊》显然也名列其中。但是廷达教授非常执着，最终说服了我。

　　一旦我一头扎进档案之中，这个项目就获得了它自己的生命。我在阁楼和地下室中费尽心血地搜寻，却很难找到任何《美国社会学期刊》早期的档案，只好通过各个教员的个人文档来重构它的早年岁月。然而，这些教员的档案，挑战了这些年我所获得的芝加哥学派的许多知识。为了构想《美国社会学期刊》的历史，我有必要在更广泛的层次上思考学系的历史。此时，我参与了加里·法恩（Gary Fine）主编的关于第二个芝加哥学派的文集，最后我与曼尼·盖兹亚诺（Manny Gaziano）合作，撰写了一篇有关"二战"后芝加哥大学社会学教员的文章，作为最后一章收录于该书。

　　糟糕的是，此时《美国社会学期刊》的百年纪念日益迫近。我担任了系主任，而这个项目的进展比预期的越来越慢。我还出任了美国社会学会出版委员会的主席，这让我得以鸟瞰社会学的出版，并仔细考虑一系列更广泛的理论议题。1995 年，我完成了《美国社会学期刊》前半期历史的初稿，它也表明我们双方对这个项目的愿景有多大的分歧。《美国社会学期刊》编委会惊讶于论文的篇幅，以及文中没有包含任何形式的理论和假设检验。分析性历史令他们大惑不解。相反，我却觉得历史的纷繁复杂要求我撰写一本专著。已经日益清楚的是，理解《美国社会学期刊》，意味着不仅理解这个学系，还要理解这个学科。因此，研究《美国社会学期刊》是一种重新思考学科和学派如何发展的方式，这似乎是一项足够理论性的工作。此外，我好像正在开拓学术的生荒地；目前对于现代学术出版的制度结构，还几乎没有严肃的历史考察。

《美国社会学期刊》一方却要求大幅删减和完全重写。虽然我们有多次协商，但是毫无结果。媒介已然变成了信息；百年历史本身成为了我正在撰写的事物的一个例证，即《期刊》已变形为一个狭隘而僵化的结构，无法超越它固定的位置。

等到我自认为完成了一部满意且完整的初稿之时，《美国社会学期刊》已经迎来一位新主编爱德华·劳曼（Edward Laumann），百年纪念也已经过去两年了。可结果却是一样的。尽管《美国社会学期刊》请我撰写这段历史，但是他们决定历史并不适合在自己的刊物上发表。这个判决不仅意味着《美国社会学期刊》拒绝了我撰写的稿件，也意味着它实际上最终认为自身的历史并非占据期刊版面的合适或合理的主题。在五十周年时，《期刊》隆重推出了关于期刊和学科的纪念性文章。但是在百年之际，《期刊》却不敢对它自身做如此的反思。还有一大堆回归分析等着发表呢。

《期刊》的退稿使我重新思考整个项目。在某种意义上，我所分析的主题，以及这段我与编委会之间经历的意涵表明，此时这本期刊已不再服务于一个学系的视野，而只是一门在知识建构上十分狭隘的（在地理上广泛的）学科的喉舌。正如我的资料所示，在1920年代和1930年代，《美国社会学期刊》一直是构建学系及其学术项目的重要手段——二者兼收并蓄，后来被称为芝加哥学派。在之后的岁月里，它真正获得了全国性的地位，不仅带来了标准化，也在某种程度上产生了知识的僵化。

这个主题恰好与我和盖兹亚诺合写的有关芝加哥教员的文章的重要主题衔接起来。在战后那段时期，该系回顾性的自我形象的转型已经完成，而且在亲历者的脑海中，芝加哥视野也最终被识别为某种特别芝加哥式的社会学，而不是构成一个整体的社会学。直到1950年代，黄金时代最后的幸存者才开始承认曾经有过一个芝加哥学派。然而这种承认也意味着承认存在其他的视野，承认芝加哥仅仅是更大的学科传统的一部分，而非中心或者缩影。

由此，我们合写的文章成了对学系视野和学科结构分析的第二条腿。三脚架的第三条腿，则来自我在美国社会学会的索罗金讲座，它在1993年成了我一长串被《美国社会学期刊》拒稿中最新的一篇。在这篇文章中，我认为芝加哥学派的理论本质是坚持社会事实在时间和空间中的位置。事实上，当我重新阅读它的时候发现，我的文章认为这种理论或多或少和社会学有相同的范围。在这个意义上，我也进入了这一图景之中，阐述芝加哥视野中古老而宏大的主张。

因此，将这三篇文章都放入本书，来考察芝加哥学派、其学术遗产，以及其与更大范围内学科之间的动态关系就有意义了。两篇稍短的文章已经发表过了。第二章以"转型与传统"

为题，收录于加里·法恩主编的《第二个芝加哥学派？》(*A Second Chicago School?*)。这里稍微做了改动。第七章以"时间和地点"为题，最后发表于北卡罗来纳州立大学主办的期刊《社会力》(*Social Forces*)。感谢他们允许我重印这两篇文章。

我用一篇有关芝加哥学派历史编纂的导论性文章，将这三部分联系起来。它也是一个像托普西一样成长的项目。* 为了围绕芝加哥学派形成本书的框架，我最初有写一篇概述"何为真正的芝加哥学派"的想法，但是后来我发现，这种特定的"实在"(reality)本身就是另一种幻象。因此，这篇文章也成了一篇独立的论文，对于学派的本质、学派及其历史编纂之间关系的探究。

关于本书的名字，斯蒂芬·迪纳(Stephen Diner)曾在有关芝加哥社会学系早期岁月的论文中使用过该标题。尽管我独自想出了这个名字，但是由于我数年前读过迪纳的文章，因而可能只是从大脑记忆库中回想起了它。对于我这里的论述来说，它是一个很好的标题，所以我沿用了它。

为了这个项目，我要感谢各方。我必须感谢芝加哥大学出版社为《美国社会学期刊》项目所提供的资金支持。我也一定要感谢我的合作者曼尼·盖兹亚诺，允许我重印载于法恩主编著作中的那篇文章。更重要的是，我感谢他在档案方面的友情支持。我要感谢丹·迈耶(Dan Meyer)和芝加哥大学特藏部

---

* 托普西(Topsy)是美国小说《汤姆叔叔的小屋》中的角色，是一名不知来自何方的"衣衫褴褛"的奴隶女孩。当被问到是谁造了她时，她既不认为是上帝，也不认为是她的母亲，"我想我是自己长出来的，我不相信有谁造了我"。这里的像托普西一样成长，比喻一种自生自长、放任自流的生存方式。——译者

工作人员一直以来的支持。最后，牛津大学纳菲尔德学院院长及其同事富有智识的热情款待，使我得以十分愉悦地完成第五章和第六章的写作。

我也要感谢那些聆听了该项目带来的糟糕经历的人：科林·卢卡斯（Colin Lucas）、理查德·萨勒（Richard Saller）、史蒂夫·平卡斯（Steve Pincus）、苏珊·盖尔（Susan Gal）、史蒂夫·沃尔特（Steve Walt）、凯瑟琳·弗登（Katherine Verden）、我的妻子苏珊·施洛（Susan Schlough），还有许多这里无法一一提及的人。我不知道苏珊如何能忍受我对这个项目的大声抱怨，但是我确信这一定非常令人厌烦。

对于系里同事为此项目给予我的帮助和支持，我无法用通常的措辞来表达感谢。毕竟他们作为编委会成员的《美国社会学期刊》的退稿构成了本书的大部分内容。但是公允地说，至少直到《美国社会学期刊》的编辑读到我写的内容之时，他们都非常支持我的工作。因此我要感谢爱德华·劳曼和玛塔·廷达，如果没有他们，这本书绝对不会问世。

愈显主荣
伊利诺伊州芝加哥
1998 年 8 月 31 日

关于正文的简要说明：因为我之前著作中的注释都是尾注而非脚注，读者生气了。在本书中，我以将注释置于页底来回应。尽管如此，第二到第六章的注释采用了一种特殊而有些复杂的缩写系统。为避免重复提及该系统，我在结语之后对于资料来源的综合考虑进行了解释。读者也将在那里看到更多的致谢，特别是研究助理，他们挖出了有关我们长期遗忘的学界同行数量惊人的信息。

前　　言

1　　芝加哥学派究竟是什么，或者曾经是什么？它是一群人，抑或是一系列思想？它是短暂的一瞬，还是持续存在的传统？它是在诸多更大力量的汇集下产生，或者只是来源于个体人格的力量？源源不断的研究文献都为这些问题所困扰，犹如一只不断挣扎的老鼠为一只猫困扰一样。的确，猫似乎并不急于吃掉老鼠，这些问题似乎也因为尚未得到解答而更加有趣。

然而这种无解不仅是我们对芝加哥学派诸多想象的关键，也是芝加哥学派本身的关键。因为芝加哥学派根本不是一个事物，而是生成一个事物的一种方式。它的理论如此，它的实际状况也如此。本书接下来的部分，可能被认为不仅是对芝加哥学派本质的深思，也是通过它对社会实在本质的深思。它的真正问题是在我前面列出的所有问题之下的那个问题，即当我们说一个社会事物存在时，它意味着什么：芝加哥学派曾经是或者现在是什么。在此，我们的语言习惯误导了我们，芝加哥学派这个短语是个名词，我们便将它作为像桌子和建筑物那样的名词，想象它是类似的固定存在。可我认为，芝加哥学派不是一个事物，不是在某个特定时间达到的一种社会关系的固定安排抑或学术观念，而是这种关系和观念的传统，并结合了这种传统应该如何随着时间推移被再生产的概念。

我会历史地探究这种传统。这看似是一个微不足道的点，但其实不然。我所指的"历史地"，其恰当意涵是"过程性地"。芝加哥学派不是几盘录像带，不会完美到从罗伯特·帕克（Robert Park）和恩斯特·伯吉斯（Ernest Burgess）在哈珀图书馆办公室里写就《科学社会学导论》（Introduction to the Science of Sociology）时，两人的那场永恒谈话的一幕开始，并随着1920年代那些伟大人物的名字和瞬间一幕幕推进。所有人都能非常容易地创作这类目的论式的故事，故事中学派几乎必然地在美国混乱的20世纪初期突然出现。当然不是，芝加哥学派是权变和偶然之物。实际上，学派拒绝被限定，才使得关于它的基本问题仍如此开放。

我需要在芝加哥传统中截取若干历史瞬间，并且试着去捕捉使之成为现实的特定安排。我从回顾芝加哥学派的历史编纂开始。为了使这些令人迷惑的文献材料变得有意义，我们必须重新概念化有关学派"存在"（being）的思想。我们不得不反思，将它作为一系列社会链条之间的交集，并且将它的"存在"，想象成它改变那些构成它的社会力量的能力。

在接下来的第二章中，我再现了"二战"后的芝加哥传统。在此我采用了极为详尽的历史分析，在某种程度上，展示了学派如何作为一种复杂关系在各构成部分之间出现，而非具体化为这个或那个人的现象。第一部分考察了教员政治与学系结构的细节，尝试颠覆我们有关（第一个或第二个）芝加哥学派是由这样或那样一批人"构成"的印象；第二部分详细解读了该系从1951年到1952年进行的大规模自我研究，考察了一种社会学视野逐字建构的过程。在许多方面而言，正是这段时期，甚至正好是这次交流正式确立了第一个芝加哥学派的形象。

第三章到第六章考察了《美国社会学期刊》的第一个百年。在此的焦点与其说是学系，不如说是学系的一个机构。一个重要目标就是挖掘学术出版的深层历史,而当前大多数有关学术期刊的研究都是无法忍受的现在论(presentist)。此外,《美国社会学期刊》既是学系的一部分,也是独立于学系的机构。因此我对它的研究,部分是要展现芝加哥学派的网络化特征,即它如何从学系与学科之间的关系中产生,在这种关系中,《美国社会学期刊》长期发挥着重要的中介作用。我想强调过去一个世纪中,《美国社会学期刊》的真正本质已经发生了变化,只不过它一直未变的刊名掩盖了这一点。虽然它作为完全的个人事务起步,但是在步入中年之时,它成为了真正的系刊。在之后的岁月里,它成为了远远超出学系所能控制的学科机构。我们将看到,这个学科也在转型,它在初期几乎由《美国社会学期刊》及其出版者主导,之后独立自主地发展,最终这本期刊也不得不按照学科本身的方式来发展。不仅一系列社会机构之间的关系发生了变化,这些机构本身还经历了根本性重组。为了理解《美国社会学期刊》的历史,不仅需要注意学系、期刊和学科之间的动态平衡,也要真正超越这三者:一方面,要看到社会学的思想世界;另一方面,要看到更广阔的大学和学术出版环境。再一次,我关注《美国社会学期刊》这类机构如何作为穿越时间的谱系而非固定的实体存在。

3 　对《美国社会学期刊》近期的历史做周密的思考,不可能不想到期刊的未来。我对于当前社会学期刊业状况的研究,将我从描述和理论引向了应然性思考,引向我们的出版应该走向何方。在最后一章中,我延续了这种应然性转向,其中包含了我自己对于芝加哥传统容易引发争议的解读。读者将会认识到,这些易于引发争议的解读实际上正是传统本身的基石。若要自觉成为在芝加哥传统下的学者,也要进行这样的解读。此外,如同马克思主义,芝加哥传统总是主张思想和行动的统一。应然性是从学术判断中产生的。因而,我认为芝加哥传统的根本洞见是严肃地对待社会事实所处的位置,即将所有社会生活置于时间和地点中来看待。我认为这种洞见能够重新定向并重构社会学的探索。

未来会有读者想知道,什么构成了我这里所阐述的一般论题:社会实在的重新概念化,以及对作为传统的制度的分析。那意味着我们要探索细节的灌木丛、复杂性的树丛和事实的密林。但是社会世界是由处于结构之中的活动构成,我们也必须从行动和细节入手,从社会活动直接所处的社会时间和空间情境开始。这个持续的论题将一直是通过复杂性,获得一种新的然而也十分古老的看待社会世界方式的道路。

第一章
芝加哥学派的历史编纂

社会学芝加哥学派已经变成了大新闻。不断涌现大量专著和文章来描述它的主导人物,讨论它的研究工作。它也已经被视为"学派"这个概念最恰当的范例。

不过,这种兴趣是近年才出现的,1960年代关于芝加哥学派的文章总共才有四篇。1970年以来相关的著述迎来稳步增长。[①] 都市社会学家、社会心理学家以及民族志学者都在努

---

① 本章基于在第一检索(First Search)中包含"芝加哥学派"词组所有文章的完整文献目录。我也从1963年[这一年第一检索开始覆盖"社会学摘要"(*Sociological Abstracts*)]追溯到1930年代,并回顾了"社会科学索引"(*Social Sciences Index*)及其之前的索引系统。此外,我还检索了特定的芝加哥教员,并且通过非自动的参考书目链接(追踪主要的参考文献,以此获得关于芝加哥学派的资料,哪怕它们并没有像"芝加哥学派"这样的关键词索引,例如汉纳兹的《探索都市》)来扩大数据库。毫无疑问还是有遗漏,对此我只能说抱歉。在一些情况下,我引用给读者的参考文献虽然从摘要看是特别重要的文献,但是由于语言能力限制,我无法阅读这些文献。我的法语尚可,但是德语和意大利语还是刚刚入门状态,而对丹麦语更是一窍不通。

我必须提醒的是,卢德里奇出版社刚刚出版了一套四卷本文集,包含了来自不同时期关于芝加哥学派的40篇文章,以及肯·普卢默(Plummer 1997)撰写的一篇导言。该文集包含了很多有趣的文献。普卢默的导言是一篇关于学派历史的基础性讨论,尽管没有评述历史编纂学的问题和争论。关于芝加哥学派及其后继者的著述,库尔茨(Kurtz 1984)所做的工作目前仍然是最全面的书目介绍。

力吸收芝加哥传统,同时马克思主义者和女性主义者也在尽力批驳它。令人吃惊的是,这种兴趣多数来自于欧洲。法国的曼纽尔·卡斯特尔(Manuel Castells)1968年的文章《真的有都市社会学吗?》(Y a-t-il une sociologie urbaine?)提出重新认识芝加哥的都市研究(urban studies)。瑞典的乌尔夫·汉纳兹(Ulf Hannerz)1980年的《探索都市》(Exploring the City),将芝加哥传统应用于人类学。英格兰的马丁·布尔默(Martin Bulmer)在1984年首次完全以档案方式来处理芝加哥学派,而丹尼斯·斯密斯(Dennis Smith)在1988年发表的著作仍是最激进的重新阐释。到1990年代,用波兰文、意大利文、法文、日文和西班牙文撰写的有关芝加哥学派的原创概述性著作纷纷面世。

关于芝加哥学派的历史书写可以归为两类。一类当然是明确的历史分析,目的是界定和探讨被认为构成芝加哥学派的策略、方法或者人物。这些论著的作者追求从学派的视角展开分析,即对于学派本身而言,在它的时代它是如何看待自身的。但是还有大量的著述在当前实体性和方法论的争论中援用了芝加哥学派,有时是因为它的学术内容,有时是因为它的合法性光环,有时是因为它能作为靶子,并在这个过程中将学派载入了编年史。这些援用可能采取的形式是,在原初芝加哥学派的基础上,想象第二个甚至第三个芝加哥学派,发明和重置各种学术后继者。

由这些隐晦的刻画产生的迷思经常遮蔽了更明确的历史分析,潜在的历史变得有些面目模糊。因此在本章开篇,我首先会简短地描绘原初芝加哥学派的常规历史,然后转向明确的历史阐释,最后处理那些更宽泛的隐晦刻画和更少历史性的著述。

在此，我主要的实体性目标是评述有关芝加哥学派的历史书写。但是，我也有两个次要的理论目标。首先，我想要反思"芝加哥学派"这类文化客体，其所具有的稳固和流变相结合的特征。我将在第二章中更广泛地讨论这个主题，而在此，我希望指出学派对于芝加哥学派的亲历者来说是一回事，而对于在芝加哥的直接继承者来说是另一回事，对于后来的书写者又是不同的事。由此，我试图探讨在当时及之后，这一系列事件和人们对这些事件的建构之间的关系。与此同时，我也想考察这些事件是否实际上构成了一种具有某种强制性的社会实体（social entity），并带有结构性或因果性。芝加哥学派是否不只是可以随心所欲进行解释的一系列事件？

我的第二个理论目标更为简单。我想提出一种历史书写传统的自然历史，即这样的书写传统展开的一种典型模式。这个目标显然是推测性的（speculative）。我手头只有这一个案例。但是在这个案例中有一种模式，似乎可以概化到许多其他的案例。

那么我从简短讨论对于芝加哥学派的常规理解开始。

作为历史和标签的芝加哥学派

通常认为芝加哥学派是由一段时期、一批教授、一群学生，以及一大堆著作所组成。时期大体是 1915 年到 1935 年之间，即两次世界大战之间。核心的教员是罗伯特·帕克（1914—1934 年任教）和恩斯特·伯吉斯（1916—1952 年任教）。可能还要算上和他们同时代的，埃尔斯沃斯·法里斯（Ellsworth Faris, 1920—1940 年任教），更早的 W. I. 托马斯（W. I. Thomas, 1895—1918 年任教），稍后的路易斯·沃

第一章 芝加哥学派的历史编纂

思（Louis Wirth，1931—1952年任教）与赫伯特·布鲁默（Herbert Blumer，1931—1952年任教）。涉及的学生大多在帕克和伯吉斯指导下撰写博士论文，包括沃思和布鲁默，还有查尔斯·约翰逊（Charles Johnson）、埃弗里特·休斯、内尔斯·安德森（Nels Anderson）、鲁斯·卡文（Ruth Cavan）、莱福德·爱德华兹（Lyford Edwards）、R. E. L. 法里斯（R. E. L. Faris）、哈维·佐尔博（Harvey Zorbaugh）、保罗·克雷西（Paul Cressey）、沃尔特·雷克利斯（Walter Reckless）、E. 富兰克林·弗雷泽（E. Franklin Frazier）、恩斯特·莫勒（Ernst Mowrer）、克利福德·肖（Clifford Shaw），以及许多其他人。

虽然这些人撰写的著述并不能被归到某种简单描述或单一范式之下，但是它们有典型的立场，将它们与当时其他的社会学著述区分开来，例如与那些受到哥伦比亚大学富兰克林·吉丁斯（Franklin Giddings）启发的著作区分开来。这些著述往往是关于都市的，并且几乎总是关于芝加哥。它们是过程性的，探讨组织和解组、冲突和适应，以及社会运动与文化变迁。它们从群体和互动的角度构想社会，而不是从有着不同特征的个体的角度。它们在方法论上相当多元，但是无论是在社区中计算精神病人的数量，阅读移民写往故国的信件，还是观察出租舞厅中倦怠的奢华，它们总是带着某种经验性，甚或观察性的风味。即使芝加哥人计算的时候，他们计算的也是真实而非空洞的人。

回顾起来，这些著述有若干明显的侧重点。其中一些是概念性的，比如对于个体和群体"心灵"（minds）之间联系的传统兴趣，这个问题被称为"社会心理学"。其他一些是经验性的，比如对都市的密切关注。还有一些是理论性的，比如生态学观点。然而，这些侧重点不是绝对的。如果说有什么使芝加

13

哥学派成为一个"真正的"文化单元，毋宁说是调查研究的立场、强烈的使命感，以及结构性和过程性的视野。

由于围绕学派的争论包含概念性焦点，更为详细地概述是有帮助的。学系的著作或多或少有三个自觉的焦点。(到1950年主要有三个探讨的领域。)第一个是社会心理学。该焦点的核心先驱是托马斯，他提出了态度（attitudes）和期望（wishes）的概念。同样重要，此后一定程度上也有着颇多争议，是实用主义者詹姆斯、杜威和米德，以及其同事查尔斯·霍顿·库利和学生埃尔斯沃斯·法里斯的心理学思想。

第二个焦点后来被称为"社会组织"。它也源自托马斯的著述。可它也是帕克、伯吉斯及其学生的大部分著作，尤其是他们关于芝加哥的著作中驱动性的关注点。对于社会组织的关注，后来逐渐被等同于由休斯和其同事劳埃德·沃纳（Lloyd Warner）指导的田野调查。②

第三个概念焦点是生态学。这也是帕克和伯吉斯著作中驱动性的主题，从著名的同心圆理论（concentric zone theory）到社区区域名录（the list of community areas），后者在70年后仍然被用来命名芝加哥的邻里。生态学传统拥有不同的源头和关联，盖兹亚诺（Gaziano 1996）对此已经做了探讨。在一定意义上，它与社会组织构成了一对概念；社会组织研究社会事件在时间和过程中的位置，而社会生态学研究它们在空间和社会

---

② 虽然田野调查传统可以直接追溯到帕克，但是它也经由沃纳（一名人类学家）和罗伯特·雷德菲尔德（Robert Redfield）上溯至人类学。雷德菲尔德的学科身份并不明确，他毕业于社会学系下设的人类学方向（因而是沃思、布鲁默和休斯在研究生院时的同辈），而更重要的是，他是罗伯特·帕克的女婿。

结构中的位置。

在提到休斯-沃纳时代的时候,我已经超越了传统上大家普遍接受的观点,那就是芝加哥学派在1930年代中期就衰落了。学派后来的历史已经变成了下文探讨的许多历史书写者的话题,因此有必要快速地概述这段历史。虽然通常认为1934年帕克的离去意味着学派的终结,但是在1930年代后期,前学生休斯和人类学家沃纳的到来复兴了传统芝加哥学派的许多关注点。在战后,系里见证了一代卓越的学生,其中许多人仍追循着传统芝加哥的信条,即使其他人开始从事各种更新的社会学研究。这些追循旧传统的人,特别是布鲁默、休斯和沃纳的学生,有时也被称为第二个芝加哥学派。然而重要的是要认识到,他们当时在系里并不必然占据主导地位,各类杰出的研究工作其实都是在"二战"后的芝加哥完成的。(第二章详细地考察了这一时期。)

"二战"后的辉煌是短暂的。到1950年代中期,社会学系自身分裂了。不过在1960年代,战后几年那段时期的学生莫里斯·贾诺维茨(Morris Janowitz)回到了芝加哥,并且试图重建旧的结构和关注点。有时他的学生被称为第三个芝加哥学派,但是他的努力显然只是应用旧传统的诸多尝试之一。这一尝试只是碰巧发生在芝加哥大学,还有其他的尝试发生在别的地方。

芝加哥学派的提法通常归功于鲁斯·L. 巴纳德(Luther L. Bernard)1930年的论文《社会学学派》(Schools of Sociology)。[8] 在这篇论文中,巴纳德对"芝加哥学派"这一术语的使用确实类似于其现代含义。然而巴纳德所指的其他"学派"并不是"哥伦比亚学派",或是其他诸如此类的社会学研究。他的论文从希腊人讲起,从"社会契约派"(洛克)和"道德-哲学派"

（哈奇森）讲到"历史哲学派"（维柯），以及19世纪各种"实践与应用"学派。巴纳德的学派概念似乎十分灵活。

但他确实将芝加哥视作一个可以识别的集体存在（collectivity）。他提到了人类生态学，将它作为"行为主义社会学"（behaviorist sociology）（他自己忠于的学派）的一个分支，并称它只不过源自"传统的人类地理学"（Bernard 1930，第129页）。在一个脚注中，他用同样尖刻的语言评价帕克和伯吉斯的社会学论述。当他真的提到芝加哥学派这个名字的时候（在另一个脚注里，第131页注83），他是将它作为涂尔干的"某种形而上学视角""在这个国家的主要代表"谈及的！巴纳德也提到了罗伯特·帕克"个人的学派"，将其与涂尔干个人的学派进行对比，但是他对比的目的是将所有这类学派都贬低为非科学的个人崇拜（第133页）。[3]

巴纳德对芝加哥的附带提及，显然表明了某种更普遍的意识。1932年莫里斯·哈布瓦赫（Maurice Halbwachs）撰写了《芝加哥，种族的经验》（Chicago, expérience ethnique）一文，他写道："如果说在芝加哥大学存在一个原初的社会学学派，那么这与这些学者不需要为研究主题费劲的事实不无关系"（第17页，著者译）。哈布瓦赫实事求是的措辞表明，在1930年代初，芝加哥已经被普遍视为某类统一体。

然而，第一个真正实质地贴芝加哥学派标签的是米拉·阿里汉（Milla Alihan），她以一本书的篇幅对所谓的"生态学

---

[3] 当然巴纳德有他的个人恩怨。他憎恨芝加哥，因为他们让埃尔斯沃思·法里斯接替W. I. 托马斯，并未考虑他。他憎恨法里斯，既有个人的原因，也因为他是米德派社会心理学的代表。事实上，1931年他正准备在美国社会学社领导反对芝加哥的斗争，因而他贴芝加哥学派的标签只是为了贬低它就不足为奇了。

派"进行了大量消极的分析。阿里汉这本攻击芝加哥范式的著作出版于1938年,清晰地界定了一批著述、一群追随者、一种分析风格和一个理论体系。虽然她也将芝加哥学派界定为(帕克)个人的学派,但是她比巴纳德更清楚地看到它作为一种更大的社会结构的连贯性,即使她对这份学术事业的价值多有质疑。④

在1940年代甚或到1950年代,除了阿里汉的清晰界定之外,"芝加哥学派"的实际标签似乎并没有成为社会学话语中的重要内容。希尔斯(Shils)在1948年的社会学文献回顾中,也没有提到芝加哥学派这个名称,尽管其用了很大篇幅批评芝加哥著述的非理论性,同时也赞扬了它们的材料之丰富。在1964年之前,"国际索引"(International Index)("社会科学索引"的前身)及其模仿者"社会学摘要"(从1963年起)中都没有"社会学芝加哥学派"的词条。1950年代的教科书甚至很少提到帕克,提到芝加哥学派的就更少了。罗伯特·尼斯比特在他那本极富影响力的理论教材《社会学的传统》(Nisbet 1966)中,也完全没有提及芝加哥。

到了1960年代后期,这一状况有所改变。戴维·马茨阿(David Matza)的《成为越轨者》(Becoming Deviant)是1960年代末社会学的一本重要著作,它是与芝加哥学派的对话,并在书中明确地使用了这个词。此外,曾在芝加哥大学本科生院任教的刘易斯·科塞(Lewis Coser),在他那本十分畅销的《社会学思想名家》(Masters of Sociological Thought)(1971,1977第二版)中,的确囊括了罗伯特·帕克、乔

---

④ 阿里汉是哥伦比亚大学哲学专业的学生。我没有证据表明她的著作反映了机构之间的敌对,然而在她的导师之中至少有一位哥伦比亚社会科学的著名学者,那就是罗伯特·麦基弗(Robert MacIver)。

治·赫伯特·米德,以及后来的 W. I. 托马斯与弗洛里安·兹纳涅茨基(Florian Znaniecki)。但是,1970 年代和 1980 年代的教材一般仍然只在有关都市分析的章节中,给予芝加哥学派一两个段落的描述。如果教材做的是软性社会学,那么也可能在讨论互动和符号时提及芝加哥。事实上,直到现在教材对芝加哥学派仍没有更多的提及。(文献回顾参见 Brunt 1993。)

在更大范围的学科视域下,芝加哥的相对不可见性有一系列明显的缘由。从 1940 年代往后,社会学很大程度上开始认为其本身是一门科学,对被其界定为前科学的过去,就不再感兴趣了。⑤ 此外,主导这种变化的定量派与另一个系(哥伦比亚大学社会学系)有着很强的联系。这种不可见性也体现出社会学中对韦伯-涂尔干谱系的制造,尤其是塔尔科特·帕森斯(Talcott Parsons)进行的制造,直到 1970 年代后一代学人坚持将马克思迎入众神殿,这个谱系才会有所改变。老芝加哥人的社会学因此既与新的定量研究相对立,也与东海岸新的理论希望的对自身的界定相对立。一方面它既不是大量基于统计的研究,另一方面它也是非欧洲的研究。

然而第二章揭示,即使在芝加哥人自己的头脑中,也没有真正清晰的芝加哥学派的观念,直到 1950 年代初这一现象衰落了,才似乎需要它的支持者将它客观地概念化。内部的弱点(布鲁默、沃思和休斯之间的争吵)和外部的威胁(哈佛大学和哥伦比亚大学的主导地位)共同最终使得一种紧密团结的意识形态变得重要起来。

---

⑤ 讽刺的是,相同的对于科学精英主义的指责也针对芝加哥学派本身。参见 Bulmer 1984 和 Deegan 1988。

主要的历史编纂

关于芝加哥学派的历史书写，大致可以划分为三个主要时期。第一个时期浓缩了有待研究的事物的形象。第二个时期产生了全面的历史解释。第三个时期带来了修正主义和复杂化。显然这三个时期只是粗略的界定，但是它们有助于指导我们的分析。

早期阶段包括1960年代和1970年代。R. E. I. 法里斯的《芝加哥社会学，1920—1932年》(Chicago Sociology, 1920-1932, 1967第一版)与詹姆斯·凯里(James Carey)的《社会学与公共事务》(Sociology and Public Affairs, 1975)都是代表性著作。法里斯是第一个芝加哥学派时期的一名学生，而凯里(也是芝加哥大学的博士)针对那一时期的学生收集了丰富的访谈资料。法里斯的著作坚持认为曾经存在芝加哥学派这样一个事物。他不仅指出了学派主要的学者：帕克、托马斯、伯吉斯和法里斯，并且坚持主张这个传统有三个部分：社会生态学、都市研究和社会心理学。⑥ 凯里的解释强调了芝加哥学派社会学家与社会学圈外不同群体之间坚实的关系，包括改良者、专业人士、市政官僚，等等。凯里认为芝加哥的力量主要来源于它极其积极地参与公共事务。他也详细追溯了第一个芝加哥学派时期学生和教职人员的背景和经历。

---

⑥ 这个观点直接源于学系的自我认知，正如在第二章讨论1950年代初期的争论时所阐明的那样。但是当罗伯特·帕克这些自称的传人围绕其遗产争吵时，这个观点会反复受到质疑。小法里斯在该书中将父亲法里斯作为核心教师成员的代表，不只是出于孝心。法里斯著述甚少，但他是一位有影响的老师。

如同大多数早期有关学术运动的历史编纂一样,这两本著作都强调了个人。在他们的描述中,罗伯特·帕克是绝对的核心,而托马斯、沃思、布鲁默,甚至该系创建人阿尔比恩·斯莫尔也都被极力描绘成不只是行政管理上核心的组织者,也是独特的个人力量。早期阶段的另一本著作延续了这种个人主题,那就是威妮弗雷德·劳申布什(Winifred Raushenbush)关于她前雇主罗伯特·帕克的传记,这本广受欢迎的书于1979年面世。*

第一阶段另一本奠基性著作是莫里斯·贾诺维茨的新丛书社会学遗产(Heritage of Sociology)中的一本,詹姆斯·肖特(James Short)编辑的文集《大都市的社会构造》(The Social Fabric of the Metropolis)。肖特是第二个芝加哥学派时期的一名研究生,他将一系列体现原初芝加哥学派风格的经典文章汇编成书。

我在前文中提到,在其历史描述的早期阶段,芝加哥学派在关于社会学理论和历史的文集中也占有一定的地位。即使是1970年代的新一代激进学者也与芝加哥学派对抗,这一事实证实了它在学科意识中不断提升的重要性。虽然阿尔文·古尔德纳(Alvin Gouldner)在《西方社会学正在到来的危机》(The Coming Crisis of Western Sociology)一书中,为了开动火力批判帕森斯,很大程度上绕开了芝加哥学派,但是赫尔曼·施文丁格(Herman Schwendinger)和茱莉亚·施文丁格(Julia Schwendinger)[在《讲坛社会学家》(The Sociologists of the Chair, 1974)中]用大量笔墨为芝加哥学派贴上资本主义奴仆

---

* 威妮弗雷德·劳申布什曾经担任罗伯特·帕克的助理,她撰写了《罗伯特·E. 帕克》(Robert E. Park)一书。——译者

的标签。⑦后来丹尼斯·斯密斯在《芝加哥学派》(*The Chicago School*)中评论,施文丁格夫妇的话"微弱地让人回想起 1880 年代或 1890 年代的威斯康星或堪萨斯"(Smith 1988: 15-16)。他们勉强将这些芝加哥学者塞进他们的条框里,强行否认阿尔比恩·斯莫尔对于马克思的惊人崇拜,并将米德和托马斯作为心理还原论者,描绘他们无情的社会心理学。他们还称帕克和伯吉斯为技术统治论者,致力于"最荒谬的故弄玄虚的抽象"。⑧这种对于芝加哥学派激烈的批评一直延续至今(例如 Satzewich 1991)。

这些肯定和否定的著述,稳固地建构了作为历史编纂对象的"芝加哥学派"。到了 1980 年,时间、地点、人物和思想都被框定和描绘进来。1970 年代末和 1980 年代初对于芝加哥学派的研究越发成熟和明晰。新的解释主要来自弗雷德·马修斯(Fred Matthews)、保罗·洛克(Paul Rock)、戴维·刘易斯(David Lewis)和理查德·斯密斯(Richard Smith),以及

---

⑦ 因此施文丁格夫妇的分析将目光投向了加布里埃尔·科尔克(Gabriel Kolko)、詹姆斯·温斯坦(James Weinstein),以及其他的"法团自由主义"(corporate liberalism)理论家,在施文丁格夫妇撰写该书时,"法团自由主义"这个术语已经开始淡出人们的视野,取而代之的是新劳工史学家和其他人更复杂和更微观层次的马克思主义概念。

⑧ 这个标签之所以更加引人注目,是因为自从 1950 年代以来,在宽泛意义上芝加哥被等同于美国社会学会主流政治的反对派,部分原因是芝加哥与社会问题研究会(Society for the Study of Social Problems)的结盟。到了 1960 年代,芝加哥传统被宽泛地界定为对抗的和激进的。的确,C. 赖特·米尔斯(C. Wright Mills)在他 1943 年的论文《社会病理学家的专业意识形态》(*The Professional Ideology of the Social Pathologists*)中,将相当数量受芝加哥影响的学者视为保守派,他们推崇乡村价值,也不愿意将社会中的结构性问题理论化。然而米尔斯的论文不仅没有提及芝加哥的名字,也确实考察了许多与芝加哥毫无联系的学者。我将在第二章末尾更细致地讨论这个问题。

马丁·布尔默。1977年，思想史学家马修斯出版了详尽研究罗伯特·帕克的大部头著作。他认为帕克要远比传统迷思塑造的要更复杂。他家庭生活的复杂性、强烈的使命感、成功和失败的奇特混合，共同构成了一种令人晕眩的组合。然而对于马修斯来说，帕克的最终核心并非他的思想本身，而是他对于调查的特定立场，以及对于社会学研究工作的态度。

相比之下，在刘易斯和斯密斯的解释中，帕克消失了。两人完全聚焦于社会心理学的议题，忽略了芝加哥三条腿中的另外两条：生态学和都市研究。他们的主要目的是揭示米德实际上并非芝加哥传统的核心。他们从一开始，就将芝加哥传统界定为只由符号互动论所构成，认为其是杜威-托马斯-库利-布鲁默的社会心理学，锚定于在互动中发展和维系的社会自我概念。他们反驳道，米德属于实用主义的"社会唯实论"（social realist）一脉，因此反对符号互动论的"唯名论"（nominalist）社会心理学。在刘易斯和斯密斯看来，布鲁默以及后来的梅尔策、佩特拉斯和雷诺兹等学者对米德遗产进行了选择性的重新解读（Meltzer, Petras, Reynolds 1975），对其的批评正是二人的主要目的。⑨

保罗·洛克（Rock 1979）的立场介于马修斯与刘易斯和斯密斯之间。对于他来说，虽然符号互动论是芝加哥的核心，但是帕克通过将社会生活的直接研究与格奥尔格·齐美尔的形式主义相结合，在这个核心的塑造中发挥了重要作用。事实上，洛克在阐释实用主义在符号互动论中的角色时，他也注意追溯欧陆哲学（齐美尔和帕克上溯康德，库利、杜威和米德上

---

⑨ 在刘易斯和斯密斯的论述中，帕克只不过是另一位符号互动论者（Lewis and Smith 1980: 5）！

溯黑格尔）对于符号互动论的影响。洛克极力强调符号互动论的口述与碎片化性质，在他眼里，这是一种似乎要实践它所鼓吹的流动性、过程与变迁的社会学范式。在洛克看来，这些特质使符号互动论受到更为系统化的、经过了严密知识构建的社会学研究的攻击。

相比所有这些学者，马丁·布尔默则聚焦于芝加哥学派的制度结构。对于他来说，本质的问题既非个人，也非思想，而是研究资金的结构、社会科学部门与当地社区研究委员会的组织，尤其是伯吉斯利用托马斯和帕克提供的理论装置，建立一种松散的框架将芝加哥人的各种方法和调查拼凑起来的能力。在布尔默看来，大多数对于芝加哥的阐释似乎都过分强调定性方法，他通过强调多样性尝试加以补救。（他明显想到了刘易斯和斯密斯。）布尔默也第一个注意到了"历史时刻的创造"，探询芝加哥社会学何以迅速繁荣、如此多产，又迅速衰落。[13]

到了1980年代中期，主要的历史解释中芝加哥学派的形象清晰了许多，可看起来相当分裂。在洛克、刘易斯和斯密斯的解释中，极力将芝加哥学派等同于社会心理学。作为托马斯和米德心理学基础的互动论实用主义，并没有被追溯到其他领域。相比之下，在马修斯和布尔默的阐释中，芝加哥学派的核心是田野调查和生态学传统，然而两位作者都看到了它与社会心理学的结合，尤其是在托马斯那里。第二章表明，这种分裂的形象部分反映了传统自身内部的分裂，到1950年代初，即第二个芝加哥学派的全盛时期，学系中社会心理学和社会组织阵营的对立已经表现得很明显了。

然而正如林恩·洛夫兰德（Lyn Lofland）在一篇精彩的文章中所指出的，"'芝加哥学派'是一种投射装置（projective device）。对于它的描述，对做描述的人的揭示，似乎与对这个现象本身的揭示一样多"（1983: 491）。历史学家笔下逐渐清晰的形象并没有渗透进入普遍意识，这使得很多人继续为了当前的知识目的，任意使用芝加哥传统。这些基于现实目的的解释中，最经久不衰的来自贝蕾妮丝·费舍尔（Berenice Fisher）和安塞姆·斯特劳斯（Anselm Strauss），他们在一系列文章和著作的章节中（Fisher and Straus 1978a, b, 1979a, b），探讨并强调了托马斯以降整个芝加哥传统的互动论和过程性特征。费舍尔和施特劳斯不像大多数回顾性作者，他们强调这个传统的多样性，可他们与许多的历史学者不同，相信多样性遮蔽了一种潜在的知识连贯性。

1970 年代末 1980 年代初，芝加哥学派也在欧洲学界首次登场。1979 年，伊夫·格拉夫梅耶尔（Yves Grafmeyer）和伊萨卡·约瑟夫（Isaac Joseph）将帕克、伯吉斯和麦肯齐重要的理论文集《城市》（*The City*）翻译为法文，连同齐美尔相关的论文和沃思著名的文章《作为一种生活方式的都市主义》（Urbanism as a Way of Life），以及一篇作为全书导言的阐释性文章结集出版。[*]更重要的是，瑞典人类学家乌尔夫·汉纳兹在他的《探索都市》（Hannerz 1980）一书中用很大篇幅论述了芝加哥学派，尝试建立和构筑都市人类学领域。汉纳兹将都市民族志研究应用于人类学这一颇具争议性的目的，有时候压倒了他对于社会学学者的历史阐释。但是该书关于芝加哥民族志学者的章节，确实详细描述了若干重要著述；另有一章专门讨论了欧文·戈夫曼（Erving Goffman）（如戈夫曼经常对自

---

[*] 该著作为伊夫·格拉夫梅耶尔和伊萨卡·约瑟夫编辑的文集《芝加哥学派》（*L'école de Chicago*），巴黎：奥比埃出版社，1979 年。——译者

己的界定,将他界定为"一名真正的人类学家");沃思的论文《作为一种生活方式的都市主义》,则是另一章的基石。实际上,沃思的论文早已受到欧洲学者的关注,到1970年曼纽尔·卡斯特尔对它进行马克思主义式的抨击(Castells 1968)时,其已经开始获得经典地位。

1980年代末,爆发了第一波修正主义,1990年代达到了高峰。第一个修正来自李·哈维的著作(Harvey 1987a),他揭露了芝加哥学派的各种"迷思"。哈维的著作包含了有关学系及其成员特别多行政管理方面的细节,但是其主要目标(在书中很大程度上实现了)是揭示芝加哥并不为社会改良所主导,不反对理论,也不是教条式的定性研究,更不为米德派主导。他进而认为1935年后该系的历史并不是背叛,而是原初视野的受限和僵化。到了1950年代,芝加哥传统原初的兼收并蓄,已经变成这些迷思对辉煌岁月的投射:米德派、教条式的定性研究,甚或教条式的民族志研究。因此,这些"迷思"是一种后来当下的现实(the realities of a later present),事实上就是第二个芝加哥学派的现实。

1980年代末,玛丽·乔·迪甘(Mary Jo Deegan)、丹尼斯·史密斯和罗尔夫·林德纳(Rolf Lindner)出版的著作带来了更大冲击。这三本书都将芝加哥学派重新嵌入更大的传统之中。对于迪甘来说,这就是由简·亚当斯(Jane Addams)代表的社会改良和参与传统。迪甘(Deegan 1988)通过深入挖掘档案,强调芝加哥前帕克时代的人物(斯莫尔、米德和托马斯)与社会改良运动之间紧密和互惠的关系,这种联系随着帕克的到来,被他将社会调查"科学化"的努力所打断。

迪甘这个富有争议的论题,不仅要确立与芝加哥学派关联的思想的女性根源,也要指出学派对于女性的忽视,因而将她引向了深入分析人际关系的策略。但是芝加哥学派与社会改良者之间的普遍关系是一个更大的历史问题,刚刚开始得到探讨。布尔默也用了大量篇幅讨论芝加哥学派与社会调查运动之间的关系,后者是指由改良派所做的一类非学术性经验调查。他或多或少接受了芝加哥学派自身的判断,认为其与该运动之间存在差异,差异在于学派不断增加的理论和"科学"特征。[10]当其他人还没有研究社会调查运动中最大的一次尝试——匹兹堡调查(the Pittsburgh Survey)的时候(Greenwald and Anderson 1996),布尔默等人已经相应详尽地研究了这场运动(Bulmer, Bales, and Sklar 1991)。这些著述清楚地表明,在方法论上芝加哥学派从调查传统中吸收了很多,并且毫无疑问是其最直接的继承者。普拉特(Platt 1994)也表达了相同的观点。

丹尼斯·斯密斯关于芝加哥学派的著作与迪甘的同一年(1988)出版,采取了一种非常不同的总体性社会批判的语境。斯密斯的书回应了自施文丁格夫妇开始的对芝加哥学派的激烈批判。在斯密斯看来,芝加哥学派构成了对资本主义的自由批判,确切地说是在接受美国民主基本框架前提下的严肃批判。这个解释意味着斯密斯只将第一个芝加哥学派视为更大传统的一部分,即从阿尔比恩·斯莫尔,经由托马斯和帕克,到沃思和威廉·奥格本,最终延续到贾诺维茨的芝加哥社会学传统。虽然符号互动论者多年来一直主张芝加哥传统经过长期演变,而不是以短暂的时间间隔为界,但这是对传统中另一条这样的

---

[10] 对于社会科学中的渐进主义,一个有趣的说明是汉纳兹就像在他之前的许多人一样,恰恰因为相反的理由(即非理论性)抨击芝加哥学派。

"长链条"的首次辨认。⑪

在这个时期,第三部重要的修正主义著作是罗尔夫·林德纳的《都市文化的新闻报道风格》(*The Reportage of Urban Culture*),1990 年以德文首次出版(1996 年英译本出版)。不同于迪甘在调查和改良传统内部对芝加哥学派的定位和理解,也不同于斯密斯对更悠久的理论性社会批判传统的综合,林德纳将帕克视为芝加哥学派的重要化身,并将他直接置于世纪之交新闻报道的传统中。尽管林德纳认识到帕克也继承了马林诺夫斯基田野调查传统的谱系,但是他发现其与新闻业惯习的联系更强。⑫ 同时他也对芝加哥学派与改良主义传统的关系提供了细致解读,他觉得芝加哥学派只是部分地从这种传统中解放了出来。实际上,他认为"1920 年代的芝加哥社会学成为了两种不同文化潮流的交汇点,一个潮流的原型是改良主义者,另一个潮流的原型是新闻记者"(Lindner 1996: 199;着重号为原书所有)。

在 1980 年代后期,所有修正主义的著作都将芝加哥学派重置于更大的历史潮流之中。斯密斯采取了简单的形式,认为两次世界大战之间的芝加哥学派实际上是更大且连续的芝加哥传统的一部分,而这个传统本身是对资本主义的自由主义批判的一部分。在迪甘、普拉特以及其他研究调查或改良传统的学

---

⑪ 都市主义的新芝加哥人形成了一支"芝加哥的非正规军",并于 1969 年创办了《都市生活》(*Urban Life*)期刊(参见 Thomas 1983a),他们往往认为芝加哥传统批判性不够。随着"批判民族志"不可避免的出现,这个论点变得更加有力,而批判民族志脱胎于旧民族志中的激进主义传统(参见 Thomas 1983b)。

⑫ 最近德国学者发现了一系列关于柏林的重要新闻报道,有着与(后来)芝加哥学派作品令人惊奇的相似性,从而进一步了巩固了存在这个谱系的观点。参见 Jazbinsek and Thies 1997 和 Smith 1979。

者看来，第一个芝加哥学派需要被置于对于社会进行形式研究的更大转向中去，这个转向源自19世纪末和20世纪初的改良主义。在这样一种语境下，芝加哥社会学似乎更少革命性，因为都市民族志和调查先前已有很长一段历史。一个相似可源头不同的论点是林德纳将帕克的立场归为新闻业传统。至于芝加哥学派与写作和文学之间的联系，一系列追溯芝加哥学派和文学小说之间联系的论文也论及了，例如林德纳（Lindner 1993）讨论了詹姆斯·T. 法雷尔（James T. Farrell），科特（Cote 1996）比较了布鲁默和斯坦贝克。

尽管在芝加哥学派的历史编纂中，这些各种各样的修正主义确实代表了一个转折点，但是他们之中没有人提出了全新的观点。斯密斯的芝加哥传统业已持续了多个时期的思想，早已为费舍尔和斯特劳斯悠久的互动论传统的概念所预示。同样地，学派与改良派之间的联系，在一般历史文献中司空见惯。关于文学的论点，有一个非常出色的原型，就是理查德·赖特（Richard Wright）为《黑都市》（*Black Metroplis*, 1945）撰写的极富激情的导言：

> 我怀着写作和讲述我的故事的愚蠢渴望逃入都市，在都市中又饿又怕地活着，感受到死亡和希望极端的可能性。但是我并不知道我的故事是什么，而直到我遇上科学，才发现打击和冥落我的环境的某些意义。……芝加哥大学社会学系汇集起来的堆积如山的事实，第一次让我实实在在地看到了塑造都市中黑人身体和灵魂的力量。……如果你读了我的小说《土生子》，质疑小说人物比格·托马斯的真实性，那看看这本书中所引用的青少年犯罪率吧。（1945: XVII-XVIII）

第一章 芝加哥学派的历史编纂

我应该以对芝加哥学派学术兴趣中特定主题的历史的讨论来结束这一部分。这包括对理论和方法的专门评述，以及诸如雷诺兹（Reynolds 1995）卓越的著述，他通过对芝加哥学派的学者约翰·兰迪斯科（John Landesco）职业生涯的研究，对犯罪学史进行了狂想化的重新解读。

在对芝加哥理论遗产进行编纂整理的努力中，互动论者－实用主义者的谱系得到了最为明确的说明。（由于这个谱系高度的现在性，我会在后文中予以讨论。）但是也存在对芝加哥学术史其他零散方面的历史解释，如布雷克（Blake 1978）关于帕克的集体行为理论的研究，拉佩里埃（Laperrière 1982）关于第二个芝加哥学派的研究，贾沃斯基（Jaworski 1995）关于齐美尔对斯莫尔、帕克和休斯的影响，与帕克和休斯对戈夫曼的影响的研究（1996），以及伯恩斯（Burns 1996）关于芝加哥学派和实证主义的研究等。

很少有著作专门关注芝加哥学派的方法。直到1980年代中期，奥伯肖尔（Oberschall 1972）早年的简短研究仍然是唯一关于方法论历史的专门探讨。还有一些关于民族志的研究（例如 Jackson 1985; Adler, Adler and Rochford 1986），以及博德曼（Bodemann 1978）对芝加哥学派"参与式民族志"有趣的积极解读。近年来，关于民族志的书写已经变得更侧重文本或批判，而不是历史。邓津（Denzin 1995）就从文本角度对于一部芝加哥经典做了非常重要的重新解读。[13]

---

[13] 我也应该指出伯伦等人（Boelen et al. 1992）对威廉·富特·怀特（William Foote Whyte）《街角社会》的评述。尽管怀特在开始研究生学业前已完成了该书初稿，但是它确实是他在芝加哥大学的博士论文，也一直是芝大出版社最畅销的社会学专著。参考怀特和沃纳，普拉特（Platt 1996: 265 注 16）提出了民族志"哈佛学派"的可能性。

其他的方法论领域研究很少。哈默斯利（Hammersley 1989）对布鲁默毕生关于社会学方法论相当复杂的反思做了有益总结。费尔赫芬（Verhoeven）1993年发表了他1980年对戈夫曼的访谈，记录了第二个芝加哥学派之中一位著名内部成员关于方法的观点。普拉特对第二个芝加哥学派方法的综合分析（Platt 1995）翔实精彩。然而布尔默的著作仍然是论及第一个芝加哥学派方法时的主要文献来源。[不过普拉特的社会学方法通史（1996）作为参考文献也很重要。] 奇怪的是，几乎没有论及生态学的著述。虽然对于作为方法的生态学的历史有一些单篇的评论（例如 Burns 1980; Helmes-Hayes 1987），但是没有持续的探讨。有关它的理论史，参见盖兹亚诺（Gaziano 1996），以及马里内斯、布里奇斯和厄尔默（Marines, Bridges, and Ulmer 1996）的著述。

这些特定主题的历史，不仅没有挑战反而巩固了早先提出的一般性解释。芝加哥学派主要的历史编纂有相当简单的脉络。头30到40年，对芝加哥学派的回顾满怀钟爱，却有些缺乏系统，1970年左右其首次得到了正式的历史呈现。正是在这个时候，特定时期和特定人物，被牢牢确定为一个芝加哥学派。在接下来的十年中，学者逐步用各类著作赋予这个形象实质性内容，其中大多是传记式的著述。到1980年代初，学派的形象已经足够清晰，对它有了认真总结的著述与全面的研究，以及一些富有争议的著述去挑战那些被看作标准的解释。到1980年末，这些争论带来了全面的修正论。迪甘、斯密斯和林德纳等学者，寻求将芝加哥学派重置于更大的调查和改良运动潮流之中，认为其并非某个孤立的时刻，而是持续存在的主题的一个实例。

其他类型，其他视野

在对芝加哥学派明确的历史研究之外，还有许多其他著作。它们之中的一些把芝加哥学派看作一种社会现象。其他人则主要聚焦于它的知识贡献。这些著作实质上是为了当前争论中的现实目的而援用芝加哥学派的观点。

"社会现象"体（the "social phenomenon" style）的第一种类型，由赞美芝加哥传统的著作构成。其最简单的形式就是所谓"制造芝加哥"的类型，这类著作有意地创造一个特定版本的芝加哥学派的过去。关于芝加哥历史编纂的独特事实是，这类制造持续到了现在。知识传统经常从其圣徒式的内部人那里得到对自身的首次系统阐述，可随着一门学科的过去相对于其前沿来说不再重要，人们期望历史学家接管它的过去。然而社会学家仍然经常宣称自己是罗伯特·帕克、赫伯特·布鲁默，抑或埃弗里特·休斯的继承者。

毫无疑问，第一个芝加哥学派最勤勉的回顾者是莫里斯·贾诺维茨。贾诺维茨本身就是战后芝加哥的毕业生，1962年他回到芝加哥，自封为过去的提倡者。在那里他推出了社会学遗产丛书，尽管丛书名称宽泛，但它最初只再版芝加哥教员和学生的著作，包括斯莫尔、沃思、帕克、伯吉斯、奥格本、弗雷泽和托马斯。丛书也囊括了帕克和伯吉斯1921年的著作，詹姆斯·肖特（Short 1971）汇编的芝加哥的短篇经典，以及R. E. L. 法里斯1920年代讨论社会学系的著作（它在外社首次发行后，于1970年再版）。布尔默1984年的历史研究以后也是遗产丛书的一卷，莱斯特·库尔茨有着长篇幅导论的极为丰富的书目介绍（Lester 1984）也将被列入。⑭

　　贾诺维茨自己很少有关于芝加哥学派的著述，他主要的贡献是社会学遗产丛书中，为帕克和伯吉斯的教材，以及托马斯的著作合集撰写的导读。毋宁说，他试图通过在当下重塑过去来赋予过去以实在。首先，他主持聘请了杰拉尔德·萨特尔斯（Gerald Suttles），后来他成为了新一代中核心的民族志教师。（贾诺维茨引导人进入田野，但是并不指导他们的田野工作。）其次，尽管贾诺维茨个性粗暴，但有时候也正因为如此，他启发了一代学生：威廉·科恩布鲁姆（William Kornblum）、艾伯特·亨特（Albert Hunter）、查尔斯·博斯克（Charles Bosk）、鲁斯·霍罗维茨（Ruth Horowitz）、托马斯·古特博克（Thomas Guterbock）、詹姆斯·雅各布斯（James Jacobs）、罗伯特·伯西克（Robert Bursik）以及其他人。在这些举措下，他重建了民族志、生态学，以及对于他来说是芝加哥传统核心的常识理论化的并立。⑮

---

⑭　令人吃惊的是，早期的几卷还包括影响了芝加哥学派的欧陆思想家，然而在帕森斯的经典中，这些人却被忽视了，最明显的例子莫过于齐美尔。库尔茨（Kurtz）是贾诺维茨的学生，也是芝加哥研究生联合会"社会研究会"的主席。在推动芝加哥学派的历史编纂方面，贾诺维茨的努力很可能发挥着很重要的作用。当然，没有任何其他美国社会学家群体，成为如此引人注目和充满活力的传统的主题。虽然哥伦比亚大学在1950年代的鼎盛时期为人所铭记，但是它没有成为一个学派。诚然还有新功能主义者，然而除了经由"新"标签的精妙援用外，战后哈佛大学的卓越一代仍然没有被贴上学派的标签。即使"学派属性"除了自我意识没有其他标准，芝加哥仍然会通过检验。

⑮　如前所述，贾诺维茨时代偶尔被称为第三个芝加哥学派。然而它是回音的回音，在一个为詹姆斯·科尔曼（James Coleman）、利奥·古德曼（Leo Goodman）等人主流的定量研究工作主宰的系里，是一种相对次要的存在。事实上，即使第二个学派也只是当时学系故事中的一部分，因为它与实质人口学（substantive demography）、调查分析的强势项目，以及各种历史和其他研究工作并存。这些传统的分离很大程度上是回溯性的。例如，戴德利·邓肯（Dudley Duncan）认为他自己既是奥格本的学生，也是布鲁默的学生。

贾诺维茨虽然是关于芝加哥的过去最勤勉的创造者,但他绝不是唯一一个。加里·法恩1995年主编的《第二个芝加哥学派?》,也是"制造芝加哥"类型的例证。该书在一个又一个的领域中,追溯了一种共同的思维模式,其源于社会心理学、田野调查与人类生态学等传统关注点。它采取了一种离散视角。该书认为,第二个芝加哥学派由1945—1955年间优秀的学生构成,他们带着自己的思想,前往迅速扩张的美国大学系统中任教。对于法恩著作中的大多数作者来说,他们自身是战后芝加哥的学生一代(因而应该是第一个芝加哥学派的徒孙),在1950年代末,芝加哥自身似乎也为主流的定量社会学所把控,结果芝加哥学派的立场不得不随着它的系友转移到其他大学的社会学系。[16]

在简单的传统制造之外,还有更多纪念性著述,其目标是提醒读者注意来自芝加哥传统的人物和思想,并不涉及重新解释这种传统的分析性尝试。这类纪念性著述经常围绕老一辈的回忆录组织材料。一个重要例证是1983年《都市生活》(第11

---

[16] 第二个芝加哥学派的概念提出很久了;参见拉佩里埃(Laperrière 1982)。如同第一个学派的大多数形象一样,法恩的书(Fine 1995)中第二个学派的形象在很多方面都略去了历史。战后芝加哥大学优秀的一代,既包括戴德利·邓肯、艾伯特·赖斯(Albert Reiss)、莱因哈德·本迪克斯(Reinhard Bendix),也包括了霍华德·S. 贝克尔(Howard S. Becker)、拉尔夫·特纳(Ralph Turner)和阿诺德·罗斯(Arnold Rose)。此外在战后,哈佛大学和哥伦比亚大学很快就培养了同样杰出和多元的一批人。造就了战后优秀一代的是被积压的人才供给,而不是某些地方的魔力。真正区别第二个芝加哥学派与这些哈佛和哥伦比亚群体的,很大程度上是它对第一个芝加哥学派的关注,以及事实上对其的回溯性客观化(retrospective objectification)。参见第二章。在老芝加哥的"创造物"之中,我也应提及戴维·梅因(David Maine)对布鲁默勤勉的改造。

卷，第 4 期）的纪念特刊"芝加哥学派：传统与遗产"。*在这期特刊中，内尔斯·安德森和鲁斯·卡文追忆了 1920 年代，乔恩·斯诺德格拉斯（Jon Snodgrass）重访了当时已是老人的一位盗匪，**马丁·布尔默撰写了关于社会研究会（1920 年代的校友会，后来的系研究生联合会）的文章，艾伯特·亨特、詹姆斯·托马斯和林恩·洛夫兰德反思了芝加哥传统对当下的影响。毫不奇怪的是，考虑到刊发这组文章的期刊，绝大多数作者都从都市民族志的角度来界定芝加哥传统。但是这组文章至少识别出了社会心理学的侧重点，也提到了学系对米德的忠诚（三年前为刘易斯和斯密斯所极力否认）。然而该系定量的一面，甚至生态的和空间的传统确实几乎完全消失了。

1988 年《社会学视野》刊发了同样的纪念特刊。***关于第一个学派时期，有来自金博尔·扬（Kimball Young）的回忆，他的个人记忆虽然充斥着事实性错误，但是包含了重要而有用的事实。关于第二个学派时期，有来自拉尔夫·特纳和伯纳德·法伯（Bernard Farber）的回忆。乔纳森·特纳（Jonathan

---

* 该期刊现名为《当代民族志期刊》（*Journal of Contemporary Ethnography*），曾用名《都市生活与文化》（*Urban Life and Culture*, 1972—1975）、《都市生活》（*Urban Life*, 1975—1987）。——译者

** 在 1920 年代和 1930 年代，克利福德·R. 肖基于生命史方法，收集了数百个芝加哥罪犯的自传，在 1930 年出版了《盗匪：一个不良少年自己的故事》（*The Jack-Roller: A Delinquent Boy's Own Story*）一书，讲述了一个名为斯坦利的年轻盗匪的生命故事。从 1976 年起，乔恩·斯诺德格拉斯开始了一项对他的追踪研究，并于 1982 年出版了《70 岁的盗匪：一项 50 年后的追踪研究》（*The Jack-Roller at Seventy: A Fifty Year Follow-up*）。——译者

*** 此处指《社会学视野》（*Sociological Perspectives*）1988 年 7 月第 31 卷第 3 期。——译者

Turner）提出一个奇怪论点，指责芝加哥导致当代社会学不信任一般性理论，过于依赖第一手的经验材料和定量分析。在这期文章中芝加哥的形象更模糊，是民族志和定量研究工作的折中混合。[17]

一个相关类型是"传承的系"的文献，追踪流散到纽约市立大学（Kornblum and Boggs 1986）、亚利桑那州立大学（Ohm 1988）、堪萨斯大学（Van Delinder 1991）和布兰迪斯大学（Reinharz 1995）等地的传人。几乎所有这类文章都感叹芝加哥1950年的转向脱离了它的根基，第二章将要表明，这种转向既是偶然的，也是有限的。

最后一个类型将芝加哥学派作为一种社会现象，较少涉及对它的想象和赞美，而是将其视为"学派性"（schoolness）的典型案例。这个传统中重要的论文是爱德华·蒂尔阿肯的《社会学发展中学派的意义》（Tiryakian 1979）。蒂尔阿肯强烈反对按照伟大人物、纯粹思想或是一般历史背景书写的社会科学历史。他认为社会学的中心是学派——有着个人联系的学者群体，拥有一个卡里斯玛型领袖，共享经验实在的特定范式，以及一系列关于如何调查研究的假设。蒂尔阿肯将卡里斯玛型领袖刻画成有着伟大思想，但通常无法将他对世界的创新观点用日常语言表述的人物。追随者和辅助者实际上传播了信息。

---

[17] 我绝不敢肯定我已经找到了所有发表的关于芝加哥的"回忆"。也可参见洛夫兰德1980年发表的文章《经典芝加哥的回忆》（Reminiscences of Classic Chicago），它是1969年布鲁默与休斯一次公开对话的记录稿。其中最佳的引述是休斯的话："我不喜欢讨论芝加哥学派或任何其他类型学派的想法……如果你愿意，你就继续做你的芝加哥学派吧。"马克思也不是一名马克思主义者。

蒂尔阿肯的模型基于涂尔干学派和帕森斯学派（Tiryakian 1979: 232 注 8）。虽然芝加哥学派的说法显然只是他的论点逻辑强加于他的，但是他的文章引发了一系列追随者的文章，其中聚焦于芝加哥学派的数量惊人。福特（Faught 1980）从蒂尔阿肯的论点出发，阐释了休斯的职业生涯。布尔默（Bulmer 1985）如同蒂尔阿肯那样，重新审视了相同的经验领域，并且得到了相似的理论结论；一个核心人物、本系的支持，以及开放的学术环境，都是必不可少的。科特斯（Cortese 1995）也重申了相似的结论。相比之下，卡米克（Camic 1995）强调在形塑这个特定学系时，本系中偶然事件的重要性，尽管他在分析中接受了布尔默-蒂尔阿肯论述芝加哥的框架。另一方面，哈维（Harvey 1987b）质疑蒂尔阿肯的分析在很大程度上是由便利性决定的。

到此为止，所有这些类型的著述都将芝加哥学派视为一种社会现象，一种有着特定创始人和继承人的社会和文化结构。因此，他们对芝加哥学派的著述类似于更正式的历史分析，为芝加哥传统的制造提供了重要强化。然而更多文献是在当时争论的背景下援用芝加哥学派的大量思想，包括都市研究、种族与族群研究等。这些著述在此没有直接的关系，但是它们确实包含某些有价值的历史研究工作，并且相当重要，因为相比详尽的历史材料，它们拥有相当广泛的读者群。事实上，正是其芝加哥历史叙述界定了学派的公众形象。

这些著述的一部分是内部视角的，特别是在互动论共同体内大量关于芝加哥理论遗产的文献。这类著述经常采用追溯学派实用主义根源的形式，一种刘易斯和斯密斯（Lewis and Smith 1980），以及马修斯（Matthews 1985）在评述时遵循的

第一章 芝加哥学派的历史编纂

路径。费弗（Feffer）1993 年的著作强调实用主义的改良论，迪甘 1988 年的著作以及她对于"女性主义实用主义"的评论（Deegan 1996）也强调了这一点。乔阿斯的《实用主义与社会理论》（Joas 1993）是更理论化的叙述。邓津（Denzin 1996）为回应乔阿斯，将旧的实用主义重新解读为一种失败，并基于南希·弗雷泽（Nancy Fraser）的著作极力主张一种"后结构的"实用主义。一类相关（且相当复杂）的文献尝试提供符号互动论的核心定义，它们通常有赖于某种形式的历史论证。例如，参见梅尔策、佩特拉斯和雷诺兹的研究（Meltzer, Petras, Reynolds 1975）。洛克的著作（Rock 1979）是迄今为止其中最丰富的论述。另一个偏离通常路径的例子，是林考特和黑尔（Lincourt and Hare 1973）探寻昌西·赖特、查尔斯·桑德斯·皮尔斯和乔赛亚·罗伊斯对于互动论的影响。[*]

几乎所有这些著述给人的感觉是，历史细节远远没有它对今天谁是"正确的"符号互动论的影响重要。但事实上，大多数关于芝加哥学派思想的著述都是公开的现在论，明确将这些思想直接置于当前争论的背景之下。

到目前为止，这类实体性著述中的大多数都涉及芝加哥学派的都市观。为了这次评述而获取的文献中，超过四分之一在某种程度上都涉及都市研究。大量这类著述（将近三分之一）

---

[*] 昌西·赖特（Chauncey Wright, 1830—1875），美国哲学家和数学家，他是早期为达尔文主义辩护的有影响力的人物，对于诸如查尔斯·桑德斯·皮尔斯和威廉·詹姆斯等美国实用主义者有着重要影响；查尔斯·桑德斯·皮尔斯（Charles Sanders Peirce, 1839—1914），美国哲学家、逻辑学家、数学家和科学家，他有时候也被称为"实用主义之父"；乔赛亚·罗伊斯（Josiah Royce, 1855—1916），美国客观唯心主义哲学家。——译者

并不是用英文撰写的。国外对于芝加哥学派的关注,压倒性地是它有关都市的研究。(例如,关于芝加哥版本的社会心理学,国外只有一些相对零散的著述,当然,这种稀缺是相对于在这个主题上美国文献的丰富而言。)

大多数援用芝加哥学派的都市视角的著述,都将它作为当下争论的基础。典型文章的讨论方式是,芝加哥学派既开启了都市的形式研究,也提出了一种(生态和继替的)概念,而这种概念仅在过去25年来才受到挑战。1970年后,大多数著述都涉及各种政治经济学视角对都市生态视角的批判。勒巴斯(Lebas 1982)用很大篇幅回顾了这类文献。许多近来关于都市的著述,不可避免地包含对芝加哥学派思想或多或少的研究拓展。

都市主义者不同于互动论者,他们并不关心今天谁拥有遗产和著述。通常芝加哥学派或是作为传统被超越,或是作为正统被颠覆。因此关于芝加哥学派的都市观,很少有明确历史性的论述;芝加哥的著述仍然是当下的一部分。米勒(Miller 1992)的沃思研究与库克利克(Kuklick 1980)关于规划的注解是仅有的例外。米勒注意到沃思的观点逐渐发生了变化,从《贫民区》(The Ghetto)中相对标准的芝加哥式被动同化论(passive assimilationism),转换为更明确地受到个体主义和民主化的社会群体关系驱动的观点。库克利克的分析,指出了芝加哥学派思想对于联邦住房政策转变的影响,特别是继替思想对于将联邦抵押贷款评级集中于借贷者种族方面的影响。尽管在这个错综复杂的故事中,重要人物不是一名社会学家,而是经济学研究生霍默·霍伊特,他对于土地价值里程碑式的研究(Hoyt 1933)为新的联邦政策奠定了基础。(然而霍伊特受到罗伯特·帕克的深刻影响。基于手稿证据之上更多细节的讨论，可参见 Jackson 1985。）

在都市研究文献中，芝加哥学派仍然作为活跃的角色构建着这个舞台，因此较少吸引"历史的"关注，相比之下，在种族和族群研究文献中，芝加哥学派的观点在经历多年的湮没无闻后，今天正在经历广泛的历史性重估。当前对于族群和身份丰富的研究，使得许多研究者沿着不同的道路回溯到罗伯特·帕克。帕克有关种族关系的理论极大地形塑了美国种族的概念，既有直接的影响，也有通过重要的非裔美国学者的间接影响，诸如弗雷泽、约翰逊、凯顿（Cayton）和德雷克（Drake）（例如参见 Young 1994; Farber 1995）。帕克关于西海岸的白人和亚洲人的关系也有奠基性论述，余全毅（Yu 1995）还注意到，亚裔美国人和亚洲研究生因此开始源源不断进入芝加哥，一直到今天。其他芝加哥学者的著述还没有被彻底加以探讨。如沃纳在《黑都市》创作中的作用，沃思作为《美国困境》（*American Dilemma*）美国版的编辑的角色（Salerno 1987: 25），以及贾诺维茨对将关于黑人社会学家的会议论文收入社会学遗产丛书的支持（Blackwell and Janowitz 1974）都还没有为人所研究。当然，对弗雷泽的著述已经有大量分析，然而普拉特（Platt 1992）认为，芝加哥学派仅仅是弗雷泽故事中的一部分。

相比关于芝加哥学派的一般性著述，关于芝加哥种族和族群研究的著述的历史略有不同。1960 年代出现了大量对于帕克理论的抨击，源于米尔代尔（Myrdal）的《美国困境》及其对偏见的相对心理学的解释的持续影响。与此同时，大量著述旨在贬低弗雷泽，因为莫伊尼汉报告中利用了他的著述（事实上篇幅不大），*他不为自由主义者所喜欢。直到1983年，弗雷德·瓦克尔（Fred Wacker）发表了一篇针对整个争论的回应文章，通过表明帕克与在他之前的遗传论和种族主义思想彻底的决裂，将帕克重置于他的情境中。然而帕克和米尔代尔的对立仍让许多人着迷（例如 Henry 1995）。若干学者已经修正了弗雷泽的观点，他们之中最重要的一位是普拉特。

芭芭拉·拉尔（Barbara Lal）和斯托·珀森斯（Stow Persons）都撰写了关于族群和芝加哥学派的概括性著作。拉尔的《都市文明中的文化浪漫》（*The Romance of Culture in an Urban Civilization*）是一本修正主义的论述，指出了帕克的分析与都市少数族裔研究中新出现的主题的相似性。（拉尔的著作初稿是她的博士论文，先是在1980年代初以论文的形式发表，后在1990年作为专著出版。）拉尔强调帕克的主体性和文化主义的一面。尽管她因为帕克没有关注物质决定的更大结构而批评他，但是她强调帕克预见到了当前许多加之于少数族裔亚文化的积极解释。瓦克尔（Wacker 1995）采用相似的视角，将分析扩展到休斯、沃思，以及后来的芝加哥学者对于种族和族群的论述。

珀森斯的《芝加哥的族群研究》（*Ethnic Studies at Chicago*）比拉尔的著作更为全面，也更加公正。该书涵盖了从斯莫尔到休斯的芝加哥理论家，也明确研究了他们如何回应和再造所处时代的种族和族群态度这个更大的背景。珀森斯将托马斯，而

---

* 1965年3月，时任劳工部助理部长、社会学家丹尼尔·帕特里克·莫伊尼汉（Daniel Patrick Moynihan）发表了关于美国黑人状况的报告，题目为《黑人家庭：国家行动的理由》（*The Negro Family: The Case for National Action*），也被称为莫伊尼汉报告。——译者

不是帕克，作为芝加哥种族和族群著述中主要的思想者。他聚焦于同化的概念如何被具体化为一种普遍的定向过程，当休斯将种族和族群重新纳入由伯吉斯所强调的生态学框架时，这种具体化才得以消除。在珀森斯对于帕克和托马斯的详细讨论之外，他也将爱德华·路透（Edward Reuter）和E. 富兰克林·弗雷泽作为帕克传统下研究者的范例加以探讨。

都市和种族-族群研究文献都在芝加哥的历史中影响深远，女性主义文献却付之阙如。除了少数对于单个人物的研究［费什（Fish 1981）关于安妮·玛丽昂·麦克莱恩（Annie Marion Maclean），库伦特（Kurent 1982）关于弗朗西斯·多诺万（Frances Donovan）］外，玛丽·乔·迪甘的著述（如 Deegan 1988；1995；1996）差不多构成了有关女性与芝加哥学派的全部文献。迪甘的阐释是她建立一种别样的"女性主义社会学"的更大尝试的一部分，这种社会学产生于她所谓的"芝加哥网络"。迪甘1988年的著作，主要专注于一方面论证芝加哥学派的派生性质，另一方面论证它在专业顶尖岗位中有意地排斥女性。她很少着墨刻画学派理论立场上特别男性的一面。迪甘关于第二个芝加哥学派女性并不讨好的分析（收录于Fine 1995）也是如此，如同在这本书中洛帕塔（Lopata）的后记所呈现的那样，出现了预料之中的第二个芝加哥学派的强烈回应。

迪甘的著作也可以被视为在美国福利政治和活动中，女性中心地位的女性主义再发现的一部分，而这个领域先前的研究者从来没有成功使其他历史学者认识到这种中心地位。另一项有关改良派女性与芝加哥学派联系的研究，是珍妮弗·普拉特（Jennifer Platt 1992）有关埃塞尔·达默（Ethel Dummer）的一篇短论，后者是芝加哥的一位慈善家，除了普拉特强调的她在社会学中的作用，她也是威廉·希利（William Healy）和奥古斯塔·布朗纳（Augusta Bronner）有关青少年犯罪奠基性著作背后的重要推手。在希利和布朗纳前往波士顿之后，他们的研究路径在青少年研究中心（Institute for Juvenile）被建制化，正是在此基础上，芝加哥学派开展了青少年犯罪研究［例如思拉舍（Thrasher）和肖的著作］。

许多欧洲学者（尤其是德国人）对于芝加哥学派在传记分析中的角色给予特别关注。例如《身处欧美的波兰农民》（*The Polish Peasant in Europe and America*）中的社团传记（corporate biography）方法，尽管克利福德·肖和约翰·兰迪斯科将它应用于犯罪研究，但是它从来没有在美国流行起来。1939年赫伯特·布鲁默对于《身处欧美的波兰农民》众所周知的抨击，葬送了作为一种社会学方法的生活史分析，直到格伦·埃尔德（Glen Elder）1960和1970年代的著述才重新应用这种方法。而欧洲学者，尤其是德国社会学家，近来开始为托马斯的方法感到兴奋。1989年迈克尔·哈施尔德（Michael Harscheidt）出版了一本概述欧洲传统的书，对于计算机辅助传记分析方法的兴起进行了评论。（参见 Niemeyer 1989; Pennef 1990；以及 Chanfrault-Ducher 1995）。

传记分析的主题有助于链接到我最后想要提到的文献，即对于芝加哥学派本身的传记著述。关于芝加哥学派的著述经常聚焦于个体和个人，存在大量关于学派领导人的传记文献并不奇怪。

所有主要的芝加哥学者都有简短的小传。芝加哥遗产丛书的每卷总是以作者的简短传记开篇，现在1950年代之前所有主要的教员丛书都涵盖了。但是除了帕克的两本传记外,芝加哥学派的学者都没有大篇幅的传记研究。部分是因为缺乏资料。布鲁默和托马斯有计划地销毁了他们的文档,可至少仍有足够多的手稿和信件(在其他人的文档中)可用来重构布鲁默的生平。[18]斯莫尔、法里斯和沃纳的文档都在官僚主义的混乱中丢失了。

这是巨大的损失。关于斯莫尔,仅有迪布尔编的遗产丛书的一卷(Dibble 1975)、克里斯塔克简短的著作(Christake 1978)、迪甘著作(Deegan 1988)中的若干分析,以及多萝西·罗斯(Dorothy Ross)在《美国社会科学的起源》(*The Origins of American Social Science*)中一段细微的解读。然而斯莫尔显然是一名重要人物。在第三章中记载的通信揭示出,他完全不同于许多人记忆中枯燥乏味的讲师。法里斯也是一名卓越的人物,一直到他退休后都在大学中扮演重要但并非总是教授型的角色,可却没有关于他的传记作品。

沃纳也许是最为不幸的损失。除了在 J. P. 马昆德的《无法回头》(Marquand 1949)中作为一个虚构角色短暂出现外,沃纳仍然是一个谜,他不仅形塑了社会学,也改变了他的国家。大多数作者认为芝加哥民族志遗产直接承续自帕克到休斯,再到第二个芝加哥学派,这种遗产同样或更多地应归功于沃纳的人类学训练和经验。沃纳的市场研究小组不仅提出了"品牌形象"的概念,而且聘用了许多第二个芝加哥学派的学生,探究汽车、啤酒、报纸以及其他消费品的形象(Karesh 1995)。沃

---

[18] 在一次私下对话中,芝加哥校友利奥·夏皮罗(Leo Shapiro)告诉我,布鲁默并不希望发生在米德身上的事情(由其他人来回顾性地再造他的思想)在自己身上重演。

纳精心组织了对于伊利诺伊州莫里斯和马萨诸塞州纽伯里波特的研究，从其中产生的阶级分析，在战后的很长时期主导了美国人的自我认知。我们缺乏资料去理解他的思想构成和影响，确实令人难过。

关于芝加哥学派的其他人物，虽然我们知道更多的信息，但是仍然没有全面的研究。奥格本的材料相当丰富，尤其是他的日记，但尚未产生一部大篇幅的考察作品，不过已有一本正在写作中的著作［由芭芭拉·拉斯利特（Barbara Laslett）撰写，也可参见班尼斯特关于奥格本的论述（Bannister 1987）］。恩斯特·伯吉斯与学系一般性事务相关的文档实在是太丰富了，可却很少包含真正的个人材料和他早年的材料。布格的著作（Bogue 1974）是已有的最好的生命史。［希尔斯的著作（Shils 1991）虽然也很有吸引力，但是充斥了很多错误。］1962年离开芝加哥后，休斯似乎丢弃了大多数早年的材料，但幸存的部分足够撰写一本完美的传记，休斯研究似乎也正在增加。（琼-米歇尔·查波利刚刚完成一项休斯的全面研究，参见 Chapoulie 1996。）还有沃思，虽然有关于他的大量材料，但是仍然没有看到完整的传记研究。萨勒诺的《学者小传》（Salerno 1987）写得出色，可太短了。不过他的确点明沃思生命中令人迷惑的难题：深入和广泛地参与社会运动，学术产出却令人惊奇地少，尽管他撰写了学科史上最具影响力的单篇文献之一《作为一种生活方式的都市主义》。

至于后来的人物贾诺维茨和菲利普·豪泽（Philip Hauser），因为他们的文档丰富，职业生涯长且富有影响力，以及至少可以说是很有趣的个性，显然有着立传的可能性。跟托马斯一样，目前贾诺维茨最好的传记是在芝加哥遗产丛书中与他相关的一卷。目前还没有豪泽的传记。[19]

在第一个芝加哥学派时期主要的学者之中，仅有弗雷泽有完整篇幅的传记。安东尼·普拉特出色的著作（Anthony Platt 1992）清晰地论证，弗雷泽不仅仅是帕克的学生，他关于非裔美国人的著述也绝不能被全盘否定。一篇关于罗伯特·雷德菲尔德（1920年代的一名学生，后来成为社会学和人类学教职人员）生平的博士论文刚刚完成，并且很快就要成书出版了（Wilcox 1997）。通过与帕克、休斯和沃纳之间的关系，雷德菲尔德是造就芝加哥民族志传统的中心角色，这项研究工作会极大地加深我们对于民族志和芝加哥学派的理解。最后，还有一系列第二个芝加哥学派人物简短的学术传记或是自传：戈夫曼（Winkin 1988）、安塞姆·斯特劳斯（Strauss 1996），以及涩谷户松（Tamotsu Shibutani）（Baldwin 1990）。（也许还存在我遗漏的其他传记。）

传记分析尤其重要，因为回顾起来，个人魅力似乎很清楚地是芝加哥传统中重要的一面。大多数伟大的芝加哥社会学家都将他们的学术和道德热情倾注在他们的日常生活之中。豪泽、布鲁默、沃思和贾诺维茨这些人，令许多人非常不舒服，其中包括他们的一些同事。他们有时候易怒和傲慢，可总是全心投入、才气横溢，对那些没有热情和才能的人毫无兴趣，也

---

[19] 爱德华·希尔斯的大量文档中，可能包含着从1930年代到1980年代跟系史相关的重要材料，不幸的是，他生前认为这些材料中的个人部分，需要封存到他死后50年才合适。虽然希尔斯无论对于芝加哥学派（他是沃思的学生），还是对于学系来说（从1940年到1947年，以及从1957年直到1995年去世，他都是系里的一员），很大程度上都无关紧要，但是无疑他收集了重要的档案。更不用说，希尔斯传记如果面世真的会很有趣。遗憾的是，届时我们所有人都将不在人世。

从不隐藏他们的观点。[20] 其他人则更加儒雅和宽厚,这是诸如斯莫尔、伯吉斯和休斯这些人的公众形象。但是至少对于前两个人,其公众形象都掩盖了自我果断的一面,因此当这一面行事的时候,天鹅绒手套下的铁腕令其他人感到震惊。[21]

在这两种个性特征之间的是核心人物罗伯特·帕克,也是系史上谜一般和法宝一样的人物。虽然帕克拥有巨大的热情和广泛的兴趣,以及永不满足和探索的精神,但是像他的学生布

---

[20] 布鲁默即使对一些同事(例如休斯)也表现出轻蔑,从他的信中可以清楚地看出来。豪泽也是如此,在学系的记忆中,一直流传着他刻薄的评论。他曾经在一次系会上告诉一个同事,"给你加薪?如果我管事我还要降你的薪水。"贾诺维茨唐突的不善社交的行为同样声名远扬。在许多人的记忆中,他从来没有在电话通话结束时说过"再见",而是想挂就挂掉电话。

一定程度上,这种粗鲁只是表面现象。例如,贾诺维茨对于调查研究、都市和乡村、朋友,甚至对于经常被他恫吓的学生,都是一个有着深深的道德操守的人。这种粗鲁似乎源于他无法理解有些人会缺少这种操守。对于布鲁默、沃思,或许还有豪泽,这种傲慢和愤怒可能部分源于他们对自己研究工作的失望,因为相比他们自己和其他人的期待来说,他们三人有权威性和影响力的著述数量都很少。相比作为学者的身份,他们的影响力更多的来自作为发言人、管理者以及学生导师的身份。

[21] 斯莫尔对资本主义直言不讳的抨击,令那些原本认为这位平和的绅士毫无个性的人,感到非常的震惊。下面我将讲述 1930 年代伯吉斯担任美国社会学会主席时的铁腕行为。他在斯大林摆样子的公审之前,对苏联的极度崇拜ంలో非胆怯之举,在麦肯锡时代布罗伊尔斯委员会[芝加哥地区的煽动性活动调查委员会,因其主席保罗·布罗伊尔斯(Paul Broyles)得名。——译者]和其他非美活动调查委员会对他进行调查时,他对他们的严厉指控也不屑一顾。诚然,休斯确实是一位平和的知识分子和学者,他不仅憎恨冲突,也把学系争斗留给年轻的朋友。但是他和贾诺维茨都拥有激励和启发学生的非凡能力。(布鲁默或许是符号互动论的创始人,但是实际上很少有学生敢跟他一起工作,参见 Strauss 1996。)。休斯如同后来的贾诺维茨一样,组织了对于田野工作的集体讨论,支持和维系民族志社会学家的团队。这又是一个事关卡里斯玛人格的问题,只不过是一种不同的卡里斯玛风格。

鲁默和沃思一样,他的著述惊人得少。如同贾诺维茨和休斯,他启发了数十位学生和同事,激励优秀者迈向卓越的职业生涯,激励平庸者至少产出一本优秀的著作。他是美国种族界定中的权威发声,比其他任何白人都洞悉 20 世纪初期种族政治的秘密。在家中,他的家庭生活经常混乱不堪,他的孩子们在成长中有被父亲遗弃的感觉,他们感觉他爱任何"别的人"都比爱他们更多。㉒ 这是一个非同寻常的生命,也是 20 世纪社会科学中伟大的生命之一,然而虽然有三项重要研究,仍然有待一本真正权威的传记出现。

结 论

现在我完成了三个目标之中的第一个:回顾有关芝加哥学派的历史书写。但是对于庞杂的历史传统来说,如此密集而且可能间或有些冗长的回顾,使得我们比开篇陷入更深的困惑中。在开篇,我快速描绘了芝加哥学派的历史,以引导我们对这些历史材料的解读。现在,我们耳畔充斥着对于这段历史多元甚至冲突的观点,使我们必须回到芝加哥学派曾经是什么的问题上来。一个有益的开始是弄清楚历史编纂之中若干纯粹的形式模式。

正如我所提到的,对于芝加哥学派的历史编纂有一个自

㉒ 显然,关于帕克的情况一直被保密。参见 Deegan 1988: 154。例如,人们都想知道在芝加哥大学特藏部休斯手稿集中,休斯写给戴维·里斯曼(David Riesman)的信(1959 年 8 月 12 日,休斯文档,第 46 盒,文件夹 1)里提到的,帕克对埃弗里特·休斯所说"阴茎是记忆的真正器官"的含义。关于帕克简短的传记描述很常见。许多短文也描述了他的生活,并讨论他在特定领域的研究。伦格曼尝试编撰整理了帕克的研究工作(Lengermann 1988)。

然的逻辑顺序；在绝大多数这类历史书写中，人们都不禁对此有所期待。历史编纂以对所研究事物的命名开始：界定它的成员、方法和起源。第一个阶段将芝加哥学派与其他事物区分开来，与作为整体的社会学、其他大学学系的工作、社会福利传统和实用主义等区分开来。历史哲学家对这种区分有个很好的词汇，他们称之为概括（colligation）。对一系列事实加以概括，是为了在它们与一个更大的整体的成员之间的关系中定位它们，并将它们聚合为一种能够成为叙述的中心主题的事物。关于芝加哥学派书写的第一阶段就是一个概括阶段。

正如前文所述，第二阶段产生了主要的解释。这是一个巩固阶段。那些较早的研究工作，如肖特、法里斯、凯里的著作，在一定程度上都接受了芝加哥学派这个术语的日常含义。但是布尔默、马修斯、洛克，以及刘易斯和斯密斯，为自己设定了更严格地界定探讨对象的任务，这种界定与其说是深入分析对象的起源和结果的前提，不如说是分析的产物。这产生了关于学派两种可能的视角，虽然无法在所有方面达成一致，但是关于重要的时间阶段、潜在涉及的谱系，以及提出来的问题都是一致的。尤其对于马修斯和布尔默，人们从双方那里都能看到单一的解释：于马修斯是卡里斯玛型领导，于布尔默是制度结构。

面对这些解释，第三阶段的主要著述得出的结论是，芝加哥学派与之前的学派没有什么不同，它实际是改良主义、新闻报道、人类学田野工作或美国批判社会理论传统的产物。也就是说在学科历史编纂的第三个阶段，概括尚未完成。最初界定的对象回归到更一般性的历史过程的流变。这些著述声称没有学派是一座孤岛，无论在社会空间还是在社会时间的意义上。

第一章 芝加哥学派的历史编纂

然而，如果三阶段的历史划分似乎是可能的，那么同样明显的是，这种分离然后合并的模式将不止一次，而是多次地发生，在芝加哥学派的历史编纂中重复出现，如同在任何学科或学派的历史编纂中一样。一种回应林德纳、迪甘和斯密斯的观点认为，两次世界大战期间的芝加哥确实有某种独特性。[23] 因此，可能没有概括、解释和修正的单一顺序，而是周期性的模式，其中"它们拥有许多先驱"和"它们都是新的"交替出现。

尽管没有学派是一座孤岛，但对芝加哥学派不断增加的兴趣，表明在这个术语背后的确存在一些真实的东西。为了将这些东西理论化，我们可以从当下的历史编纂传统出发。它首先告诉我们，芝加哥学派是社会的、文化的，乃至个人的结构。从布尔默所描述的精心设计的研究项目和安排，学院毕业生常见的职业模式，以及学系的出版项目之中，我们看到了社会结构。[24] 从帕克和伯吉斯教材的巨大影响，以及数十项研究采取的一贯的调查研究模式之中，我们看到了文化结构。从该系历史上卡里斯玛型人物非同寻常的承续，以及事实上今天持续地尝试分析和宣称这种卡里斯玛的过程之中，我们看到了

---

[23] 这个周期的长度大约是二十到三十年，无疑反映了学术生涯的紧迫性。任何个人都需要五到十年的工作，来对一种标准信条发起严肃的抨击，从而建立起一种新的信条。除了极少数情况之外，无法由单个个人来确立这种新观点。因为一种新观点的确立，本身就需要花费十到十五年，更不用说在这个过程中，它将引发的反应是接下来十年左右人们对它的质疑。这个阐释的循环似乎会持续下去，除非对该主题的兴趣下降，在这种情况下，职业生涯中对新颖性的需求会减少，这个循环也将放慢。

[24] 有趣的是，芝加哥学派最常见的开始与终结的日期，准确地反映了芝加哥大学社会学丛书的诞生与消亡。难道真正决定我们有关芝加哥学派形象的是它的出版物吗？

个人结构。

当然,对这些结构中的每个部分来说,我们都能看到先前的谱系:改良主义之于调查方法,实用主义之于符号互动论,新闻报道和人类学民族志之于田野工作,改良主义和政治经济学之于各种社会批判,等等。当然,巨大的"制造芝加哥"产业以及芝加哥传人众多而各异的主张,使这些不同的谱系存续至今。但是这些谱系在芝加哥的交汇,产生的决非偶然性的结点。可以确定的是,大量对于芝加哥学派的阐释,证实了它包含各种各样的事物。尽管分析者想要追寻这些历史谱系中的一个或另一个,但从作为整体的历史编纂来看,这些谱系在特定时间和地点的交汇,确实使得它们有所转变。

这种转变到底是什么?这里不适合充分讨论社会实体理论。但是从芝加哥学派的历史中提出若干结论,以及若干反思性的问题是有助益的。说芝加哥学派是一种社会结构,一种社会实体,就包括了主张在一定意义上,两次世界大战期间芝加哥大学本系的人员和机构安排所产生的后果,远远不只是简单集合或相加。许多学者注意到的最显著证据,即一般来说,这些年间撰写出优秀博士学位论文的人,并没有再写出同等优秀的作品。虽然人们通常将职业生涯下坡路归因于校友不在帕克身边受到他卡里斯玛的影响,但是很显然,其他的教员和学生,以及芝加哥的整个研究安排都有助于这种彼此的滋养。

这种学派的因果影响,同样明显体现在它对与它结合在一起的传统的影响上。芝加哥学派在分离改良主义与社会学,以及将调查方法从倡导(advocacy)转为中立(dispassion)的过程中都扮演着重要角色。它为实用主义提供了免于欧陆分析哲学冲击的避难所。它有助于将民族志从对他人的观照转为对自身的观照。它为"体制内部"的批判政治学建立了一种新的学术模式。当然，这些努力不只取决于它，可如果没有它，所有这些发展都会非常不一样。学派彻底改变了这些过去与它紧密结合的谱系。

于是，我们认为芝加哥学派是一种社会事物，既因为它的后果超出了那些汇流入它的历史序列所隐含的后果，也因为用亚里士多德的术语来说，它是后来事件的"有效原因"。我们应该清楚，这些社会结构的后果相对独立于作为文化客体的芝加哥学派。事实上，芝加哥学派直到它作为社会结构的生命结束之后，才是一个完全成形的文化客体。当然，在结构突生的同时，学派的确拥有一种文化结构；这是一个象征系统，松散地暗含在托马斯、帕克、伯吉斯以及其他人的理论书写之中。但是正如第二章中所讨论的，直到1930年，对于学派公开的文化认知和标签化才出现，并且到1950年左右才得以完成。当然，社会客体并没有必然的理由应该先在（按照威廉·奥格本的文化堕距理论）。对于实际上并没有任何突生性后果的社会"结构"，文化标签也经常出现。但是就芝加哥学派而言，社会事物是先出现的。

这使得我们更容易弄清（后来的）文化客体的历史，我们在本章已经看到，并将在下一章进一步看到，这段历史大部分采用围绕过去事件的阐释进行争论的形式。社会结构客体的历史则更难设想。它涉及的不是标签而是影响，而影响如果不采用不同案例的比较或反事实推理，是无法真正了解的。这些影响如何产生？这个问题的难度告诉我们，为什么通常的做法是以罗伯特·帕克的个人卡里斯玛为依据。关于为什么这些在芝加哥工作和学习的人，会有如此非比寻常的经历，并产出如此非比寻常的著述，除了马丁·布尔默坚持研究学系的日常经历的交叉性和交织性外，就没有其他任何微观层面的解释了。

学系与学科

　　在文化和社会两个层次上，由于我们应该视之为一个相互加强的复杂过程，芝加哥学派似乎都作为一个实体"浮现"。如同在任何社会情境中，在两次世界大战之间，每个进入芝加哥世界的个体谱系都对其他谱系带来自己的影响。托马斯或者帕克的思想促进了学生和同事的方法论思考，改良传统选择的调查问题塑造了所使用的概念类型，而对都市的实质性关注有助于推动不同风格方法论的互动。当这些不同的力量开始以循环的形式相互反映，抑或当它们开始系统地产生共振的时候，学派就作为一种社会实体出现了。这种互相强化放大了个别关系的影响。整个结构获得了一种力量，使它在一段时间里再生产它自身，并对其外部影响赋予一种新的权威。这种"突生"的描述源自对激光等物理系统的描述。单个来看，镜子和光源仅仅拥有不同的方向效应。但是当它们得到某种校准后，就产生了非凡的新力量。社会实体的不同之处，就在于这些新力量可能催化突生实体尝试再生产。㉕

　　正是这种催化，将偶然的事件与突生的社会模式分离开来。许多社会生活中的模式以单纯的驻波模式出现。它们出现，是因为周围的力量和制约因素不断地再生产它们。然而，有时候即使支持力量消失，这些模式仍然存在。我们称之为社会事物的突生。㉖ 事实上，在这个意义上，第二个芝加哥学派时期对

㉕　值得注意的是，我并没有对突生性做"多层次的解释"，其中的结构是由人构成的。进入社会结构的要素并不是整个人，而是他们的一部分，以及先在的社会和文化结构。个人和社会结构在本质上是相同类型的实体。参见Abbott 1995a。

㉖　在埃德加·赖斯·伯勒（Edgar Rice Burrough）的科幻小说中，有一个故事很好地刻画了这种情形。在《火星姑娘》（1920）中，男女主人公在一个藏匿已久的山谷中目睹了一场战斗。战斗结束后，他们注意到没有（接下页）

第一章　芝加哥学派的历史编纂

于芝加哥学派的回顾性创造，或许是第一个芝加哥学派真正存在的最好证据。[27]接下来我将讨论这一创造。

（接上页）尸体。原来这些士兵都是心灵感应出来的，而实际上调遣士兵的都市中只有十几个活人。这些人通过想象中的军团来互相对抗，解决他们的对手。在书中，这对恋人后来逃离这个都市，被更多想象出的战士追赶。当激活这些虚拟士兵的大脑要求他们消失时，有一个士兵"忘记"听从指挥，因此在小说余下的部分，他仍然是一个固定的角色。社会事物性（social thingness）类似于此：当导致某种状态存在的外部力量消失时，状态本身忘记要随之消失。

[27] 对这类文化史上"重大时刻"的另一种解释是，这类时刻由一系列"预先适应"的思想和符号汇聚而成，这些思想和符号产生一种独特的紧迫感，正是因为它们之间的关系是短暂和不可再现的。帕特里克·克拉特韦尔出色的作品《莎士比亚时刻》（Cruttwell 1960），是我读到的对这个论点最令人信服的阐述。

第二章
第二个芝加哥学派的转型与传统

与伊曼纽尔·盖兹亚诺合撰

在第一章中,我对第一个芝加哥学派的探讨,是通过潜入它的历史编纂之下,触及它当时真正是的东西——松散编织而成的社会"客体"。在本章中,我将转向下一代对这个客体的文化认同(cultural identification)。说战后时期的芝加哥学人是第一个芝加哥学派的文化缔造者是一回事,而展示这种缔造的产生是另一回事。幸运的是,由路易斯·沃思制作、恩斯特·伯吉斯保存的一份特别档案,留存了大量与此有关的文化工作。因此,我在这里与伊曼纽尔·盖兹亚诺合作,转向能够产出这样一段历史的社会结构和文化原始材料。

因为特殊的理论缘由,我们在非常详细的层面展开分析。我们期望切近地描述这个时期教员的历史,以至于将其去客观化,带领读者潜入普遍接受的"一种向定量研究工作的稳步迈进"的叙事层次之下。如果我们能够让读者将教员视为跟他们自身非常相似的群体,也会运用所有常见的奇怪联盟,进行所有常见的学术斗争,那么我们就能重启"一个学派"到底为何的议题。一旦清楚没有任何一个教职成员代表绝对一致而统一的立场,我们就可以开始反思,这种一致的立场如何在个体的修补术(bricolage)之上,作为集体性的关系和突生的符号而存在。于是这种反思将一个学派或传统如何生成的问题,转换为另一个问题:一群修补匠如何通过互动,生成和维系一套表面一贯的、没有人完全赞成的传统。我们将此作为分析第一或第二个芝加哥学派的核心问题。

我们首先对教员本身及其大学背景展开分析。然后我们的讨论将聚焦1951年至1952年的一项自我研究,它由福特基金会资助、沃思发起、伯吉斯主持。特别幸运的是,有400页的文字记录稿在伯吉斯文档之中保存下来。在一年时间里,学系内部围绕着社会学的性质和未来,以及自身在这之中的角色进行了讨论。在此我们能详细看到,第一个和第二个芝加哥学派正是在学系的意识中诞生的。

学系及其环境

在1945—1960年间,对于芝加哥大学社会学系的学生来说,该系的集体存在一定显得既亲近,又疏远。说它亲近,是因为学系小学生多,而且当时的教员和现在一样,让学生直接参与研究。说它疏远,因为主要的教员相熟太久了。伯吉斯从1916年开始任教,奥格本是1927年,沃思和布鲁默是1931年,沃纳是1935年,休斯是1938年。其中伯吉斯、布鲁默、沃思和休斯四位在成为教员之前都是芝加哥的学生。"新教员"中也有一些是老面孔。即使1947年豪泽返回学系前,在华盛顿待了十年,可他在1930年代曾是该系的一名讲师和研究生。[①]

---

① 在阅读这些注释之前,读者应该查阅"后记"之后的"资料来源和致谢"部分。教员服务期限非常难以确定,部分是因为长期以来内部聘用的做法,这意味着许多人是逐步获得教员身份的。职位也经常被回溯性地重新确定(例如,因为一些人获得了博士学位)。因此,这之中存在合理的(接下页)

学系与学科

在 1951 年至 1952 年间,这个紧密群体的核心消失了。奥格本和伯吉斯退休(尽管一些情况迫使伯吉斯留任了一年)。②

(接上页)不一致处。如果不阅读这段时期教员的人事档案,就无法准确地确定这些日期,可目前这些档案仍然被封存(即使都还在,我们也不确定在何处)。哈维(Harvey 1987a)在他关于芝加哥的著作中给出的名单,虽然在服务日期上大体准确,但是职称等级却多有错误。例如,1950 年代戴维·里斯曼在学系正式任职期间一直是终身教授,唐纳德·布格获得终身教职的时间比哈维想的早,D. G. 穆尔从来就不是全职教授,等等。

② 人们对奥格本施加了很多压力,让他留下来,他尊重但顶住了这些压力。"我想我最好从大学离开。我现在写信给你,以便你可以制定其他计划,不再为挽留我而努力。对于系里期望我能够留下来,我真的感激不尽。"(奥格本写给沃思的信,1950 年 3 月 21 日,路易斯·沃思文档,第 62 盒,文件夹 7)伯吉斯和奥格本都在学系多待了一年时间,表面上是为获得某些社会保障规定的好处(伯吉斯写给布鲁默的信,1950 年 11 月 13 日,恩斯特·W. 伯吉斯文档,第 3 盒,文件夹 1;沃思写给布鲁默的信,1950 年 11 月 14 日,路易斯·沃思文档,第 1 盒,文件夹 8)。事实上,在伯吉斯留任系主任的同时,学校行政当局已决定谁应最终担任系主任。

值得注意的是,这个紧密核心群体之间的关系非常亲密。伯吉斯写给沃思和布鲁默的许多信中,明显带着真切的情感,他写给奥格本的信也充满同事之间的温情(例如伯吉斯写给奥格本的信,1947 年 4 月 17 日,恩斯特·W. 伯吉斯文档,第 16 盒,文件夹 10)。沃思与布鲁默之间的通信(在路易斯·沃思文档,第 1 盒,文件夹 8 中)表明,沃思是布鲁默在系里最好的朋友,两个人对休斯的态度都很冷淡,对此布鲁默更是直言不讳。在这四个核心人物中,唯一关系不好的显然是布鲁默和奥格本,两人明显极为厌恶对方,关于这一点已经有了相当多的讨论。即使是布鲁默和豪泽过去也有合作。布鲁默曾经是豪泽的硕士导师,基于两人的研究结果,1934 年他们出版了一本书《电影、违法行为与犯罪》(*Movies, Delinquecy, and Crime*)。我们下面要指出,接下来的事件证实了他们之间在知识上要比任何人想象的都关系密切。关于豪泽硕士学习的材料,参见豪泽 1932 年 3 月 26 日写给哈里·吉迪恩西(Harry Gideonse)的信,以及豪泽 1934 年 2 月 14 日写给布鲁默温暖的信,两者都位于菲利普·M. 豪泽文档,第 14 盒,文件夹 6。豪泽在战后受聘期间,没有跟布鲁默通信,可能因为布鲁默大部分时间都在匹兹堡。他们之间的关系或许有些冷淡了。

布鲁默去了伯克利。沃思去世。还在的只有休斯、沃纳和豪泽。也来了一些新教员。1950年,利奥·古德曼由沃思和豪泽从普林斯顿聘请过来。1950年代中期,人口学家唐纳德·布格从代课老师转为常任教员。(该时期招聘的教职成员中,只有这两位终身服务于芝加哥大学。)然而除了这几个人,整个战后时期教员的构成主要是助理教授。他们往往在本系短暂任职后离开:爱德华·希尔斯[1945—1947年,1957年(作为教授)回来]、威廉·福特·怀特(1945—1948年)和哈罗德·维伦斯基(Harold Wilensky,1952—1953年)。③ 少数人待的时间长一些,如赫伯特·戈德哈默(Herbert Goldhamer,1947—1951年)、艾伯特·赖斯(1948—1952年)、奥蒂斯·戴德利·邓肯(1951—1957年)、D. G. 穆尔(D. G. Moore, 1951—1955年)和安塞姆·斯特劳斯(1952—1958年)。还有几位短期服务的教授来自芝加哥圈子之外,如助理教授(后来是副教授)唐纳德·霍顿(Donald Horton, 1951—1957年)与尼尔森·福特(Nelson Foote, 1952—1956年)。④ 1954年,大学本科生院的教员戴维·里斯曼来到系

---

③ 1940年代末,更多本系人员担任了几年讲师职位,例如涩谷户松、比福德·容克(Buford Junker)和唐纳德·罗伊(Donald Roy)。1951年后讲师职位似乎消失了。我们后面会指出,大量聘用本系人员的做法是与行政部门产生摩擦的一个原因。

④ 在芝加哥的名册中,有些名字并不为人所熟知。戈德哈默是一位社会心理学家,1946年受聘参与"我们在学部层面新开设的社会科学概论课程……它是对社会科学的一般性介绍,为学生在第三年进入'主修专业'学习而开设,当然主修专业还不存在"(沃思写给哈罗·吉迪恩的信,1946年9月2日,路易斯·沃思文档,第4盒,文件夹2)。(沃思有关主修专业的说法,反映出哈钦斯学院缺少选修课程。)戈德哈默于1950年离开,因为他没能升职,并在其他地方有更好的工作机会(奥格本写给戈德哈默的信,1950年2月6日,(接下页)

里，但是1958年就离开了。另一位副教授威廉·布拉德伯里（William Bradbury, 1952—1958年）以前也是本科生院的。1954年开始，学系也聘用了一批哥伦比亚大学毕业的博士：彼得·布劳（Peter Blau, 1954—1963年）、伊莱休·卡茨（Elihu Katz, 1955—1970年）、彼得·罗西（Peter Rossi, 1956—1967年）、艾伦·巴顿（Allan Barton, 1957年），以及詹姆斯·科尔曼（1957—1959年，1973年返回）。这些人中，罗西、卡茨和布劳任职时间很长。从在岗教员来看，1945—1960年间是旧教员体制下的最后五年，以及一段更长的过渡期。

然而在这些年中，芝加哥大学最知名的并非研究生院，而是卡里斯玛型校长罗伯特·梅纳德·哈钦斯（Robert Maynard Hutchins），以及他所创建的革命性学院。当时，"哈钦斯学院"设置了四年必修课，只在最后两年允许几门选修。该学院根据一项考试直接从十年级招收学生，主要教授巨著和大哲。

这所非同寻常的实验性学院有自己的教员。哈钦斯废除了全校范围内的文理学院，并将各系归入人文和社会、物理以及生物科学学部。学院的教员本身构成了一个独立的部门，因而许多在其他地方会被认为从事社会学研究的教员，并不在学系里，而是在这所学院。这些人之中最知名的是戴维·里斯曼，在1940年代末他跟丹尼尔·贝尔（Daniel Bell）、刘易斯·科塞、默里·瓦克斯（Murray Wax）、霍华德·贝克尔、乔尔·塞德曼（Joel Seidman）、马克·本尼（Mark Benney）、

（接上页）1950年3月20日；奥格本写给伯吉斯的信，1950年3月10日，全部在恩斯特·W. 伯吉斯文档，第16盒，文件夹10）。霍顿是耶鲁的人类学博士（1943年），也是奥格本的合作者。后来他加入了沃纳一方。1951—1952年间，他从副研究员转为常任教员。

菲利普·里夫（Phillip Rieff）、本杰明·尼尔森（Benjamin Nelson）、约瑟夫·古斯菲尔德（Joseph Gusfield）、瑞尔·丹尼（Reuel Denney）等人，共同讲授"社会学2"（三门为期一年的必修社会科学课程中的第二门）（MacAloon 1992）。在其他的社会科学核心课程中，授课的包括教员（沃思）和学生（贾诺维茨）在内的其他社会学家。学院的聘用与学历没有关联，这些人中的大多数都没有学位，不过有一些本校的研究生，例如古斯菲尔德、瓦克斯、贝克尔和贾诺维茨。（学系的教员中，只有希尔斯、布拉德伯里和里斯曼三人真正在学院中有联合任命。）

学院的"社会学家"与学院的同事，共享一种强烈而普遍的知识承诺，对哈钦斯来说，这与常规性的学术工作明确对立。哈钦斯热爱高深思想和经典文本，这使得他非常敌视实证科学，尤其毫不隐藏对于实证社会科学的厌恶。结果是在哈钦斯时代，社会科学学部以及社会学系都没有得到很好的发展（Blumer 1984: 202—205）。

1951年1月，当时年仅51岁的哈钦斯出人意料地离任了。他的继任者劳伦斯·金普顿（Lawrence Kimpton）是一位已经成为专职行政管理人员的哲学家（Ashmore 1989）。尽管金普顿没有立即废除哈钦斯学院，但到1955年，很明显他最终会这样做（McNeill 1991）。那些曾经只担任学院教员的知识分子如今开始自由流动，需要在其他地方寻找着落。考虑到这样的情况，在休斯（时任系主任）和社会科学学部主任莫顿·格罗津斯（Morton Grodzins）的支持下，戴维·里斯曼进入了社会学系，但是遭到了菲利普·豪泽的持续反对（Riesman 1990）。

哈钦斯时代学系与学院之间形成的敌意，对学系产生了深远影响，它使得社会学系在一般社会学理论上没有突出成果，这类工作恰恰是以哈钦斯学院的里斯曼、希尔斯和贝尔为代表。虽然学系成员在许多事情上意见不一致，但是各个派别对于哈钦斯的反感却很一致。即使老练如恩斯特·伯吉斯，也跟劳埃德·沃纳和菲利普·豪泽一样，怀着反感哈钦斯的态度（Farber 1988: 349-350）。

希尔斯的职业生涯是这种宿怨的体现。希尔斯起初由社会学系和哈钦斯学院联合任命，1947年他调出这两个部门，进入社会思想委员会。社会思想委员会是哈钦斯的宠儿之一，在那里聚集了一群著名知识分子，他们在社会知识中随心所欲地自由探索，旨在反对"狭隘的专业主义"。对于哈钦斯来说，关于社会的理论工作和实证研究工作，在知识和学系上都应分开。诚然，希尔斯最终重新回到社会学系（1957年），1962年学系还聘用了另一位理论家唐纳德·莱文（Donald Levine）（他在一段时期的田野工作之后，也被接受为经验研究者）。但是两人都被边缘化了。（在1955年的一次研究生聚会上，豪泽公开宣称，他反对莱文的毕业论文研究计划。）然而正是在那些年中，里斯曼和贝尔（在其他事务之外）开启了"理论"生涯，这最终使得他们成为哈佛大学社会关系系万神殿中的重要成员。与此同时，希尔斯在哈佛与帕森斯合作，由卡内基基金会资助，开展了一项关于"行动的一般理论"的研究工作。因此，"理论"是社会学的一个活跃领域。然而，系里大多数成员都不希望如此。这种反理论的偏见，不仅仅事关定量研究者；沃纳和休斯也反对以理论为题的博士论文构想。[5]

---

[5] 关于社会思想委员会，参见内夫（Nef）题为"芝加哥大学社会思想委员会"（未注明日期）的创办备忘录，校长文档（1952—1960年），第150箱，文件夹6。在大学官方出版物中可以找到希尔斯的职业轨迹。莱文的故事来自于他自己（个人交流）。

在这个时期，学院并不是大学中形塑学系的唯一外部力量。大学小规模和跨学科的特征，意味着教员在系外投入了许多。1941年成立的非营利调查机构全国民意调查中心（NORC）就是其中之一。1947年全国民意调查中心从科罗拉多迁到芝加哥，这是社会学家克莱德·哈特（Clyde Hart）担任该中心主任的条件。哈特与沃纳一样仅有学士学位，但他成为了社会学全职教授。在哈特执掌期间（直到1960年），全国民意调查中心主要为有外部资助的研究者提供一席之地。（受雇调查部门直到1960年代初才在彼得·罗西的管理下成熟起来，而日后它会成为全国民意调查中心的主要资金来源。）在哈特时代，全国民意调查中心的所有研究主管或是从社会学系招募的，或是社会学系的毕业生，或是社会学系的客座教员，包括哈特本人、约瑟芬·威廉姆斯（Josephine Williams）、雪莉·斯塔尔（Shirley Star）、伊莱·马克斯（Eli Marks）、杰克·埃林森（Jack Elinson）、埃塞尔·莎娜斯（Ethel Shanas），以及路易斯·克里斯伯格（Louis Kreisberg）。在1950年代末，社会学系的教员一度担心全国民意调查中心的参会代表会阻止投票通过，并且采取行动减少中心成员。[⑥]

然而其他单位也吸引了教员的注意力和投入。例如人类发展委员会（HD），它是哈钦斯另一个致力于反思性的、定性社

[⑥] 关于全国民意调查中心这一时期的历史，以及关于资金和工作流程的信息，丽贝卡·亚当斯（Adams 1977）是资料来源。这种对于全国民意调查中心的共同支持非常有趣。例如，沃思就看到了它的巨大前景（沃思的备忘录，附在伯吉斯致全体教员的备忘录之后，1949年8月24日，路易斯·沃思文档，第62盒，文件夹6）。这种远见并非毫无私心，哈特是沃思1930年代初指导的一名研究生。在全国民意调查中心选址芝加哥的过程中，沃思无疑发挥着重要作用。

会科学的跨学科研究中心，可以追溯到1940年代初。伯吉斯、休斯，尤其是沃纳，都为委员会付出了大量时间和努力，委员会的办公室在距离社会学系两个街区的朱迪馆。委员会的核心人物是教育学教授拉尔夫·泰勒（Ralph Tyler），他在1946年成为了学部主任，并一直留任到1953年。在这段时期，泰勒这位处于大学政治中心且主动进取的权力掮客，在社会学系中扮演着决定性角色。[7]

另一个外部纽带是工业关系中心（Industrial Relations Center），隶属成员包括维伦斯基、穆尔和布鲁默，后者利用了他在调解方面的经验。还有种族关系教育、教学和研究委员会（Committee on Education, Teaching, and Research in Race Relations），这是一个跨学科研究中心，由沃思担任主任［为此他还与休斯发生了争斗（Turner 1988，第317页）］。家庭研究中心（Family Studies Center）则由伯吉斯筹集资金，福特任首位主任。[8]

还有一个研究中心是芝加哥社区调查（Chicago Community Inventory），它位于一英里外的南艾利斯街4901号全国民意

---

[7] 在人类发展委员会中，另一位核心人物是教育学专家罗伯特·哈维赫斯特（Robert Havighurst）。虽然人类发展委员会主要是劳埃德·沃纳的大本营，但是沃纳在市中心还有一家合同调查研究公司［调查研究股份有限公司（Survey Research Incorporated）］，其中李·雷恩沃特（Lee Rainwater）等学生都很活跃。该公司专门从事与沃纳阶级分析相关的定性市场研究。参见 Karesh 1995。

[8] 工业关系中心吸引了像唐纳德·罗伊这样的学生。在种族关系委员会内外，沃思和休斯的关系都非常复杂。两个人合作开展了一项有关芝加哥公立学校中种族歧视的大型研究项目，沃思研究不公正的选区划分，而休斯聚焦于教师议题。相比沃思，休斯对于种族关系的界定更加宽泛，较少聚焦美国议题。

调查中心楼内。芝加哥社区调查由豪泽运作，是他的学生和门徒的中心。该机构的资金最初由沃思和伯吉斯筹集，然而当1947年豪泽回来时，他们欣然将整个机构的运行都交给了他。在伯吉斯和沃思眼里，豪泽作为芝加哥社区研究的主管，显然是芝加哥学派的传人，不论回溯性研究是否有不同看法。⑨

这些研究中心是学系活动的中心，特别是对年轻的教员来说。每天与其说在社会科学楼里度过，不如说在每个人所属的研究中心度过。（因此，如果学生不在某个教职成员所属的中心，那么就很难见到这个教员。回想起来，绝大多数教员都不给本科生上课。）此外，他们花费了大量时间争取研究经费，也花费大量精力安排如何花费这些找来的经费。在这个时期，教员之间出现了根本的分裂，把富裕的和将要富裕的钻营者，同不会钻营的人分开。与此相伴的是科层式和工匠式研究的区分。只有少数人涉足两个阵营，休斯是其中之一。沃思和布鲁默都倾向于单打独斗，而邓肯等人擅长合作，豪泽则逐渐成为一个大官僚。

---

⑨ 关于全国民意调查中心的地点，参见R. 利克特（R. Likert）写给哈特的信，1948年3月25日，菲利普·M. 豪泽文档，第14盒，文件夹10。芝加哥社区调查一直在这个地点，直到1955年搬迁到东60大街935号。1954年，全国民意调查中心搬到南伍德劳恩5711号。关于芝加哥社区调查的资金来源和伯吉斯-沃思对它的看法，参见伯吉斯写给豪泽的信，1946年9月27日，以及沃思写给豪泽的信，1947年2月12日，都位于菲利普·M. 豪泽文档，第14盒，文件夹9。豪泽合作广泛，一度为使圣克莱尔·德雷克（St. Clair Drake）对芝加哥社区调查中一项关于芝加哥黑人群体的研究项目感兴趣，寻求沃纳的帮助（休斯写给里斯曼的信，1954年3月18日，埃弗里特·C. 休斯文档，第45盒，文件夹16）。

学系与大学行政当局

然而,在塑造学系的过程中,学院和外部中心发挥的作用,远不如大学行政当局。因为档案清楚地表明,在大学管理层看来,从1950年到1957年学系或多或少处于"被接管状态"。如果我们将对学系掌控的任命的否决,作为接管的工作定义,那么这段接管期大致是从1950年到1953年。要理解从1945年到1960年之间教员的详细历史,唯一的方式是细致梳理学系与大学行政当局的关系,包括校长哈钦斯(到1951年)和金普顿(1951年之后),以及学部主任拉尔夫·泰勒(1946—1953年)、莫顿·格罗津斯(1954年)与昌西·哈里斯(Chauncy Harris,1954—1960年)。

大学行政当局不满的核心主题是孤立。在泰勒写给哈钦斯的一封信中,他轻蔑地描述了1950年奥格本的研究计划,认为它已经令人绝望地过时了。七年后,豪泽仍然会通过大肆宣扬现在系里聘用芝加哥的毕业生有多么少,来向新任学部主任证明他的人事政策是正确的。⑩

这种态度的缘由模糊不清。泰勒可能受到了哈钦斯的影响,后者很长时间以来并不喜欢学系的主要成员路易斯·沃思。当然,对孤立性的担忧也不会因为从普查局聘用了老芝加哥人豪泽而有所减少。但是总的来说,这种对于芝加哥孤立的

---

⑩ 泰勒写给哈钦斯的信,1950年12月6日,校长文档(1952—1960年),第148盒,文件夹1。豪泽写给哈里斯的信(1958年12月8日,社会科学部地下室)。一位评论者指出当泰勒后来到帕洛阿尔托中心(Palo Alto center)的时候,也表现出相同的喜好。

担忧，似乎更多地反映了学科变化的现实。哥伦比亚大学成为了经验研究方面的一股主要力量，哈佛大学也在成为理论方面的主要力量。当大学行政当局听闻这些风向的时候——无论学系是否愿意，大学行政当局都会听闻这些风向——它可能开始担心，中生代的沃思、豪泽、休斯、沃纳与布鲁默（五人中四人是本校博士），并不具有伯吉斯和奥格本等老一代具有的学科地位。因此，正是大学行政当局首先不再将芝加哥视为一门学科的全部，而只是一个特定的（而且过时的）范式。

说来奇怪，学系的这种地位变化是必然的。在全国范围内，战后大学入学率飙升，直到 1970 年代末才停止增长。当学系正需要为下一代重建的时候，因此变化的学术人才卖方市场，使学系处于未曾预料的弱势地位。我们可以把此处讨论的变化，理解为学系面对这种结构性条件的变化的绝望反应。当然，学系招聘弱势处境的对应面，就是强势的人员安置状况。战后一代学生离开芝加哥后的巨大优势，与第一个芝加哥学派学生他们离开后的相对弱势的对比，很可能也正好源于这种卖方市场。更多第二个芝加哥学派的学生在好的大学找到了教职。

大学行政当局对社会学系已然敌对的态度，在战后进一步恶化。哈钦斯的宠儿之一希尔斯 1947 年离开社会学系，去了社会思想委员会，当时他给出的理由是，他有一种哈钦斯式的渴望，对社会进行更广泛的思考。与此同时，豪泽作为伯吉斯-沃思经验社会学一脉的继承人回归了。豪泽和沃思是亲密朋友，沃思为豪泽找好了芝加哥的住所，这毫无疑问在大学行政当局看来不是什么好事。豪泽为来芝加哥大幅降薪，立即积极参与教员推翻"4E规定"*的努力,该规定禁止教员开展咨询工作。⑪

所有人都清楚,学系将要面临重要的转折点。奥格本和伯吉斯的退休是预料之中的,哪怕是最杰出的教授,超过65岁大学也不再聘用了。此外,大学行政当局担忧的学系孤立是有事实根据的。在伯吉斯考虑接班人的时候,首先想到的是本系人员:"在为系里考虑人事问题时,在我看来,我们应该考虑我们自己的博士。"学系确实是这样做的,戴德利·邓肯在威斯康星大学和宾夕法尼亚州立大学短暂任教后,于1951年春被招回了芝加哥。⑫

表明这种转型会出问题的第一个明确迹象,是学系令人不

---

* "4E规定"是芝加哥大学时任校长哈钦斯提出的一项改革举措,该规定要求教员将所有外来收入上交学校。在教员签署遵守4E规定的新合同时,作为回报,学校将提高教员工资,旨在让教员不受校外工作的经济刺激,安心投入校内本职学术和专业工作。尽管哈钦斯在学校董事会支持下推行了该项举措,但是遭到一些教员的强烈反对。参见威廉·H. 麦克尼尔著,肖明波、杨光松译,《哈钦斯的大学:芝加哥大学回忆录1929—1950》,杭州:浙江大学出版社,2013:第224—226页。——译者

⑪ 豪泽和沃思的住宅之间配置了一部私人电话[豪泽写给格拉斯(Glass)的信,1957年1月11日,菲利普·M. 豪泽文档,第4盒,文件夹2]。关于豪泽的聘任,参见在菲利普·M. 豪泽文档,第14盒,文件夹9中,豪泽、沃思与伯吉斯之间的大量通信。豪泽最初的强势地位,体现在沃思能够安排他担任社会科学研究委员会的秘书,该委员会是监管学部研究基金的内部拨款机构(泰勒写给沃思的信,1947年10月21日,菲利普·M. 豪泽文档,第14盒,文件夹10)。在豪泽的谈判中,他对于钱的担忧很明显(同上档案),4E事件在草拟的抗议文件(1950年5月18日,菲利普·M. 豪泽文档,第14盒,文件夹10),以及在加州大学伯克利分校为豪泽提供职位期间,1953年5月18日他给休斯和霍顿(此时代理系主任)的信中(菲利普·M. 豪泽文档,第14盒,文件夹10)都有体现。

⑫ 参见伯吉斯写给学系的信,1949年11月25日,菲利普·M. 豪泽文档,第14盒,文件夹10,附有一份115名毕业生的名单!

第二章　第二个芝加哥学派的转型与传统

解地无法找到人顶替赫伯特·戈德哈默。当奥格本（接替伯吉斯代理系主任）发现，戈德哈默在年休假前往华盛顿特区后不会返回时，他考虑让涩谷户松（一名布鲁默近期毕业的博士，当时有三年的教学合同）留任，并让埃尔斯沃斯·法里斯回来与涩谷户松一起教学（此时法里斯已经76岁了），或者"如果他父亲不可能的话，那就让罗伯特·法里斯从西雅图来这里一个学季或更久。"＊后两种权宜之计体现了学系的孤立和无奈。同时学系试图让约瑟芬·威廉姆斯留校任教，但没有成功，这名芝加哥新毕业的博士拒绝了他们，选择全职到全国民意调查中心工作。⑬

然而，1950年末的一份职位候选人名单表明，学系实际上在向外寻找，或者说已经屈从于学校当局的压力，而不得不

＊　芝加哥大学和其他一些美国院校采取学季制（Quarter），将一学年分为四个学段。——译者

⑬　奥格本的日记表明，与伯吉斯不同，他已经做好了退休的准备（威廉·F. 奥格本文档，第64盒，文件夹4）。因此这些权宜之计的徒劳无功，可能更多地反映了奥格本的精神状态，而不是别的什么。无论如何，1950年3月10日奥格本写信给伯吉斯（他在加利福尼亚休假，留下奥格本作为代理系主任）谈及戈德哈默可能要离开（他已经在华盛顿休假一年）。布鲁默仍在职的情况下就提出了各种权宜之计，可以说强烈表明了，此时此刻，即布鲁默实际辞职的两年前，他的离开已经在预料之中，虽然聘任涩谷户松的官方理由是他作为讲师的任职结束了（伯吉斯写给布鲁默的信，1950年3月14日，恩斯特·W. 伯吉斯文档，第3盒，文件夹1）。但事实上，布鲁默是反对戈德哈默晋升的主要声音，而他的反对被认真对待，足以阻碍戈德哈默的晋升，就意味着学系期望布鲁默留下来。此外，四天后奥格本写给伯吉斯的信（1950年3月14日，恩斯特·W. 伯吉斯文档，第16盒，文件夹10）显然认为布鲁默继续留任理所当然。同年晚些时候，当布鲁默在夏威夷休假时，伯吉斯也亲自写信给他（1950年10月30日，恩斯特·W. 伯吉斯文档，第3盒，文件夹1），详细讨论社会心理学的聘任问题，这在某种程度上表明，至少他对布鲁默（可能的）意图一无所知。

这样做。10月30日，在伯吉斯的一封信中（伯吉斯写给布鲁默的信，恩斯特·W. 伯吉斯文档，第3盒，文件夹1），他列举了在社会心理学方向考虑终身教职任命的人选：西奥多·纽科姆（Theodore Newcomb）、约翰·多拉德（John Dollard）和戈德哈默（被暂缓晋升的教员）。在社会心理学之外，可能被聘用的包括弗雷德里克·斯蒂芬（Frederick Stephan）、康拉德·托伊伯（Conrad Taeuber）和汉斯·斯皮尔（Hans Speier）。被伯吉斯视为备选的可能非终身聘任人员，包括杰克·西利（Jack Seeley）、赫伯特·布鲁默、阿诺德·罗斯、菲利普·塞尔兹尼克（Philip Selznick）和奥蒂斯·戴德利·邓肯。这些人之中，有些是芝加哥的毕业生，有些并不是。

这件事也正在超出学系的层面。在伯吉斯的信中，他没有提到1950年吸引罗伯特·默顿（Robert Merton）和保罗·拉扎斯菲尔德（Paul Lazarsfeld）来芝加哥的一次共同努力。默顿被打动了。他一直很欣赏这所大学和社会学系。拉扎斯菲尔德却没什么兴趣，可能因为他的市场研究客户驻地都在纽约，也可能因为家庭的原因。这两人达成一致要一起行动，因此拉扎斯菲尔德最终不愿意来，就意味着两个人都留在了纽约。十年后，学校再次尝试分别聘请默顿和拉扎斯菲尔德。[14]

---

[14] 默顿教授非常友善，从他的角度向我讲述了这个故事。关于芝加哥大学这边，参见沃思写给布鲁默的信，1950年10月27日，路易斯·沃思文档，第1盒，文件夹8。一个主要问题是工资被冻结了，这是哈钦斯遗留下来的财政赤字的一部分，他的继任者劳伦斯·金普顿经过十年才得以偿清（McNeill 1991）。大学行政当局也尝试减少终身教职的任命，参见伯吉斯写给布鲁默的信，1950年10月30日，恩斯特·W. 伯吉斯文档，第3盒，文件夹1。沃思的看法是职位并非联合的，而拉扎斯菲尔德却搞得好像他才是真正的目标。按照沃思的说法，两人并没有同时拒绝这个职位，而是分别拒绝的（沃思写给布鲁默的信，1950年12月14日，路易斯·沃思文档，第1盒，文件夹8）。顺便说一下，沃思的怨恨也许体现了一种被朋友抛弃的感觉：从（接下页）

第二章 第二个芝加哥学派的转型与传统

为了应对这种转型,学系的另一个策略是返聘将要退休的伯吉斯和奥格本。两位都拒绝了。奥格本是真心诚意地拒绝。"这四五年来,我对于大学事务、大学委员会,以及大学和社会学系的思考和规划,越来越没有兴趣了。诚实地说,鉴于我即将退休,我忽视了这个阶段的工作。"相比之下,在 1950 年代中期,伯吉斯仍然偶尔指导学生。对于学系来说或许非常重要的是,在转型中奥格本并没有提供什么帮助。[15]

正是在 1950 年末,学系向学部主任泰勒提名路易斯·沃思作为系主任,接替即将退休的伯吉斯。当然沃思早都等不及了,他已经在学系工作了 20 年。毫无疑问,他是学系的关键人物。他与伯吉斯的关系很亲密,也是豪泽和布鲁默在系里最好的朋友,跟克莱德·哈特也是老熟人了。可以肯定的是,他跟休斯的关系并不怎么亲密(尽管他们合作开展了有关芝加哥学校取消种族隔离的研究),与沃纳相处得也不好(不过在某种程度上,沃纳在人类发展委员会中被边缘化了)。但总体上,沃思可能是此时学系在职成员中的核心角色。不幸的是,他为

(接上页) 1930 年代中期以来,沃思跟拉扎斯菲尔德维系着专业上的密切关系,当时他邀请拉扎斯菲尔德到芝加哥参加种族和文化接触的研讨会。后来的职位邀请是分别的,默顿是在 1954 年,而拉扎斯菲尔德是在 1958 年(豪泽写给哈里斯的信,1958 年 9 月 10 日,社会科学部地下室)。值得说明的是,1954 年大学行政当局自身展开了跟默顿的沟通,尽管有学系的授权:"如果情况需要,(我们将)让埃弗里特·休斯在讨论的某个阶段加入我们。"(格罗津斯写给默顿的信,1954 年 2 月 15 日,校长文档(1952—1960 年),第 148 箱,文件夹 2)

[15] 关于退休的通信是沃思写给伯吉斯的信,1950 年 2 月 28 日;伯吉斯写给沃思的信,1950 年 3 月 5 日;奥格本写给沃思的信,1950 年 3 月 21 日。所有这些信件都位于路易斯·沃思文档,第 62 盒,文件夹 7。奥格本的这段话出自日记,威廉·F. 奥格本文档,第 46 盒,文件夹 4,1951 年 3 月 20 日的日记。顺便说一句,这种态度解释了为什么奥格本缺席了 1951—1952 年教员研讨会,以及为什么在学系为了生存的努力中,他没有发挥什么作用。

大学行政当局所厌恶,很大程度是因为他直言不讳地批评大学在社区中的定位。泰勒否决了沃思,并要求学系再行考虑。与此同时,伯吉斯仍然保留主任的位置,这种情形在他退休之后,断断续续持续了将近两年。⑯

到 1951 年,学系被迫更切实地留意大学行政当局传递

---

⑯ 我们非常幸运,在这一事件期间布鲁默在夏威夷休假,所以学系其他成员就此给他写了很长的信,尤其是伯吉斯和沃思。关于沃思对于大学行政当局的私人看法,参见沃思写给哈里·吉迪恩西的信,吉迪恩西是沃思的一位密友,此时他已经离开了芝加哥的师资队伍(1946 年 9 月 2 日,路易斯·沃思文档,第 4 盒,文件夹 2):"我怀着极大的兴趣阅读了关于新世界构成的剪报。这些男孩子确实都不露锋芒。我担心,如果世界要依靠他们解决问题,恐怕得等上一两千年了。"对于大学行政当局的否决,他自己的说法是"[学部主任拉尔夫·]泰勒告诉我,我没有被接受,因为 25 年来,在学术自由议题上我一直与大学行政当局意见相左。我并不后悔这样做,正如你所知,我对担任系主任毫无热情,但是这使得我们眼下处于悬而未决的境地。"(沃思写给布鲁默的信,1950 年 12 月 14 日,路易斯·沃思文档,第 1 盒,文件夹 8)

布鲁默在给沃思的信(1951 年 12 月 21 日,路易斯·沃思文档,第 1 盒,文件夹 8)中写道,"我对于大学行政当局没有接受学系的推荐,任命你为系主任而遗憾。大学行政当局一如既往。我担心在僵局中妥协的结果,将是选择埃弗里特作为系主任,在我看来这非常不幸,因为他在能力、学术或受学生尊重程度上都不能达到这个职位的要求。"(路易斯·沃思文档,第 1 盒,文件夹 8)这封信和其他的信都表明布鲁默跟沃思极为亲密的关系。关于伯吉斯对 1950 年系主任失败结局的看法,参见伯吉斯写给布鲁默的信,1950 年 12 月 19 日,恩斯特·W. 伯吉斯文档,第 3 盒,文件夹 1。当然,其他许多教员也跟沃思一样讨厌哈钦斯。豪泽在位于华盛顿的联邦紧急救援署任职期间,就一次会议写信给布鲁默:"我希望这次会议将比听莫蒂默·阿德勒(Mortimer Adler)的演讲更有趣,圣托马斯似乎真的很遥远"(1934 年 2 月 14 日,菲利普·M. 豪泽文档,第 14 盒,文件夹 6)。(莫蒂默·阿德勒,美国哲学家、教育家,1930—1942 年担任芝加哥大学法哲学教授,主要研究欧洲中世纪的思想与文化,尤其是圣托马斯·阿奎那的学说,著有《圣托马斯和异教徒》等。此外,他也在校长哈钦斯支持下,开启了"巨著"课程计划。——译者)(接下页)

的讯息。学系教员也同意开会讨论"社会学中不同领域可能的趋势,以及芝加哥大学社会学系在这一发展方面能够做些什么?"1951 年伯吉斯的年度报告显示,学系一个(失败的)高级聘任是外来人选,而初级聘任中一个是内部人选(邓肯),一个是混合人选(霍顿已经跟奥格本工作了四年),还有一个是外来人选[福特,但通过他的导师伦纳德·科特雷尔(Leonard Cottrell),他已经跟芝加哥有了直接联系]。伯吉斯认为计划中的"教员研讨会"(下文中讨论的福特基金会资助的自我研究)是为了反驳大学行政当局声称学系缺乏知识深度的说法。年度报告本身就是首份以此为目的的文件,是计划中向大学行政当局和教员提供更多信息的一部分。⑰

(接上页)可能正因为哈钦斯在很大程度上对社区问题的忽视,这一问题越发迫在眉睫。这些年来海德公园逐渐衰落,而 1947 年最高法院对限制性条款的裁决所带来的突然变化,使得情况迅速恶化为一场危机。沃思经常为这个议题发声,招致了哈钦斯的强烈反对。一位评论者认为哈钦斯厌恶沃思的真正原因,是沃思发现大学为支持限制性条款的所谓"社区"组织提供资金,并且他向试图废除这些条款的律师提供大量材料。我们没有发现确证这种说法的档案,但是它可以解释哈钦斯与沃思的紧张关系。(限制性条款是房屋业主合同中,禁止特定人群购买、租赁或占用其房屋的条款。该条款的通行长期将非裔美国人挡在开发商划定的白人社区之外。1948 年,最高法院裁定该条款不可再执行。——译者)

沃思与哈钦斯之间一次典型的交锋,来自沃思写给哈钦斯的备忘录[1946 年 1 月 25 日,校长文档(1945—1952 年),第 35 箱,文件夹 4]:"我在这里的一些朋友告诉我,最近在北区的一次晚宴上,他们听到你说社会学系的智商非常之低。知道你对我们的看法很有意思,但我怀疑你这样的公开宣告,不会改善学系的状况或增进大学的利益。"哈钦斯回复道:"对不起,我不记得有这样所谓的对话。"

⑰ 会议记录的引用来自 1951 年 3 月 5 日,路易斯·沃思文档,第 62 盒,文件夹 8。伯吉斯的年度报告是 1951 年 8 月 27 日,恩斯特·W. 伯吉斯文档,第 33 盒,文件夹 2。年度规划报告在"实现目标的步骤"中予以讨论,未标明日期,恩斯特·W. 伯吉斯文档,第 33 盒,文件夹 2。其他的"步骤"包括增强初级和高级的师资力量,争取更多的奖学金,以及资助学生的研究。在步骤中也列出了两页纸的"跨学科努力",也就是利用外来者扩充师资队伍,以扩大教学和研究。

学系与学科

　　1951 年伯吉斯起草了"学系目标"文件,这份未标日期的文件显示了当时各个教员的想法。在其中,伯吉斯记录了跟每个人的谈话。邓肯详细谈论了他的导师威廉·苏威尔（William Sewell）。[18] 哈特毫无意外地想更好地融入全国民意调查中心。沃思告诉伯吉斯,要发挥学系的优势,避免新的宏大理论。"我们想要处理的问题是世界上真实存在的问题,而不是臆想出来的问题。现在有一种对于理论沉思的叫嚣;我们应该研究社会生活,而不是从中抽象出来。"休斯也遵循芝加哥的路线,他向伯吉斯谈及了让学生进入都市,追随问题的发展,以及利用这座都市的传统。

　　外来者给出了一些略微不同的建议。古德曼告诉伯吉斯,要尽他所能招揽拔尖人才。他强调了观点的分歧。虽然霍顿跟沃思一样,强调发挥优势,但是他坚持认为,必须认真对待新的系统化理论。沃纳的长篇发言,主要关注他自己的社会组织领域。

　　这些对话产生的文件名为"社会学系的目标和计划"。如同那些讨论一样,它表明,在走向兼收并蓄的同时,人们对于自身传统也有非常坚定的意识和信念。学系目标如下所述:

1. 发展跟社会生活和经验研究紧密相关的健全的社会学理论体系。
2. 与其他社会科学合作。

---

[18]　在邓肯记录的背面,还有另一份候选人名单:罗宾·威廉姆斯（Robin Williams）、富兰克林·爱德华兹（Franklin Edwards）、莫里斯·贾诺维茨、盖伊·E. 斯旺森（Guy E. Swanson）、娜塔莉·罗戈夫（Natalie Rogoff）、约瑟芬·威廉姆斯、金斯利·戴维斯（Kingsley Davis）、罗伯特·默顿、保罗·哈特（Paul Hart）和弗雷德·斯特罗德贝克（Fred Strodtbeck）;尽管此时伯吉斯已经开始留意芝加哥以外的世界,这个名单中大约 50% 还是本校毕业生。

3. 对我们的学生进行全方位训练。
4. 选择那些我们能够做出最显著贡献的研究领域。
5. 强调思想而不是组织。
6. 重启学系的出版计划。
7. 研究计划:

>都市问题——芝加哥社区调查、规划局(Planning Department)、全国民意调查中心
>
>分层/大众社会——邓肯、福特、豪泽、霍顿、休斯、沃纳、沃思
>
>都市的智识生活——[也就是现在所谓的都市文化]社会趋势[19]

事实上,这是一份非常保守的文件。至少在学系自身看来,分层领域是唯一重要的新领域,实际上,沃纳已经赋予了此领域很强的芝加哥特点。因此,尽管教员愿意在聘用策略方面折中,但是大多数人仍然有一个相当清晰的想法,那就是芝加哥代表也应该代表一种独特的社会科学研究路径,这个想法体现于学系目标的第一条,即发展跟社会生活和经验研究紧密相关的健全的社会学理论体系:

从社会学当下趋势来看,这种贡献是及时的,抵制了某些

---

[19] 显然其他教职成员都被要求提交他们自己的文档,因此我们有赖斯的"关于社会学系的计划",也在恩斯特·W. 伯吉斯文档,第33盒,文件夹2。一份"目标"文件没有签名,也没有完成。内部的证据表明要么是伯吉斯撰写的,要么是他重写的,因为它近乎逐字引述了刚刚提到的讨论,但是这份文件的组织及其观点,跟在最后一次教员研讨会上讨论并由邓肯起草的学系目标非常相似。可能是伯吉斯让邓肯重写了他的草案,二人都是研讨会上最活跃的参与者。

现有的趋势，即从与社会现象关系不大或毫无关系的抽象概念中发展社会学理论。由于这一贡献，学系将在社会学领域发挥平衡和稳定的作用。

谁是敌人毫无疑问。更重要的是，在此暗含的观点并不是"有许多种社会学，我们不想包容某个版本的社会学探索"，而是"社会学是我们所做的，而其他一些'社会学家'并没有真正理解社会学探索何为"。讽刺的是，大学行政当局对于该学科采用经验主义的视角，在他们看来，单凭帕森斯在一所著名大学中作为社会学家而存在（更不用说他成功的项目），就意味着他所做的是正当的社会学。从根本上说，这种视角分歧是学系与大学行政当局之间的主要难题。奇怪的是，他们的争吵加剧了这一问题，在大部分时间中，"社会学"这个词是一个索引性术语，对于一方它意味着一种事物，对于另一方它又意味着另一种事物。

在整个1940年代末和1950年代初，加剧学系内部问题以及其与学生和学校行政当局之间关系恶化的一个重要原因，在于学系核心成员的长期缺位。1946年的大部分时间，布鲁默全职担任一个仲裁委员会的主任，着力解决匹兹堡钢铁工人罢工问题。1948年，休斯大部分时间待在法兰克福，帮助那里的大学在战后继续发展。沃思在斯坦福、巴黎和贝鲁特休假了一段时间。豪泽一直在奔波，1949年他返回华盛顿担任普查局代理主任，因为他试图保护普查局不被民主党的赞助机器染指，进而遭到了莫须有的忠诚指控，所以未能获得常任主任职位。不过，他只是短暂地返回芝加哥，很快就离开了，作为普查顾问在缅甸旅居了15个月。1950年布鲁默也因为休假（在夏威夷大学）而长时间缺席。休斯在哥伦比亚大学待了一段时间。[20]

1951年倒是带来了一条好消息。那就是在年中，令学系头痛的哈钦斯出乎意料地离开了。但是仍然没有什么问题得到解决。

到1952年冬，学系一改以往仅仅提议一位系主任人选的做法，提议了两位人选，但都没有被接受。虽然没有档案证据表明他们是谁，可极有可能是布鲁默和豪泽。[21]二月末，学部主任拉尔夫·泰勒通报的事实是，大学行政当局没有接受这两人。学系被直截了当地要求再做考虑。九个月后，大学行政当局的新闻稿宣布休斯担任系主任。这是一段被干预的

---

[20] 关于布鲁默的各种行踪，参见路易斯·沃思文档，第1盒，文件夹8中的沃思-布鲁默通信。关于休斯，参见休斯写给伯吉斯的信，1948年3月22日，恩斯特·W. 伯吉斯文档，第9盒，文件夹3。休斯在校方要求下前往德国，他非常担心由此导致的研究放缓会妨碍他的晋升。豪泽的行踪在大学内部（菲利普·M. 豪泽文档，第14盒，文件夹6—11）和大学之外（菲利普·M. 豪泽文档，第3盒文件夹1—13；第4盒，文件夹1—5）的通信中都非常清楚。关于普查局的事务，参见豪泽写给斯图尔特·赖斯（Stuart Rice）的信，1954年3月22日，菲利普·M. 豪泽文档，第3盒，文件夹12。关于沃思，参见在恩斯特·W. 伯吉斯文档，第23盒，文件夹3中，他与伯吉斯的通信。奇怪的是，尽管学系在世界舞台上广泛活动，大学行政当局却没有看到它依然卓越的证据。

[21] 九个月后休斯被接受担任系主任，因此他被排除在外。沃纳此时在社会学界已不再活跃，从内部角度来说，他不太可能是候选人。于是就剩下了沃思、豪泽、布鲁默。我们知道沃思是内部的候选人，不被校方接受，但是一年前他就已经被明确拒绝了。我们也知道泰勒不接受豪泽（苏威尔，个人交流），而且豪泽有抱负想要而且有望担任美国普查局局长，这是一个比系主任大得多的职位。对于布鲁默知之甚少，但是1952年7月他辞职并接受伯克利系主任的职位，使他的抱负表露无遗。他也是系里的老人了，豪泽认为他是美国十位最杰出的社会学家之一［豪泽写给C. 马迪（C. Mady）的信，1954年3月2日，菲利普·M. 豪泽文档，第14盒，文件夹8］。

复杂历史。[22]

49　在此之前是两位重要人物的离场。五月初，沃思意外去世，同样没有预料到的是布鲁默，他在同一时间宣告辞职。[23]随着这些心有不满的本系人撒手而去，新一任大学行政当局开始对外寻找主任人选。校长金普顿同全国知名的社会学家交流，既听取建议，也尝试聘请。1952年夏，他试图带回萨穆尔·斯托佛（Samuel Stouffer），显然没有费心知会系里。与此同时，威廉·苏威尔（明尼苏达大学博士，在威斯康星大学执教）拟被聘为系主任。苏威尔获得了充分的待遇。金普顿许诺了大量资源。虽然苏威尔的老熟人拉尔夫·泰勒给了他强有

---

[22] 泰勒在他给全职教授的信中清楚表达了他的观点［伯吉斯、布鲁默、哈特、豪泽、休斯和沃纳，因为某些原因，沃思的名字被漏掉了（恩斯特·W.伯吉斯文档，第33盒，文件夹5，1952年2月13日）］。此时系主任的人选仍然悬而未决，因为一年前，大学行政当局（现在指金普顿，哈钦斯在此期间已辞职）无法接受沃思。休斯担任系主任是通过新闻稿发布的［1952年11月17日，校长文档（1952—1960年），第151箱，文件夹1］。泰勒和金普顿一样，深深忧虑系里的派系和个人分歧，然而与此同时，他还担心学系过去二十年来形成巨大的延续性，这意味着"新的思想和新的方向是必要的"。他选择忽略学系已经举办了关于社会学未来的教员研讨会。

[23] 总之，布鲁默的离开很难理解。他的主要对手奥格本即将退休。与他的朋友沃思和豪泽一起，他将要在系里赢得主导地位。尽管他长期心存不满，但这并没有阻止他此前留下来。不过也有一些关键力量促使他离开。一些是专业方面的原因。他是一个有抱负的人，他接下来担任加州大学伯克利分校系主任表明，在芝加哥他（可能）被否决了系主任职位，并且预见到休斯将升任这个职位，而他不看好休斯。但是关键原因是个人性的。布鲁默妻子需要暖和些的气候来保证健康。毫无疑问这是此次搬迁的主要动机，也是一切秘密进行的原因。我们不知道布鲁默何时开始跟伯克利谈判。1952年7月22日他辞职了［校长文档（1952—1960年），第151箱，文件夹1］，按照当时的标准，这是在一年中相当晚的时候，尽管至少在1952年5月28日，系里就知道他正准备离开。

第二章 第二个芝加哥学派的转型与传统

力的支持,但是苏威尔并没有来到芝加哥,正由于困扰着学校行政当局克服孤立的总体计划的原因。海德公园已经变得"几乎无法居住"。此外,如同在聘请默顿和拉扎斯菲尔德时一样,不管金普顿如何承诺,大学财政状况还是为此带来了困难。同时,学系自身也在试图引进金斯利·戴维斯,尽管并不是作为系主任。㉔

大约仲夏时节,显然必须要有一位出自内部的系主任了,唐纳德·霍顿此时代理系主任。霍顿自己并没有意愿担任系主任,他处于职业生涯初期,需要更多时间来做研究。在一次教员会议上,他列举了各个拒绝出任主任的人,其中包括休斯。他说,剩下唯一可能的人选是邓肯。在这之后不久,非常不喜欢邓肯的休斯改变了主意,宣布自己可以出任。㉕

㉔ "无法居住"这句话出自苏威尔教授(个人交流)。关于提供职位给他的时间他记不清了,也没有相关的档案资料。1952年夏天与他自己的回忆和我们拥有的档案证据最为吻合。值得注意的是,在苏威尔教授的回忆中,埃弗里特·休斯给他写了最初的聘任信,而不是伯吉斯。这可能意味着提供这个职位是后来的事情(1953年夏),但是苏威尔也回忆说布鲁默当时还没有离开。最大的可能性是在伯吉斯不在的某个学季,休斯代理了伯吉斯的系主任工作。在学系的通信中,没有任何聘任苏威尔的迹象,因此我们可以把它视为大学行政当局发出的邀请。奇怪的是,苏威尔在系里唯一亲密的人是邓肯,当苏威尔在俄克拉马执教时,他就认识当时还是学生的邓肯,此后一直密切指导他。他安排了宾夕法尼亚州立大学和威斯康星大学对邓肯的聘任,也确实在1950—1951年时劝说他去芝加哥,而不是待在威斯康星。

关于戴维斯,参见福特写给系里的信,1953年2月20日,以及邓肯写给豪泽的信,1952年7月15日,都位于菲利普·M.豪泽文档,第14盒,文件夹11。金普顿-斯托佛之间的通信,1952年7月10日,校长文档(1952—1960年),第150箱,文件夹6(151:1)。

㉕ 关于这段描述,尽管我们缺少档案方面的证据,但是若干个人信息来源讲述了与之一致的版本。

休斯能为大学行政当局所接受有多重原因。泰勒和休斯通过人类发展委员会联系起来，他们在其中都很活跃。实际上，正是在这一年休斯（和福特）进入了人类发展委员会的执行委员会（沃纳已任此职有十年之久）。或许，大学行政当局认为休斯足够弱势，从而容许他们支配学系的政策。抑或他们可能只是在争取时间，同时尝试其他权宜之计。

休斯担任系主任之后，系里很快出现了分化。在伯吉斯和奥格本意料之中的离去，以及沃思和布鲁默意料之外的离去之后，这场令人烦恼的转型演变为公认的溃败。因此，迅速找到解决方案的压力是巨大的。但是伯吉斯和沃思的离去意味着一种中空的状况，二人可能是系里最重要的人物，即使沃思言语尖刻。此外，布鲁默和沃思的离去，消除了这些朋友对豪泽经常的专横行为的重要约束。综合起来，这些不同的力量加速了学系的分裂。

其他力量也加剧了这种分裂。如今政治分歧没有那么明显，但在当时首要的就是长期存在的政治分歧。在政治上，系里的伯吉斯和沃思一派都很活跃，也都是改良派。因为伯吉斯与公共卫生局工作之间的关系，以及豪泽与普查局主任职位之间的关系，两者都成了国家层面忠诚调查的对象。伯吉斯跟奥格本一样，长期是各个美苏友好组织的会员，他们两人也与沃思等隶属于司法部长名单上的各个组织的大学教员一起，在1949年伊利诺伊州"赤色教育工作者"（Red-ucators）听证会上接受调查。布鲁默的政治立场，虽然与他朋友们的行动主义和改良主义一致，但是他没有被调查。相比之下，休斯和他的密友里斯曼，尤其是里斯曼，一定程度上觉得自己是左派对麦卡锡主义反击的受害者。同样，休斯和沃纳都不是托马斯或沃思那样的改良主义者。一位评论者指出，"将休斯和沃纳与其

他人区别开来的不仅仅是社会学"。㉖

此外还有风格的差异。休斯是一位有着贵族气质的绅士。他给人以距离感,言辞诙谐、温文有礼,他对敌人宽容,在公开会议上安静,甚至显得胆怯。(尽管如此,他可能对学生很严厉。)他的朋友里斯曼虽然在公开场合没有那么沉默寡言,但同样是个绅士,他作为费城一个古老犹太家庭的后裔,以家学和专业主义传统为傲。里斯曼和休斯两人之间的通信,经常涉及私立学校、英国和欧陆的传统,以及社会阶级的详细标识。相比之下,豪泽来自芝加哥西部的犹太人聚居区,是个粗鲁、自力更生的穷苦人家孩子。邓肯是来自俄克拉马哈的社会学家二代,言语平实。沃思和布鲁默都在系里的时候,这种风格上的分歧并没有如此之大,因为他们两人尽管都才华横溢和尖酸刻薄,但都是休斯的老熟人。可随着他们的离去和里斯曼的到来,这种分歧变成了一道深渊。㉗

㉖ 伯吉斯于1949年(在伊利诺伊被布罗伊勒斯)、1951年(因为美国公共卫生局被联邦调查局),以及1953年被詹纳小组委员会(the Jenner subcommittee)调查。在布罗伊勒斯事件中,他与奥格本和沃思(以及其他将近50名教员)共同成为目标,在这个事件中,哈钦斯有力地运用他的嘲讽天赋,对付了那帮政客(Ashmore 1989: 276)。参见位于校长文档(1952—1960年),第2箱,文件夹7和校长文档(1945—1952年),第4箱,文件夹1中的材料。关于里斯曼和休斯,特别参见里斯曼写给休斯的信,1953年6月22日,埃弗里特·C.休斯文档,第45盒,文件夹16。这个左派团体承续了早期芝加哥学派强大的改良主义遗产。

㉗ 休斯的风格在他与里斯曼的通信中很明显,热情却没有里斯曼那种丰富的情感。他在遭到抨击时的谨慎是众所周知的,这点在后面考察的研讨会中也有所体现。在里斯曼与休斯的通信中,里斯曼同样妙语连珠,也同样清晰。关于这道深渊的深度,参见里斯曼给休斯关于邓肯的信,1955年6月1日(关于位置,见本章注34)。毋庸置疑,里斯曼和豪泽的特殊冲突,与他们非常不同的犹太裔风格有关,关于这一点,参见里斯曼给休斯的信,1957年5月14日,埃弗里特·C.休斯文档,第46盒,文件夹5。

学系与学科

在休斯三年的系主任任期中,这些不同的力量角斗导致了一场公开的战争。在某种程度上,这场战争是在"定量对定性"的地盘上展开。但是,我们将要看到,这些和许多其他的知识议题,只是在其他事物驱动的竞争中被操纵的符号单元(symbolic units)。

事情从一开始就很困难。布鲁默去伯克利的第一个行动就是用令人惊叹的薪水聘请豪泽。金普顿不得不亲自出面挽留豪泽。实际上,对于学系自身的人事工作,大学行政当局并没有信心。金普顿向该系的校友承认,社会学系没有达到应有的水平,甚至他的重要顾问之一、荣休主任埃尔斯沃斯·法里斯告诉他,不能信任休斯的判断,也严重质疑近期在学科层面的任命。[28]

---

[28] 在离开芝加哥后的几年里,布鲁默也试图聘请古德曼和邓肯。他给人的印象不再是只做定性研究了。法里斯仍对学系保持着强烈的兴趣。"你可以想象,我对这个系有着很大兴趣,希望它的力量和辉煌永不凋零。"(法里斯写给伯吉斯的信,1951年7月12日,恩斯特·W. 伯吉斯文档,第7盒,文件夹10)法里斯和金普顿之间的通信是1952年12月5日,校长文档(1952—1960年),第151箱,文件夹1。法里斯作为学系一员,可能和沃思的关系最为亲密,参见位于路易斯·沃思文档,第3盒,文件夹7中的信件。(当然,沃思此时已离世。法里斯似乎非常不喜欢豪泽。)布鲁默聘请豪泽的努力,持续了整整两年之久。对于第一次提供的职位,参见豪泽写给休斯和休斯写给霍顿的信件,1953年5月18日,菲利普·M. 豪泽文档,第14盒,文件夹11。我们从伯吉斯写给金普顿的信(1953年6月30日,校长文档(1952—1960年),第151箱,文件夹1)中知道,第一次提供的职位被拒绝了,伯吉斯因为金普顿的介入而感谢他。此时,金普顿在挽留泰勒方面遇到了困难,因此泰勒对豪泽的反对可能并不怎么重要了。布鲁默继续他的努力(布鲁默写给豪泽的信,1953年11月10日,菲利普·M. 豪泽文档,第3盒,文件夹6;豪泽写给休斯的信,1954年6月4日,菲利普·M. 豪泽文档,第3盒,文件夹11;布鲁默写给豪泽的信,1954年6月10日,菲利普·M. 豪泽文档,第3盒,文件夹11;豪泽写给休斯的信,1954年7月17日,菲利普·M. 豪泽文档,第14盒,文件夹11)。1954年夏天,豪泽最终拒绝了他。布鲁默也试着聘请(接下页)

第二章 第二个芝加哥学派的转型与传统

在早些时候,并不清楚大学行政当局要支持系内哪个派别。金普顿似乎真的为失去布鲁默而感到遗憾,然而对于奥格本反对布鲁默的备忘录"关于社会学系任命的若干标准",他发现自己"完全同意"即将退休的奥格本。在某种程度上,大学行政当局的混乱反映了学系本身发出的混杂的信号,伯吉斯在最后给校长的官方邮件中强烈赞扬的聘任,正是荣休主任法里斯六个月前所抨击的。更重要的是,学系争斗的整个轴心正在转移。学系不再是休斯-沃纳与布鲁默-沃思的对立,而是正在向休斯-里斯曼与豪泽的新对立转移。㉙

学系面临的麻烦并不是什么秘密。豪泽以其特有的气魄讲道,"我们当前在美国社会学系中是平庸之辈"。渐渐地,出现了应对这种情况的策略,而所有这些都是为了创造一个兼收并蓄的学系。一个紧密结合的核心,仍然存在于研究生课程领域和预备考试中,它们的现代形式可追溯到后面讨论的自

(接上页)古德曼(个人交流)和邓肯。他追逐邓肯数年(参见学系档案,1956年10月4日)。对于金普顿关于学系的公开立场,参见 T. K. 诺斯(T. K. Noss)写给金普顿的信,1952年4月25日,校长文档(1952—1960年),第151箱,文件夹1:"你可能还记得,上周四晚你以我欣赏的坦诚态度告诉我,芝加哥大学社会学系已经大不如前了。有些遗憾的是,我不得不同意你的观点,只是有些保留意见。"

㉙ 金普顿写给布鲁默的信,1952年6月28日,校长文档(1952—1960年),第151箱,文件夹1;金普顿写给奥格本的信,1952年8月18日,校长文档(1952—1960年),第151箱,文件夹1。事实上,奥格本的备忘录明显是在抨击布鲁默,在其中赞扬学术产出数量(布鲁默相对较少),抨击公共服务(布鲁默的仲裁工作),对于"智商、想象力和洞察力"的评价,明确超过"才华、辩论质量、辩证技巧、语言表达和展现能力",并且认为"过去人们所持的理论并不是那么经得起推敲"。这里的第三个特征语言才华,很明显是针对布鲁默,因为教员研讨会的文字记录清楚地表明,布鲁默非常喜欢并且总是坚持己见,反对所有与会者,无论他的立场是否合理。

我研究。但是兼收并蓄的目标，最初是大学行政当局政策的核心，到1953年已为学系所接受。[30]

大多数教员力主采取不同的方式来实现兼收并蓄。例如豪泽力推三种策略：主要聘用外来者（如金斯利·戴维斯）、近年来离开芝加哥的年轻人中的佼佼者（贾诺维茨、赖斯），以及更好地利用现有人员［希尔斯、全国民意调查中心职员、劳埃德·奥林（Lloyd Ohlin）］。豪泽也指责对戈德哈默晋升的否决，并极力主张以学系三年前拒绝他的那个级别，重新聘用他。豪泽最得力的门生邓肯推动了许多同样的事情。然而尼尔森·福特在回应中强烈谴责戴维斯作为教师的声誉，也坚决反对他认为暗含在豪泽备忘录中的"大佬"（great man）策略（当时的初级员工甘愿冒很大的风险）。他认为，伟大的学系是从内部建立起来的，而且是建立在优秀的教学之上。福特在抨击某些版本的理论的时候，代表了系里的很多人：

> 有些对理论的反对是有依据的。当从事理论工作的人，把自身视为分类学家、目录学家、编年史学者，或是受吹捧的书评人时，他们就一文不值了，我赞成把他们踢出学系。另一方面，那些能够创新、启发，并且在新鲜洞见之中，孕育和创造新综合的理论家是无价之宝。[31]

为了回应这些抨击，新任系主任埃弗里特·休斯贬低了

---

[30] 豪泽的这句话，来自1953年2月17日的备忘录，菲利普·M.豪泽文档，第14盒，文件夹11。

[31] 邓肯1953年3月2日和福特1953年2月20日的备忘录，位于菲利普·M.豪泽文档，第14盒，文件夹11。

"大佬"策略。"我们近两年的经历,清楚表明'大佬'政策不可行。"他指的是拉扎斯菲尔德、默顿、戴维斯和苏威尔,关于斯托佛,他可能并不知情。休斯强调"使用本系人"的策略。他已经让希尔斯安排一些合作课程,并且盯上了全国民意调查中心和奥林。他没有提及但准备要做的,是推动他的朋友戴维·里斯曼加入该系。从1954年开始,休斯也通过源源不断地从哥伦比亚聘用初级人才,来推动兼收并蓄,这个举措体现了大学行政当局坚持外部聘用的策略,然而彼得·布劳(首个如此聘用的教员)是由尼尔森·福特最初提名的,他在康奈尔时就认识了布劳。㉜无论如何,大学行政当局继续追逐知名学者,1954年再次尝试聘请默顿。

然而在1953年末,学系和学校行政当局可能有一线希望达成一致。金普顿试着聘请豪泽的密友、著名社会学家和兰德公司社会科学部主任汉斯·斯皮尔担任学部主任。结果,斯皮尔没有来,因此在莫顿·格罗津斯担任主任期间,学系继续处于看管状态。现在格罗津斯与休斯促成里斯曼来系里,不过定量一边的唐纳德·布格也获得教员资格。在非终身教职的职级

㉜ 休斯的回应是1953年3月14日,菲利普·M. 豪泽文档,第14盒,文件夹11。希尔斯的这一举动也许是因为担心社会思想委员会的解散。金普顿并不中意这个委员会。在一份备忘录中[1954年2月1日,校长文档(1952—1960年),第148箱,文件夹2],莫顿·格罗津斯写道:"社会思想委员会发挥着一系列重要而有趣的功能。"金普顿在旁边用铅笔写道,"比如什么?"休斯同希尔斯的沟通旷日持久,到1956年夏天仍在继续(休斯写给里斯曼的信,1956年8月12日,埃弗里特·C. 休斯文档,第46盒,文件夹2)。布劳是福特推荐的是另一项证据,证明学系的"哥伦比亚化"并非如通常所认为的那样是豪泽的阴谋。卡茨和罗西都是里斯曼推荐的人选,李普塞特(Lipset)也是,引入他的多次尝试都未能成功。

上，学系尝试了不同人选，得到了一些（安塞姆·斯特劳斯和伊莱休·卡茨），也失去了一些［西摩·马丁·李普塞特和尼尔·斯梅尔塞（Neil Smelser）］。令人吃惊的是，格罗津斯经常谈论高级聘用，仿佛学系本身与此没有什么关系。[33]

里斯曼的到来，加强了系里的新派系。里斯曼是休斯的长期密友，二人的亲密程度与豪泽跟沃思之间一样。用休斯的话来说，当"我受到一些同事的指责，压力很大"的时候，里斯曼私下支持休斯的主张。（涉及的同事是其他争夺帕克的宝座的人：布鲁默和沃思。）对布鲁默、沃思，甚至对伯吉斯，里

---

[33] 关于第二次提供给默顿的工作机会，参见不同的信件，位于校长文档（1952—1960 年），第 142 箱，文件夹 2。关于外部的建议，参见金普顿写给约翰·加德纳（John Gardner）的信，1953 年 7 月 28 日，校长文档（1952—1960 年），第 148 箱，文件夹 2。关于斯皮尔，参见豪泽写给斯皮尔的信，1952 年 11 月 10 日，菲利普·M. 豪泽文档，第 14 盒，文件夹 11。关于李普塞特和卡茨，参见豪泽写给格罗津斯的信，1954 年 7 月 12 日，菲利普·M. 豪泽文档，第 14 盒，文件夹 11。伯克利的布鲁默，在争夺帕森斯的明星学生斯梅尔塞的竞争中，击败了他的前同事。数年之后伯克利面对芝加哥的招揽，成功留住了斯梅尔塞。里斯曼就他的聘用讲述了他的版本（Berger 1990）。休斯的作用并不是秘密，参见如休斯写给李普塞特的信，1958 年 2 月 11 日，埃弗里特·C. 休斯文档，第 46 盒，文件夹 1。里斯曼的案例告诉我们"学生记忆"是多么不可靠。金博尔·扬对芝加哥的回忆录音中，包括这样一段评论：里斯曼被哈钦斯引进到系里，结果使得路易斯·沃思"几乎心烦意乱"。而在里斯曼到来时，沃思已经去世两年，哈钦斯也已离开了将近三年了（引自 Lindstrom and Hardert 1988, 305）。关于布格，参见布格写给休斯的信，1953 年 2 月 4 日，菲利普·M. 豪泽文档，第 14 盒，文件夹 11。（我们也有布格的个人陈述。）尽管如此，布格也是逐步成为全职教员的。迟至 1955 年 8 月 3 日，里斯曼写信给休斯，他和劳埃德·沃纳已经考虑与豪泽派达成交易，如果豪泽派不同意邓肯的晋升，那么里斯曼一派将接受布格的全职聘任（里斯曼写给休斯的信，埃弗里特·C. 休斯文档，第 46 盒，文件夹 2）。

斯曼都怀有强烈的敌意。㉞

休斯成为了系主任之后，里斯曼的角色变得更为开放，尽管直到 1954 年秋他才正式进入学系。早在 1952 年末，在休斯的接任被宣布之时，里斯曼已经开始"物色"新教员——李普塞特。里斯曼在一封早先的信中写道，休斯是帕克唯一真正的继承人，他应该与豪泽及其同党决裂，并且需要强有力的系内同盟（里斯曼显然将是其中之一）。㉟

然而里斯曼同样意识到他和休斯版本的社会科学受到了人文主义的抨击。他对于哈钦斯最偏爱的理查德·麦基翁（Richard McKeon）评价较低，也担心哈佛大学社会关系系好的（即视野广阔的）社会科学，会遭到诸如小阿瑟·施莱辛格

㉞ 休斯的引述，来自休斯写给李普塞特的信，1958 年 2 月 11 日，埃弗里特·C. 休斯文档，第 46 盒，文件夹 1。休斯和里斯曼的通信，是休斯在芝加哥期间保存下来的唯一重要的系列信件，表明了休斯和里斯曼的亲密。在里斯曼这边，许多留存下来的信件确实非常亲密。他们两者之间的关系，相比两者跟沃纳的关系来说更加亲密。这些大多数是里斯曼写给休斯的信件，因为休斯并没有保存他自己许多信件的副本。这些信件完全是非正式的，充满了谈话中各种脱口而出的想法，如家庭私密细节、偏见，以及那些在公共场合小心避而不谈的判断。这些信件中的情感力量，再加上里斯曼特有的夸张风格，会让人高估里斯曼意见的激烈程度。尽管如此，总的模式和基调是明确无误的；虽然里斯曼积极招募那些引人关注的年轻人，但是他所在的四年时间中，他在学系政治中主要扮演破坏性角色。除非另有说明，这些通信都位于埃弗里特·C. 休斯文档，第 45 盒，文件夹 15—16；第 46 盒，文件夹 1—4，按照年代顺序编排。我们只是按照日期来引用它。关于里斯曼对于休斯担任系主任，以及对于伯吉斯、沃思和布鲁默的反应，参见里斯曼写给休斯的信，1952 年 8 月 22 日和 1952 年 8 月 27 日。特别是里斯曼认为他被沃思从背后捅了一刀，因为他有可能得到哈弗福德学院的工作机会，参见里斯曼写给休斯的信，1953 年 3 月 9 日。

㉟ 关于李普塞特，参见休斯写给里斯曼的信（未标明时期，大约是 1952 年 10 月）。引用休斯的信是 1953 年 3 月 21 日。

（Arthur Schlesinger Jr.）这些反科学的人文主义者的围攻。一进入学系，里斯曼就在招聘中发挥了关键作用，很大程度上是因为他花费了很多时间在其他大学，不仅到处游学讲座，也在东部休假。他跟哥伦比亚大学之间的联系渠道，比其他任何人的都要多，他是李普塞特和应用社会学研究所忠实的崇拜者，也是海伦·林德（Helen Lynd）和罗伯特·林德（Robert Lynd）的朋友。罗西和卡茨都是通过里斯曼得到芝加哥的注意的。㊱

对于这些聘用，里斯曼实际上有双重目的。首先，他想要年轻人来管理他和休斯启动的巨型项目，比如在堪萨斯城的项目。由于芝加哥缺少这样年轻的项目主管，这对搭档失去了一笔重要的资助，对诸如圣·克莱尔·德雷克和莫里斯·贾诺维茨等聘用人选，里斯曼将他们担任研究主管的潜力作为评判的关键部分。广阔视野的社会科学不必是小规模的社会科学，科层化民族志（bureaucratic ethnography）已经有一段很长的谱系，可以从中镇（Middletown）追溯到匹兹堡调查和查尔斯·布斯（Charles Booth）。㊲

但里斯曼也想要选票。即使我们适当考虑这些通信的私密性，他对这些未来的高级聘用的评价，更多的是考虑他们在系

㊱ 关于麦基翁［在这句话里，里斯曼还贬低了恩里科·费米（Enrico Fermi）和休厄尔·赖特（Sewall Wright）］，参见 1953 年 6 月 23 日。关于哈佛社会关系系，参见 1954 年 8 月 31 日。关于应用社会研究所，参见 1954 年 6 月 29 日等，关于林德夫妇，参见 1952 年 8 月 22 日。此处所有信件都是里斯曼写给休斯的信。在此，我们的目的是破除这样一种观念，那就是系内的政治分歧是由知识立场所决定的，或者与知识立场相关。豪泽和里斯曼都喜欢定量研究工作，或者至少（在里斯曼看来）承认需要定量工作。但他们想要不同的版本。更重要的是他们彼此厌恶。

㊲ 关于失去的资助，参见 1954 年 5 月 5 日，而关于德雷克和贾诺维茨，参见 1954 年 7 月 22 日，两者都是里斯曼写给休斯的信。

中可能归属的政治派别，而不是他们的工作。他对终身教职候选人的态度，清楚表明了这种感觉。如果里斯曼欣赏一位申请人的研究工作时，他会在信中讨论他的研究。如果他不欣赏，他会讨论申请人的个人风格和投票意向。[38]

休斯显然试着与里斯曼保持距离。他的信富有见地、感情丰富，然而，当里斯曼需要控制他人的时候——他偶尔会让人认为他在向他们提供工作机会——休斯则表现得老练而坚定。更重要的是，休斯拒绝成为里斯曼所期望的伟大领袖，他选择了休假，回到全职的学术工作中，而不是继续担任系主任。[39]

到 1955 年，学系完全分裂了。里斯曼的加入，以及他与休斯、沃纳、霍顿和福特在新的休闲研究中心（Center for Leisure Studies）的密切联系，意味着"定性"党有了一个一致的焦点，以休斯和里斯曼的亲密友谊为中心。几乎所有里斯曼派的人，也都是人类发展委员会的执行委员。此外，里斯曼给马歇尔·菲尔德（Marshall Field）留下了很好的印象，后者是大学巡视委员会的重要成员，因此成为了大学行政当局的宠儿。他还上过《时代》周刊的封面。与此同时，豪泽愈发认同全国民意调查中心。他与新任学部主任昌西·哈里斯和全国民意调查中心的克莱德·哈特一起，在学系与中心之间商定了一种新的关系。他个人的权力基础：人口研究中心和芝加哥社区调查，都很成功，并且很好地整合进了全国民意调查中心。布格现在是获得终身教职的常任教员，快速成名的古德曼也拿到

---

[38] 里斯曼一直关心投票，参见如里斯曼写给休斯的信，1955 年 6 月 1 日。

[39] 关于工作的话题，参见休斯写给里斯曼的信，1954 年 4 月 30 日和 5 月 8 日。关于休斯的离任，参见休斯写给里斯曼的信，1956 年 8 月 3 日。

了终身教职。[40]

福特的终身教职，首次使这种分裂变得明显。此时，福特已是休斯－里斯曼派的坚定成员。他在由社会研究会发起并围绕社会学中"累积"的公开辩论中打败了豪泽，从而强调了自己的站队，失去了豪泽原本的善意。尽管福特是参与观察法的倡导者和活跃的研究者，可由于他站在批评沃纳研究工作的邓肯一边，从而也得罪了沃纳。因此他几无成功的可能。最后，他只好去了私营部门，在那里成为了一名应用社会学的重要人物。

在1956年，这些事情演变成了公开冲突，此时，学系一致同意埃弗里特·休斯将没有第二个任期，反正他也不想连任。豪泽和里斯曼是候选人。（显然，从外部寻找系主任的工作已经停止了。）教员仍然定性和定量各占一半，定性派略占上游。沃纳、休斯、里斯曼、福特、霍顿、布劳和斯特劳斯都在某种程度上属于定性派，尽管其中只有休斯和斯特劳斯真正代表老芝加哥。豪泽、古德曼、邓肯、博格和卡茨是定量派，然而他们本身又分为调查研究和人口学。候选人豪泽和里斯曼彼此非常厌恶。豪泽公开藐视里斯曼的研究工

---

[40] 在校长文档（1952—1960年）系列（第151箱，文件夹1、2、2.1）中的不同信件表明，豪泽实际上在培养与金普顿的关系，送他重印书、活动通知，诸如此类。关于休闲中心，参见里斯曼写给豪泽的信，1955年9月26日，菲利普·M. 豪泽文档，第14盒，文件夹11。关于菲尔德的事情，参见 W. B. 坎农（W. B. Cannon）写给里斯曼的信，1955年1月19日，校长文档（1952—1960年），第148箱，文件夹4。关于新的全国民意调查中心，参见诺顿·金斯伯格（Norton Ginsburg）写给豪泽的信，1955年7月23日，菲利普·M. 豪泽文档，第14盒，文件夹11。有趣的是，此时是豪泽，而不是系主任埃弗里特·休斯，向理事会做关于学系的重要报告。参见前述里斯曼的记录。1954年9月27日，里斯曼登上了《时代》周刊的封面。

作，而里斯曼明确表示，如果豪泽成为主任，他将离开芝加哥大学。㊶

在系里，这件事悬而未决，里斯曼派有些悲观，开始接触利奥·古德曼作为折中的候选人。古德曼是一位方法论者的方法论专家，必然为定量派所接受。古德曼愿意，但是学部主任哈里斯并没有接受他。哈里斯逐一面试系里每位终身教职成员之后，决定让豪泽担任系主任一年，届时再视情况而定。但是校长金普顿否决了他的决定。他认为学系应该下定决心，任命豪泽担任系主任三年。金普顿似乎不仅一直对豪泽怀着强烈的情感，也在豪泽身上看到了重建学系所需的强有力的手腕。毕竟对于金普顿来说，这个特别的学院难题已经困扰他六年了。㊷

金普顿的选择动机是复杂的。一方面，媒体明星里斯曼因为哈佛提供的教职而即将离开时，他在回应时似乎动了情，表示非常遗憾。"如果你接受了哈佛的职位，你会使大学成为荒芜之地。……我真的希望你留下来，我也希望能够帮助你，使

㊶ 正如我们前文中所提到的，他们是完全不同的人。里斯曼关于学系未来立场的文件保存了下来，1956年3月8日，位于埃弗里特·C. 休斯文档，第46盒，文件夹2。它包含了向另一派伸出的几根橄榄枝，但它并不是真正折中主义的文件。在其中里斯曼用冷战的隐喻，谈及豪泽在论文答辩会上对一名休斯和里斯曼派学生的攻击，并继续非常详细地讨论了两个阵营。他的陈述清楚地表明，沃纳是唯一真正试图调和两派的人。关于里斯曼立场的公开性，参见里斯曼给休斯的信，1957年5月19日，其中提及格罗津斯为里斯曼可能离开提醒金普顿。

㊷ 豪泽先前在华盛顿和芝加哥都有丰富的管理经验。1940年代末，他在4E事件中自绝后路之前，曾经在拉尔夫·泰勒手下担任社会科学部副主任。古德曼"拟任系主任之事"突生变故说法的来源是利奥·古德曼和当时的学部主任昌西·哈里斯。关于金普顿的角色，哈里斯是我们唯一的信源。关于此事，金普顿没有留下任何个人记录。

你在这里更愉快地生活。"另一方面，他对于豪泽充满热情，并且二人十分亲密，豪泽显然向金普顿提及过系里关于邓肯终身教职投票的敏感话题。很明显，如同泰勒和哈里斯一样，金普顿将他们这些有着"现代社会研究技术"的"年轻人"视作学系的未来。[43]

很大程度上，是初级教员感受到了这种两极分化的直接影响。1955年轮到福特，现在轮到了邓肯。邓肯像福特一样，有其他的工作职位备选，伯克利的布鲁默为他提供了终身教职。如福特一样，邓肯不出所料得到了一半一半的投票。然而与福特不一样的是，邓肯留了下来，并在1957年后得到了全职科研岗位。（在1960年至1962年，他短暂地重回学系，最后去了密歇根大学。）一些人认为他乐见这个结果，因为他取得了丰硕的研究成果，其他人则不太确定。[44]

1957年，安塞姆·斯特劳斯成了最后一位受害者，他像邓肯一样，正在通往塑造学科中整个分支领域的职业道路上。尽管这时有一些新的面孔（被提拔的罗西，以及从法学院引进

---

[43] 金普顿写给里斯曼的信，1957年5月1日，校长文档（1952—1960年），第151箱，文件夹2.1。豪泽写给金普顿的信，1959年1月16日，与前者相同的存放位置。"年轻人"的说法引自哈里斯写给董事会的信，1959年11月13日，社会科学部地下室。

[44] 关于邓肯的决定如同系主任的难产一样，只是先前政治派别的结果，尽管邓肯在到来之前严重冒犯的沃纳是摇摆不定的投票人之一。1950年《美国社会学评论》上发表了邓肯的文章，对沃纳关于社会分层领域的全部作品进行了特别尖锐且有影响的抨击（Pfautz and Duncan 1950）。有趣的是，这是一种芝加哥式的攻击，其理论依据援引了帕克、伯吉斯、沃思和齐美尔。邓肯认为沃纳被人类学家误导了。[邓肯自己将这篇文章的理论部分，归功于他的合作者哈罗德·普福茨（Harold Pfautz）。]事后看来，邓肯的文章很容易被解读为《美国的职业结构》（Blau and Duncan 1967）的白皮书。大学最后承认了它在这一特定决定上的错误。1979年，邓肯被授予荣誉学位。

的弗雷德·斯特罗德贝克），但结果都是一样的。㊺

短暂的休斯时代以系内定性派的减少和孤立告终。里斯曼真的如承诺的那样，在一年内离开了。福特离开了，斯特劳斯也离开了。沃纳和休斯仍然在，但是当1959年大学行政当局拒绝授予沃纳杰出服务教授职位时，他在退休前四年离开了。休斯不像里斯曼那样尖刻，还告诫里斯曼在公共场合不要倒苦水。㊻

即使在豪泽掌权之后，金普顿当局似乎从来没有摆脱学系处于危机之中的意识。在1957年年中，副校长R. W. 哈里森（R. W. Harrison）写信给金普顿，"豪泽没有完成对社会学终身教职的建设，并且正在考虑增加三或四个职位"，哈里森清楚地指出，关于彼得·罗西可能的终身教职，学校行政当局或许认为任命他会排除其他更好的可能人选。这显然表明学系仍然处于考察期。㊼

豪泽在1958年的系主任报告中指出，"现在的做法与坚持认同社会学'芝加哥学派'已有很大不同"。他自豪地列举了当时授课教员的出身，指出13人中仅有4人是芝加哥毕业生，并谈到"一些芝加哥毕业生抱怨，我们在避免将芝加哥人留下任教这件事上做得太过了"。他说"早先系里兴趣和利

㊺ 关于斯特劳斯终身教职的决定，参见里斯曼写给休斯的信，1957年10月24日。里斯曼指责另一方偏好有大量劳动分工的社会学，考虑到他和休斯的堪萨斯项目，这相当奇怪。

㊻ 关于沃纳之事，参见豪泽写给金普顿的信，1959年1月16日。豪泽延续他"赶尽杀绝"的态度，反对沃纳的晋升。沃纳自然是反对邓肯的核心力量，后者是豪泽最重要的门生。关于休斯给里斯曼的告诫，参见休斯写给里斯曼的信，1957年5月15日。

㊼ 哈里森写给金普顿的信，1957年6月24日，校长文档（1952—1960年），第151箱，文件夹1。

益两极分化的情况完全消失了"。（里斯曼这时已经离开。）但是与此同时，由于沃纳和休斯的离开，他也为应对即将到来的转型感到忧心忡忡。在报告中，有大量关于全国民意调查中心的材料，这标志着中心与学系的关系已经成为一个重要问题。最后，豪泽为詹姆斯·科尔曼这个"重大失去"深表遗憾。[48]

一年之后，豪泽不那么肯定了。"我想说，我们仍然处在转型之中"。他提及沃纳的失去，实际上他对此并不在意，但是他开始担忧古德曼可能离开，当时古德曼正计划前往他的家乡纽约市的哥伦比亚大学休假。豪泽认为学系是全面发展的，现在他明显将此视为优点。他将斯特罗德贝克看作社会心理学的救星，斯特罗德贝克可以吸引来卡茨、罗西和吉姆·戴维斯（Jim Davis）。同时，罗西和邓肯·麦克雷（Duncan MacRae）（与政治学系的联合聘任）也能够开设政治社会学项目。在劣势方面，他注意到了社会解组领域，但是希望詹姆斯·肖特的聘任至少能够将其支撑起来。他也对理论团队的力量感到满意［在系中希尔斯是联合任命，还有已经被任命的弗农·迪布尔（Vernon Dibble）］，由于他广为人知的观点，这听起来非常令人惊讶。[49]

豪泽公开表示对理论的加强感到高兴，这表明芝加哥对"理论"的不信任——我们看到，在定性阵营和部分定量阵营中，这种不信任都很强烈——最终屈服于大学行政当局兼收并蓄的压力。值得指出的是，对于新的学系来说，这种联合任命尤为重要。豪泽充满热情地继续执行了休斯的大多数策略。

一系列事情都有助于豪泽，使他能为学系创造一段稳定

---

[48] 豪泽写给哈里斯的信，1958年12月8日，社会科学部地下室。

[49] 豪泽写给哈里斯的信，1959年11月3日，社会科学部地下室。

第二章 第二个芝加哥学派的转型与传统

期。第一,最明显的是他的对手里斯曼的离开。第二是大学行政当局的合作,这是六年来的第一次。但第三是豪泽自身作为学术伯乐的判断能力。无论是在当时还是其后的职业生涯中,他对于教职员工的评价(在档案中都有呈现,这里没有引用)几无偏差。不过这种评判,只适用于他所熟知和钟爱的领域。也许豪泽确实一眼看出了哈里森·怀特(Harrison White)的非凡潜力,后者在取得物理学博士学位两年后,作为一名博士后研究人员接受社会学再训练。但是另一方面,他极力想要清除福特和斯特劳斯,坚持无视本系人才的他忽视了学系那些正在学科中取得突出成就的毕业生:戈夫曼、贝克尔等人。[50]

在1957年后,虽然豪泽对过去的芝加哥传统还有明显的敌意,但他最终还是帮助重建了这一传统。1950年代初以来,他一直在推动莫里斯·贾诺维茨来学系任教,贾诺维茨也最终在1962年得以就位。贾诺维茨一到芝加哥,就精力充沛地重建传统:坚持要求出版社重新发行学系过去的经典著作,将这些经典放入预备考试书目,把学生送入田野,重新聘请杰拉尔德·萨特尔斯、戴维·斯特里特(David Street)等学者。这基本都是十年前"学系目标"文件中的计划。一代学生纷纷回到田野,如威廉·科恩布鲁姆、鲁斯·霍罗维茨,查尔斯·博斯克和迈克·布洛维(Michael Burawoy)。[51]

---

[50] 关于怀特,参见豪泽写给哈里斯的信,1959年11月3日,社会科学部地下室。

[51] 贾诺维茨实际上是豪泽和里斯曼达成一致的人选,尽管里斯曼像其他许多人一样,发现贾诺维茨的个人风格极为令人不快。参见里斯曼写给休斯的信,1954年7月22日。在研究这段历史的过程中,人们无法回避这样的结论:豪泽如同里斯曼一样不留情面的态度,出于他们之间几乎发自内心的彼此厌恶。问题的关键在于,是否有力量足够的第三者来控制双方,休斯当然没有这样的坚韧。

因此，战后学系并没有如通常所认为的那样，不可阻挡地转向定量的立场。在某种程度上，这种立场的出现与其说是由学系决定，不如说是由校长最终决定。在学系层面，绝大多数证据都反驳按照严格的定量/定性的划分来阐释这段时期。豪泽和沃思虽然是亲密的朋友，但是沃思并不喜欢沃纳。布鲁默对于休斯的评价不高，但是他十分看重豪泽，尝试吸引他来伯克利，反过来，豪泽本人也对他评价很高。里斯曼在聘用爱丽斯·罗西和彼得·罗西时一马当先。古德曼则有意作为定性一派的系主任候选人。[52]

在这段时间，毋宁说学系围绕着一系列强关系在运转。在1945年到1951年，整个群体因为他们所拥有的共同记忆的巨大重量，以及老一辈的伯吉斯和年轻一代的沃思这两个关键人物而紧紧凝聚在一起。所有这些都因为伯吉斯的退休、沃思的去世，以及布鲁默的离开而改变。随着他们的离去，以及休斯意图通过吸收里斯曼来加强他的影响力，裂痕变得越来越大。沃思和布鲁默的离去，也消除了将豪泽和芝加哥式的思维方式结合起来的强大个人力量；豪泽的履历显示，严格意义上来说，他成为了一名人口学者。（在许多方面，他也更像是一名经理人，而不是一名研究者。）

随着这种裂痕的公开，那些没有深刻记忆的年轻一代与中生代的强势人物结盟，使争吵变得更公开。泰勒反对粗暴而霸道的豪泽，使学系落入休斯手中，而休斯很长时间都是系里的局外人。正是这一点，再加上有着强势观点的里斯曼的存在，引发了一段相对短暂的公开派系冲突，使得学系损失了福

---

[52] 关于沃思和沃纳，参见 Farber 1988, 342。里斯曼关于罗西夫妇的说法，见于里斯曼（Riesman 1990）的著述。

特、邓肯、斯特劳斯，这三位将在未来三十年里成为学科的重要人物。

在解开这个死结的过程中，金普顿支持一派的决定暂时地挫伤了另一派，但并没有为学系带来长久和平。不过金普顿的决定，确实确立了和平的基础。如果里斯曼成为系主任，那么豪泽可能很容易接受伯克利持续的引诱，而里斯曼可能带领学系迈向宏大理论和定性经验研究的结合，这已成为哥伦比亚大学以外的常春藤联盟大学社会学系的标志。那么对于学系本身来说，决定性的转型期是从1950年大学行政当局拒绝沃思出 62
任系主任，到1956年对豪泽的任命。(53)

因此从1945年到1960年，教员的历史可以划分为三个时期：沃思–布鲁默和休斯–沃纳之间逐渐出现裂痕、豪泽和里斯曼之间的分化，以及豪泽主政。这三个时期为两个转折点分开：1951年至1952年的研讨会辩论，以及1956年的系主任之争。

观察这些联盟和争斗网络的展开，我们会发现整个过程中没有任何一个人保持一贯的立场。豪泽可以刚抨击完理论，就去"追逐"尼尔·斯梅尔塞。休斯一会儿觉得不受赏识，一会儿又为排斥他的学系辩护。里斯曼一派一边抨击豪泽的研究工作是产业界的研究，一边开展使大多数定量研究相形见绌的项目。正如前面所说，我们无法在个体层次上找到一个"芝加哥学派"。在聘任的交易、基金的申报、学生的挑战等持续不

(53) 里斯曼将帕森斯的社会关系系视为社会科学的典范，但也面临着威胁。他产生这种感受，正值帕森斯数本晦涩难懂之作接连完成之际，当时《社会系统》《经济与社会》和《迈向一般行动论》都已经出版，这表明他完全没有领会何为芝加哥传统。休斯对里斯曼有着深刻的了解，他认为里斯曼对本科生教育的兴趣，实际上超过其他任何事情。关于里斯曼的辞职，参见休斯写给里斯曼的信，1957年5月15日。

断且起起伏伏的互动之中，个体教员运用手头的思想，使互动有了一种风格，虽然可能是以传统为模式，但却是独特的个人风格。

学系的自我审视

因此，芝加哥学派是存在于个体之间的某种事物。它并不在这些个体之上，那将意味着个体嵌套在群体之中，而正如米德所说，自我和社会是从同一过程中产生的。正是在教员互动过程之中，才出现并固化成后来称为芝加哥学派的传统。幸运的是，在1951—1952年教员研讨会中，我们能够详细地看到这种突现。[54] 这场围绕谁真正承袭了罗伯特·帕克衣钵的争论长达一年之久，表明在那些争论不休的人心中，维系学系光辉岁月的松散的准则和实践，如何被逐步形塑为一个独立的客体，

---

[54] 1950年，福特基金会给予7家机构各30万美元的资助，用于推动社会科学的发展［福特（Foote）写给研讨会的信，1952年5月12日，恩斯特·W. 伯吉斯文档，第33盒，文件夹4］。在芝加哥，这笔资助由社会科学研究理事会进行招标，沃思时任该部门委员会的主席。学系利用这笔资助，支持并记录了一次研讨会。研讨会看起来很可能是沃思的主意。他提出了资金申请（研讨会记录，1951年10月11日），用长长的秋季备忘录设置议程（未标明日期，但最终分发是1951年12月10日），并经常主导讨论。此外，沃思的开幕演讲清楚地表明，他的对话者对于未来的计划只有一些模糊的想法。在伯吉斯给学部主任泰勒的年度报告中（1951年8月27日，恩斯特·W. 伯吉斯文档，第33盒，文件夹2），他老生常谈地将研讨会视为研究和培训。在1951年10月11日研讨会开幕时，他只是将会议移交给了沃思。所有与研讨会相关的档案，粗略地按照年代顺序编排，都位于恩斯特·W. 伯吉斯文档，第33盒，文件夹2—4。在这些章节中，所有引用的原始材料都在这些文件夹中，所以我们没有提供直接的引文，而是仅仅标出日期。我们通过核查在社会科学部地下室中复印时的凭证，为那些未标注日期的档案注明时间。

第二章　第二个芝加哥学派的转型与传统

一个能够通过他们其后的研究工作再生产的事物。既非在全国各个研究生项目中没有讲授这些准则和实践，也不是没有这次研讨会，它们就不会持续下去。毋宁说是这样的争论，促使参与者将不同的知识链条紧密结合起来，将它们客体化为帕克其人及其遗产，从而在他们自己的心目中制造出这个文化客体，它不仅能够吸引自身，而且认为社会学不同领域的各类研究活动都来源于它。研讨会的松散性体现了这项聚合的工作。每当有一些东西被塞进"社会学"（在此指的是"芝加哥社会学"）这个概念，另一些东西就会从另一边掉出去。如同一堆柴火，唯有它们充分交叠在一起，足以提供约束性的框架之时，它们才成其为一堆柴火。

研讨会的争论是关于第一个而非第二个芝加哥学派的诞生。当那个时代结束的时候，幸存者尝试为了他们自身去界定那个时代。他们（以及其他进行类似对话的人）在这样做的过程中，将垂死的主体转换为活生生的客体。这个客体不仅在1950年代的派别斗争中幸存了下来，还能够为贾诺维茨有效利用，也能够被休斯移植到布兰迪斯大学。

研讨会在失望中结束了。这是1952年的5月末。路易斯·沃思去世了。学系正好突然接到通知，校长马上需要一份"学系目标"文件。在他们将这些目标最后成文之前，尼尔森·福特提议，他们应该"听听那些下一年就要离开的同事'最后的话'，并问一些问题"。赖斯、布鲁默、威廉姆斯、伯吉斯和奥格本（他没有出席）都即将离开。

布鲁默以一段强劲有力的告别辞开始：

> 布鲁默先生：……我相信半个世纪以来，本系的卓越之处很大程度上源自这样一个事实，那就是本系领导者一直

致力于发展的不是不连续事实的集合，而是关于人类群体生活的连贯知识体系。当然，我们可以在斯莫尔博士的案例中注意到这一点；最有说服力的例子是帕克博士，他将自己活跃的研究兴趣与明显稳定的关注相结合，尝试整合一幅人类群体生活的图景。基于我对托马斯博士研究工作的了解，从我个人观点来看，我认为他同样致力于为研究人类群体生活，努力发展某种在形式上具有一致图式的知识。我认为失去这类兴趣将会是学系最大的不幸。

在布鲁默讲完之后，伯吉斯转向了赖斯：

> 伯吉斯先生：赖斯先生，你正要离开我们，这使你有资格成为智者。
> 赖斯先生：当我们看到今天社会学正在发生什么的时候，我想我完全同意布鲁默先生的观点。我发现自己经常处于随波逐流的境地。这与现在开始被称为社会学芝加哥学派所具有的社会观，以及我在社会学系作学生时学到的社会观都不太一致。
> 伯吉斯先生：为什么你背离了？
> 布鲁默先生（对伯吉斯）：你又是为什么？

1952 年 5 月 28 日晚在社会科学楼 106 室，道路走到了尽头：年轻一代温和地承认失去了信念，中生代甚至指责前辈们的遗忘。难道布鲁默是正确的，只有他真正拥有芝加哥的遗产？或者说这种讨论反而表明，这些散落的遗产是一堆毫无价

值的木柴？抑或这些1920年代的年轻人在他们关于继承的争吵中，在自身内部制造了这种遗产？(55)

这12场研讨会涵盖了不同的主题。首先是关于议程设置 65
的两场全体会议。这两场会议做了一个决定，那就是全盘审议“教学大纲”，即带评注的阅读材料清单，新的基础考试（foundational exams）都要基于它。(56) 然后，分别就社会心理学和社会组织的教学大纲举行了三场会议，并就所有六个教学大纲的简短公告文本临时安排了一个短会。其后的三场会议中，有两场是关于非常特殊的事务：尼尔森·福特关于参

(55) 在10月坐下来讨论的这群人中有伯吉斯，但是没有奥格本，此时他已经从学系事务中抽身。下一代中，豪泽有一整年都不在学校，但是沃思、布鲁默和沃纳都出席了。他们都是50岁出头。其余的人几乎都是30岁，或者更年轻。邓肯、古德曼、赖斯、约瑟芬·威廉姆斯和雪莉·斯塔尔都是新近毕业的博士。福特、哈罗德·维伦斯基和D. G. 穆尔是研究生。只有沃纳的合作者人类学家唐纳德·霍顿以及沃纳的首席田野工作调查员研究生比福德·容克，在年龄上介于这两群人之间。这两个群体都不是很活跃，因此会议采用了在资深教授之间讨论，或是他们与年轻人讨论的互动形式。

正如大学行政当局所预测的那样，讨论没有被非芝加哥社会学的知识所染指。在定期参与的10位博士中，8位来自芝加哥大学。4位研究生中有3位来自芝加哥。康奈尔大学的尼尔森·福特，是讨论中唯一坚持代表社会学“其他视角”的声音。研讨会出席人员大多是定期的，16位参与者中有11位至少参与了12次会议中的9次。不定期参与的人员中，包括只参与了5次会议的沃纳，以及全国民意调查中心的克莱德·哈特、斯塔尔和威廉姆斯。

(56) 六个主要领域（社会组织、社会解组与变迁、社会心理学与集体行为、人口与人类生态学、理论、方法）都有教学大纲。这些都是有引用和注释的大篇幅文档（一般是30页），供渴望专攻该领域的研究生掌握。当时这些文档在形式上都是新的，但是这些领域（除了理论和方法）在芝加哥大学已经有超过20年的历史了。教学大纲的简版在公告中予以发布，并构成了第八次会议的讨论基础。研讨会期间，正如福特在第二次会议中明确所说的，仅有两个教学大纲是完整的。这也是为什么只讨论了两个。

与观察项目的报告，以及心理学系关于在芝加哥建立“行为科学研究所”的提议。尽管最后一次会议计划用来帮助戴德利·邓肯改写学系的“目标”文件，但实际上是为芝加哥学派“守灵”。(57)

关于要做什么和如何做，研讨会一开始的讨论含糊不清。伯吉斯要求沃思阐述“他有了哪些想法。”在沃思的精心计划中，有三个主要的议题：学科的主题、它与其他社会科学的关系，以及它的分支领域，并从这些议题中引申出四个子议题。（这些子议题是教学的实际内容、学科的前提假定、未充分研究的主题，以及实际研究的问题。）在讨论中，布鲁默极力敦促仔细考虑“我们这个学科的基本逻辑问题”。福特反对他，并力推其他社会学系的经验研究工作，尤其是哈佛大学和哥伦
66 比亚大学，因为他们对大型组织中“更及时”问题的研究比芝加哥大学的“社会问题”研究更成功。沃纳也力推一种经验主义取向，认为应该立即着手研究课程教学大纲本身。当伯吉斯赞同他的时候，一种明显的对立出现了，一方是沃纳和伯吉斯，另一方是沃思和布鲁默。此时，休斯和哈特为调和他们两方，提议在学系下一次会议继续讨论一般性议题，再转向讨论教学大纲。两人也都提出了方法的议题，这是他们觉得沃思忽视了的方面。

在第一次会议上出现了一些不断重复出现的主题：布鲁

(57) 可能还有一些记录没有进入伯吉斯的档案。但是内部证据强烈表明，仅仅举办了这 12 次会议。因此，有着很长讨论的是由布鲁默主要负责的社会心理学教学大纲，以及沃纳和休斯负责的社会组织教学大纲。因而我们详细考察了芝加哥学派两条主要的线索，即布鲁默式符号互动论和休斯式社会组织的人类学研究。缺失的是凳子的第三条腿：人类生态学。它的教学大纲没有完成，只在对其他教学大纲的评论中出现。

默坚持的抽象性与其他人意欲坚持对学科的经验性理解之间的对照；对方法的合理性的多角度担忧；跟哈佛和哥伦比亚的对比。但是第一次会议也表明，在有迫切需要的讨论使主要参与者的立场定形之前，他们摇摆不定。此时，休斯是布鲁默和伯吉斯的中间人。此后，却再也没有这样。

在这次会议最后，正如哈特所说的那样，系里每个成员都承诺撰写"一段话，陈述未来希望看到的进展"。大多数人写了一小段或一页纸。休斯和沃纳各自写了几页纸。但是沃思基于他自己的三个核心问题——领域、其内在关系，以及其分支领域，撰写了四千字。对于他而言，研讨会是次为自己正名，用言语和文字阐述他所理解的芝加哥学派信条的机会。

在休斯或沃纳的撰写中，没有诸如此类的目的或是紧迫感。对于他们来说，团结一致的时光已成过去。没有一个芝加哥学派；有的是用休斯的话说，一个"由若干利益和事业小核心组成"的学系，"每个小核心又由一个或几个人组成"。沃纳更为直白，"为了维持我们之间的外在和平，我们每个人都对自己假装我们之间的关系，假装我们内在同外在一样和谐，而且我们之间有普遍的共识。事实上，我不相信这是真的。"沃纳和休斯都偏爱一种群岛式界定的社会学。它是一种"看待所有生活领域中出现的社会行为和组织问题的方式"（休斯），或者是"对于人类行为的组织中持续不变部分的研究"（沃纳）。

相比之下，沃思认为社会学确实是一种事物。他从它不是什么开始：关于社会、群体生活、社会制度，乃至社会互动的研究。它也不只是社会学家所做的事情，根据这一判断，他否定了福特、休斯和沃纳。他认为"由于人类过着群体生活的事实，社会学关注的是人的真实情况"。他承认对于"群体"的界定并不明确,但他表示"群体因素指的是这样一种普遍事实,即人类是在与他人的关系中生活,与他人展开互动,或受到他人影响并影响他人"。

在注意到人类群体与其他事物的群体不同之后,他接着指出社会学应该是一门科学:公共的、验证的、预测的和累积的。然后他强调:

> 我们的数据资料是人类自身所处的真实情况,而不是我们在想象中可能捏造的一些虚假问题。我们将拥有一门社会学的科学,只要我们研究的是人们所处的实际生活情境。

最后,他极力主张以非常审慎的方式对待普遍性命题。

> 我相信,如果我们扭曲了社会现实图景,使它到了不再可辨识或不再有意义的程度,抑或如果我们所得到的抽象概念是如此抽象,以至于不再能够回到具体的实例或经验情境中,我们就不应该为了普遍性而试图得出普遍性。

沃思从未修正过这个表述,实际上这是他所有课程中的一个重要部分。虽然他不是一个系统的思想者,但他是富有启发的辩论者,也是同事的领导者。作为芝加哥学派的领导者,沃思和他的前任帕克一样,只能将学派的核心阐述为一系列准则。这些准则如下:发现群体的群体性,即人们和群体如何影响他人和群体。以科学为目标,又并不过分追求科学而失去现实。讨论真实的人和真实的问题。除此之外,沃思的立场只不

过是几句意义不明的原则。(58)

第二次会议（1951 年 10 月 25 日）就沃思在第一次会议上提出的问题，确定了考量两个现有教学大纲（社会心理学和社会组织）的程序。虽然其他几个系已经在利用福特资金规划培训项目，但参会者一致否决了这一想法，因为如果没有弄清 68
楚为何培训，培训就为时过早。（在此是对哈佛和哥伦比亚的公开指责。）沃纳再次打断了他们，明确表示对于他来说，不做哈佛正在做的事情，恰恰意味着“学习如何表达不同意见”。“有人会认为，既然哈佛实际上在尝试推出一种基本且全面的学说，我们也应该制定我们的‘路线’，我们都知道我们不是那种会这么做的人。”这种立场使得芝加哥大学非同寻常的研究自由，变成了智识生活的一般模式，这样就明确阻止探寻芝加哥的核心，而这不仅对沃思极为重要，对布鲁默也至关重要，尽管方式不同。

这次议程设置会议使得学系主要成员分为两个群体。在某种程度上，这令人惊讶，因为布鲁默、沃思和休斯各自都认为自己是罗伯特·帕克的继承者。但是这两个群体之间有着深层差异。休斯和沃纳是有着许多在研或计划开展的大型项目的高产学者。布鲁默是个完美主义者，他拒绝发表在其他人看来

(58) 事实上，沃思确实注意到了社会学与某些特定领域探究的特定联系，比如家庭、犯罪行为和社区。他知道这些会给人以群岛式的印象。但是对于他来说，“社会学作为一门总体社会科学”的另一个特性更为重要。休斯和沃纳认为，认识到社会学的一般特征，就可以继续讨论它的细分领域，而沃思则不同，他认为我们必须以一种总体性观点来界定社会学的核心。在这点上，他和帕森斯达成了一致，不过这也是二人唯一的共识。约瑟夫·古斯菲尔德讲过一个故事，帕森斯来芝加哥做一场重要的讲演时，沃斯坐在前排，拆开并阅读自己的信件。

可能早已完成的稿件。实际上，沃思在过去十年的发表非常之少，不过他也一直在为写一本书做研究，只是进展缓慢。这些对比表明，沃纳和休斯比布鲁默和沃思更多地参与经验社会调查。在学生方面也有对比。此时，休斯开始吸引系里许多最好的学生，而他以前并没有。布鲁默和沃思则因为他们奇怪的言论，经常吓跑学生。

开始的两次会议形成了一种交错配对式（chiasmic）的讽刺。抽象派的代表沃思编撰整理了帕克式的实践。因而他的编撰工作否定了自己：不要抽象，不要忽视真实的人和问题。而休斯的观点尽管表面看起来具体而松散，可当他称社会学为"一种看待社会行为和组织问题的方式"时，他确切地知道所指为何。虽然他的群岛式模型似乎意味着和平共存，但是他后来研讨会上的表现表明，他对帕克式研究有一个非常清晰的认识：其核心正是沃思用抽象术语极力主张的积极拥抱经验。

在接下来的三次会议上，布鲁默负责制定社会心理学教学大纲，他坚持自己的主张，反对所有与会者。整个过程中，在他和其他人的立场之间开始形成同样具有讽刺意味的关联。

布鲁默一开始就说，相比 20 年前他撰写毕业论文时，社会心理学无所知觉地变得更加混乱了。因为有一种不混乱的幻觉，由误将技术和方法论标准（当时基于调查的态度研究的标准）作为对基本问题的答案而引起。然后，他请所有与会者讨论。休斯提出了一些并无恶意的问题（"为什么你认为社会心理学是一个领域？""你喜欢'社会心理学'这个术语吗？"），布鲁默以基本的立场予以回应：

> 如果一个人要研究 [儿童在互动中会如何]，重要的是通

过采用目标定位、方法图式、思想体系来研究它们，其内容与人们的观察相一致。这似乎是非常简单的陈述，不值得一说。我这么说，是因为今天绝大多数方法都忽视了这一点，我这么说是有根据的。

哈特直截了当地不同意后面的主张，他们就刺激-反应理论争论了几分钟，布鲁默立即对这一理论加以声讨。他声称"田野调查者"（调查工作者）没能运用这种知识，即一个人总是"基于事情在他看来的样子而行动"。但是哈特反驳，调查研究者正在从被访者角度不断反思访谈的情境。

休斯开始温和地批评布鲁默要求过多。"或许人数就应该非常少，社会心理学是一个精选的领域。"布鲁默生气地反驳他："首先我会否认这样的主张，即在人们可以做观察之前，必须消除［所有］理论上的迷惑。那将是愚蠢的。"然后他特别抨击了休斯式的研究："这些被送去开展田野调查的学生，可能在一系列节点误入歧途，因为他们有的关于对象的图式要么来自他们所在群体的文化，要么来自特定的教条。"福特代表经验主义者回应道："你似乎在鼓吹一种挥之不去的知识臆想症，如果我们真的试图进行研究，我们就会反复思考所有可能出错的可怕事情。"[59]

然而事实是他们都相信同一点。哈特认为，他通过了解受访者对于访谈的看法，已经有了足够解释力。休斯虽然不太

---

[59] 从这次讨论中可以清楚地看出，正如他的信件所表明的，布鲁默认为休斯只是二流货色。另一方面他们一致认为，在过去十年里，自己的研究工作和学生都受到过限制。在会议的后半段，布鲁默明确提出了这一点，而伯吉斯提出了异议。（奥格本显然是罪魁祸首；所有教员都对硕士和博士研究计划投票，而他明显带着偏见。）休斯站出来为布鲁默辩护。

能够接受全国民意调查中心式的访谈,但是他认为,通过让学生直接进入田野,也已经有了足够的解释力。然而对于布鲁默来说,他们都无法充分触及"他者"的领域。他们三人都认同"帕克标准"的本质:保持反思性,贴近现实。他们之间不一致的,只是其经验性内容。因此,传统开始以准则的形式出现,对于不同的人来说,这套话语可以表示意义完全不同但"形似"的事物。

接下来,伯吉斯给布鲁默布置了阐述社会心理学基础的任务。布鲁默坚持认为社会心理学必须既包含普遍性命题,也包含历史解释(描述),又列举了五个需要普遍性命题的问题领域:"原始本性(original nature)的本质、群体生活的本质、互动的本质、个体形成过程的本质,以及由个体可能发展的各种关联的本质。"因此,对于布鲁默而言,社会心理学是最重要的社会科学;最后这项命题囊括了所有社会组织,而最开始的命题涵盖了所有的纯粹心理学。这两者之间是群体生活、互动和个体的形成。一眼可见,这跟帕克和伯吉斯1921年的教材大纲差不多是相同的次序,只是侧重点有细微的不同。布鲁默一如既往地声称,对于整个芝加哥传统来说,在其后来符号互动论标签下的社会心理学是一个恰当的名称。[60]

事实上,在这些相互矛盾的观点和反对观点之中,芝加哥传统的核心主题开始被堆积成一个紧密的柴堆。布鲁默和沃思想提出社会生活的芝加哥视角,而沃纳和休斯认为不能也不应

---

[60] 在会议结束时,大家讨论了特殊性和普遍性的问题,这使得布鲁默和其他人陷入一片混乱。多亏布鲁默将当时默顿新近提出的术语"中层理论",风趣地曲解为"中产阶级概化"(middle-class generalizations),才让大家松了一口气,当然,布鲁默并不赞成这样做,认为这是普遍性和特殊性的不合理混合。

该这样做。布鲁默相信，社会学的核心是个人和群体如何相互影响的知识问题。沃思则相信，社会学的核心是一系列准则：理论从研究中生发出来，诸如此类。至于其他人认为社会学核心是什么，沃纳或休斯并不关心。他们只想继续做下去，对他们来说，研究的形式就是追随沃思的准则，以布鲁默的问题为驱力。一方实践着另一方所鼓吹的主张，同时又抨击这种主张，说它缺乏实践，而另一方又抨击这一方，说它的实践并没有完全达到所鼓吹的效果。信条是由诸如此类环环相扣的矛盾构成的。面对任何外部鼓吹和实践的概念，无论是来自帕森斯还是拉扎斯菲尔德，任何一方都会捍卫另一方。争论的焦点始终关乎芝加哥社会学实践的真正含义。

在之后关于社会心理学的会议中，充斥着许多相同的主题。布鲁默不愿意认可有研究是好的，也不愿公开否认好研究的可能性。的确，在第二次社会心理学的会议上，其他人提出了几十种研究策略，而布鲁默全部拒绝了，这使人相信布鲁默真正担忧的是看到米德的洞见变成只是有待验证的"模型"，与刺激-反应或精神分析，抑或（他的新克星）控制论处于同一层次。他唯恐奥格本式验证的齿轮会碾压过芝加哥的遗产。

布鲁默是对的，小脑袋里的微妙想法的命运经常是残酷的，可他出于担忧，把自己的思想隐藏了起来。他两难的困境，恰好捕捉到了传统的意愿性传播问题。他唯恐把自己的观点写出来后，它们就会变成仅仅是客体；事实上，他最有影响力的1969年论文集，也是违背他的意愿被逼着出版的。但是他将这些思想保留在自己的世界里，又以另一种方式将其客体化了；当贝克尔（在研讨会之外）告诉他，学生为了通过预备考试的社会心理学部分,背诵了八个由学生概括的"布鲁默定理"的时候,他感到非常震惊(贝克尔,个人交流)。只有通过将他的思想付诸实践,即将它们作为课题交给其他人,他才能避免这种噩梦般的例行化(routinism)。

在第三次会议上出现了同样的议题,会上对动机进行了长时间的讨论。布鲁默认为动机"代表了你能在文献中发现的最模糊和难以理解的概念之一"。所有文献都可以归结为"你拥有动机,然后产生行为"。(当然,对于布鲁默来说,行为的阐释和构建介于两者之间。)但是福特指出了他的错误,"这只是一种图式。"布鲁默反驳道,"你是否赞同这是最常见的一种?说另一种看看。"福特平静地列出了三种,然后告诉布鲁默他刚刚撰写了关于动机理论的文献回顾,在六个标题下列出了四十种动机理论。此处又是众理论里挑一的问题。对于布鲁默来说,社会心理学不只是另一种模式,一种解决问题的方式。它是一种思考社会生活的整体路径、框架和立场。他退缩了,这一次他真的很困惑,而伯吉斯通过将话题转向社会心理学与更广泛的心理学之间的关系救了场。

这正是传播的时机。每个学习者都将老一辈的理论看作一个客体,甚至客体化大师路径中最主体和内在的方面。然而在工作中,如果学生能够胜任这项工作,就会发生主体转变。就布鲁默的情形而言,最清楚也最奇特的例子是邓肯,他在所有布鲁默的课上都得了优秀。在研讨会上,布鲁默高度的和绝对主义的科学论立场自始至终由邓肯一人支持,邓肯还在第二次会议前向与会者散发了一篇高度建构主义的文件,题为《一个迷茫的年轻社会学家的自白和严格的相对主义社会学箴言》,以此来宣传他的布鲁默主义。邓肯后来的职业生涯非常卓越,许多人将其视为经验论和客观论实证主义的代表人物。然而在邓肯职业生涯晚期，他开始显露其真面目，这令后来他的许多崇拜者感到震惊。《社会测量札记》（Duncan 1984）流露出邓肯对经验社会学的巨大失望，这和布鲁默1951年的感受一样。邓肯的确打破了一些布鲁默的鸡蛋，但是他仍然尝试做一个布鲁默式的煎蛋卷。[61]

第三次会议触及了芝加哥传统的另一个面向：生态学。这里还有一个奇怪的现象，为布鲁默的抽象论所否定的某些东西，实际上正是他自身思想的核心部分。赖斯提出了社会心理学与生态学的关系议题，将生态学界定为"人类在时间和空间中聚合的研究"。布鲁默立即抨击道，时间和空间只不过是互动场景的一部分，后者才是真正重要的东西。其他人也轻视时间和空间，认为在决定某种社会关系的诸多事实中，它们只不过是其中的两个。邓肯尝试为他的同事辩护，但是没有成功。因此在短短几分钟之内，芝加哥传统的一个核心面向似乎被置于一边了。可事实上，对于沃思、伯吉斯，乃至对于布鲁默来说，时间和空间中的位置，尤其是社会时间和社会空间，才是他们二十年来尝试反对奥格本的核心所在。新的变量社会学所做的正是将社会事实从其情境中抽离出来。当沃思说不要跟社会现实脱节的时候，他想到的就是情境。因此，我们只能得出这样的结论，那就是布鲁默之所以轻视赖斯的立场，是因为他再次产生了对客体化的病态恐惧。

总之，在这些讨论中，布鲁默和沃思卓有成效地使社会

---

[61] 这段插曲表明了一个关于传统的两阶段损失模型（two-stage loss model）。布鲁默做出了重要承诺，但是并没有开展研究。他和其他人将这些承诺传递给了邓肯这一代人。可在下一代人的教学中，他们不知何故培养了很多把方法误认为激励他们的承诺的人。在他们手中，这些方法成了邓肯在《社会测量札记》中所诟病的废弃机器（dead machinery）。

学成为一种纯粹的主体性形式。赋予其内容的尝试都被否定了,将它确定为既定实践的尝试都被阻止了。当第三次社会心理学会议接近尾声时,对这一议题的讨论达到了高潮,尼尔森·福特对我们现在称之为范式的东西进了精彩的分析。他反对:

> 将社会科学领域分割为一连串井然有序的牧场,之间有这样那样的相互关系。这样讨论社会心理学和其他知识领域的关系,我觉得极度地不真实,如同正在为一项卡特尔协议谈判。

他说,不,各领域之间的关系实际上是不同的。他们都是帝国主义者,都要求社会生活的全部。他恰好是这些视角之一的社会心理学的信徒。他说,社会心理学:

> 是一种精心设计的世界观,并且相当自洽。……作为一种世界观,它包含或提供了关于历史、因果关系、制度和人性的概念。一种综合性哲学规范了它提出问题的类型、表述问题的方式,甚至是被视为证明的论据的性质。

在过去的三场会议中,布鲁默无疑是帝国主义者。他对这种相对主义(他称之为"带着报复性的活力论")感到震惊,也不想参与其中。对于他来说,社会心理学只是一种正确的视角。它吁求真实的数据。当福特责备布鲁默,说那种"真实"只是他所认为的真实时,布鲁默得意地说:

> 我只是无法理解你的想法,你暗示这个验证的领域除了回

答我个人的突发奇想外，没有任何意义。恰恰相反，它是普遍的人类经验领域，对于任何想要洞察它的人开放。它并不需要很多奇怪的，因而也可以丢弃的工具。

当布鲁默终于弄清，福特意指的是，即使“普遍的人类经验领域”也只不过是布鲁默自己的主张时，他感到非常震惊，并且立刻提出了纳粹社会心理学的极端例子。武力能使它成真吗？他说：“我不关心由权力来决定的真理。”(62)

这两个人都是对的。一方面，正如布鲁默所认为的那样，74
芝加哥社会学是影响深远的存在性承诺，而不只是另一种有待验证的“视角”或模型。另一方面，公开宣称这种承诺，不仅站在了布鲁默所推崇的科学修辞之上，也最终站在了这种承诺所面向的经验现实世界之上。芝加哥的立场正是存在于这两种立场无法言说的分歧之中，而双方的这种争论使得这种分歧不仅能够被陈述，也能传递给下一代。

关于社会组织的会议，少有这样的火药味。事情从一开始就不一样。首先，休斯、沃纳及其助理唐纳德·霍顿和比福德·容克的团队，已经讨论过如何介绍社会组织的教学大纲。休斯的介绍为接下来的两次会议提出了一个基本主题，那就是社会组织团队本质上已经与人类学系合二为一。人类学系的罗伯特·雷德菲尔德参与编写了教学大纲，还有一些合开的课程

(62) 请注意这种论证的方式正好是当前的方式。福特的论述可能十年后被托马斯·库恩一字不差地照搬了，尽管福特本人表示他的立场是受到 J. B. 科南特（J. B. Conant）的启发。非常奇怪的是，布鲁默的立场是当代经验社会学的立场，捍卫它自身，而反对后现代主义的极端立场。最后，关于“真正的真理”是否存在的争论，一如既往地是大多数相对主义者都赞同布鲁默，希望让真理由权力之外的东西决定。

以及合作的研究。

一个有着外部联盟的团队的存在，并不是唯一的差别。社会组织团队跟布鲁默不一样的是，他们有一套常规的研究实践：田野方法。对于之前讨论中提出来的一组（由一贯严谨的邓肯提出的）难以回答的问题——关于反思性、普遍性命题、模型、忠于现实的问题，他们都有自己的答案。这个团队还有一个基本概念："互动的人，即对他人的行动和姿态有不同程度敏感的人"，这个概念直接来自芝加哥的语汇。

第一次社会组织会议上，布鲁默采用了一种典型的模式。沃纳采取实用主义的立场，认为社会组织中的思想要由其能产生多少进一步的洞见加以检验。布鲁默询问如何能够做出这种判断。他又一次扮演了科学绝对论者的角色。（这次抨击的确容易让人想到邓肯发表的文章中对于沃纳的抨击。）在此，虽然对于芝加哥式的理论与研究的统一性，布鲁默深信不疑，但他从他的理论规则中得出了如此高的标准，使得研究实际上变得不可能。这个结果恰恰与邓肯相反，邓肯相信同样的统一，但是他将同样不可能的标准建立在方法论的严谨上，后来又建立在测量的实质效度（substantial validity）上。这又是一个从不同侧面理解同一堆柴火的例子。

第二次社会组织会议质疑了社会组织领域跟人类学的真正关系。这是一场漫长而激烈的争论。沃思认为它们是两个根本不同的领域。人类学聚焦于小型、自给自足和前文字的社会。它对于抽样或方法一无所知。它强调不同的制度。它的主要概念是文化。社会学研究大型、分化和现代的社会。它有不同类型的复杂方法。它的主要概念是社会。休斯耐心地列举了上百个反驳这种差异的证据：借用概念，互用对方的社会类型，在两个领域中都使用"社会"和"文化"。可沃思不仅没有被说服，还继续指出他认为在社会组织教学大纲中存在的严重漏洞：缺少关于政治和权力、冲突群体、变迁和动态方面的材料。休斯温和地承认所有这些漏洞，甚至表示将社会组织和社会变迁的教学大纲分开，会导致社会组织的教学大纲中出现停滞。他对于自己团队教学大纲的处理，有着布鲁默所缺乏的平和自信。这究竟是反映了他自身观点的实际连贯性，抑或仅仅是他愿意承认布鲁默所不愿承认的不连贯性，我们尚不清楚。[63]

然而，休斯在他第二天寄给研讨会成员的《对前夜现实的晨间幻想，附对"社会学始于家"和"不要让我们的观点一成不变"两个主题的反驳》中，对自己立场的情感投入显露无遗。这篇文章是对学系历史的讽刺性复述，休斯在其中表明，他的观点与其他任何人的观点一样具有芝加哥血统，作为"社会学家"的资历无关紧要，学系的重要人物有一位浸信会经济学家（斯莫尔）、一位英文教授（托马斯）、一位哲学家转型的新闻工作者（帕克）和一位心理学家（法里斯）。正如休斯一再表明的，所有这些人都超出了沃思和布鲁默在讨论社

---

[63] 课程大纲倾向于与之前的主修课程相一致。社会变迁课程大纲源自奥格本的同名课程。无论是在讨论中，还是在 1952 年 2 月 4 日的特别备忘录中，邓肯都非常关切，认为不能失去关于复杂社会中总体社会变迁的奥格本式视角。"该系由于他的退休，失去了一位学者，他对各种视角和路径进行独特综合的能力，使他具有足够的说服力和吸引力，使得他的名字不仅在芝加哥大学，也在美国社会学界，几乎成了'社会变迁'思想的同义词。"

回想起来，很难想象帕克一脉的种种情感。在这方面，人类学议题也充满着感情色彩，因为人类学家罗伯特·雷德菲尔德不仅是帕克的学生，还是帕克的女婿。雷德菲尔德对休斯和沃纳的影响很大，也曾在社会组织课程大纲的编写中与他们合作。雷德菲尔德和休斯两家的关系密切。然而，帕克遗产的其他方面却到了别处，例如布鲁默得到了帕克的办公室。人们应该记得，沃思、布鲁默和休斯获得学位时，该系还有芝加哥大学的人类学家［在他们的时代，是费伊·库珀-科尔（Fay Cooper-Cole）和爱德华·萨丕尔（Edward Sapir）］。

学时设定的界限。这份文件不仅以滑稽的戏仿笔触撰写（"除了参加会议或指导弱势种族外，以任何理由离开本国的社会学家，显然都是在贴身内衣上别着人类学胸针的叛徒"），也充斥着内部人的笑话（"当托马斯不得不到别处去寻找新体验的时候，他将自己的家当丢给了法里斯先生，一位受过训练的心理学家……"）。对于沃思和布鲁默来说，这无疑是一记响亮的耳光。在讽刺之下，休斯大胆地称自己是罗伯特·帕克真正的继承者。

到此为止，研讨会的故事成了社会心理学与社会组织的故事，成了布鲁默与休斯，乃至更宽泛地说，沃思和布鲁默与沃纳和休斯的故事。在这个故事中，实用主义者成了浪漫主义者。没有什么能够使布鲁默满意，无论什么都为他完美的标准所打败。然而他自己既无心，也没有智慧，实际上也没有倾向去创建符合他自己标准的综合社会心理学。在这个故事里，浪漫主义者成了实用主义者，进而为他们都如此珍视的洞见的存在建立了实践的基础。休斯确实拥有帕克的"浪漫气质"，热爱新鲜有趣的社会事实，但是他组织常规的研究实践来发现这样的事实。

在这些重大争论的背景下，研讨会后面讨论行为科学研究所和福特的"参与式实验"文件的会议，几乎没有什么作用。于是，我们又回到1952年5月28日的最后那场会议。

在前文我引述的关于背离的精彩戏码之后，赖斯承认他偏离了芝加哥的标准，并且留下一句告别："在我看来，学系应该尝试落实所谓的'芝加哥视角'：强调群体是一种互动系统，以变迁和过程的角度视之。"他准确无误地预言，结构功能主义的主导地位将持续大约15年。他害怕失去这门学科的中间部分，即真正的理论和真正的研究的多方面结合。

第二章 第二个芝加哥学派的转型与传统

虽然我对这门科学的发展方向持若干保留意见,但是我对社会学中的另一种趋势,也有同样甚至更大的保留意见,那就是朝着一种文学社会学(literary sociology)的方向发展……我想到的是一种文学化的论文,我想你们在这个领域中会发现相当多此类论文。

赖斯忠实于他的出身,不仅对帕森斯说不,也对大部分调查研究,甚或对戴维·里斯曼说不。

当老一代还在为帕克的继承权争论不休的时候,年轻一代已经抓住了要点。赖斯十分了解沃思的准则、布鲁默的抽象论与休斯的研究实践之间的分歧。这种分歧中有一种鼓舞着他、邓肯、斯特劳斯,以及这时期许多同辈学生的强烈主体性,一种以某种神经质式的紧张追随所有这三个要件的渴望。这就是赖斯所说的"芝加哥视角"。掩盖这种强烈的主体性的,是一堆准则、抽象论和实践,现在这些客体被界定为第一个芝加哥学派。赖斯跟其他人一样,知道这件事的核心并不是思想和技术,而是情感和态度。

最后,布鲁默结束了这次讨论,"伯吉斯先生,我们非常想听听你要说些什么。"伯吉斯回答:"我听布鲁默先生说,他将我视为一个离经叛道者。我认为我并不是。"此处有笑声和玩笑话。这群人鼓励伯吉斯再版他和帕克的教材(他实际上没有这样做。我在第一章中提到,1970年莫里斯·贾诺维茨才将它重新发行)。然后他们之中的一些人,又回到了不是社会学家的伟大"社会学家"的议题。福特列举了他非常欣赏的E. H. 卡尔(E. H. Carr)、彼得·德鲁克(Peter Drucker)、戴维·里斯曼、丹尼尔·贝尔和威廉·H. 怀特。关于是否有学者能扮演这种桥梁角色,有大量讨论和争论,比如凡勃伦和熊彼特能吗？讨论很快转向涂尔干（他是研究宏大图景，还是像大多数社会学家那样只研究些微不足道的小事？），然后讨论慢慢结束于给校长备忘录的议题。伯吉斯问道，"这份文件呢？我们做好准备将它交给校方了吗？"有一些评论，还有一些告诫。在研讨会结束时，邓肯代表他们所有人，拒绝了将芝加哥主体性禁锢在一个客体之中的最后请求："我觉得自己没有能力撰写一份关于社会学是什么，以及它如何与其他学科进行比较的陈述。"就这样，会议结束了，最初的芝加哥学派诞生了。

结语：一门学科

芝加哥学派的诞生与消亡，正值社会学作为一门学科发生显著变化的时期。斯蒂文·特纳和乔纳森·特纳在《不可能的科学》（Turner and Turner 1990）一书中对这些变化进行了深入研究。市场研究的成熟，以及社会研究在战争中表现出的功效，为应用性社会调查研究工作创造了巨大的市场。持续开展的民意调查可以追溯到这个时期，政府对于经验社会研究资助的重视也如此。因而市场力量是增强芝加哥定量研究人员的动力之一，现在不仅人口学家长期掌控普查局（通过豪泽），还出现了一个调查工作的强有力基础。全国民意调查中心当然是其中的核心。

从知识上来说，这个时期不仅仅带来了调查研究的兴起，也带来了塔尔科特·帕森斯及其在哈佛大学的同事提出的宏大理论。帕森斯对美国社会学会的长期主导，以及他在一所著名大学中的地位，为他的知识帝国提供了理想的资源。从哈佛走出来的一批优秀学生传播着他的思想。卡内基基金会资助了他关于"行动的一般理论"的项目。然而帕森斯与新兴的经验主义传统之间的关系很大程度上是任意的。从1944年到1955年,他与芝加哥毕业的萨穆尔·斯托佛(也曾是芝加哥的教员)一起指导哈佛的定量研究工作,他们之间虽然有许多讨论,但是没有什么实际的效果。相比哥伦比亚的默顿和拉扎斯菲尔德来说,他们更加貌合神离。

然而C. 赖特·米尔斯(Mills 1959)之后称为"宏大理论"和"抽象经验主义"的兴起,不可避免地引发了反应。它首先出现在创建社会问题研究会的运动中,那些构成第二个芝加哥学派的人在其中扮演着重要角色。社会问题研究会正好诞生于教员研讨会期间。它反映出学科内部的一系列裂痕:中西部对东部,激进派对建制派,活动家对科学家。社会问题研究会的成功证明,美国社会学会反对芝加哥监护的革命——1936年创立了《美国社会学评论》的运动——尽管利用了普通成员中存在的不满,但实际上是自上而下的革命(参见本书第四章;Lengermann 1979)。它的结果不是一个"更开放"的期刊和学会,而是由哈佛和哥伦比亚而非芝加哥主导的期刊和学会。毫不奇怪,芝加哥成了反对派的领袖。[64]

尽管创建社会问题研究会的最初动力,来自布鲁克林学院和阿尔弗雷德·麦克朗·李(Alfred McClung Lee),但李等人请芝加哥学者担任最初四届主席中的三届(伯吉斯、布鲁默和阿诺德·罗斯),不仅仅是为了象征意义和政治联盟。在创建社会问题研究会的运动中,来自老芝加哥传统的学者发挥了重要作用。在社会问题研究会创建会议的21位与会者中,9位是

---

[64] 关于社会问题研究会的历史,参见《社会问题》(*Social Problems*)25周年纪念专刊的各篇论文,尤其是斯卡拉(Skura 1976)和劳尔(Lauer 1976)的文章。

芝加哥的博士，2位（伯吉斯和沃思）是当时芝加哥的教员。第二个芝加哥学派的研究生也构成了该组织骨干的很大一部分。在53位担任过学会主席、副主席，或是《社会问题》主编的人中（我们可以确认他们获得博士学位的系），共有15人是芝加哥博士。第二个芝加哥学派时期在校学习的有罗斯、海伦娜·洛帕塔、雷·戈尔德（Ray Gold）、路易斯·克里斯伯格、约瑟夫·古斯菲尔德、霍华德·贝克尔、艾伯特·赖斯、李·雷恩沃特（Lee Rainwater）、琼·穆尔（Joan Moore），以及默里·瓦克斯。

在1950年代，社会问题研究会实际上是以传统芝加哥风格对社会问题进行经验研究的组织载体。奇怪的是这些仍然留在芝加哥的学者中，仅有外来者唐纳德·布格真正承续了对主要社会问题进行应用研究的传统。至于其余的人，他们随着学科的发展四散各地。布鲁默和休斯离开了芝加哥，成就卓著。福特、邓肯和斯特劳斯等两极分化的受害者，去了其他地方推动学科的转型。里斯曼来了，但他还没有真正弄清楚芝加哥传统就又离开了。来自哥伦比亚的一群学者也是匆匆过客，不过，科尔曼最终将芝加哥视作跟哥伦比亚相称的去处，返回了芝加哥。

在一些人看来，芝加哥学派的思想是一种活力，而在另一些人眼中，则是令人厌恶的杜撰。构成学派客体面貌的准则、洞见和实践，在其他许多地方也能见到。如同在海德公园一样，在剑桥、晨边高地和布鲁明顿，也都能感知到社会学作为一种承诺的强烈主体经验。* 怀着对传统本身的迷恋，反复对这

---

* 海德公园、剑桥、晨边高地、布鲁明顿分别指代芝加哥大学、哈佛大学、哥伦比亚大学、印第安纳大学。——译者

些事物进行仪式性演练，造就了芝加哥的独特气质。

我们在本章中论证，恰恰是围绕传统的争论，在争论者心中将传统结成了一个坚固的文化客体。我在第一章结尾提到，当社会结构如同激光一样，获得某种内在共振时，它就能获得持久性。在此我们看到了打造实体的第二个过程：一系列社会结构与从文化上界定它的尝试之间的相互作用。尽管竞争使任何个人都无法宣称其拥有芝加哥全部的遗产，但是这种争夺和互相批判成功地校准了镜子和光源，使它真正成为某种强大的事物。

第三章
阿尔比恩·斯莫尔的《美国社会学期刊》

1951—1952年的研讨会,纪念并维护了芝加哥社会学传统的主体性。此外,研讨会还试图将这种主体性客体化,可未获成功。学系其他的活动或许更成功些。如果我们要寻求概括芝加哥社会学的单一客体,没有什么比百年来发行的一本本《美国社会学期刊》更有气势了。关于延续、稳固和传统,还有什么更显著的证据?不过,如果在一定意义上,《美国社会学期刊》是一百年来学系历程的物质浓缩,那么它的历史比其他任何东西都更好地表明了,制度变迁以许多方式披着延续性的虚假外衣。百年纪念往往引发我们程式化的思考:我们如何实现了今天的黄金时代?我们又如何从天堂跌落下来?谁是给予我们生命的名人与父辈?然而对于鲜活的社会过程来说,这些目的论的陈词滥调都是错误的。实际上,除了期刊名称、装帧开本和知识关切的一般领域之外,阿尔比恩·斯莫尔满是他朋友文章的口袋本,与今天助理教授命运的裁决者之间,已经少有共同之处。在《美国社会学期刊》漫长的发展历程中,内在变迁和外在压力使其几次改头换面。原本属于《美国社会学期刊》的某些部分迁移到了别处,既有书面上可以看到的变化("新闻和编者按"栏目先移到了《美国社会学评论》,成了"附注",也有象征上的变化[改良主义兴趣转向《社会问题》《社会服务评论》(*Social Service Review*)等刊物]。新的传统也被编织进去,同样地包含了书面上的变化(双盲评审),以及象征上的变化(学术人事程序中的关键角色)。

此外,《美国社会学期刊》的历史并不是单线的,而是多线的。因为《美国社会学期刊》像芝加哥学派本身一样,处于许多其他社会机构的交汇处。要写作它的历史,就不只是要讨论一本期刊。这种写作也涉及一个学系,甚至更大的一门学科以及整个话语领域如何构成的讨论。此外它还讨论在科学中不同交流形式的出现、审稿和评论的发展。所有这些事情都是通过一系列特定人类活动发生的——寻找文章、编辑文章和印制文章——这些日常活动产出了三十英尺高的一册册期刊,它们都印有同一个刊名和版权页。

我们再次发现自己对某种社会事物感到疑惑,在这个案例中是一本期刊,它位于一系列社会和文化力量的交汇处,并由这些力量所产生。我们将看到如同学系一样,《美国社会学期刊》甚至通过自身稳定的变化,成为了某种社会结构的现实,并生成了重新塑造和重新定向构成其不同谱系的力量——学系、学科和话语。《美国社会学期刊》与学系平行但不完全相同,因为期刊是一个时间上的机构。

从研究像1951—1952年研讨会那样灵感迸发的时刻,到研究像《美国社会学期刊》这样持续性的机构,转变似乎很生硬。但它们之间的对立仅仅是表面上的。在研究《美国社会学期刊》时,我们分析的不是一个事物,而是一长串的时刻,其中汇聚进《期刊》的各种要素被打结、重新编织、再三分割。即使《美国社会学期刊》卷册的物质外观维持不变,通过这种编织,它的社会现实也在不断改变。在研究研讨会时,我们面对的是一个特定的编织动作,一个特定的结。在此,面对的是很多结。因此这两者的分析,研究了同一个社会过程的不同面向。

围绕《期刊》历史的自然发展,我将《美国社会学期刊》的历史划分为三个阶段来考察。第一个时期是阿尔比恩·斯莫尔担任主编期间,他 1926 年退休时交出了自己在《美国社会学期刊》的工作。第二个时期是从 1926 年到 1955 年左右,在这期间社会学专业的规模小且刚刚起步,而该期刊是主要的出版物。第三个时期是从 1960 年到现在。在这期间,《美国社会学期刊》已经成为一门现代学科复杂科层结构的关键部分。

这些时期反映了学科以及《期刊》历史上的转折点。直到 1925 年,"社会学"还意味着一群人的松散集合,他们各自用他或她自己的方式相信,将形式化知识(formalized knowledge)应用于社会问题是有益的。严格意义上的社会学家或许只有一两百人,他们试图从对社会生活和问题的不同兴趣中,沉淀出一种专门化的学术话语。这些学者只是社会调查运动大军中的一个排,而社会调查运动本身又是在慈善组织运动、社会福音运动(Social Gospel)和新兴的社会工作专业等更大的部队中行进。社会学家组成的这个小小的排,完成了一项伟大的壮举;他们让社会学成为大学中一个基础的人文学系,为它建立了永久的基地。

1925 年后,社会学和应用社会问题工作之间的界限越来越清晰,使得社会学能够在学术界自由发展这片滩头阵地。虽然基于变量的定量研究有助于建立一种新的认同,但是这个学科的规模仍然很小。1950 年,有研究生项目的社会学系的资深教员都相互认识、彼此熟知。

在 1950 年代和 1960 年代,这种状况发生了改变。社会学不仅抓住了公众的想象力,当退伍老兵、婴儿潮一代以及妇女等新人群涌入大学校园的时候，情况更是如此。1950年代，学科的规模增长了一倍多，到1960年代再次翻倍。到1970年，诸如《美国社会学期刊》这类学科机构，永远失去了面对面的特性。由于《美国社会学期刊》的转型期持续了十多年，因而我给转型留出独立一章（第五章），在第六章转向现代期刊，以及更大范围的社会学期刊业议题。

按照人员结构对《美国社会学期刊》进行历史分期，不仅反映了实体性的关注，而且也反映了一个更为直接的事实，即学科的人员结构部分地决定了期刊的结构。《美国社会学期刊》编辑程序的转变，源于稿件流转和审稿人网络的变化，这些正是学科的人员结构本身带来的变化。

这三个时期的划分，也反映了可获得的资料类型。多年以来，《美国社会学期刊》编辑部有一个上锁的保险箱，我们特别期望它装着《美国社会学期刊》珍贵的早期文件，比如阿尔比恩·斯莫尔的通信，或是埃尔斯沃斯·法里斯的手写笔记。但是最后发现保险箱里其实没有什么东西，只有数卷《美国社会学期刊》，以及斯莫尔一年的通信，见证了1925年之前的这段时期。

从1925年到1960年，在一些主编和教员的档案中留存有与《美国社会学期刊》相关的通信。不幸的是，1944年至1961年的期刊执行主编海伦·休斯是一个坚定的春季大扫除者，每年都会扔掉《美国社会学期刊》自身的记录。1940年代的主编赫伯特·布鲁默也有同样的破坏行为，除了他跟路易斯·沃思之间的通信由后者保存下来之外，他在《美国社会学期刊》工作的记录几乎没有留存。1961年埃弗里特·休斯离开芝加哥时，同样销毁了大多数他的《美国社会学期刊》

的材料。①

83　　此外，在这两个早期阶段，材料的性质表明了期刊的实体性现实。没有正式记录保存下来，是因为根本没有正式记录。非正式记录很粗略，也正因为《美国社会学期刊》是非正式运作的。相比之下，从1965年往后，《美国社会学期刊》留存了完整的档案，包括所有的稿件、评论、作者和编辑之间的通信，以及年度报告和类似的特殊文件。收集的大量来稿，和处理这些稿件时的照章办事，也体现了我的分期的正确性。②

---

①　在阅读这些注释前，读者应该查阅"后记"之后的"资料来源和致谢"。在《美国社会学期刊》首次赠予（first gift）第12箱中，有海伦·休斯和埃弗里特·休斯给时任主编C.阿诺德·安德森（C. Arnold Anderson）的信，其中涉及《美国社会学期刊》的文档，他们原以为这些文档在1940年代就遗失了。埃弗里特·休斯写道："搬进伯吉斯办公室［社会科学楼313］的时候，我发现一堆堆的未分类档案和通信。甚至有几张1920年代寄来支付订阅费用的支票。我并不知道这些可怜的家伙最后是否收到了期刊。我也不知道涉及期刊创立早期的通信都去哪儿了。"（1966年1月12日）同一天，一封来自海伦·休斯的信清楚地表明，她每年照例会处理掉所有东西。

②　来自期刊最后一个时期的材料存在保密问题。目前出版社对《美国社会学期刊》的档案进行了全面限制，只允许查阅这段特定的历史。我尽可能地匿名引用这些现代时期的材料。当然某些完全能够辨认出来的人，如主编和编辑人员，也做了类似的处理。一个有趣的理论议题是由我的文字编辑提出来的，他认为为了前后一致，不要用"《期刊》"（*Journal*）作为《美国社会学期刊》的替代简称，而应改用"*AJS*"或者"该期刊"（the journal）。在反思我为什么极力反对这一改变时，我认识到它削弱了我的论点的基础。在此，我的总体目标是质疑《美国社会学期刊》持续的"事物性"（thingness），并且通过它来质疑更一般意义上社会实体的事物性，但是那样的话，《美国社会学期刊》不是"学术期刊"类的例证，而是更大的"社会事物"的例证。虽然使用"期刊"这个词，使得《美国社会学期刊》成为学术期刊的一个例证，但是它的大写或斜体形式，才是表示一个特定事物的专有名词。因此，我们在用法上达成妥协，当《美国社会学期刊》实际上代表学术期刊的时候，我使用"期刊"（journal）指代它。在我只是将《美国社会学期刊》作为一个实体的地方，更多地使用"《期刊》"（*Journal*）。

第三章　阿尔比恩·斯莫尔的《美国社会学期刊》

创立时期的学科与期刊

《美国社会学期刊》如同芝加哥大学的许多事物一样，是首任校长威廉·雷尼·哈珀（William Rainey Harper）一手缔造的。哈珀这位老肖托夸*坚定地致力于将知识传播至大学之外。大学原初的三个"单元"，出版社、继续教育和研究型大学，其中两个是知识的传播者，而非生产者。然而当大学的继续教育项目取得巨大成功的时候，旨在报道这一成功的期刊本身却失败了（Storr 1966: 204）。因此，哈珀这位从来不让钱闲置，而且的确经常花钱超支的校长，将钱拨给了社会学系。阿尔比恩·斯莫尔讲述了如下故事：

> 我完全被吓了一跳，当我磋商完日常事务（斯莫尔是社会学的主任教授），准备离开他的办公室时，哈珀博士突然说，"我们不得不停办《继续教育世界》（University Extension World）。如果这笔拨款用在除出版外的任何地方，都非常可惜。你想负责一本社会学期刊吗？"此前，我曾坦陈"无知者无畏"……但我还没有大胆到想象我们系能够掌握这样一种冒险所必需的资源。另一方面，面对这样的挑战，我们没有退缩的余地，而且毫无疑问，哈珀博士就是有意提出一个"挑战"。在简短征询我的同事哈德森、托马斯和文森特的意见后，我向哈珀博士报告，我们相信社会学期刊有其"天职"，并且我们已经准备好

---

*　肖托夸（Chatanquan）指19世纪末20世纪初美国流行的一种成人教育运动及集会教育形式，因1874年第一次集会是在纽约州肖托夸县的肖托夸湖畔举行而得名。——译者

承担这样一份出版物的编辑工作。《继续教育世界》改为《美国社会学期刊》很快就发布了通告,当时编辑甚至还没有敲定创刊号的文章(Small 1916: 786 注 1)。

这段话的语言会很容易误导现代读者。这场对话的主角并不是我们想象中的两个无趣的高级官僚。此时哈珀 39 岁。他 18 岁就从耶鲁大学获得博士学位,34 岁就成为芝加哥大学首任校长。斯莫尔 41 岁。两个人都是虔诚的教徒。斯莫尔曾经受训成为一名牧师;哈珀曾是旧约研究的教授。实际上,斯莫尔的同事亨德森既是大学牧师,也是社会学教授。因此在斯莫尔的表述中,"天职"这个特殊用语并非一种古雅的表达方式;他指的就是"天职"宗教上的字面意义,即"召唤"。[3]

《美国社会学期刊》是在强烈的宗教信仰氛围中创造出来的,这并不令人吃惊。美国许多大学实际上都是如此。直到约翰·霍普金斯大学和类似研究机构创建以前,美国大多数学院都是培养神职人员的机构,导致神职人员是美国当时最大的受教育群体;医学或法律都不要求学士学位。大学教师非常之少,大多数教员是神职人员或来自神职人员家庭就不足为奇了。[4]

---

[3] 十年之后,斯莫尔会坐在哈珀临终的病榻前安慰他,因为哈珀害怕上帝不会原谅自己,当他应该继续做一名圣经学者的时候,他却浪费生命创办了一所大学(Storr 1966: 365-367)。

[4] 1900 年大学教师的数量是神职人员数量的约 6%。参见《历史统计》(Historical Statistics)1976 年第 1 卷:第 140 页。社会学与宗教之间的联系,相比一些领域来说更强些,但是不断重复这个事实,导致撰写社会学史的大多数人忘记了教育孕育教育,美国大多数受过教育的户主都是神职人员,因而在 20 世纪早期,所有学者都不成比例地来自于神职人员家庭。

第三章　阿尔比恩·斯莫尔的《美国社会学期刊》

然而在 19 世纪晚期，除了学术上普遍的宗教氛围之外，社会学跟宗教之间还有特殊的亲和性，我们在斯莫尔身上能清楚地看到这种亲和性，他曾经说社会科学是一种"圣礼"（Dibble 1975: 4）。社会学的概念也产生于关注社会福利和社会问题的人。整个 19 世纪末，这一领域的工作由神职人员所主导，他们提供了理论（通过社会福音运动）、大部分构成［通过"建制化教会"（insitional churches）和公众对于睦邻运动的支持］，以及大部分志愿人力。

当斯莫尔将期刊命名为《美国社会学期刊》时，他所使用的"社会学"一词，既不指一门学科，也不指一个主题。对于他来说，"社会学"表示了一种宽泛意义上的主张，即社会的形式理论与实际社会改良是相关的，这种主张超越了援用特定道德和宗教价值的认知上的断言。社会学只不过是摇摇欲坠的社会福利帝国的学术化身。

斯莫尔担任主编的三十年间，社会学从一系列关于社会福利理论和实践的宽泛主张，发展为学术分工中一个被承认的单元，以及遍及主要大学的一个标准的学系。回顾这种"学科结构化"的过程是值得的，因为我们将看到，斯莫尔的期刊在其中扮演着重要的、在许多方面出乎预料的角色。

如同所有学科一样，社会学的规模最初很小。1894 年，丹尼尔·福克马（Daniel Folkmar）发现，"如果较宽泛地界定社会学这个术语，将慈善和矫正包括在内，有 29 个学院常设社会学课程，然而如果采用社会研究的界定，就只有 24 个学院开设了严格意义上的社会学课程"（摘自 Tolman 1902-1903，第二部分: 85）。十年之后，弗兰克·托尔曼（Frank Tolman）发现，有 185 个学院讲授某种类型的社会学，并且其中的 45 个学院开设三门或三门以上的社会学课程。然而，读者不应就此想象社会学是一株不断成长的植物,必然朝着它的终极目标发展。对于当前的社会学本科生来说,这些课程是陌生的,包括人类学地理学、英格兰城镇史、现代社会主义、组织化慈善、私人产权等内容。在托尔曼的清单里,有96门课程是关于普通社会学,60门是关于"社会经济学",56门是关于社会改良,40门是关于慈善,39门是关于社会哲学,30门是关于犯罪学,26门是关于社会伦理学,22门是关于国家,以及20门或更少的是关于乡村群体、民族、社会立法、宗教、教育、艺术、民主、比较社会学、社会史、原始社会、社会心理学和社会理论史。这些课程不都是由获得社会学博士学位的人讲授。在1905年的美国,社会学博士可能不超过100个。

只有在《美国社会学期刊》发行大约10年后,这些社会学的各个部分才联合起来成立了一个协会(美国社会学社,之后的美国社会学会)。尽管这个新组织的成员大多是实务改良者,然而牵头创办它的还是教授们。⑤ 美国社会学会最初也很小。1905年12月的会议有50名意向成员参加。到1906年末有115名成员。从1909年到1912年,这个组织的成员从约300名增加到约800名,从1916年到1920年维持在这个

---

⑤ 下文提到美国社会学社(American Sociological Society)都将采用其现代的首字母缩写 ASA。(当首字母缩写开始流行的时候,该组织出于显而易见的原因改名了。)我也会视情况称之为"社"(society)或"会"(association)。关于它的创办,参见"美国社会学社的组织",《美国社会学期刊》第11卷,第555—569页。我根据《美国社会学会年刊》公布的数据计算成员数量。在此详细讨论美国社会学会有两个原因。首先,打破错误的历史决定论是非常重要的,这种错误理论使我们把这个90年前的专业学社简单地想象成某种熟悉的事物的早期版本。其实并非如此。其次,也更重要的是,美国社会学会作为《美国社会学期刊》的财务机构发挥了核心作用,这个话题我们将在下文重点关注。

数量，然后从 1924 年到 1928 年增加到 1100 人，并保持下去。然而这并非一段稳定且缓慢增长的历史，之中有相当大的人员变化。从 1910 年到 1930 年，每年新成员百分比的中位数大约是 25%。1910 年到 1916 年是我们唯一拥有详细数据的时期，新成员第一年的留存率从 0.94（1910 年的新成员）降至 0.62（1915 年的新成员）。到 1913 年，两年的留存率低于 0.5。这意味着 1910 年，作为内核的创办者就在组织之中，他们周围是来来去去的外围群体，这些人试着加入组织，但很快就离开了。因此早期的《美国社会学期刊》并不是一个稳定群体——一种缩小版的现代专业——的期刊，而是属于很小一部分人，外加很多经不起患难考验的朋友。

谁是美国社会学会的成员？1910 年，L. L. 巴纳德（L. L. Bernard）对美国的社会学教学进行了调查，发现在 40 个院校中有 55 位全职教员。在另外的 308 所院校中，有 372 名教师兼职讲授社会学。由于 1910 年美国社会学会有 335 名会员，我们可以据此猜测，这个组织由所有 55 名全职教员、50 到 100 名的兼职教员，以及 100 名左右的"实务"工作者组成。⑥

尽管全国性社团的存在暗示了凝聚力，但是在 1910 年，社会学的学术还没有完全组织起来。巴纳德发现在回复他的 173 所大学中，仅仅有 20 所大学建立了独立的社会学系。社会学课程在"经济学与社会学"系（32 所）、经济学系（12 所）、"历史与政治学"系（11 所）、"社会与政治学"系（12 所），甚至在"神学和经济学"或"讲道术和应用基督教"之类的系

---

⑥ 1910 年的成员名单包括多达 104 个学术地址（"教授"头衔或者大学邮寄地址），这与正文中的陈述一致。这之中有 13 名神职人员，以及 49 名女士，占组织的 15%（《美国社会学会年刊》第 5 卷，1910 年，第 261—267 页）。

讲授。即使到1928年，将经济学和社会学合在一起的系仍然多达48个，而独立的社会学系有99个。因此，虽然大学教员开启了学科的建制化，但是即使到1920年代，他们也没有在自身的机构中拥有稳固的位置。⑦

总之，当时《美国社会学期刊》还不从属于任何一门学科。情况或许正相反——是《美国社会学期刊》连同其他一些机构和网络，创造了这门学科。

《美国社会学期刊》早期的编辑程序

当《美国社会学期刊》在这个尚未定型的专业活动领域之中发展的时候，像19世纪大多数学术性期刊一样，它本质上是一个人的事务。整个19世纪中大量医学期刊的创办，为这类期刊提供了最好的例证（Ebert 1952; Cassedy 1983）。一位精力充沛的医生会收集来自朋友和同事的文章，发表自己和在国外游历时认识的朋友的通信，委托翻译一些文章，转载来自其他期刊的文章，然后用自己或其他人的研究、对专业兴趣内事务进行评论的主编专栏以及任何业界通告，来填满期刊余下

---

⑦ 在精英院校，情况有所不同。哥伦比亚大学有3名全职和6名兼职教员，而芝加哥大学有6名全职教员，它们都是现代意义上的大学院系。然而截至1910年，只有其他5所学校拥有1名以上全职的社会学教员（Bernard 1909）。我要感谢芝加哥大学社会科学部的罗纳德·邓福德（Ronald Durnford）提供的院系数字，这些数字是从1928年和1932年出版的美国教育委员会指导手册《美国大学和学院》前两版中汇编而来。我很抱歉用这些数据来烦扰读者，但是我想强调"社会学"这个延续的名字，不应诱使我们认为1910年的"社会学"，或意指一种跟今天的社会学学科相似但是较小的建制，或意指一个"直系祖先"，现代社会学学科是它唯一的继承人。这两种阐述都包含了社会过程根本与历史无关的假定。

第三章　阿尔比恩·斯莫尔的《美国社会学期刊》

的版面。斯莫尔恰好非常适合运营这类个人化的期刊。他长期旅居欧洲（1879—1881年），拥有许多海外的朋友，他将其中一些人的文章在《美国社会学期刊》上发表。他在芝加哥大学这一机构中的位置，使他不仅能够接触自己大学的同事和其他大学的同行，也能够接触这座都市中广大且多样的社会福利团体。他不知疲倦的勤勉（只会因为令他夏天苦不堪言的可怕花粉症才会慢下来），使他在美国社会学会中扮演了重要角色，该协会不仅由他在1905年协助建立，并且多年来为《美国社会学期刊》提供现成且固定的读者群。这些客观存在的优势给期刊带来的明显的"个人"色彩，从一个简单的事实中可以看出：斯莫尔执掌《美国社会学期刊》期间，他自己撰写了约10%的文章，平均一年要写约65页，经常多达150页。[8]

不过，为了填满《美国社会学期刊》的所有版面，斯莫尔也一直依赖其他作者。通过考察在期刊创刊前30年中，有哪些作者每年至少发表了三篇文章，我们便能看出这一作者群体由谁组成。他们包括斯莫尔芝加哥大学的同事查尔斯·亨德森（Charles Henderson）和W. I. 托马斯、他的朋友威斯康星大学的教授E. A. 罗斯（E. A. Ross）、他（和托马斯）的学生查尔斯·埃尔伍德（Charles Ellwood），以及他令人尊重的资深同事莱斯特·沃德（Lester Ward）。斯莫尔也非常倚重一群关注社会改良的作者：E. C. 海耶斯（E. C. Hayes，伊利诺伊大学）、

---

[8] 斯莫尔个人发表的时间模式，也显示出《美国社会学期刊》极为个人化的特征。在斯莫尔担任主编的三十年间，他在早期和末期都发表了大量他自己的稿子。如他自己所说，在早期他急需稿件。到了末期，他似乎想要在离开这个领域之前，将手头的稿件都发表出来。由于斯莫尔任职的后期，社会学家数量大幅增加，他在最后几年中为自己占用过量的版面，只能被视为自我满足。关于斯莫尔的职业生涯，参见Dibble 1975; Christakes 1978。

维克托·尤拉斯（Victor Yarros，赫尔馆），以及 C. R. 伍德拉夫（C. R. Woodruff，费城市政改良中活跃的律师）。至于来自欧洲的文章，他通常收录格奥尔格·齐美尔或古斯塔夫·拉岑霍夫（Gustav Ratzenhofer）作品的译文。[9]

斯莫尔及其密友平均一年为期刊贡献大约 250 页稿件。在一些情况下，期刊会连载即将出版的图书。如罗斯的《社会控制》(Socical Control)和亨德森的《工业保险》(Industrial Insurance)，最初就作为文章在《美国社会学期刊》连载。这类专著连载可能有两个原因：为了获得双倍的读者，以及填补期刊版面。后一种解释更加可信，因为在核心作者群中，每位作者对期刊供稿的数量是大体相当的。当斯莫尔手头有齐美尔文章的译稿时，他就觉得无需为了催稿向亨德森和罗斯施压。他很可能围绕这些大篇幅的连载文章为期刊组稿，即首先为它们留出版面，然后看还需要多少稿件。

然而，斯莫尔及其密友提供的基础材料只占据了期刊约三分之一的版面。剩下的版面则由各种不同类型的作者来填补。我建立了一个1200人的人物数据库，包括《美国社会学期刊》前 70 年的所有作者，其中收录有约 1000 人或多或少的个人信息。（最完整的信息包含出生年月、死亡年月、获得学士和博士学位的时间、获得学士和博士的地点，以及完整的工作履历。）表 1 包括年龄信息。为了便于报告结果，我以十年为期整理作者信息，并且以十年期的中点为基准计算作者的年龄。（因为许多作者发表了多篇文章，所以考虑作者在一篇

---

[9] 社会学中出现的学科派系之争，看似是斯莫尔不喜欢的人在《美国社会学期刊》中相对缺位的原因，尤其是威廉·萨姆纳（William Graham Sumner）和富兰克林·吉丁斯，二人作为社会学家都有极高声誉，耶鲁和哥伦比亚也都是培养社会学博士的重镇。

文章发表时的"准确年龄"没有意义。我们的分析单位是作者，而非文章。）第一个十年（1895—1905年，中点是1900年）有131名作者。他们之中114人有年龄信息，年龄的中位数是40岁。[10]

---

[10]《美国社会学期刊》作者的人物名录基于不同的资料来源，由艾米莉·巴曼（Emily Barman）和朱利安·戈（Julian Go）花费数百小时编写，我要再次感谢他们的努力。主要资料来源如下所列，其中大多数都是常见的资料，我仅仅列出那些不常见资料的书目信息。

《学界名人录，1973—1976年》（The Academic Who's Who, 1973-1976）。
《美国科学家名录》（American Men and Women of Science）。
《美国社会福利人名录》（Biographical Dictionary of Social Welfare in American），1986年，W. I. 特拉特纳（W. I. Trattner）主编。纽约：格林伍德。
《名录》（Directory），美国社会学会，1950年及之后的年份。
《美国学者名录》（Directory of American Scholars），1942年及之后的年份。
"社会工作博士学位论文"，《社会服务评论》。不同年份。
《国际人类学家名录》（International Directory of Anthropologists），1940年及之后的年份。
《教育界领袖》（Leaders in Education），1931年及之后的年份，宾夕法尼亚兰开斯特：科学出版社。
《历史学博士论文目录》（List of Doctoral Dissertations in History），不同年份，美国历史学会。
《全国教育的社会学和教育社会学目录》（National Directory of Sociology of Education and Educational Sociology），1974年，1978年。
《美国大学社会学博士学位论文》（Scociology Dissertations in American Universities），1969年，G. 伦迪（G. Lunday）主编。康莫斯：东德克萨斯州立大学。
《美国教育名人录》（Who's Who in American Education）。

此外，我们也采用了诸如《美国人名辞典》（Dictionary of Amercian Biography）、《全美人名词典》（National Cyclopedia of American Biography）、《博士论文摘要》（Dissertation Abstracts）、《纽约时报讣告索引》（New York Times Obituary Index）、《美国名人录》（Who's Who in American）等一般性资料来源。

表1 《美国社会学期刊》作者的平均年龄（1895—1925年）

	十年期		
	1	2	3
中间年份	1900	1910	1920
作者数量（总计 N）	131	164	136
年龄	40	43	42
（N）	(114)	(144)	(122)
获得学士学位年龄	26	26	25
（N）	(70)	(99)	(97)
获得博士学位年龄	36	35	33
（N）	(55)	(101)	(107)

注：N指的是可获得所列信息的个人数量。

表2 《美国社会学期刊》作者获得的高等教育学位（1895—1925年）

	十年期		
	1	2	3
中间年份	1900	1910	1920
作者数量（N）	131	164	136
已知其博士毕业院校的作者（在所有作者中）占比%	42	62	77
海外	22	4	5
芝加哥大学	29	24	30
哥伦比亚大学	7	18	30
哈佛大学		10	8
约翰·霍普金斯大学	13	5	3
威斯康星大学	4	4	4
耶鲁大学	4	5	3
普林斯顿大学	4	2	
宾夕法尼亚大学		4	5

注：各个大学的数据指的是，在该大学获得博士学位的作者，在所有已知博士毕业院校的作者中所占的百分比。因此，例如在131人中，已知博士毕业院校的作者占42%，其中在海外获得博士学位的人占22%。

一个细微的趋势是职业生涯中发表时间逐步延后。在头一个十年中，作者的代表性论文发表于博士毕业后4年（40—36），在第二个十年中则是8年（43—35），在第三个十年中是9年（42—33）。但是与此同时这些数据表明，即使斯莫尔维持的核心作者群不变，他大体上还是与时俱进的。考虑到他的核心作者群逐渐老去，作者的平均年龄却保持稳定，这一点是很引人注目的。

更令人感兴趣的是高等教育学位方面的变化。表2中包含了重要信息。我再次列出了作者的总数量，以及其中已知其博士毕业院校的作者所占的比例。

有几个事实很清楚。第一，虽然海外博士的文章令斯莫尔的期刊起步，但他迅速转向了本土作品。第二，虽然约翰·霍普金斯大学一度是美国一所重要的研究生教育机构，但很快其他学校就让它黯然失色。期刊在早年间依赖于霍普金斯毕业的博士的供稿，无疑是因为斯莫尔本人是霍普金斯的毕业生。第三，芝加哥大学和哥伦比亚大学逐步占据主导——到第三个十年，在所有已知博士毕业院校的作者中整整60%来自这两所大学，这表明它们取代了霍普金斯的地位。

然而表3显示，这些作者并不必然都是社会学博士。直到斯莫尔卸任后，社会学博士才成为作者中的大多数。事实上，《美国社会学期刊》是一份极其跨学科的期刊，即使当斯莫尔任期结束，它变得愈加学术化的时候，也是如此。

学科之间的平衡发生了轻微的改变。哲学上的通才消失了。经济学和历史学或多或少是作者群稳定的两个来源，可能因为这两个学科比社会学更早成为有组织的学科。然而，如果以学科组织化的时间作为标准，那么期刊作者中鲜有政治学者似乎令人惊讶，因为美国政治学会的成立也早于美国社会学会。更有可能的是，对于作者学科的偏好反映了斯莫尔自身的德国历史经济学背景。心理学在期刊中所占的比重可能反映了他的学生及同事 W. I. 托马斯的影响，尽管没有证据（除了他自己在期刊上发表文章）表明托马斯参与了《美国社会学期刊》的编辑程序。

表 3 《美国社会学期刊》作者的博士学科领域（1895—1925 年）

	十年期		
	1	2	3
中间年份	1900	1910	1920
作者数量（N）	131	164	136
拥有博士学位的作者占比 %	42	62	79
已知其博士学科领域的作者（在所有作者中）占比 %	27	42	54
社会学	40	34	45
哲学	26	12	5
经济学	11	10	11
历史	6	7	9
心理学/社会心理学		7	8
教育学		3	4
人类学		3	4
政治学			3

注：每个学科领域下的数据都是指，获得该学科博士学位的作者，在所有已知其博士学科领域的作者中所占的比例。拥有博士学位的作者的比例是最小值；无疑还有许多作者拥有博士学位，可我们并不知道。

总之，在斯莫尔的任期内，他放弃了通才，选择了涌现的更专业的社会科学家。如同表 1 的年龄数据一样，这些数据表明，尽管斯莫尔维持了一个核心朋友圈，来帮助他度过某些不平坦的时期，他也是一个与时俱进的人。⑪

　　将三个表格结合来看，它们为前文的论点提供了另一条重要的证据。那就是在斯莫尔的《美国社会学期刊》创办之初，社会学还不是一个建制化和结构化的学术领域，在之后的30年中，它变得更多地具有这样的特点。在斯莫尔的任期内，《美国社会学期刊》所涉的领域范围经历了快速的学术化。作者中拥有博士学位的比例，从第一个十年的不到一半，到第三个十年增加到四分之三以上。学术化的另一个证据是女性作者比例的下降。在斯莫尔担任主编的头二十年中，每10年发表1篇以上文章的作者中，女性占比分别为16%和13%。在他任期的最后一个十年中，这项数字下降到5%，在接下来的五十年里，差不多维持这个比例（《美国社会学期刊》历史上，第三个到第七个十年的该项比例分别为5%、8%、8%、4%、7%）。大学教员几乎都由男性构成，因此作为一门学术专业的社会学的建立，必然伴随着对女性的排斥，正像同时进行的社会工作专业建制化，也包含对于男性类似的排斥。

　　数据也表明，斯莫尔时期的《美国社会学期刊》并非是一本主要针对系内的刊物。诚然，斯莫尔核心作者群中有两名芝加哥教员（亨德森和托马斯）。但是这个核心群体中的大多数并不是芝加哥的教员，而在斯莫尔任期的三十年间，已知的芝加哥社会学博士在所有作者中的占比分别为5%、5%和9%，在所有已知其获得社会学博士的院校的作者中的占比分别为

---

⑪ 《美国社会学期刊》来自芝加哥大学和哥伦比亚大学的博士作者中，通常一半是社会学博士，稍稍高出40%的总平均水平。表中社会学博士的比例可能被低估了：大量关于"社会学家"的人物数据来源中，研究领域不是社会学的作者，相比于社会学领域的作者，其专业背景更多地被提及。

43%、36%和36%。这一比例接近于芝加哥社会学博士在全部社会学博士中的占比,至少在前二十年中如此。[12]

当然了,《美国社会学期刊》作者群呈现出上述特征,是斯莫尔作为主编的日常工作的结果,这些工作往往是琐碎的、磨人的。为了更清楚地看到这些,我们必须查阅斯莫尔的通信。

斯莫尔通信中唯一留存下来的是1904年的信件,清楚地显示了他作为主编的日常活动(或无活动)。那是多少有些不寻常的一年。斯莫尔与哈佛的雨果·马斯特伯格(Hugo Munsterberg)一起负责组织圣路易斯世博会的社会科学会议。这些会议为他的《美国社会学期刊》提供了绝对充足的备选文章,因此这一年他对文章的渴求不如往年那般急迫。他在给K. L. 巴特菲尔德(K. L. Butterfield)的信中写道(1904年9月30日),"会议加上通常的稿件来源,造成了目前供过于求的局面,我们的版面已经不足以缓解稿件的堆积。"斯莫尔的"供过于求"到底指什么?他继续写道,"也许直到3月刊,我才能刊发您的论文。"实际上,这几乎一点也没有延后。(写作这封信件时,)已经过了斯莫尔为11月刊规定的定稿日期[这一日期是9月26日(根据芝加哥大学出版社档案,第3箱,

---

[12]《美国社会学期刊》第21卷,第679—683页,有一份正在撰写中的博士论文名单。如果不考虑师范学院的包含社会学内容的教育学博士论文,正在进行中的博士论文中,芝加哥大学占总数的20%。当然,这个数据低估了这个领域中已有的博士数量,因为在此之前,芝加哥大学(和哥伦比亚大学)都占有更大的份额。或许在最后十年,斯莫尔表现出对本系人才的一些关注;1916年新晋的社会学博士中,只有大约20%出自芝加哥。如果向本系人员的转向真的存在,那么与其说是出于庇护关系,可能更多的是出于绝望。斯莫尔大多数时间都缺少可供发表的稿件。

第三章 阿尔比恩·斯莫尔的《美国社会学期刊》

标准规定)],鉴于《美国社会学期刊》是双月刊,巴特菲尔德的文章不过推迟了一期刊发。斯莫尔所认为的供过于求,只是手头刚好有一期双月刊所需的文章量,而同样的事情会使现在的主编(当然还有这位主编的出版商)感到恐慌。事实上,在这之后,斯莫尔很快写信给另一位作者,"如果您有意把文章寄给我,我们非常乐意第一时间为您留出版面"[斯莫尔写给 R. C. 布鲁克斯(R. C. Brooks)的信,1904 年 10 月 21 日]。

斯莫尔的其他一些经历,跟现在的编辑也非常不一样。首先,斯莫尔为《美国社会学期刊》约了许多稿件。大约期刊三分之二以上的文章都是直接约稿来的。但是斯莫尔也收到了很多并非约稿的稿件,它们得来的途径令人惊讶的五花八门,并面临着同样五花八门的命运。一位作者寄来的稿件中,附有一张便条,"如果文章见刊了,请寄送 20 本期刊给我,如果没有,我为退稿附上了邮票"[D. M. 布朗特(D. M. Blount)写给斯莫尔的信,1904 年 7 月 5 日]。另一位(罗德岛一所赠地学院的院长)写道,"《大西洋月刊》无法采用我在会议上宣读的论文。您想要把它刊登在社会学期刊吗?"(K. L. 巴特菲尔德写给斯莫尔的信,1904 年 9 月 28 日)作者有时对投稿的态度相当强硬。费城希克斯街 339 号的 J. S. 史蒂文斯(J. S. Stevens)写道:

> 随信附上了文章《为什么黑人犯罪率上升》,如果您不接受文中对种族问题的讨论,请立即退回这篇文章。但是在这个种族问题至关重要并且充满争议的阶段,如果您期望启蒙公众,我确定您会发现随信附上的文章将完全满

学系与学科

> 足您的期待。无论如何,请尽快告诉我您的决定,我非常感激……(J. S. 史蒂文斯写给斯莫尔的信,1904 年 6 月 15 日)

这一次,斯莫尔显然没有答应他的请求。1904 年 8 月 13 日,史蒂文斯再次来信:

> 对于 6 月 15 日投稿给您的文章《为什么黑人犯罪率上升》,因为我至今没有收到任何回复,我假定您准备发表它。[!]因此,我再投一篇《黑人与社会不平等》,也许您会愿意在上一篇文章后再发表这一篇。这两篇文章探讨了黑人问题的两个最重要的方面;当然,还有一些问题尚未讨论,如私刑。相信您会尽快让我知道您对这两篇文章的看法……

这两篇文章都没有发表。还有一些作者感到愤怒,甚至撤回了原本计划发表的论文,因为会议提供的文章实在是太多了,使得他们的文章不得不推迟。1904 年 7 月 25 日,佛罗里达州阿里佩卡的 L. B. 埃利斯(L. B. Ellis)在给斯莫尔的信中写道:"请告知您是否计划[在 11 月刊]发表我的文章。万一您没有,我需改变我其他文章的计划。"斯莫尔回复她,计划推迟这篇文章,然后埃利斯回复道,"我把稿件留给您,相信您将在一月刊中尽量为我安排版面"。事实上,埃利斯这篇论文并没有见刊。

对于他熟悉的作者群体,斯莫尔明显更乐于助人。1903 年 9 月 11 日,弗洛伦斯·凯利(Florence Kelley)写信给《美国社会学期刊》,"您能在《美国社会学期刊》新的一期中采用随信附上的文章吗？……我非常希望在今年冬天即将推出的法律中，（文章提到的）12条（建议）有一些能得到体现，而公开讨论是第一步。"重要的是，这封信没有寄给斯莫尔，而是寄给了他的同事亨德森，后者与改良界有着更密切的联系，而凯利女士正是改良界的领导者之一。（她是位于纽约的全国消费者联盟的秘书长，已经在《美国社会学期刊》上发表了4篇文章。）这篇论文在11月号见刊，而这期的付印日期恰好是（这封信写作日期的）两周后，这一期也恰好是前文的埃利斯女士投稿被拒的那一期。

斯莫尔有时为稿件付酬。他写信给纽约州伊萨克的R. C. 布鲁克斯（1904年10月21日），"稿费的上限是一美元一个版面，插入的图表以及页面空白也计算在内。我们测算这样勉强能够支付印刷所需的平均机器成本。"事实上，期刊拥有（并使用）大笔的预算来支付稿酬（参见下文）。对于系列文章，斯莫尔采用现收现付的政策。当他的学生霍华德·伍德黑德（Howard Woodhead）寄来一份关于德国市政改革的多章节研究报告时，斯莫尔为每篇文章都寄付了稿酬，这些钱很快就被用于研究开支（伍德黑德写给斯莫尔的信，1903年11月6日）。

为了追逐论文，斯莫尔有时候接受二次发表。富兰克林·吉丁斯想把1904年的会议论文在《科学》和《美国社会学期刊》上发表，他也的确这样做了［斯莫尔写给H. J. 罗杰斯（H. J. Rodgers）的信，1904年9月29日］。

另一封通信表明了斯莫尔与改良团体之间的密切关系。1904年9月10日，斯莫尔写信给全国农民代表大会（Farmers' National Congress）秘书长J. M. 斯塔尔（J. M. Stahl），这是个来自伊利诺伊州昆西市的改良组织。斯莫尔寄给斯塔尔（显

学系与学科

然他们互不认识）关于圣路易斯（世博会）的计划，并邀请他"在乡村社区分会议中就任一主题"做简短演讲。出现了各种混乱的状况；因为姐夫生病和火车事故，斯塔尔最终没能前往圣路易斯（斯塔尔写给斯莫尔的信，1904年10月18日）。他寄给斯莫尔他（关于乡村学校）的论文，并请求他收录在会议文集中。斯莫尔回复他（1903年10月19日），虽然这样短的会议论文无法收录在文集中，但是他期望斯塔尔允许《美国社会学期刊》采用这篇文章。

此时的主编既不是独裁者，也不是推崇双盲评审的奥运会裁判。他是一位有手腕的经营者。他征集稿件，有时甚至为它付钱。他回避他不想要的作者，招徕他想要的作者。一篇发表的齐美尔译文的来龙去脉，集中体现了《美国社会学期刊》早期的编辑精神与当下学术期刊业之间的差异。1904年8月20日，芝加哥社会学系的博士、密苏里大学教授查尔斯·埃尔伍德给斯莫尔的信中写道：

> 不过，我会另函为您寄去一篇译文，由我的学生 W. W. 埃尔旺（W. W. Elwang）牧师译自齐美尔的文章《宗教社会学》（Der Soziologie des Religions）。……去年冬天，我获得了齐美尔的特别授权，翻译这篇文章并发表在《美国社会学期刊》上。译者埃尔旺牧师是这里长老会的牧师（因此是我的牧师），也已经作我的学生四年了，他未来很有希望进行出色的社会学研究工作。我急切地想通过期刊把他介绍给社会学家们，所以我让他翻译……期刊不需为他的译文付酬。埃尔旺先生将很高兴在无稿酬的情况下看到译文见刊。

第三章 阿尔比恩·斯莫尔的《美国社会学期刊》

在这件事情的处理中，我们很难说哪个因素更不常见：直接的庇护、付费的作者、对发表的信心、在未询问主编的情况下对外人承诺期刊的版面，抑或是作为牧师的学生和作为信徒的教授之间复杂的关系。这就是早期《美国社会学期刊》非正式且不稳定的特性。

从内容和实体来看，斯莫尔究竟刊登了什么？事实上，对这些文章的回溯性分析没有太大意义，因为它们的组织原则与1920年代后的专业社会学有着根本不同。这种差异一目了然。在1930年代初，霍华德·P.贝克尔分析了《美国社会学期刊》头30年的文章。他采用期刊25周年索引进行分类：人格、家庭、民族和文化群体、冲突和调适、社区和地域群体、社会制度、社会科学和社会进程、社会病理学、调查方法和一般社会学。然而他的分析没有意义，因为这些分类并不是斯莫尔理解的分类，如果我们想要分析斯莫尔的期刊实际如何运作，我们必须按照他看待这些文章的方式来进行分类。事实上，贝克尔的术语大多是1921年帕克和伯吉斯教材中的小标题；它们是1920年代正在专业化的社会学的术语，而不是斯莫尔及其同事使用的语言。斯莫尔的《美国社会学期刊》是一个由待专业化的社会学、慷慨激昂的进步主义说辞、从欧洲人那里学到的论点、当地社会问题报告、立法计划，以及一些天知道是什么东西组成的大杂烩。年轻一代已与斯莫尔的世界相距甚远，以至于即使在1932年，他们也看不到那个世界在斯莫尔时代的真实面貌。

因此，探讨早期《美国社会学期刊》文章中的主题和趋势是没有意义的。它属于一个不同的世界，一个对于我们而言，似乎是晦暗、混乱和不科学的世界，我们与它的读者没有共享的社会学概念。我们如今仿佛借着镜子观看，模糊不清。[13]

期刊与出版社

然而，《美国社会学期刊》并不仅仅是阿尔比恩·斯莫尔个人的创造物，它也是大学出版社以专有方式出版的十来种期刊之一。在这一点上，它的定位可能与进步主义叙事的想象截然不同。

按照哈珀最初的想法，芝加哥大学出版社将《美国社会学期刊》视作其宗教期刊之一。直到1908年，出版社的一项促销活动还为邮寄名单上的一万名牧师提供订阅《美国社会学期刊》、《美国神学期刊》（American Journal of Theology）和《圣经世界》（Biblical World）"买二送一"的优惠。实际上，这个优惠与降价销售的神学书籍捆绑在一起。

鉴于整个社会对"社会学"的概念，出版社遵循哈珀和斯莫尔的想法，将《美国社会学期刊》视为一本宗教期刊是很自然的。但是正如社会学在80年前有不同的含义，"宗教"也是如此。1900年，美国去教堂做礼拜的人数接近当时的历史最低点，而神职人员向社会福利领域的扩张，部分是为了寻找新的

---

[13] 参见 Becker 1930, 1932。埃塞尔·莎娜斯也写过一篇对于早期《美国社会学期刊》的内容分析，发表在1944年期刊50周年纪念号上。莎娜斯相比贝克尔对过去的实际情况更敏锐。她记录了一个明显变化：大约在1905年，期刊逐步远离基督教社会学和改良的主题，趋向更正式和学术的主题。这个结论是有道理的，因为那一年美国社会学会成立了，这是迈向学术化的重要一步。与此同时，在对这些文章进行编码和分析的过程中依然存在一些根本性问题，最大的问题是大量连载作品导致文章在主题上有很强的相关性。不过，我必须指出，除了我们讨论的问题之外，《美国社会学期刊》的内容分布对历史问题也会非常有趣，尤其那些涉及更大范围改良的问题。学术性的社会学只是早期《美国社会学期刊》众多产物中的一个，恰好继承了先辈衣钵的那一个。

第三章　阿尔比恩·斯莫尔的《美国社会学期刊》

可参与的事务。"宗教"与社会学的联系发生在一场复杂的社会运动背景下，而该运动的知识领袖恰好是在很大程度上被其早期的教会信徒抛弃的神职人员。考虑到神职人员在受过教育的美国人中所占的数量优势，以及他们在向下流动的老中产阶级中扮演的领导者角色，这并不令人意外。当时说社会学是宗教性的，或者说《美国社会学期刊》是一本宗教期刊，不会像今天这么说那样令人迷惑或吃惊。或许将早期《美国社会学期刊》称为一本"改良期刊"，更能有效地向当代读者解释它的宗教特性。正是进步主义运动的背景使得《美国社会学期刊》与《应用宗教学期刊》（*Journal of Applied Religion*）被界定为一类。

1905年《美国社会学期刊》与美国社会学会签订合约，成为这个新学会的官方期刊，这将早期《美国社会学期刊》的制度安排分为明确的两个时期。合约给予美国社会学会会员期刊的半价优惠，并且包括允许单方面取消的条款，在《美国社会学期刊》之后的历史中，这个条款扮演着重要角色。⑭

---

⑭　虽然在出版社记录中已经找不到最初的合约，但是在出版社年度报告中有相关的记录［芝加哥大学出版社年度报告（1907）第8箱，第76页］。在出版社档案中，也可以找到所有后来的版本（芝加哥大学出版社档案，第33盒，文件夹7）。事实上，在出版社档案系列或是在关于任命和预算的校长文档中，有所有关于《美国社会学期刊》销量和成本的数据。1899年至1918年的年度报告中有早期的信息，见芝加哥大学出版社档案，第3、4、5、6盒。1918年后的信息零零散散，但是多数年份的记录可以在出版社档案中的系列"部门报告"中找到（芝加哥大学出版社档案，第9盒，文件夹5—6；第10盒，文件夹1—2）。1928年至1929年的文件，附在比恩写给E. T. 菲尔比（E. T. Filbey）的信中［1930年2月7日，关于任命和预算的校长文档（1925—1940年），第12盒，文件夹10］。在同一文件夹中能找到后期的预算。我在伯吉斯和沃思的文档中，也发现了一些年度预算和成本的文件（恩斯特·W. 伯吉斯文档，第1盒，文件夹4；路易斯·沃思文档，第17盒，文件夹1）。

美国社会学会合约之前的时期,是一段非常不稳定的时光。表4列出了1898—1905年期间留存下来的最早的发行数据。

表4 《美国社会学期刊》的发行量(1898—1905年)

年份	基数	新增	流失	最终
1898—1899	943	175	291	827
1899—1900	827	203	285	745
1900—1901	745	171	189	727
1901—1902				688
1902—1903				675
1903—1904				560
1904—1905	560	219	198	581

注:所有数据都是订户的数量。

期刊的订户每年有约三分之一的更替率,这在出版社所有期刊之中比例是最高的。此外,从1898年到1905年间发行量稳步下降,此后因为与美国社会学会的协议才有所回升。因此在头十年,《美国社会学期刊》并没有找到一群固定的读者。直到1908—1909年,图书馆订阅数才超过个人订阅数,这一年通过美国社会学会和出版社大规模的联合推广,终于吸引了大多数学会会员订阅。(因为美国社会学会成员并不会收到期刊,只是能享受50%的价格优惠。可能的情形是,虽然《美国社会学期刊》是"官方期刊",但是美国社会学会会员并不都是期刊的订户。)

尽管如此,出版社认为《美国社会学期刊》的读者群远不止是美国社会学会的成员。促销的邮寄名单不仅包括全国慈善和矫正会议、全国监狱协会的会员名单,总计1504人[芝加哥大学出版社年度报告(1906—1907),第81页],也包括美国经济学会的成员、出版社的"既往教师"名单,以及出版社

第三章 阿尔比恩·斯莫尔的《美国社会学期刊》

的系统性圣经研究系列（Constructive Bible Studies series）的订户。但是到1909—1910年，出版社认为这种广泛推广的策略失败了，开始将专业组织锁定为目标，这种策略已经被《古典世界》（Classical World）和《古典语文学》（Classical Philology）期刊证明非常成功[芝加哥大学出版社年度报告（1909—1910），第102页]。（因此，"学科的打造"部分是由出版社的营销决策所"完成"的。）尽管如此，出版社担心这种"官方期刊"策略也会失败，这正是当时美国经济学会面临的问题，该学会刚刚创办《美国经济学评论》（American Economic Review）来与出版社的《政治经济学期刊》（Journal of Political Economy）竞争。在1908年和1912年，出版社和美国社会学会积极合作进行会员推广；在其后的一年中，个人订户数提升了30%[芝加哥大学出版社年度报告（1912—1913），第61页]。

出版社在《美国社会学期刊》上亏损严重。例如，1898—1899年的订阅价是2美元，出版社从827个订户那里实际收取了1536美元。（1536美元和2×827=1654美元的差额意味着损失了118美元的订阅收入，部分是因为无法收取，部分是因为有20或30本期刊免费寄送给了几所大学，作为交换它们会赠送其他期刊给芝加哥大学图书馆。⑮）除了订阅外，剩下的收入只有242美元的广告费；因此，总收入是1778美元。制作

---

⑮ 图书馆的采购因为跟书有关，所以这项工作被设在出版社。基于互换原则收到《美国社会学期刊》的图书馆有时多达100家。出版社参与图书馆的工作，也意味着出版社的期刊编辑会将多余的著作（寄送给期刊但没有被评述的著作）送到图书馆保存。实际上，期刊通常会出售这些书籍，这种做法从世纪之初持续到现在，并有档案为证。1920年代，出版社"不再参与"图书馆工作，也放弃了官方的保存规定。

和发行的成本总计 4125 美元。由此产生的 2347 美元亏空是一笔很大的损失，按照 1996 年的美元价格，大约相当于 44000 美元。[16] 而这仅仅是《美国社会学期刊》一家的亏损。1908 年，根据一项正式协议，大学基金给所有大学期刊的总"补贴"最终定为 20000 美元，按照 1996 年的美元价格，大约为 375000 美元。这就是哈珀对外展的支持。

表 5 和表 6 列出了第一次世界大战期间，《美国社会学期刊》的发行量和财务业绩。这些数据表明，在 1908—1909 年间，美国社会学会和出版社联合的会员订阅活动，虽然使得订阅量翻倍，但还是无法帮助《期刊》实现收支平衡。准确地说，它将实际亏损减到了原来的一半。在此之后，不断增加的制作成本蚕食了"利润"。

当时，出版社和主编之间的关系如同今天一样，充满了复杂的因素。尽管大学对出版社有所支持，但期刊持续的亏损意味着期刊编辑部、它所属的出版部以及出版社自身的负责人都觉得期刊非常棘手。由于超支，编辑被视为危险人物。出版社领导不断尝试约束他们。

编辑是如何超支的？首先是由于他们为论文付酬。所有期刊都有支付稿酬的预算。在出版社期刊的年度预算中，"稿费"成本约占 20%，这一比例与营销费用相当，仅低于印刷成本（40%）。在这方面，《美国社会学期刊》也不例外，虽然在我们拥有数据的年份（1905—1918）中，斯莫尔通常都没有用完稿酬预算，但是这个时期预算一直在增长。

---

[16] 这个计算采用的是消费者价格指数。这个时期人均国民生产总值大约是 233 美元［按照 1899 年的美元价格（《美国历史统计》(*Historical Statistics*) 1976 年，第 1 卷，第 224 页）］，因此《美国社会学期刊》每年的亏损大约相当于人均国民生产总值的 10 倍。今天人均国民生产总值的 10 倍大约是 30 万美元。

第三章 阿尔比恩·斯莫尔的《美国社会学期刊》

表 5 《美国社会学期刊》的发行量（1905—1918 年）

年份	图书馆	其他	交换	付费	赠阅	广告	总计
1905—1906	381	365	79	825	76	110	1246
1908—1909	527	582	83	1192	24	65	1550
1911—1912	551	658	100	1309	18	24	1575
1914—1915	352	991	140	1783	32	10	2075
1917—1918	737	1099	157	1993	22	24	2225

表 6 《美国社会学期刊》的收入和成本（1905—1918 年）

年份	总成本	总收入	订阅收入	广告	补贴	"利润"	净利润
1898—1899	4125	1778	1536	242			−2347
1902—1903	3866	1602	1321		4300	2036	−2264
1905—1906	3642	1401	1234	167	3940	1649	−2291
1908—1909	3235	2068	1877	191	1800	633	−1167
1911—1912	3169	2075	1974	101	1350	256	−1094
1914—1915	3733	2383	2273	81	1350	0	−1350
1917—1918	3973	2690	2607	83	1350	67	−1283

注：所有数据都是当时的美元价格。在 1908—1909 年间，补贴的下降是一项有意为之的政策，此时，整个出版社期刊的亏损被限制在 20000 美元。在 1905—1906 年间订阅收入的下降反映出出版社将订阅收入的 25% 作为日常管理费用。

编辑还想要更多的、超过订阅收入所能负担的期刊页面。这是期刊制作成本的核心，如果很少大幅超出预算，那么就仍然符合出版社的分配，因为出版社已经假定大学会从自有资金中拿出与期刊的广告和订阅收入相匹配的补贴。由于期刊容量的增加，制作成本随之增加，因此即使《美国社会学期刊》的订阅量增加了，其财务状况依然没有好转。（第三项主要开支是用于插图，相比出版社其他的期刊，《美国社会学期刊》更少涉及这类支出，插图仅在期刊最早的几期中出现过。）

编辑与出版社之间关系的问题被编入了详细的备忘录。出版社和编辑之间最早的正式协议备忘录大约始于 1904 年，其中提到编辑负责"期刊内容、插图、作者的稿酬以及编辑部的工作"，出版社掌管制作、出版和财务。编辑有义务"以合理而恰当的方式协助扩大期刊的发行量"。出版社保留设定"每年印刷品总页数上限"的权利，然而在实践中，对超出这个限制的主编，出版社领导并无法控制。[17]

因此，阿尔比恩·斯莫尔留给继任者的是一段棘手的关系。随着时间的流逝，出版社从未失去对《美国社会学期刊》终有一天会盈利的信心。（出版社的确靠同在 1905 年合约之下出版的《美国社会学会年刊》赚了一些钱，出版社用这些利润来填补《美国社会学期刊》的亏空。）到 1920 年代末，从总订阅量来看，《美国社会学期刊》已经是出版社最大的期刊。但是实际上从 1918 年到 1930 年亏损在持续扩大。这种情形非常复杂，因为芝加哥大学的社会学教员，不仅仅组成了《期刊》的编辑部，通常也担任学会的秘书、财务主管和执行主编。[在 1920 年代的各个时期，恩斯特·伯吉斯、斯科特·贝德福德（Scott Bedford）、赫伯特·布鲁默和路易斯·沃思等都担任过这些职位。] 美国社会学会的执行主编不仅负责《美国社会学会年刊》，也经常负责《美国社会学期刊》的编辑工作 [D. P. 比恩（D. P. Bean）写给 W. 哈勒尔（W. Harrell）的信，1932 年 7 月 9 日，芝加哥大学出版社档案，第 35 盒，文件夹 1]。

---

[17] 这份档案附在钱伯宁（Chamberlin）写给校长 H. P. 贾德森（H. P. Judson）的一封信中，1908 年 5 月 9 日，校长文档（1889—1925 年），第 42 箱，文件夹 7。

出版社主管经常要跟与他们有着三种不同关系的人争论：既是芝大的同事，又是《美国社会学期刊》编委，还是美国社会学会的领导。

结　论

概而言之，在《美国社会学期刊》前 30 年，有若干冲突性力量塑造了它。《期刊》起步于大学的外展计划，以及明确的关于天职的宗教信念。实体上，它是理解 19 世纪晚期资本主义转型导致的尚未定型的社会问题的诸多尝试之一，希望将问题形塑为有条理的学术领域。《美国社会学期刊》与这个领域内的一个多样化且不断变化的群体对话，而他们的核心是致力于在大学内建立一种新的、支持积极实践的社会知识的小群体。在《期刊》最初的几十年间，为奠定社会学的学术基础，这个小群体坚持不懈地谋划，首先是成功创建了美国社会学会，然后又将社会学设置为一门基础的人文学科。

在凝聚这个核心群体的过程中，斯莫尔的期刊扮演着关键角色。他与这个核心群体的大多数成员有着个人联系，也是其所有活动的组织核心。作为一个精力充沛、富有事业心的人，他通过期刊出版这一常常杂乱无章的工作，承担起了塑造该群体公共意识的任务。同事写作"新闻和编者按"，可信赖的朋友贡献文章和系列专题，加上约稿和他自己的写作，在斯莫尔的经营下，期刊发行了一期又一期、一卷又一卷。随着时间的推移，他与学科共浮沉，确保更年轻的作者流入，填补老去的朋友留下的空档，追随甚至推动着学术化的趋势。因此，他开始从这门日益学术化的学科中吸收下一代中更加专业化的人才。他的通信表明，这并不是一件容易的事情，需要远见、策略、精力和意志。

在这一持续的努力中,斯莫尔通过跟他的出版商芝加哥大学出版社富有技巧的谈判,设法维持这项事业的财务基础。实际上他确实利用出版社持续的大额补助,竭力维持住了岌岌可危的财务状况。这不是一件容易的事情,斯莫尔的《美国社会学期刊》是一份昂贵的事业,并且随着出版社从福音派宣传转向更清醒的金融化,他一定常常陷入困难的境地。

斯莫尔的同事尊重他的功绩,期刊存活下来已经足够了不起。我们将在下一章中看到,1925年后《美国社会学期刊》的主要作者完全换了一批人,仿佛他的年轻同事重头再来了。然而在换人之前并没有任何冲突的迹象,事实上,这位老人(1924年斯莫尔已经70岁了)在他生命中的最后一年,仍作为"总负责人"保留在刊头位置。他用自己关于社会学历史的追忆、朋友最后的几篇文章,以及所有那些在他任内发表的大杂烩,填满了他自己的《美国社会学期刊》的最后数期。

虽然斯莫尔留给同事的是一个正常运行的机构,但只是在最宽泛的意义上。它没有编辑程序和惯例,也没有盈利的可能。相反,编辑《美国社会学期刊》像以前一样,是一份个人化且极其严峻的工作。相较任何更具体的事物,有的是一种传统——新的学科史家很快将三十年来这一本本厚厚的卷册重新定义为,直接指向1920年代新的专业化和科学的社会学的发展轨迹。

从这个意义上说,《美国社会学期刊》还不是连续性的社会实体。就内容而言,《期刊》跟将要成为芝加哥学派基础的"科学的"社会学关联不大。斯莫尔的《美国社会学期刊》是一种截然不同的社会学的知识工具,是社会改良、历史与当前研究之间模糊的混合。然而,《美国社会学期刊》作为这个模

第三章 阿尔比恩·斯莫尔的《美国社会学期刊》

糊领域的知识支柱,在一段异常紧张的更替时期为这个新兴的科学学科提供安全之所,也因此对这门学科产生了深远影响。事实上,《美国社会学期刊》是一本以学院派社会学家为内在核心的期刊,它利用其广泛的支持者形成了某种传统和稳定性。在下一章,我们会清楚地看到《美国社会学期刊》远非"一门学科的"期刊,而是真正"创造一门学科的"期刊。

第四章
芝加哥学派的《美国社会学期刊》

早期的《美国社会学期刊》是个人的化身。中期的《美国社会学期刊》是学系的化身。如果不理解作为学者和改良者的斯莫尔，就很难理解早期的《美国社会学期刊》，同样，如果不理解学系，也很难理解中期的《美国社会学期刊》，因为从1920年到1955年，学系的延续和平衡支撑着《期刊》的发展。尽管在后来所谓的定量和定性社会学之间，学系存在着一定程度的分裂，但是它仍然通过强大而复杂的个人忠诚和知识忠诚的网络紧密联结在一起。正是这些构成了维系《美国社会学期刊》的框架。

学系与学科

当1926年阿尔比恩·斯莫尔离开的时候，学系已经和他在1892年建立时相当不一样了。1908年乔治·文森特（George Vincent）离开，1914年C. R. 亨德森离开。1918年W. I. 托马斯因一起广为人知的道德案被解聘。此时，由罗伯特·帕克和恩斯特·伯吉斯领导着这个系。1920年埃尔斯沃斯·法里斯到来，他在社会心理学方向接替了托马斯，还在斯莫尔退休后成为系主任，直到1940年退休。1927年哥伦比亚的博士和定量社会学家威廉·奥格本来到了系里。1930年左右，帕克的学

第四章 芝加哥学派的《美国社会学期刊》

生赫伯特·布鲁默和路易斯·沃思,以及奥格本的学生萨穆尔·斯托佛,相继获得常任教职。我们已经看到,帕克领导下的时期(大体上是1920年到1935年)是芝加哥学派的全盛时期。[①]

在1930年代中期,富有魅力的帕克前往费斯克大学,人类学家劳埃德·沃纳加入,沃思和布鲁默的老朋友兼同学埃弗里特·休斯,被从麦吉尔大学叫了回来。学系目前组建的这支师资队伍,一直保持到1950年代初出现危机之前。仅有的变化是1940年法里斯的退休,以及在战争结束后斯托佛去了哈佛。这数年里,学系的定性和定量研究工作之间非常平衡,奥格本的魄力及其系主任的职位,有助于抵消定性教员数量上的优势。我们在第二章中看到,战后时期见证了学系这种平衡的终结。

在学系历史的中期,它自身在学科中的位置发生了根本性变化。虽然在博士培养数量方面,芝加哥的主导地位被夸大了,但是在1920年代芝加哥无疑是社会学的政治中心。由于《美国社会学期刊》是美国社会学会的官方期刊,芝加哥的教师长期担任学会的秘书长(1912—1936年)和执行主编(1915—1936年),芝加哥大学出版社也是学会唯一的出版商,它的控制力空前强大。许多人指出,芝加哥是社会学中两到三个主要的知识中心之一。

在1930年代,随着社会学的建制逐渐成熟,所有这些都遭遇了挑战。当时全国一年大约毕业40位社会学博士(Marsh 1936)。在1928年全美教育委员会调查的236所学院和大学中,将近一半(99所)设有社会学系。绝大多数地区性社会学协会都诞生于1930年代,美国人口协会(1932年)、农村社会学会

[①] 关于学科更一般意义上的讨论,参见Turner and Turner 1990。

学系与学科

（1937年），以及美国天主教社会学协会（1938年，后来的宗教社会学协会）也是如此。更重要的是，至少对于《美国社会学期刊》来说，虽然《社会学和社会研究》（Sociology and Social Research）、《社会力》这类综合性期刊分别创办于1916年和1922年，它们也是类似《美国社会学期刊》的个人性期刊（one-person journals），但是1930年代出现了许多针对不同读者的专业期刊：1927年的《教育社会学期刊》（Journal of Educational Sociology）、1930年的《社会心理学期刊》（Journal of Social Psychology）、1933年的《人口》（Population）、1936年的《农村社会学》（Rural Sociology）、1937年的《公共舆论季刊》（Public Opinion Quarterly）和《社会测量学》（Sociometry），以及1939年的《婚姻和家庭期刊》（Journal of Marriage and the Family）。因此到1930年代，作为社会现象的社会学已经稳定下来，转变为一个结构完整和内在分化的学科。

稳定不仅要求制度化的结构，也要求制度化的边界。也是在1930年代，最后一批不切实际的社会改良家离开了美国社会学会。在学术界和社会工作之间起桥梁作用的调查运动销声匿迹了。在社会工作学院中，社会工作也成功并单独实现了专业化。这种分离以及随之而来的一个完整学术领域的建制化，已经完成了。[2]

---

[2] 可能正是这种分离和大萧条共同导致了1930年代美国社会学会会员的减少；1932年，一些社会活动家仍然在名录上（参见该年《美国社会学会年刊》的附加名录，《美国社会学会年刊》第27卷：第4—11页），并且他们资金上的贡献得到高度的重视（奥多姆写给伯吉斯的信，1930年5月15日，伯吉斯文档，第2盒，文件夹3）。当时观察家将会员人数的减少归为普遍的贫困（参见Lengermann 1979中引述的访谈），但是个人开销的削减，可能会不同程度地迫使剩余的社会活动家离开。对于学系来说，这种相似的分离来得有点早：1920年大学的社会服务学院创立时，"活动家"，即所有的女性就切断了与学系的关系。

156

在 1930 年代和 1940 年代，学科在知识层面取得了长足进步。斯蒂芬·特纳（Stephen Turner）指出，一个主要力量是定量社会研究突然成功地吸引了来自商业组织和政府的资金。到战后时期，社会学成了一门大生意，并且直到 1950 年代，市场研究仍然是社会学的一块保留地。与此同时，宏大理论家出人意料地在知识和政治上夺取了学科的中心舞台。

在 1925 年至 1960 年《美国社会学期刊》的中期，围绕它的学科背景发生了极大改变。随着这个学科在学术界变成一块稳固、独立和知识分化的领地，《美国社会学期刊》如同芝加哥大学社会学系一样，失去了其特权地位。于是，它不得不跟新的主要竞争对手《美国社会学评论》相抗衡，并在众多新的专业期刊之中为自己找到一个位置。

《美国社会学评论》创刊

正如《美国社会学期刊》的斯莫尔时代始于创刊，它的中期也始于创刊，不过是其对手《美国社会学评论》的创刊。对《美国社会学评论》创刊的关注，并不是因为它为《美国社会学期刊》带来多么糟糕的后果，而是因为其后果如此之少。我将指出，《美国社会学评论》创刊实际上带来了《美国社会学期刊》订阅量的增加、利润的增长，以及对长期的编辑政策更清晰的规划。不过《美国社会学评论》创刊，也促使《美国社会学期刊》首次任命外部的顾问编辑，延续至今，这证明虽然《美国社会学期刊》不再是美国社会学会的官方期刊，但是它不仅仅受学系意志的制约，也受制于学科中正在形成的全国性规范。这段插曲勾画了利润、知识生活与组织结构的奇妙连结，而这正是学术出版的关键所在。

《美国社会学评论》的创刊，是美国社会学会内部更广泛的反芝加哥政治的一部分，这一转变约始于1930年代，一直持续到1935年美国社会学会投票创办《美国社会学评论》，并将它作为学会的官方期刊。③伦格曼（Lengermann 1979）指出，共有五股力量引发了对于芝加哥的反叛。第一股是纯粹的个人恩怨，最重要的是鲁斯·L.巴纳德与《美国社会学期刊》主编埃尔斯沃斯·法里斯的不和。第二股力量是学科的发展和分化，我已经指出，它使得芝加哥的枢纽地位不复存在。在1925年到1934年的十年间，芝加哥仅仅培养了社会学博士中的17%（Marsh 1936，表13）。

对于伦格曼的第三个因素：芝加哥内在凝聚力的减弱，证据就比较薄弱了。在关于《美国社会学期刊》的争论中，芝加哥教员团结一致地站在芝加哥一边；此外，布尔默（Bulmer 1984）指出，此时内部的分歧被夸大了。④与其说芝加哥群体

---

③ 伦格曼对此进行了很好的描述（Lengermann 1979）。虽然我没有读过她从巴纳德文档中引述的材料，但是她的文章是令人印象深刻的研究，也与我在芝加哥看到的材料非常一致。（然而关于芝加哥人对这个事件的反应，伦格曼并没有阅读第一手材料。）她指出，小部分心有不满的社会学家领导了这次"反叛"，他们之间除了个人结盟外没有明显的联系，包括鲁斯·巴纳德、杰罗姆·戴维斯（Jerome Davis）、W. P. 梅罗尼（W. P. Meroney）、纽厄尔·西姆斯（Newell Sims），以及 H. 菲尔普斯（H. Phelps）。这些人似乎不太可能是反叛者。这个群体包括了一些芝加哥的博士（巴纳德和梅罗尼）。他们也不全是"少壮派"（巴纳德和西姆斯都过了55岁）。他们与当时正在兴起的结构功能主义或实证主义范式之间没有特别的关联。

④ 对1930年代芝加哥的大多数描述都非常依赖于学生的记忆，而他们过于强调定性和定量之间的分裂。毕竟布鲁默是豪泽的硕士导师和亲密朋友，并且他们都跟沃思和伯吉斯非常亲密，而伯吉斯至少可以说在方法上是折中的。有一些系内敌意的证据，大多在于奥格本的言论，以及在开题时他对布鲁默和休斯学生的抨击。然而也有证据表明这种分裂是存疑的，例如（接下页）

失去了凝聚力,不如说失去了勇气。在1930年代,它至为重要的知识范式:人类生态学、社会组织的制度研究,以及托马斯-米德式的社会心理学,或是停滞或是搁置,而其他的学科范式则呈现上升势头。⑤

伦格曼指出,新的定量研究实际上在芝加哥一边。但是它产生的后果是负面的,这成了反叛的第四个理由。反叛者害怕新的科学精英主义与旧的芝加哥组织性力量结盟,从而导致精英对学科的完全控制。第五个因素是大萧条,它加剧了专业人员对精英控制专业晋升途径的恐惧。伦格曼相信正是这个因素给了反对者所需的票数,从而击破了芝加哥联盟。从反叛者的角度看,深层次的议题是公平(equity)与精英主义之间的较量。

这种反叛是如何出现在芝加哥的?芝加哥的教员当时处境尴尬。一方面,他们在与美国社会学会的反叛者争夺期刊和学会的控制权,另一方面,他们又为《期刊》和美国社会学会辩护,反对他们自己的出版社不断增加对于清偿能力的要求。即使是出版社,对于美国社会学会的态度也是矛盾的。最初,出版社仅仅将美国社会学会视为一种营销手段。然而一旦美国社会学会达到其成熟规模(一千名会员),销售额也稳定下来

(接上页)豪泽(个人通信)指出在1930年代定量和定性垒球队的存在。在战后严重的分歧出现时,沃纳和休斯形成一派,另一派是布鲁默、豪泽和沃思。对于巴纳德为什么憎恨法里斯,并没有确凿的证据。这种情绪部分是知识上的(法里斯是米德主义者,而巴纳德是一名严格的行为主义者),但更有可能的只是巴纳德1920年想要芝加哥的工作,却被法里斯得到了。

⑤ 人类生态学遭受了抨击,最终引起了"生态学谬误"的大辩论。关于社会组织的研究已经为人类学系和商学院接手。而社会心理学正等待(一如既往)布鲁默对符号互动论的全面阐释。相比之下,新的定量研究还处在起步阶段,其局限性还不是很明显。

（1920年代初期），它的增长就过于缓慢，难以覆盖《美国社会学期刊》每年的亏损。更糟糕的是，美国社会学会一直延迟支付每年的年会论文集《年刊》的出版费用。例如1933年1月9日，在出版社总经理唐纳德·比恩给大学商务官员哈勒尔的信中（芝加哥大学出版社档案，第35箱，文件夹1），他写道，"我还在为美国社会学社一事努力，这周去纽约时会去找泰森。虽然这个账户的应付款只有1294美元，但是我坚持立马就要回所有钱。"1935年，当美国社会学会讨论创办新期刊事宜的时候，比恩对学会欠出版社的债务收取高额利息，以此来使学会丢脸。美国社会学会被迫向其成员出售债券，以避免法律诉讼［《美国社会学年刊》第29卷，第1期：第14页；第29卷，第2期（1935）］。⑥

尽管存在这些困难，但是出版社对美国社会学会有着强烈且积极的兴趣，既因为它为出版社的期刊带来了订户，也因为出版一个卓越学科的旗舰期刊所带来的符号资本。到1930年代《美国社会学期刊》仍然是出版社最大的单本期刊（single journal），拥有2851名订户；出版社第二大期刊的订户只有它的一半。到1932年，随着内部成本的降低和非美国社会学会会员订阅价格的上涨，期刊已经非常接近盈利了。大学给每个订

---

⑥ 碰巧我们对这场争论中教员的情感知之甚少；他们都在芝加哥，所有沟通都是口头的。然而，学系和出版社的沟通是书面的。因此，我们能够从出版社的角度，也通过它从学系的角度来重构当时的情境。整个争论过程中，出版社坚定地站在学系这一边，但也总是优先考虑大学的经济利益。强硬而狡猾的总经理唐纳德·比恩主导着出版社的各项活动，他在1931年初深入研究了美国社会学会和《美国社会学期刊》的处境，并且提前决定"何时守牌、何时丢牌"。但出版社与学系的关系可能错综复杂。整个《美国社会学评论》的争论过程中，赫伯特·布鲁默作为执行主编以及美国社会学会后来的秘书长兼财务主管，花费了大量时间对抗比恩坚持美国社会学会支付逾期账款的要求。

户的补贴降到约 50 美分。在 1930 年秋和 1931 年冬出版社和学会冲突的早期阶段，这种情形使得比恩更愿意和解；他只是想要证明美国社会学会要自己出版《美国社会学评论》，在财务方面是多么鲁莽的行为。因此，他的下属、出版社业务专员 R. D. 赫门斯（R. D. Hemens）写信给出版社的纽约公共关系专员，敦促他在即将召开的美国社会学会会议上，谨慎寻找"合适的人来培养"（1931 年 12 月 4 日，芝加哥大学出版社档案，第 33 盒，文件夹 1）："学会和大学的关系，或者至少学会中的一小部分人与大学的关系有些紧张。只要我们能做什么来缓和这种紧张，都会有助于续签我们的出版合同……"

另一方面，在美国社会学会对芝加哥社会学系投票时，比恩把他对形势的秘密判断长篇累牍地告诉了学会 [1932 年 11 月 2 日，K. E. 奈尔斯（K. E. Niles）写给比恩的信，芝加哥大学出版社档案，第 33 盒，文件夹 7]，他在信中阐明，美国社会学会成员因为会员半价获得了很大的优惠。他干脆地指出："这份合同并不是大学财务利润的来源。"比恩认为美国社会学会的反叛者忽视了一个事实，那就是芝加哥大学出版社的所有权，意味着必须由芝加哥大学的教职成员担任《美国社会学期刊》主编（这是反叛者主要反对的），因而他建议他们关注合同中保证的美国社会学会每年选择顾问编辑的权利。比恩说，这些编辑可以"更积极地参与制定期刊的编辑政策"。这种和解的姿态失败了，因为反叛的真正目标是学系，而非专门针对《美国社会学期刊》。到 1933 年，比恩变得更加愤世嫉俗。1933 年 2 月 7 日，他在给秘书的信中写道（芝加哥大学出版社档案，第 35 盒，文件夹 1）：

奥柏林的西姆斯先生（Mr. Simms）[原文如此] 是美国社

会学会反对派［！］委员会的新任主席，他们要创办自己的官方期刊……伯吉斯先生建议我下次到东部去的时候，中途在奥柏林停留，让威尔金斯（Wilkins）先生将我介绍给西姆斯兄弟。你能否在我纽约之行的文件夹中留张字条做个说明？

伦格曼指出，从1933年12月到1934年12月是芝加哥在伯吉斯领导下"反击"的时期，那时伯吉斯已经成为美国社会学会主席，正在施展他惯常的人际和政治手腕。⑦但是伯吉斯还有大量工作要做。比恩采纳了大学律师的建议，于1934年1月24日写信给伯吉斯（后者是以美国社会学会主席的身份），单方面解除了美国社会学会在《美国社会学期刊》中担负的所有角色。

因为学会某些成员对作为《美国社会学期刊》出版方的芝加哥大学出版社与学会的现有合同关系有所误解，大学特此通知，希望自1935年1月1日起终止这些合同关系。……《美国社会学期刊》将继续它的编辑政策，在其财政资源允许的范围内，为社会学的重要出版目标服务。我们相信学会绝大多数成员过去都欣赏这种传统，并赞成这应该是它持续的理想。

他说，出版社对于现状并不满意，但是这样做是为了"让他

---

⑦ 希尔斯居高临下地将伯吉斯描绘成一位在帕克阴影下的温和羞涩的人（Shils 1991），这与事实相差甚远。伯吉斯善于巧妙地处理人际关系：寡言少语，但非常奏效。伦格曼（Lengermann 1979）公允地将他视为一个人际交往策略大师。

们［主要由芝加哥教员组成的美国社会学会执行委员会］"（芝加哥大学出版社档案，第 33 盒，文件夹 1）免于所有可能的尴尬。

尽管并不清楚这次突然袭击是伯吉斯还是比恩的主意，但清楚的是，比恩是针对什么做出的回应。这个"反对派"委员会由纽厄尔·西姆斯（Newell Sims）牵头，在法里斯建议下（以他作为《美国社会学期刊》主编的身份），他们在 1933 年 12 月的报告中提到成员应该有权选择《美国社会学期刊》《社会力》或《社会学和社会研究》作为他们的（半价）"社"刊。这正式地废除了《美国社会学期刊》学会官方期刊的地位，尽管实际上并没有，85% 的学会会员仍然在来年选择了《美国社会学期刊》，订阅《美国社会学期刊》的比例仅仅比"正常"年份低一点（比恩写给哈勒尔的信，1943 年 11 月 24 日，芝加哥大学出版社档案，第 33 盒，文件夹 1）。但是在出版社眼里，如果美国社会学会不是一个垄断市场，那么任何的正式关系都毫无意义，因为合同的主要作用是限制出版社给美国社会学会会员订阅期刊的报价。此外，（随着大萧条的到来）美国社会学会会员数的下降，加上当时非美国社会学会会员订户数几乎等于来自学会的订户数的事实，意味着出版社从《美国社会学期刊》获得的收益，比以前更少依赖美国社会学会。事实上，到 1934 年《美国社会学期刊》的收益只有不到三分之一来自美国社会学会（《美国社会学期刊》的预算，位于恩斯特·W. 伯吉斯文档，第 1 盒，文件夹 4）。因而在美国社会学会投票赞成自由选择后，比恩在三周内就取消了合同。

因此，实际上是大学结束了期刊和学科的特殊关系，而不是美国社会学会。在伦格曼的描述中，没有迹象表明美国社会学会中除了伯吉斯，还有其他人在 1934 年就知道出版社已经行使了终止合同的权利，知道通过这样做，出版社也已拒绝在1935年1月1日后出版《美国社会学会年刊》。伯吉斯主席显然没有对于任何人谈及比恩的来信。将近一年后，布鲁默（时任美国社会学会秘书长）写信给出版社的业务专员赫门斯，告知他学会希望取消《美国社会学会年刊》的出版合同，赫门斯客气地指出（1935年1月22日，芝加哥大学出版社档案，第35盒，文件夹1）该出版物是根据总合同出版的，而出版社早已经终止了总合同。不只是布鲁默对此毫不知情，美国社会学会出版委员会［纽厄尔·西姆斯、里德·贝恩（Read Bain）、鲁斯·L.巴纳德与W. P.梅罗尼的"反叛"委员会］也一样，在1934年12月年会上他们建议通知出版社终止《美国社会学会年刊》的合同，这才有布鲁默写信给赫门斯，并且蒙受羞辱的事情发生。那时伯吉斯已经知晓合同废止一年了，但是他显然什么也没说，一定是觉得当前的状况十分好笑。

　　美国社会学会最终宣布学会脱离芝加哥的报告中，充斥着有关《美国社会学期刊》"有益的服务"和出版社的"合作"这类客套话。它既没有提到出版社为美国社会学会的预算提供担保，也没有提到出版社数十年来无息负担着学会的债务。根据记录，在1905年到1932年之间，出版社对于美国社会学会直接的补贴，按照1996年美元价格计算，总计715000美元，平均每年25500美元（关于完整的清单，参见比恩的备忘录，位于芝加哥大学出版社档案，第33盒，文件夹1）。这个数额没有包括免除的利息，以及在人员管理和编辑服务中投入的时间，除了秘书长-财务主管的，他的工资已经由美国社会学会的预算支付。（美国社会学会关于此事的报告，参见《美国社会学会年刊》第29卷，第1期，第19页，1935年。）

　　总计下来，1920年代芝加哥的补贴，平均约占学会实际预算（名义预算加上芝加哥的贡献）的 35% 到 40%。从财务上来说，美国社会学会在前三十年基本上是出版社和学系的一个客户组织。因此对于作为一门专业的社会学，更合理的认识是，其在美国真正的基础是在 1930 年代，伴随着一波新期刊的创办以及美国社会学会脱离芝加哥的掌控才形成，而不应追溯到 1905 年。我之前指出，"塑造一门学科"实际上部分是由第三方创造一个垄断市场的渴望实现的，认识到这一点也很重要。

出版社废止跟美国社会学会的协议的同时，一项更坚决的活动是从美国社会学会讨要债务（前述提到法律上的威胁）。但是如果美国社会学会能够制定确切的计划来偿清 2517.87 美元的债务，那么出版社也承诺会拿出一些资金为学会寻找新会员（赫门斯写给伯吉斯的信，1934 年 11 月 28 日，芝加哥大学出版社档案，第 35 盒，文件夹 1）。如果财务问题处理顺利，比恩仍然愿意互通有无。

对于出版社自身来说，它利用 1934 年的时间为《美国社会学期刊》未来的财务和编辑制定计划。比恩告知出版社的编辑主管戈登·莱恩（Gordon Laing）（1934 年 8 月 16 日，芝加哥大学出版社档案，第 35 盒，文件夹 1），法里斯想要辞职，并且正举荐奥格本作为他的继任者。比恩不情愿失去法里斯，可整个秋天法里斯都一直在极力主张奥格本的候选人资格。莱恩将这个议题留给了《期刊》编委会（莱恩提交的文件，1934 年 10 月 15 日，芝加哥大学出版社档案，第 33 盒，文件夹 1），[112] 从那之后到 1936 年 2 月 6 日之间的某个时候（伯吉斯写给系里的信，威廉·F. 奥格本文档，第 29 盒，文件夹 2），伯吉斯作为关键人物出现了。他成为了下任主编，出版社和学系期望他来扭转局面。

与此同时，美国社会学会的争吵仍在继续。在其胜利初期，反叛者计划既延续《美国社会学会年刊》，也要创办一本新期刊。然而当协会最终要求出版商提供一个真正实在的报价时，原先引诱他们从芝加哥大学出版社脱离出来时的低价，在他们真正分离后突然翻倍（1935年《美国社会学会年刊》第29卷，第1期：第8页，转寄给比恩，他对此进行了评论，参见芝加哥大学出版社档案，第33盒，文件夹1）。随着现实的发展，已经变为季刊的《美国社会学会年刊》，被重新定义并转变为双月刊的《美国社会学评论》（《美国社会学会年刊》第29卷，第4期：第3—10页）。这一继承通过一些规则得到强调，那就是对于年会上报告的所有论文，《美国社会学评论》都拥有优先选择权。在《美国社会学评论》创刊的第一年，反叛方的主编F. E. 汉金斯（F. E. Hankins）就欣然利用这条规则对芝加哥人菲利普·豪泽施压。[8] 因此《美国社会学评论》并不是一本新期刊，而只是以新刊名分期发行的旧刊物，没有来自芝加哥的执行主编而已。[9]

---

[8] 汉金斯写给豪泽的信，1937年1月13日，菲利普·M.豪泽文档，第14盒，文件夹8。汉金斯的信冷淡傲慢，他写道："您在芝加哥的美国社会学社会议上报告的论文还没有送达编辑部。请您在方便时尽早寄来一份好吗？如果您想对这篇论文做其他处理，请告知我们。您可能知道，如果您提交的论文被会议接受了，那么《美国社会学评论》对它拥有优先刊发权。"在《美国社会学评论》首期的社论中，汉金斯提及了其他的社会学刊物，"我们可能会成为它们的竞争者"，但是显然特意没有提及《美国社会学期刊》。

[9] 《美国社会学评论》的反叛，并没有将芝加哥大学及其盟友排除在美国社会学会的期刊出版之外。到《美国社会学评论》的第二年，斯托佛进入了编委会。第三年引入了查尔斯 S. 约翰逊，第五年保利娜·扬（Pauline Young），第六年伦纳德·科特雷尔。《美国社会学评论》的第四位主编是芝加哥大学坚定的盟友 F. 斯图尔特·蔡平（F. Stuart Chapin）。在财务方面，《美国社会学评论》的创办，对美国社会学会是重要的不利因素。1935年出版委员会提出（接下页）

第四章 芝加哥学派的《美国社会学期刊》

实际上，是芝加哥教员创办了《美国社会学评论》。在反叛开始前的 1930 年，伯吉斯已经开始跟出版社协商，将《美国社会学会年刊》改为季刊，从而使它从会议文集转型为期刊。他认为这个举措，可以让"特刊"讨论特定的领域，从而带来单独的资金收益（伯吉斯写给 R. D. 赫门斯的信，1930 年 2 月 28 日，芝加哥大学出版社档案，第 35 盒，文件夹 1）。1930 年代初，在布鲁默和沃思任内，《美国社会学会年刊》转变为了季刊。1936 年期刊只是被重新命名为《美国社会学评论》，并且改为双月刊。唯一的新政策是偶尔接收没有在年会上报告的论文。

对于《美国社会学期刊》的财务和发行来说，这次反叛带来的影响不仅使得期刊扭亏为盈，也增加了发行量，因为它迫使出版社努力将营销全部针对全价订户，并放弃扩大仅支付半价的美国社会学会会员订户的企图。在可以面向美国社会学会会员自主定价的情况下，出版社在一年内将价格提高了 40%，失去了大约 10% 到 15% 的学会订户；价格的提高使得这一减

（接上页）在两年内拥有 2000 订户的构想，这个想法过于乐观，因为当年学会会员已经减少到 1141 人。该报告还指出，美国社会学会将从每位正式会员的 6 美元会费中，拨出 4 美元给《美国社会学评论》。在美国社会学会跟出版社旧协议的最后一年（1932 年），学会会员订户只付给出版社 2.5 美元。因此新的《美国社会学评论》相比《美国社会学期刊》，学会会员实际上多花费 60%。此外，在没有《美国社会学期刊》大量非会员支持的情况下，从会员角度来看，是花更多的钱买更少的期刊。1932 年，当《美国社会学期刊》花费美国社会学会会员 3750 美元时，它实际的开支是 12582 美元。而反叛者的出版委员会只计划用 3800 到 4600 美元的支出来取代这本期刊。以至于在当时和之后的数十年，这两本期刊的体量和外观品质的差别是显而易见的。例如《美国社会学评论》1987 年才使用光亮的封面，比《美国社会学期刊》晚了 20 年。不过长期以来的体量差异，现在已经没有了；《美国社会学期刊》的页数优势，被《美国社会学评论》更大和更紧密的版面抵消了。

学系与学科

少没有影响收入。

表 7 显示了发行量的信息。《美国社会学期刊》在《美国社会学评论》创刊后，不到几年就恢复了几乎所有美国社会学会的订户，在战争初期失去了优势，又在战后时期重新获得了优势。值得注意的是，在 1930 年到 1934 年，大萧条本身已经使《美国社会学期刊》损失了将近 25% 的订户。

表 7 《美国社会学期刊》的发行量（1928—1951 年）

年份	全价	特价	交换	赠阅	页数	总订户数	美国社会学会会员所占比例（%）
1928—1929					1212	2572	
1930						2851	
1934—1935	998	1124	98	33	888	2122	88
1936—1937	1092	785	92	53	1014	1877	67
1937—1938	1191	812	92	55	1116	2003	78
1938—1939	1233	900	90	65	1092	2133	87
1939—1940	1168	1040	86	90	1020	2208	99
1940—1941	1264	916	84	93	990	2180	
1941—1942	1435	844	81	92	1076	2279	
1942—1943	1421	910	81	82	726	2366	84
1943—1944	1602	757	81	80	592	2369	
1944—1945	1430	896	81	83	600	2366	75
1945—1946	1537	925	80	84	632	2502	
1946—1947	1725	1445	74	95	606	3197	80
1947—1948	——	3261	76	95	568	3261	
1948—1949	——	3877	68	101	936	3877	
1949—1950	——	4101		108	764	4101	
1950—1951	——	4407		112	688	4101	

注：1942 年《美国社会学期刊》改版，页数大幅减少。1948—1949 年超出的页面包括了索引。美国社会学会会员所占比例是学会会员订阅期刊百分比的估值，是用特价订阅人数除以美国社会学会会员数估计而来。由于《美国社会学期刊》的财政年度在 7 月，而美国社会学会会员年期在每年的 1 月 1 日，两者之间必然存在交叉，但是可能的误差仅有 5%。

表 8 《美国社会学期刊》收益和成本（1928—1951 年）

年份	成本	收入	订户数量	广告	到期未付	订阅单价	净利润
1928—1929	13588	9446	9152			4,2	−4112
1934—1935	8493	9537	8057	574	590	5,2.50	−1044
1936—1937	10317	10759	8325	543	1425	5,3.50	442
1937—1938	10158	10309	8944	670	513		151
1938—1939	11268	10911	9504	686	403		−357
1939—1940	11219	11687	10100	689	738		468
1940—1941	10957	12045	10116	775	648		1088
1941—1942	12728	13273	10383	724	1862		545
1942—1943	13108	14020	10681	319	1673		912
1943—1944	10854	12605	10804	308	1281		1751
1944—1945	12536	14170	12354	528	1064		1634
1945—1946	14638	17274	14645	1075	1009		2636
1946—1947	15521	19499	16006	1530	1752		3978
1947—1948	18062	20572	16284	1608	2371	6,？	2510
1948—1949	26744	26460	20279	2162	3786		−334
1949—1950	24862	25516	20544	2057	2504		654
1950—1951	22947	23974	20346	2003	1270		1027

注：所有数据都是当时的美元价格。订阅单价仅仅是在有所变化时列出。逗号前面的价格是普通订户的价格，后面的价格针对美国社会学会会员。

双方谈崩的财务结果甚至更加令人满意。表 8 给出了细节。我先前提到，在《美国社会学期刊》头 30 年，出版社年均净损失约 1500 美元。从 1925 年到 1932 年，年均亏损是 3600 美元。但是从 1930 年起亏损有所下降，在与美国社会学会合作的最后一年，亏损降到了 1044 美元（1934—1935 年是"自由选择"年）。在《美国社会学评论》创刊后的 15 年中，《美国社会学期刊》仅有两年亏损（1938—1939 年和 1948—1949

年），年均利润是1100美元。这种收入的变化，部分应归功于广告收入和特刊的售卖。然而这种清偿能力的深层基础是稳步增长的订户，尤其是全价订户。这与针对非美国社会学会会员的教员和图书馆的积极推销有关。

这段《美国社会学评论》创刊的插曲，很好地体现了这种推动学科独立于特定大学进而建制化的强大力量。由一所大学教员主导的学会无法持续下去。芝加哥教员不可能为了学会反对出版社的同时，又为了出版社反对学会。一旦清楚美国社会学会的利益与学系不一致，芝加哥教员的立场就很难坚持。这种认识的第一个迹象就是1933年，首次为《美国社会学期刊》任命非芝加哥教员作为顾问编辑。（名单包含一到两名反叛者，只是这个计策未能阻止反叛发生。）

像出版社一样，到1934年学系开始认真规划未来。我前面指出，虽然没有证据表明，伯吉斯为何或如何取代奥格本成为《美国社会学期刊》的领导者人选，但是伯吉斯重新起草了法里斯提议寄给每位系友的信，并且从那之后，似乎就是他掌管一切了。这封信（威廉·F. 奥格本文档，第29盒，文件夹2）阐明了出版社的立场，列举了芝加哥大学对于美国社会学会的大量捐赠，不仅包括出版社的钱，也包括学系的时间（教员的）和资金（为在《期刊》工作的学生提供的奖学金）。它也讨论了各次投票的历史、"自由选择年"，以及在那一年中，85%的美国社会学会会员选择《美国社会学期刊》的事实。接着伯吉斯明确地用水准界定新的形势：

> 然而，我们相信通过集体的努力，这种地位的改变或许会变成一个诱人的机会，以发展一个更有活力的优秀刊物。

第四章 芝加哥学派的《美国社会学期刊》

> 迄今为止,我们一直有义务代表学会会员多元的利益和主张。现在我们可以极大地改善论文和书评的特性,来出版一本比过去更值得热情支持的期刊。

与提出公平对精英主义的议题的反叛者不同,伯吉斯提出了质量(quality)对代表性(representation)的议题。

学系也为《美国社会学期刊》草拟了使命宣言(路易斯·沃思文档,第17盒,文件夹1)。期刊将聚焦于"文化或群体行为",这不仅是学系的领域,也是"社会学和文化人类学共同的领域,拥有更大优势"。关注的领域将包括种族关系、交流、社区、犯罪、人口、社会运动、社会趋势、人格和家庭。《美国社会学期刊》计划征稿,每年至少有一期讨论某个特定主题。主要的文章要呈现研究发现,还要有意义、可读性强,最好在10—20页之间。期刊也希望刊登一些短文章,如概述或摘要、关于新方法的简要陈述、有前景的研究纲要,以及会议报道等。"新闻和编者按"栏目将予以保留。书评将变得更少、更长、更具批判性。编辑们对于顾问编辑的期待比过去更高,并且为了达到此目的,他们建立了正式的编辑轮换制度。[10]

作为新体制的标志,第一次顾问编辑午餐会在1936年12月举办(恩斯特·W.伯吉斯文档,第1盒,文件夹4),会议

---

[10] 多年来,《美国社会学评论》的主编都试图说服《美国社会学期刊》放弃"新闻和编者按"栏目,而历任《美国社会学期刊》的主编和执行主编都拒绝了(参见如编委会会议纪要,1951年5月14日,路易斯·沃思文档,第17盒,文件夹1)。1950年代中期,海伦·休斯和R. E. L.法里斯掌管两本期刊时,讨论过这种改变,但最终是彼得·布劳从《美国社会学期刊》中拿掉了"新闻和编者按"栏目。

涉及了许多同样的主题。但是顾问编辑也提议采取其他新的冒险举措，这些举措是此前与美国社会学会的关系中所禁止的。他们力推更具争议性的来信栏目、更尖锐的文献综述，排除为社会学辩护的文章，以及尝试更长的文章，"而不是发表一些价值可疑的短文"（最后一句评论来自彼蒂里姆·索罗金）。第二年的会议提出了许多类似的意见，增加了一条新的，那就是发表的文章不能"从问题表述和解决过程，直接过渡到结论和解释，而不对涉及的方法和技术问题进行任何陈述"，这些文章毋宁说是"令人头痛的日记"（罗伯特·林德提的一条意见）。

令人吃惊的是，总体而言，这些开列的特别政策，或多或少成为《美国社会学期刊》和《美国社会学评论》之间延续至今的分界线。更长的文章、更少但更长的综述、明确表达的争论，以及精彩的特刊，都成为《美国社会学期刊》的标志。在这个意义上，它与《美国社会学评论》的争斗导致了持续半个世纪的分化。

然而学系是非常愤愤不平的。1936年1月8日，也就是美国社会学会最终投票创办《美国社会学评论》数天后，学系讨论了这件事，并且决定将《美国社会学期刊》的价格降到所有订户每年4美元，取消美国社会学会的折扣（1936年1月8日，社会学系会议记录）。可是总经理比恩阻止了复仇，对于《美国社会学期刊》的普通订户，仍然维持5美元的价格，而美国社会学会会员价只是上调1美元（40%），提高到3.5美元。

主编的继替

在这段长时间的争执中，编辑的常规工作仍然照常进行。

在《美国社会学期刊》中期,见证了数任正式的主编继替。1926年阿尔比恩·斯莫尔退休时,把期刊交由学系"整体负责编辑工作"。1933年在与《美国社会学评论》争论的中途,法里斯作为总编(editor-in-cheif)取代了集体编辑工作。(事实上最晚到1929年,法里斯已经是实际上的主编,参见奥格本与法里斯之间的通信,位于威廉·F.奥格本文档,第29盒,文件夹4)在1936年,《美国社会学期刊》与《美国社会学评论》开始直接竞争时,恩斯特·伯吉斯担任了主编,并且长达四年之久,正如我已经提及的,1940年赫伯特·布鲁默接任,他一直担任主编到1952年离开,然后由埃弗里特·休斯接任,他一直担任主编到1961年离开。不过刊头上的名字意义不大。从1926年到1952年去世,路易斯·沃思在这段很长的时期中是实际上的主编,海伦·麦吉尔·休斯在《期刊》工作(1944—1961年)的各个时期,也是实际上的主编。

无论拥有什么头衔,他们每个人都是芝加哥的博士,而且除了法里斯之外都是芝加哥大学的社会学博士。他们所有人私下里都是朋友,彼此关系亲密,布鲁默、沃思、海伦·休斯和埃弗里特·休斯四个人还是研究生院的同学和密友。《美国社会学期刊》不再是一个人的期刊;在中期的这些年里,它是一本初级群体(primary group)的期刊。

我们对于主编继替的原因知之甚少。我前面提到,法里斯想要奥格本接替他,但是事实上是伯吉斯,尽管他极不情愿(伯吉斯写给奥格本的信,1939年10月28日,恩斯特·W.伯吉斯文档,第1盒,文件夹5)。在这个时候,对于决定谁应担任主编,出版社的编辑主管是绝对的权威,不过在这个问题上,是由个人向他游说,而非由整个学系进行正式的讨论。据我所知,系里既没有投票提议伯吉斯,也没有关于他的继任者布鲁默或休斯的任何投票。(系里正式的程序在1950年代末的另一场争论中才出现,这次涉及一些年轻教员。参见第五章。)

四年之后,伯吉斯认为《美国社会学期刊》已经处于稳定状态,于是辞职并推荐沃思作新任主编,沃思"承担了最繁重的编辑工作,并极有效率地履行了职责"。系主任奥格本试着劝说伯吉斯留任,因为沃思有其他行政事务。然而伯吉斯坚定不移。在奥格本担任系主任期间,法里斯退休了,伯吉斯辞职了,沃思无法担任,休斯也刚刚来到系里(1938年),基本上除了布鲁默之外,就没有其他候选人。布鲁默和沃思早在伯吉斯和奥格本之前就知道布鲁默将会成为主编(布鲁默写给沃思的信,1939年5月30日,路易斯·沃思文档,第1盒,文件夹8)。[11]

十年之后,在离开芝加哥的前一年,布鲁默自己也试图辞职。布鲁默将于1950—1951年在夏威夷休假,与出版社也产生了一系列严重的冲突(编委会会议记录,1950年4月11日,路易斯·沃思文档,第17盒,文件夹1)。但是沃思和海伦·休斯处理了这一年《美国社会学期刊》的编辑事务,布鲁默实际上直到离开芝加哥大学时(1952年)才提出辞职。同样的,这次还是没有多少选择。1952年5月22日在温德米尔酒店的编委会会议上,这一次编委会做了决定(编委会会议记录,1952年5月22日,恩斯特·W. 伯吉斯文档,第1盒,文件夹7)。沃思逝世,布鲁默离开,伯吉斯和奥格本退休。在终身教职教员中,仅仅剩下豪泽、沃纳和休斯;豪泽外出进行缅

---

[11] 此外,布鲁默当时单身,因而可能被认为更便于承担这项义务。埃塞尔·莎娜斯(个人交流)告诉我,布鲁默有时候早晨六点就在工作,并且提及他的编辑风格意味着巨大的个人付出。

第四章 芝加哥学派的《美国社会学期刊》

甸人口普查的顾问工作，沃纳是一名人类学家。幸运的是，多年来休斯一直是编委会中的活跃成员，此时他成了唯一真正可能的人选。

这些主编的继替表明，《美国社会学期刊》的主编职位具有很大的偶然性。在《美国社会学期刊》历史上，阿尔比恩·斯莫尔似乎是唯一一个在其他教员想要主编职位的时候，仍然留在了这个职位上的人。这个职位任务繁重，因而从1925年后，教员一直都避而远之。然而在中期，它不仅被视为重要的责任，也由学系的主要教员承担——要么是正式的，诸如伯吉斯和布鲁默，要么是非正式的，像沃思。在休斯接任《美国社会学期刊》主编的时候，他在很多方面都是学系的边缘人，因此当他接手时，《美国社会学期刊》也开始慢慢转向边缘，在《期刊》之后的时期，这一趋势还会加速。[12]

在这个时期，期刊发生了另一个重要的"编辑转型"（editorial transition）：由先是助理、后来作为执行主编的海伦·麦吉尔·休斯，对编辑部和编辑的常规工作进行了改革。在1925年到1944年，研究生助理负责稿件和书籍的日常管理。通常负责的学生拥有一份学系奖学金，内森·博丁（Nathan Bodin）、罗伯特·温奇（Robert Winch）和埃塞尔·莎娜斯都是如此，然而有时候学系会向学部主任申请奖学金来资助这个岗位。学生助理承担着维护关于稿件的卡片档案、寄送书评的超期提醒，以及稿件流转的一般性维护工作。此时还没有定期的编辑会议。编务和政策事宜都在教师会议上讨论（相当粗

---

[12] 在我对菲利普·豪泽的访谈中，豪泽强调学系成员将《美国社会学期刊》的编辑工作视为"爱国的苦差事"，特别是那些拥有大量资助资源的人都没有时间远离研究工作。他带着讽刺的口吻说道，"我确实不记得为了主编职位发生过任何典型的争斗。"

略），而所有稿件都由主编亲自拍板。⑬

1944年，在莎娜斯去往西海岸两年后，海伦·休斯成为了编辑助理，并逐步改变了编辑部的结构。她后来指出（我在第二章中也提及了），这是因为编辑大部分时间都不在岗。布鲁默成了战后匹兹堡钢铁工人罢工的仲裁员，在那度过了数年之中的大部分时间。斯托佛、伯吉斯、奥格本、埃弗里特·休斯和沃纳都参与了战争的相关研究。战后，埃弗里特·休斯有很长时间待在法兰克福大学，而沃思为了社会科学研究委员会和国际社会学会在世界各地积极奔走，这都是在他的帮助下创办的组织。豪泽经常因美国普查局或其他咨询工作出差。

但也可能如海伦·休斯（Helen Hughes 1972）指出的，她发现有新的事情要做。稿件的数量并没有超负荷。1930年代中期，《美国社会学期刊》一年大约收到150篇稿件，并录用其中的三分之一（顾问委员会会议记录，1936年12月29日，恩斯特·W. 伯吉斯文档，第1盒，文件夹4）。十年之后，海

---

⑬ 我们不知道谁为斯莫尔承担事务性工作。在斯莫尔职业生涯的大部分时间里，他都担任系主任，因而可能让主任私人秘书来处理《美国社会学期刊》的事务性工作。关于后期奖学金的情况，参见莎娜斯（个人交流），以及学系会议记录，1929年4月11日和1936年10月9日，位于社会学系会议记录。教员会议记录显示，有大量关于《美国社会学期刊》编务和政策事宜的讨论，如关于"社会变迁"议题、索引的编制、当前文献目录的建立［也参见林德斯特伦（Lindstrom），个人交流］。埃塞尔·莎娜斯（谈及1940—1942年）和菲利普·豪泽（谈及1947—1951年）都明确表示，布鲁默自己做了所有决定，只有少数定量领域的论文是例外，对这类论文他倾向于寻求建议（比如向受过很好定量研究训练的莎娜斯）。此外，现有证据表明，海伦·休斯（1972，第767页）关于《美国社会学期刊》主编助理更可能是女性而不是男性的回忆是错误的。

第四章 芝加哥学派的《美国社会学期刊》

伦·休斯处理的稿件数量并没有大幅增加，但她做了更多的工作。她自己和其他人的回忆中都提到了她的审稿工作，如她对许多文章进行了大幅度的修改，有时候甚至使作者感到懊恼。她还创设了正式的编辑委员会会议制度（根据工作需要每月或每两月召开），以及更有效的稿件追踪程序。

从许多方面来看，在《美国社会学期刊》的制度化过程中，对于采取进一步的行动——设立专职的编辑部工作人员，海伦·休斯是理想的人选。她是沃思、布鲁默和埃弗里特·休斯的博士班同学。在她和埃弗里特·休斯结婚之后，他们去了加拿大（她是加拿大人），埃弗里特·休斯拥有麦吉尔大学的教职。在麦吉尔，她（比她的丈夫更多地）与芝加哥保持紧密联系，其中大多通过与布鲁默和沃思之间长期亲密的通信，尤其是沃思，她通过劝说他得到了书评工作，使自己作为一名学者而忙碌。[14] 在他们返回芝加哥时，最小的孩子还在上托儿

---

[14] 为何休斯夫妇在加拿大时，海伦·休斯写给布鲁默和沃思的信中，表现出超常的年轻时的亲密关系，以及在 1940 年代末，他们的关系为何逐渐冷淡到近乎僵硬的程度，目前并不清楚。她在一封写给布鲁默的信中（1933 年 5 月 25 日，路易斯·沃思文档，第 5 盒，文件夹 3），以"替我吻一下法里斯博士的后颈，爱你的海伦"做结。而在给沃思的信中（1934 年 10 月 19 日，路易斯·沃思文档，第 5 盒，文件夹 3）写道，"这里有很多我梦寐以求的书，我的思绪也自然飞向你［沃思是书评编辑］，希望能免费得到它们。如果以下任何一本书来了，我能否得到它们以写书评？" 1938 年 1 月 11 日，她在给沃思的信中，提及埃弗里特在大西洋城的脱衣舞厅打破了他的眼镜。然而在 1940 年代末，她关于沃思的备忘录中偶尔称呼他为"沃思教授"，而不是 1930 年代的"亲爱的老路易斯"。这在一定程度上反映了学系的派系；休斯与人类发展委员会的沃纳等成员结盟，并且深受人类学家的影响，而布鲁默和沃思对社会学本身而言都是最重要的，并对人类学有几分怀疑。布鲁默对休斯的研究工作评价不高，至少在 1950 年代初，他就公开这么说了。虽然还有政治上的分歧，但是这种隔阂似乎来得更早。

177

所，因此海伦·休斯想要一份兼职工作。她获得了《美国社会学期刊》的职位，并把它变成了一个集文字编辑、执行编辑和间或的学术编辑为一体的职位。尽管没有档案证据，但是大量回忆表明当埃弗里特·休斯正式成为主编之时（1952年），海伦·休斯实际上就成为了《期刊》真正的主编。

在《美国社会学期刊》的中期，它的编辑结构发生了显著变化。它曾经由一个个人来运营，现在则由一个初级群体在任何特定时间委派其成员来运营。阿尔比恩·斯莫尔的宗教天职观被一种学科责任感所取代，最好的例证是1936年伯吉斯的挺身而出，以及布鲁默不知疲倦地亲自阅读期刊的所有来稿。然而战争的干扰，再加上教员在芝加哥之外不断增加的责任，则使之需要另一种转型：设立常设的编辑部工作人员，由他们来维护和维持编辑流程。从此，若干构成现代期刊的常规工作出现了。

审　稿

新的编辑部常规工作，被辅之以新的审稿程序。很容易把中期的审稿，想象为一个尚未完全成熟版本的"真正的同行评审"。从这个角度看，《美国社会学期刊》最初的审稿，似乎如其更广泛的编辑过程那样，只是大量私下的裙带关系。而中期的审稿更应该从它背后的内容，以及它要解决的具体编辑问题的角度来看待。至于学术发表的程序正义概念，还在遥远的未来。

在1920年代末可能才出现审稿。也许斯莫尔偶尔征求外部意见，但是他坚持长期忠于那些老朋友作者，表明约稿仍然是他获得稿件的主要方式，并且在约稿之后，他几乎不加修改就将稿件发表。似乎很清楚的是，审稿是在法里斯主政时期出现的，并涉及具体的专业领域，其中最重要的是新的统计学。从 1920 年代到 1930 年代初所有留存下来的审稿文档都是奥格本寄给法里斯的信，也都涉及统计学：

> 詹尼森（Jennison）小姐关于当代社会学家宗教观的论文：这篇论文中的统计工作没有特别糟糕的地方。它是有条理和清楚的。唯一可以质疑的地方是其选项，这一点在绝大多数调查问卷中都存在，作者肯定也会承认，但是我认为它并不是特别严重的缺陷。除此之外，统计的部分是清楚的、有条理的，并且看起来做得非常不错。
>
> 然而，我对这篇文章还是要提出一个问题，那就是研究主题的重要性。也许各人看法不同，但是它并没有引起我浓厚的兴趣，而且我不知道它是否能够引起期刊读者很大的兴趣。（奥格本写给法里斯的信，1929 年 4 月 27 日，威廉·F. 奥格本文档，第 29 盒，文件夹 4）

在早期的审稿文档中，这封信的若干特征是常见的。第一，它关系到审稿人非常具体的专业知识；奥格本是系里最好的统计学家。第二，它直接提出了读者兴趣的议题。奥格本极力反对发表那些合格但是无趣的文章。第三，从它可以推断审稿人和主编亲密的个人关系。这种推断在于缺少技术性细节、毫无内容质量方面的批评，以及非官僚式的格式（采用书信的方式撰写，而不是套用表格）。收信人（法里斯）完全相信寄信人（奥格本）的评判；正如法里斯在后面一份审稿请求中所说，"我似乎严重怀疑论点的可靠性，希望你愿意指点我。"（法里斯写给奥格本的信，1930 年 5 月 28 日，威廉·F. 奥格本文档，第 29 盒，文件夹 4）。但是同样清楚的是，其他专家可能也是必要的；在另一封审稿信中，奥格本写道："如果［这篇稿件］被录用的话，也许应该让法律系的某位教师来审读。"（奥格本写给法里斯的信，1929年11月30日，威廉·F. 奥格本文档，第29盒，文件夹4）。

在某种程度上，这种腔调正好是奥格本的个人风格：简短、简明且讥讽。然而，在1936年沃思为布鲁默（不是伯吉斯，他只是"官方"的主编）的一篇专著篇幅的稿件（为《美国社会学期刊》专著）的审稿中，我们看到了同样的假定。沃思像奥格本一样，谈及论文受众的规模。他也提议了其他相关的专家。他甚至因为他对稿件所做的评论超出了一页纸而道歉（"我想对稿件补充少许意见"）。他也谨慎地限定他的范围："关于事实的评判、观点的概括、资料来源和风格的问题，我想你并不期望我在这里触及，但是我认为一个考虑周全的审稿人，应该在稿件最终被发表之前提醒作者注意，可惜我没有这么多的时间。"（沃思写给布鲁默的信，1936年7月17日，路易斯·沃思文档，第1盒，文件夹8）。请注意这个假设：细致的评论是编辑的特权，审稿人没有责任指出所有的错误，而只是给一个评判。在做这个评判时，沃思援用了与奥格本相似的主要标准：写作质量、时效性，以及论证的清晰和成功。与奥格本的情况相同，审稿的受众唯有主编，只有当稿件最终将要被发表的时候，才期望编辑去帮助作者完善稿件。事实上，其他的通信（温奇写给沃思的信，1940年1月29日，路易斯·沃思文档，第17盒，文件夹1）表明，虽然偶尔会要求审稿人阐明所需要的具体改动，但都只是在稿件被录用之后。

审稿的社会结构如下所述。编辑向他熟悉的朋友征求对文章的时效性、受众和质量的意见，而他对这位朋友的专业知识和特质都很了解。这样的评判是在没有太多证据性理由的情况下做出的，但以个人信任做担保，如果评判是肯定的，编辑也同意，那么确切的问题和所需要的详细修改都会被提出来。如果一位教员认为自己无法胜任，就可以推荐外部专家给编辑，通常是他个人认识的人，但是并不一定是外部顾问编辑。因此有一个两步的专业知识流转。

这个系统的关键是主编对于审稿人的绝对信任，因为只有少量的证据，主编就接受了审稿人的评判。实际上直到1940年代末，教员中审稿人的评判经常是口头上的（豪泽，个人交流）。此时，对利益冲突还没有特别的规定；1930年代中期，法里斯就一篇萨穆尔·斯托佛（奥格本的学生）的稿件询问奥格本的意见（1935年6月22日，威廉·F. 奥格本文档，第29盒，文件夹4）。整个情形被限定在一个舞台上，通过同事关系和信任而不是正式的规则和程序来管理。

教员自身承担了大多数审稿工作。1940年1月29日，学生助理鲍勃·温奇胆怯地写信提醒沃思，需要对分配给他审读的10篇文章做出评判，其中1篇将近一年之前就给他了（路易斯·沃思文档，第17盒，文件夹1）。这种情形一直存在。十年后的1949年6月15日，海伦·休斯不断催促恩斯特·伯吉斯评审手头的7篇文章（恩斯特·W. 伯吉斯文档，第1盒，文件夹7），一年后她又向路易斯·沃思讨要5篇审稿意见（1950年7月14日，路易斯·沃思文档，第17盒，文件夹1）。当时和现在一样，是按照专业领域挑选审稿人。奥格本收到最多的是统计方面的论文。1949年伯吉斯的7篇论文中，4篇是关于家庭的，沃思的5篇论文中，4篇是关于种族和族群关系的，1篇是关于知识社会学的。

然而审稿还是一件小事。如果像证据表明的那样，每个教员每年审阅约15篇论文，那么整个教师队伍很容易就能评阅

100 到 200 篇稿件，因为教师队伍不仅包括 6 或 7 名终身教授，还有相同数量甚或更多的助理教授、讲师和研究助理。（直到 1950 年代，还没有证据表明论文被除了编辑之外的两个人评审）。此外，布鲁默不经过审稿人，自己就拒绝了相当一部分稿件。在 1930 年代末，《美国社会学期刊》每年仅仅收到 150 篇稿件。因此在 1930 年代和 1940 年代，每年最多只有 30 到 50 篇稿件交给外部的顾问编辑。（1940 年有 14 位外部顾问编辑。在许多情况下，这些送到外部的稿件都交给了教员推荐的专家，而不是刊头上的顾问编辑。）在 1946 年之前，这些数据都不太可能发生多少改变。

整个审稿系统以个人关系网络为前提。只有当编辑熟知审稿人，并完全信任他时，这个简短的评判才能发挥作用。在战后，这种短小简要的审稿实践仍在继续；1950 年 8 月 28 日，沃思回复海伦·休斯 7 月的信中（路易斯·沃思文档，第 17 盒，文件夹 1），给四篇稿件分别做了三句话的评判（也可参见伯吉斯写给布鲁默的信，1948 年 8 月 26 日，恩斯特·W. 伯吉斯文档，第 1 盒，文件夹 6）。

但在 1950 年代，总体审稿结构的某些部分已经开始转变。1951 年，海伦·休斯写信给作者，为推迟的审稿致歉，这种谦恭在此前没有任何迹象。此外，她寄送这些带编注的信件的副本给拖延的教员（恩斯特·W. 伯吉斯文档，第 1 盒，文件夹 7）。从这一点来看，似乎大量稿件已经出现了第二个审稿人（例如，恩斯特·W. 伯吉斯文档，第 1 盒，文件夹 7 中的例子）。可以肯定的是，这种审稿人跟编辑交流、编辑跟作者交流的互动结构仍然存在，几乎所有《美国社会学期刊》的审稿都由大约 25 个人，以及一些芝加哥教员认识的其他人来完成。但是执行主编的出现，将新的正式规范和情感规范结构引入这种关系，

第四章　芝加哥学派的《美国社会学期刊》

为编辑和审稿人建立了新的学科礼仪规则。

这种改变背后的力量，并不必然是海伦·休斯的个人特性和想象力，尽管它们无疑起到了一定的作用。更确切地说，因为布鲁默长期的缺席，当时没有教员编辑（faculty editor）在场做出早期系统所依赖的各种评判。（虽然沃思经常代替布鲁默，但是不堪重负，而且沃思自己经常外出。）诚然，海伦·休斯不仅是《美国社会学期刊》长期的工作人员，也是社会学博士，但是她缺乏教员身份带来的权威，来做出这些个人评判。于是，她必须引入常规的编辑业务，为编辑的评判创造必要的官方依据。当布鲁默返回芝加哥后，他似乎又将那套陈旧的、更临时的系统归于原位（豪泽，个人交流）。但是到1952年，当布鲁默前往伯克利的时候，一种新的并且更正式的结构已经试行过，并且是可用的。事实上，尽管我们不太确定此时的稿件数量，但是它肯定已经大幅增加，因为在1945年到1950年之间美国社会学会的规模翻了一番，而在1950年到1956年之间又翻了一番。⑮

在一定程度上，这些变革也应用到了书评栏目。从1930年起，一直由路易斯·沃思负责书评栏目。他以非常随意的方式运营这个栏目，将著作寄给想要评论它们的人，尤其是那些

---

⑮　海伦·休斯在后来的著述（Helen Hughes 1972）中提到，她与教职人员的关系当然复杂而不易。在当时的通信中，她似乎经常在恼怒和尊重之间左右为难。有时候她心情愉悦，嘲笑自己督促"大人物"["我从温哥华回来，充满热情和活力地继续唠叨"（海伦·麦吉尔·休斯写给沃思的信，1947年5月12日，路易斯·沃思文档，第17盒，文件夹1）]。在其他时间，她似乎很冷淡，这也许反映了前述提到的休斯夫妇、沃思夫妇和布鲁默夫妇之间复杂的关系。然而，我在这里讲述的核心是，海伦·休斯作为一名长期的执行主编，通过她的存在和行动，不仅确立了规范化的常规工作，也（对教员的失职）进行公开追责，这些是她的研究生前任们不可能做到的。

他认识的人，如在蒙特利尔期间的海伦·休斯和埃弗里特·休斯。与此同时，这个栏目偶尔也会引起麻烦。对霍华德·奥多姆（Howard Odum）的著作带有敌意的书评，使布鲁默陷入了困境，因为奥多姆私下里愤愤不平地跟奥格本和伯吉斯抱怨（奥多姆写给伯吉斯的信，1930年5月21日，威廉·F. 奥格本文档，第29盒，文件夹10），另外事实上《美国社会学期刊》可能最初就疏远了纽厄尔·西姆斯，在1920年代中期，西姆斯对芝加哥一名中坚力量的著作发表了带有极端敌意的书评后，他就被列入了书评人的黑名单，后来在《美国社会学评论》的争议中，西姆斯扮演着重要角色。

海伦·休斯也试着使书评栏目规范化。她组织教员定期召开会议，分配著作给书评人（海伦·休斯写给各个教员的信，1949年11月18日，路易斯·沃思文档，第17盒，文件夹1）。她似乎也建立了某种数据库和追踪系统。然而书评从来没有达到稿件处理那般的规范化。海伦·休斯的督促也不能保证所有书评人按时完稿，她还要应付那些书被遗漏的作者（他们写信给教员，然后这些教员联系她），或是寻找在辗转过程中遗失的书。在《美国社会学期刊》步入当代阶段后，书评栏目的状况仍然混乱。

约稿和作者

如我前文所说，纵观《美国社会学期刊》的第一个时期，它包含大量的约稿。然而"约稿"有很多的含义。斯莫尔可能从同事那里得知一篇论文，而这篇论文实际上是随便或基于个人关系推荐给这位同事的。到斯莫尔任期结束时，这类推荐通常来自更年轻的教员（参见盖兹亚诺1996年对于帕克和麦肯

第四章 芝加哥学派的《美国社会学期刊》

齐通信的讨论），形成的稿件征集网络可能使得教员相信在斯莫尔离开后，没有总编也能应付得来。（这符合主编的主要任务是征集稿件的想法，这也是斯莫尔的模式）。

在中期的最初几年，许多论文是通过"教员推荐"投递到《美国社会学期刊》的，甚至现在也有。通常作者都将论文寄送给对其内容感兴趣的教员，或明确或含蓄地表达，如果认为论文有价值的话，希望转送给《期刊》编辑。这种投稿方式在我们看来拐弯抹角，可能因为作者不知道编辑是谁，或者因为作者认为"朝中有人"可能有所帮助。但是通常来说，作者将这种投稿方式视为预先筛选，因为他们假定有兴趣的教员，会被主编问到他们对于论文的看法（正是如此）。（涉及的教员经常在推荐时附上自己的看法；奥格本写给法里斯的信，1929年11月30日，威廉·F. 奥格本文档，第29盒，文件夹4。）然而大家应该还记得，在1960年代之前，作者打印多份论文绝非易事，许多作者可能只有一份论文可以寄送给同事、学系和期刊。同样清楚的是，斯莫尔之后的第一个十年，刊头没有列出主编，由此这类投稿增多了，1934年后，主编的名字再次印在了刊头，但这类推荐并没有停止。[16]

有时候教员推荐明显存在庇护的问题。曾是学系一员的爱德华·萨丕尔在给沃思的信中写道（在沃思担任主编期间的一次通信，1935年6月12日，路易斯·沃思文档，第17盒，文

---

[16] 这类"教员推荐"的例子不胜枚举，而且涉及绝大多数教员。一个有趣的案例是奥格本写给法里斯的信，1929年4月23日，威廉·F. 奥格本文档，第29盒，文件夹4，转送了一篇维也纳的赫茨（Herz）博士的论文（也参见赫茨写给奥格本的信，1929年1月7日，威廉·F. 奥格本文档，第29盒，文件夹4）。另一个案例，参见伯吉斯写给布鲁默的信，1948年8月26日恩斯特·W. 伯吉斯文档，第1盒，文件夹6。

件夹1）：

> 我不知道您是否介意我带来另一篇想要投给《美国社会学期刊》的稿件，我希望这次您更感兴趣。随函附上的这篇关于"黑人宗教中的神圣化"的论文，是由耶鲁大学教育学专业的一名黑人研究生撰写的，目前他在阿拉巴马的塔斯克基学院……我希望您和系里其他人会对它感兴趣。

从1949年开始，我们也有来自沃思类似的推荐，不过现在随着编辑部的变化，途径不再直接通过主编，这深刻地改变了联系的性质。

> 我认为这篇文章是科恩（Cohen）小姐学位论文的总结，非常适合于期刊。我推荐它给编辑们，请他们予以考虑。如果您想要一名外部审稿人，我提议第60街东1313号都市复兴计划的科尔曼·伍德伯里（Coleman Woodbury）先生（沃思写给海伦·休斯的信，1949年6月16日，路易斯·沃思文档，第17盒，文件夹1）。

尽管这封信读起来相当有距离感和正式，"编辑们"实际上指沃思的老朋友布鲁默、豪泽和休斯，而外部审稿人穿过中途公园就能见到。这不是要说明沃思是一个任人唯亲的人——这是一个不合时宜的判断——而是要指出在1940年代"外部"的特定含义，即不在运营《美国社会学期刊》的人组成的直接圈子里的人。与此同时，在1940年代末，一些教员确实有类似现代术语意义上的利益冲突观念。伯吉斯在经由海伦·休斯的类似推荐中写道,"其他一些审稿人应该审读它,因为我对其有相当大的偏好"(1948年5月11日,恩斯特·W.伯吉斯文档,第9盒,文件夹3)。

教员推荐的论文并不一定得到优先处理。1943年2月10日,主编布鲁默写信给沃思,退回了一篇他推荐的论文:"这是一篇令人难以忍受的论文。整篇充斥着天真、教条式的主张,以及种族中心主义的观点。他并不了解士气或者积极性。请你将它返给马瑟曼[可能是朱尔斯·马瑟曼(Jules Masserman),一位精神分析专家],用你愿意使用的任何借口。"这个简短的备忘录也表明,教员推荐的论文并不必然得到《美国社会学期刊》主编的正式回复。在中期,考察《期刊》稿件流转的困难之一是,许多甚至可能绝大多数由主编来做决定的稿件,实际上是以这种方式抵达《期刊》,而不是通过《美国社会学期刊》的邮箱。很可能研究生助理以及后来的海伦·休斯,甚至都不知道许多这类稿件的情况,它们可能被接收、推荐、审阅或是拒稿,而不出现在《美国社会学期刊》的办公室或档案中。讽刺的是,《美国社会学期刊》关于稿件的官方通告就印在每期期刊的最前面,特别告知作者将稿件寄给主编,而"不是个人"。这种禁令显然没有效果;20年后在彼得·布劳担任主编的时代,这个"不"用斜体加以强调!也许这样做能起到一定的作用。但是一直到1960年,许多或者说大多数论文还是通过教员投到期刊的。[17]

---

[17] 特刊之外,编辑极少特意向某个作者约稿,并且全权委托给他。有这样一个例子,沃思和他的朋友路易斯·戈特沙尔克(Louis Gottschalk)1938年试图从列昂·托洛茨基那里获得一篇文章。托洛茨基原则上同意就戈特沙尔克关于他的文章(1938年11月《美国社会学期刊》特刊),撰写一篇回应文章,但是两年后他被谋杀了,在此之前文章没有写出来(戈特沙尔克写给沃思的信,1938年7月25日,路易斯·沃思文档,第1盒,文件夹8)。

在《美国社会学评论》创刊后，对于《美国社会学期刊》来说，推荐变得尤为重要，因为前者拥有年会上全部论文的所有权。在 1930 年代末，《美国社会学期刊》可能缺少充足的高质量稿件，促使它推出了系列特刊。[18]

稿件来源模式的变化，肯定对整个投稿作者群产生了影响。我将任意一个十年期间在《美国社会学期刊》发表 4 篇或更多文章的作者定义为"主要作者"。按照这个定义，在斯莫尔的三个十年中，分别有 14 位、16 位和 9 位主要作者。斯莫尔任期内的主要作者（由于一些人重复出现，所以总数是 32 位），在 1925 年到 1935 年之间，有少数仍然是主要作者，他们是恩斯特·格罗夫斯（Ernest Groves）、F. 斯图尔特·蔡平，讽刺的是还有反叛的领导者鲁斯·L. 巴纳德。[19] 即使对于芝加哥教员来说，成为主要作者也是第一次。在 1925 年到 1935 年间，帕克、奥格本、沃思、伯吉斯和法里斯共计发表了 29 篇论文。在此之前，系里没有人是主要作者。

《美国社会学期刊》的第四个十年是投稿作者高度民主化（democratization）的时期；在这十年间，有 36 人在《美国社会学期刊》上发表了 4 篇或者更多的论文。除了上面列出的 8 位，他们之中还包括全国知名的学者，如彼蒂里姆·索罗金；本系的毕业生，如鲁思·卡文（Ruth Cavan）；人类学家，如

---

[18] 与此同时，伯吉斯为了将《美国社会学期刊》打造为在社会学中占主导地位的学术期刊，特刊也是他规划中策略的一部分。伯吉斯要求的争论、兴趣的广度和知识的深度成为了特刊的标志，我在下文中会予以讨论。

[19] 尽管巴纳德满腹牢骚，但实际上在过去一个世纪中，除了阿尔比恩·斯莫尔、斯莫尔的朋友 E. A. 罗斯、斯莫尔的同事 C. R. 亨德森之外，巴纳德在《美国社会学期刊》上发表的文章页数比其他任何人都要多。因此，并不是缺乏曝光使得他造反。

梅尔维尔·赫斯科维茨（Melville Herskovits）；芝加哥大学非社会学的教员，如查尔斯·哈伯德·贾德（Charles Hubbard Judd），以及美国社会学会反叛的领导者，如里德·贝恩和霍华德·P. 贝克尔。这 36 位之中，只有 8 位是芝加哥的毕业生或教员。这些主要作者总共撰写了 177 篇文章，大约是期刊十年间文章总数的 40%。在某种程度上，这个核心群体的民主化是以牺牲专业的外围人员为代价。[20]

　　在 1936 年之后，这种作者群上层的民主化急剧下降。在接下来的 1935 年至 1945 年，仅仅有 12 位主要作者，他们贡献了文章总数的约 20%。这十年是由本系人员所主导的。在这 12 位主要作者中，5 位是芝加哥社会学的教员，1 位是芝加哥心理学的教员爱德华 L. 桑代克（Edward L. Thorndike），4 位是本系的毕业生或研究人员［H. 沃伦·邓纳姆（H. Warren Dunham）、埃塞尔·莎娜斯、阿贝·贾菲（Abe Jaffe）、爱德华·路透］。在之后的十年中（1945—1955 年），这类主要作者的文章增加地更少。9 位主要作者贡献了所有文章数量的约 10%。在这 9 个人中，包括 3 位芝加哥的教员（奥格本、布格和伯吉斯），以及 4 位应届毕业生［拉尔夫·泰勒、阿诺德·罗斯、罗纳德·弗雷德曼（Ronald Freedman）和莱因哈德·本迪克斯］。在《美国社会学期刊》的第七个十年，这项衡量指标再次上升。16 位作者撰写了约 15% 的文章。在这之中，教员包括詹姆斯·戴维斯、奥蒂斯·戴德利·邓肯、彼得·罗西、安塞姆·斯特劳斯，以及利奥·古德曼，毕业生和其他芝加哥的人，包括霍华德·S. 贝克尔、斯坦利·利伯森（Stanley

---

[20] 然而这种"核心民主化"有相当一部分体现在年度"社会变迁"特刊中一个作者的重复出现。

Lieberson）、默里·瓦克斯，以及桑福德·多恩布施（Sanford Dornbusch）。

因此，滋生《美国社会学评论》反叛的十年，实际上是非芝加哥学者在《美国社会学期刊》核心作者群中发挥最大作用的十年。在此之后，虽然集中程度总体下降，但是芝加哥群体在核心作者群体的发表中占据更大的比例。

在总体上作者集中度逐步下降，说明民主化的趋势与学科整体规模的不断扩大相一致。在表9中，作者的年龄数据也讲述了一个常规化和专业化的简单而连贯的故事。作者一开始都很年轻；旧斯莫尔核心的解体使《美国社会学期刊》再次年轻化。后来，随着新精英掌控期刊，年龄上升，但是随着战后社会学的迅速扩张，年龄也随之下降。1965年之前的30年中，这种下降是显著的。学士和博士的数量都表明，社会学职业开始呈现稳定性。随着不间断的学校教育成为常态，作者获得学士学位的年龄稳步下降。在《期刊》历史上，作者获得博士学位的年龄下降了五岁，再次反映出一种更强的不间断学校教育和专业化的模式。

表10表明在《美国社会学期刊》的学科焦点方面，也明显存在类似的规范化和制度化过程。《美国社会学期刊》从1925年开始学术化，在中期成为了一本专门的社会学期刊。从第四个十年到第七个十年，《期刊》逐步聚焦于社会学，在第四个到第五个十年间，社会学的比例慢慢上升到56%，此后在第六个到第七个十年间跃升到75%。在第四个十年和第五个十年中，特刊中仍然可见其他学科的文章，但是1950年后，这些特刊转向学科内部的家庭和工业社会学等主题，非社会学的稿件开始减少。到1965年，《美国社会学期刊》终于成为一份纯粹的社会学期刊。

第四章 芝加哥学派的《美国社会学期刊》

表 9 《美国社会学期刊》作者的平均年龄（1925—1965 年）

	十年期			
	4	5	6	7
中间年份	1930	1940	1950	1960
作者数量（N）	282	328	383	451
年龄（N）	41（248）	45（290）	41（328）	39（388）
获得学士学位年龄（N）	25（206）	24（220）	24（272）	23（348）
获得博士学位年龄（N）	34（229）	33（276）	33（337）	31（408）

注：N 指的是可获得所列信息的人数。

表 10 《美国社会学期刊》有博士学位作者的学科领域（1925—1965 年）

	十年期			
	4	5	6	7
中间年份	1930	1940	1950	1960
作者数量（N）	282	328	383	451
拥有博士学位的百分比	82	84	88	91
已知其博士学科领域的作者（在所有作者中）占比 %	67	67	82	86
社会学	56	57	73	76
哲学	2	3		1
经济学	8	5	6	3
历史学	3	2	1	1
心理学/社会心理学	6	6	8	9
教育学	3	3	2	1
人类学	4	7	4	3
政治学	6	3	1	4

注：各个学科领域的数据是那些学科领域已知的博士的百分比。拥有博士学位的百分比是最小值；毫无疑问还有许多博士我们并不知道。因为博士学位可以在论文发表后获得，因此成功的研究生也计算在内。

这种转变在时间上伴随着对芝加哥大学本身的重新聚焦。在 1925—1935 年的十年间，所有具有社会学博士学位的作者中，芝加哥大学博士的比例保持在阿尔比恩·斯莫尔时期 36% 的水平。但是在那之后，随着失去了年会论文修改版发表的可能性（现在根据规则它们属于《美国社会学评论》），伴以专业收缩、编辑转向内部，在 1935 年到 1945 年，这个比例上升到 42%。在战后的 1945—1955 年间，这个比例回落到 37%。1955 年后显然是一种新体制，我们将在下文看到，在 1955—1965 年间，这个比例降到 22%。[21]

　　然而表 11 表明，关于博士来源的总体模式更复杂一些。[22]与较早的时期相比，中期《美国社会学期刊》芝加哥大学博士（在所有学科领域中）的相对集中度变得更高，这个情况持续到 1955 年。即使新近的博士中芝加哥占比下降，作者中芝加哥博士的占比仍然维持在 30%。（当然，由于之前芝加哥博士的输出，整个潜在作者群体中，芝加哥占比的改变要慢得多。）哥伦比亚大学的位置，逐渐被一批第二代州立大学所取代，如威斯康星大学、明尼苏达大学、密歇根大学、华盛顿大学和加

---

[21] 我的数据比埃文斯（Evans 1986-1987）的更高，因为我按照机构和领域将作者分开。他发现芝加哥的人数更少，因为在特刊中有许多非芝加哥的非社会学家。正如我所指出的，特刊一定程度上使得所有关于《美国社会学期刊》的总体统计数字发生了偏离。部分由于这个原因，我在此并没有真正考虑它们的内容。基于相当翔实的总体水平分析，对《美国社会学评论》和《美国社会学期刊》内容做的一般性研究，参见 Kinloch 1988。

[22] 相比之下，在 1929—1938 年的十年间，芝加哥大学培养了 12% 的社会学博士，而哥伦比亚大学是 10%。在 1948—1955 年的十年间，芝加哥大学培养了 15%，哈佛大学是 12%，哥伦比亚大学是 6%。在 1953—1962 年间，芝加哥和哈佛分别培养了 9%，哥伦比亚是 7%。这些数据来源于美国教育委员会不同版本的《美国大学和学院》（Brumbaugh 1948; Irwin 1956; Carner 1964）。

州大学伯克利分校。少量但相当稳定的作者,仍然来自耶鲁大学和宾夕法尼亚大学等精英私立大学。如人们所预期,由于战前的移民,1935 年后海外学者变得重要起来,直到 1965 年,除了两到三个其他的来源外,它有着最高的比例。

表 11 《美国社会学期刊》作者获得高等教育学位的院校
（1925—1965 年）

	十年期			
	4	5	6	7
中间年份	1930	1940	1950	1960
作者数量（N）	282	328	383	451
已知其博士学位获得院校的作者（在所有作者中）占比 %	81	84	88	91
海外	5	12	8	7
芝加哥大学	30	30	32	20
哥伦比亚大学	20	13	12	10
哈佛大学	5	6	7	9
约翰·霍普金斯大学	2	1	1	1
威斯康星大学	3	4	5	4
耶鲁大学	4	3	3	3
普林斯顿大学	1		1	2
宾夕法尼亚大学	3	4	4	2
明尼苏达大学	5	4	4	2
密歇根大学	1	2	3	5
北卡罗来纳大学	1		1	3
华盛顿大学	1	1	2	3
加州大学伯克利分校	2	4	2	3
康奈尔大学	2	2		3
斯坦福大学	2	1	1	
纽约大学		1		2

注：每个大学的数值都是那些已知其博士学位获得院校的作者的百分比。

总之，这种模式很好地反映了《期刊》的编辑业务和稿件来源。一直到 1955 年至 1965 年，学科的规模已经四倍于战时水平，芝加哥所占的比例才真正下降。到此时，新近毕业的博士中出自芝加哥的比例低于 10%，并且自从阿尔比恩·斯莫尔之后，《美国社会学期刊》首次拥有了一名非芝加哥博士担任主编。

前文指出，一直到 1950 年代中期，《美国社会学期刊》基本上是个人运营的面对面的事务。文章推荐网络在结构上没有什么变化，也仍然存在大量直接约稿。在 1925—1955 年间，虽然《期刊》变得更加开放，但它主要向与编辑有着直接联系的精英开放。如表所示，《美国社会学期刊》的作者来源向州立大学倾斜了一点，这再次印证了伦格曼（Lengermann 1979）的观点，即相比之下，《美国社会学评论》在某种意义上成了哈佛和哥伦比亚的保留地；数据显示当《美国社会学评论》创刊之时，来自哈佛和哥伦比亚的作者数量恰好下降了，相对于那些州立大学的社会学系，他们失去了优势。

特刊、专著与营销

在伯吉斯和布鲁默的执掌下，《美国社会学期刊》知识上的多元化，并非《期刊》应对新的竞争环境的唯一方式。如同早些年一样，期刊也在大力营销。这之中首先就是特刊，它满足了填充版面、吸引新读者和扩展社会学范畴等综合性需要。

从 1929 年到 1952 年，期刊总共有 21 期特刊或专题论丛，通常是一年一期。1942 年有两期，当时美国社会学会有一半成员奔赴战场，主编无疑非常需要稿件。

从 1929 年 5 月开始到 1935 年 5 月结束，前七期特刊都是关于"近年来的社会变迁"。这些特刊由奥格本撰写导言，从现代意义上来看，它们只是一系列综述性文章的合集，然而奥格本明确将它们视为研究论文。它们是社会趋势对不同领域影响的深度报告，包括家庭、劳工、生产、外交政策、收入、就业、社区组织、种族关系、教育、政府、儿童地位、妇女地位，以及许多其他的主题。

"社会变迁"特刊显然非常及时有用。它们也相当有利可图，出版社可以将它们装订成独立的书籍，卖给市场营销人员、规划人员，以及其他对社会趋势感兴趣的人。然而1936年《美国社会学评论》的创刊带来明显分化，伯吉斯面对这突如其来的问题，选择了一种激进的方式。下一期特刊是1937年5月的"社会精神病学"，它大大超出社会学专业领域，进入了活跃的精神病学和精神分析领域，并触及了主导美国四十年的文化批判主义的核心，其与当前的后现代主义思潮非常相似。伯吉斯挖掘了美国精神病学的精华：阿尔弗雷德·阿德勒（Alfred Adler）、弗朗兹·亚历山大（Franz Alexander）、特里根特·伯罗（Trigant Burrow）、保罗·席尔德（Paul Schilder），以及哈里·斯塔克·沙利文（Harry Stack Sullivan）。这些学者中还有埃尔顿·梅奥（Elton Mayo）和爱德华·萨丕尔。最后，针对这些论文，赫伯特·布鲁默在本期中以一篇拓展性的回应文章收尾。

"社会精神病学"特刊及时、令人兴奋，并且充满挑战。[133]虽然伯吉斯和学系花了一年的时间，才认识到自己的方向是对的，但是从第44卷开始，期刊就开启了一系列标志性的特刊。每年一期，都是关于国内外当前社会科学中最重要且有时富有争议的主题。1939年关于"个人与群体"的特刊，作者包括弗洛里安·兹纳涅茨基、布罗尼斯拉夫·马林诺夫斯基、莫里斯·哈布瓦赫、库尔特·卢因（Kurt Lewin）、弗洛伊德·奥尔波特（Floyd Allport）、哈里·斯塔克·沙利文，以及路易斯·沃思。仅仅三期后，是关于弗洛伊德之死的特刊，刊载了来自著名精神病学家和精神分析专家卡伦·霍尼（Karen Horney）、弗里茨·威特尔斯（Fritz Wittels）、S. E. 杰利夫（S. E. Jelliffe）、A. A. 布里尔（A. A. Brill）、格雷戈里·齐伯格（Gregory Zilboorg）、性学家哈夫洛克·霭理士、犯罪专家威廉·希利、政治学家哈罗德·拉斯韦尔（Harold Lasswell）、人类学家 A. I. 克罗伯（A. I. Kroeber），以及文学批评家肯尼思·伯克（Kenneth Burke）的文章。1941 年关于战争的特刊，汇集了拉斯韦尔、亚历山大、马林诺夫斯基、人类生物学家雷蒙德·珀尔（Raymond Pearl）、法学家汉斯·凯尔森（Hans Kelsen）、历史学家 F. J. 特加特（F. J. Teggart），以及社会学家汉斯·斯皮尔。这次是荣休教授罗伯特·帕克撰写了一篇来自芝加哥的回应。1945 年关于"战后时期的展望"的特刊，作者以捷克前总统爱德华·贝奈斯（Eduard Beneš）打头，包括汉斯·凯尔森、查尔斯·E. 梅里安（Charles E. Merriam）、弗兰克·奈特（Frank Knight）、卡尔·弗里德里希（Carl Friedrich）、彼蒂里姆·索罗金、W. E. B. 杜波依斯（W. E. B. Dubois）、弗朗兹·亚历山大和劳伦斯·弗兰克（Lawrence Frank）。㉓

㉓ 在这些特刊中，伟大的社会学家阵容背后有着系统的个人联系。沙利文是《美国社会学期刊》精神病学和精神分析的组稿人，他在 1920 年代末通过合作认识了 W. I. 托马斯，而托马斯从来没有中断他跟芝加哥的个人联系。更广泛地说，他们都与社会科学研究委员会（位于纽约，不是芝加哥社会科学部的那一个）有联系，路易斯·沃思也是其中的重要人物。在其他情况下，这种联系甚至更为直接。弗朗兹·亚历山大最后在芝加哥精神分析研究所工作，拉斯韦尔跟萨丕尔都曾是芝加哥大学的教员，伯克也曾在芝加哥大学待过一段时间。需要注意的是，作者显然被鼓励发表他们的重要观点，第 44 卷第 6 期拉斯韦尔的论文《卫戍型国家》（The Garrison State）就成了极权主义文献的奠基性文本之一。

一些特刊没有采取"大佬"策略。关于"美国人生命中的战争"的特刊，刊载了芝加哥学者及其毕业生的文章：豪泽撰写的战争和人口统计，伯吉斯撰写的战争与家庭，休斯的则关于战争与美国的制度。在这些教员周围，有一些以前的学生。E. 富兰克林·弗雷泽的文章是关于战争和少数族裔，沃尔特·雷克利斯的是关于战争和犯罪，H. 沃伦·邓纳姆的是关于战争和人格混乱。1941年是关于"士气"的特刊，作者里有社会工作者、法学院院长、哲学教授、牧师、新闻记者、将军、精神病学家以及联邦通信委员会的官员，来源之广泛，令人惊叹。1946年现役军人归来，催生了关于"军事社会中的人类行为"的特刊，该刊不仅以简短的文章为特色，其目的也不在于报告成熟的研究，而是介绍许多"来自前线"的声音。五篇是个人的回忆文章，其中两篇是匿名的。一位诺克斯堡的康复顾问撰写了关于团体心理治疗和士兵的文章。一位利文沃斯堡退役军人中心的职业咨询师，记述了退役军人的故事。其中有一些是社会学家撰写的文章，不过大部分文章也基于对军队经历的反思。

战后特刊仍在继续，但是变成了更狭窄的学科内的特刊，关于家庭、生育和婚姻、工业社会学、工作社会学、民意与宣传等。

显然，这些特刊有助于改善《美国社会学期刊》的财务状况；到1930年代初，在《美国社会学期刊》的预算中增加了新的一栏：过刊和单行本的销量。这类销售为期刊带来了7%到10%的收入。1948年5月的"家庭"特刊的财务报告显示不仅卖了886册单行本，还带来了293位新订户，总收入为2265美元（"G. W."写给恩斯特·W. 伯吉斯的信，1948年7月12日，恩斯特·W. 伯吉斯文档，第1盒，文件夹6）。

此外，在与《美国社会学评论》办刊的差异化上，这个特刊系列的设计也获得了极大的成功。在这期间，《美国社会学评论》仅仅在1950年代推出了两期特刊。《美国社会学评论》通过在一期中汇集共同主题的研究论文，的确形成了"实体性特刊"，《美国社会学期刊》也是这样做的。但是《美国社会学评论》并没有像《美国社会学期刊》那样的特刊。毫无疑问，利润和办刊的差异化并不是出版特刊的主要理由。任何主编都知道，出版特刊最常见的理由是常规投稿的匮乏。即使从1932年到1946年，当美国社会学会的规模逐步缩小的时候，1930年代还有十种大大小小的社会学期刊创刊。《美国社会学期刊》特刊系列可能既来自于知识上的抱负，也来自于对稿件的极大需求。

为了应对新的竞争，另一项举措是继续努力在综合性社会学出版项目中为《美国社会学期刊》定位。这个项目有一段前史。在帕克时代，出版社推出了芝加哥大学社会学丛书（University of Chicago Sociological Series），其中涌现了许多芝加哥学派的经典作品。1930年代中期帕克离开后，这套丛书的出版变慢了。在1930年代末，伯吉斯劝说出版社设计了"社会学月度图书"的营销活动，即社会学图书计划。这个计划下，将从已经出版的社会学丛书中挑选一至四册，并按照定价的50%卖给《美国社会学期刊》的订户。这些书是自动寄送的，如果收到的人不想要的话，可以退回。所选的著作大部分是芝加哥学派的经验研究作品，例如1938—1939年挑选了克利福德·肖的《兄弟犯罪》（Brothers in Crime）、法里斯和邓纳姆的《都市地区的精神错乱》（Mental Disorders in Urban Areas），以及弗雷泽的《美国黑人家庭》（The Negro Family in the United States）。这个图书计划进展并不顺利，在1940年代中期的某个时候失败了,仅仅持续了大约七年。销量也从来没有达到收支平衡要求的 500 本("B. E. R."写给伯吉斯的信,1940 年 3 月 26 日,恩斯特·W. 伯吉斯文档,第 1 盒,文件夹 5)。

然而读者俱乐部计划的失败,仅仅促成了另一个权宜之计,那就是作为期刊增刊出版的"《美国社会学期刊》专著"。在 1940 年代末,付梓了一批这样的书,好坏参半。到 1950 年,永远心怀希望的伯吉斯要求恢复读者俱乐部〔伯吉斯写给库奇(Couch)的信,1950 年 1 月 10 日,路易斯·沃思文档,第 17 盒,文件夹 1〕。出版社非但不感兴趣,还试图取消所有专著、读者俱乐部,以及类似的策略(海伦·休斯写给沃思的信,1950 年 4 月 3 日,路易斯·沃思文档,第 17 盒,文件夹 1)。《美国社会学期刊》有着非常坚实的财政基础,这类权宜之计被认为是没有必要的。

如同大多数出版社项目,综合性社会学出版项目有着各种特殊的支持者。一个是社会研究学会(Society for Social Research),1921 年由帕克创建的研究生、校友、教员和学系朋友们的联合会。在 1930 年代和 1940 年代,社会研究学会为学系毕业生提供购买折扣服务,他们经常将书籍和期刊订单寄给学会当时的秘书,而不是出版社(社会研究学会会议记录,1926 年 5 月 6 日,社会研究学会文档,第 1 盒,文件夹 2。关于销售,更一般的情况参见这些文件)。

另一群支持者是芝加哥等地的研究生。在《美国社会学评论》创刊引发的危机期间,《美国社会学期刊》主编请出版社给予学生订户半价的折扣。不仅仅是芝加哥社会学的所有新生收到了传单(备忘录,未标明日期,恩斯特·W. 伯吉斯文档,第 1 盒,文件夹 5),教员也在其他地方推动学生订阅,比如劝

说朋友和熟人让他们的学生订阅。㉔

在订阅推广中，教员和编辑发挥着个人作用。路易斯·沃思写给取消订阅的人的信中混杂着劝说和奉承，"期待你继续参与我们共同的事业"（1940年5月28日，恩斯特·W. 伯吉斯文档，第1盒，文件夹5）。布鲁默也写了类似的信给新订户，他们获得了折扣，以及最新一期特刊的赠阅（1940年5月21日，恩斯特·W. 伯吉斯文档，第1盒，文件夹5）。《美国社会学期刊》还提供了一个等同于美国社会学会会员折扣的续订折扣。

教员能将《美国社会学期刊》卖给如此多元的群体，部分原因是期刊内容仍然极其五花八门。在中期，它包含"新闻和编者按"、摘要（1930年代初F. 斯图尔特·蔡平的《社会科学摘要》失败之后，《美国社会学期刊》开始做摘要）、来信（一个有争议的栏目）与书评，还有论文和特刊。所有这些特别的栏目都吸引着其各自的读者群。

因此，与现代情况截然不同的是，《美国社会学期刊》编辑部的工作人员乃至更大范围的学系教员，都积极参与期刊的销售和推广工作。这也契合我们所谓的"初级群体事业"的模式。

结　论

在中期，《美国社会学期刊》是由一个紧密团结的学系继

㉔ 密歇根州立大学社会学系主任恩斯特·B. 哈珀（Ernest B. Harper）给沃思的信中写道（1941年8月1日，路易斯·沃思文档，第17盒，文件夹1）："关于学生订阅的事，你和伯吉斯都有写信给我。这是不是'高压宣传'而不是凑巧？……无论如何，我已经如往常一样向高年级学生推广了，我确定将至少有一份订阅。"

续运行的。学系和编辑部人员少有变化。尽管随着奥格本的到来,造成了定量和定性之间轻微的分裂,但是学系的教员们仍旧对《期刊》充满自豪感,也真正有一种集体主人翁的感觉。他们付出了大量时间和精力,审稿、组织不定期的特刊,甚至是销售《美国社会学期刊》。一个较小规模的编辑团队,也是一群老朋友,处理从订阅、书评,到宣传活动的所有事务。因为长期存在的个人关系,期刊的运营是非正式的,即使不绝对信任对方的判断,至少也非常清楚地知道这种判断为何不可信。

当这个紧密的群体面对学科扩张和分化的时候,他们通过重塑《美国社会学期刊》的审稿人网络、认真参与市场营销,以及设立大众感兴趣的特刊,团结一致,共同为了本系的这项事业而努力。种种迹象表明,他们在财务和知识上都取得了成功。与此同时,学科活动的复杂化逐渐让主编脱离了日常事务的参与,使得编辑部工作人员成为必然的选择。然而海伦·休斯这名常驻的工作人员,实际上是这群老朋友中的一个,因此尽管她有合理化程序的举措,期刊仍然主要是一个初级群体的事业。

当1950年代初学系内部分裂的时候,一切都发生了改变。当学系变得像全国性学科那样兼容并包的时候,海伦·休斯为合理化奠定的基础就发挥了作用。但是就目前来说——这是一个漫长的过程——中期的《美国社会学期刊》出奇地团结,偶尔有不切实际的知识上的努力。它在很大程度上也真的是一个学系的冒险,而不是一门学科的努力,经历1936年的困局之后更是如此。它是个人的、俱乐部式的,并且相当成功。芝加哥学派将阿尔比恩·斯莫尔的摸彩袋(grab bag)变成了一种对其世界观的集体表达。

在一个更大的视角下,我们可以把《美国社会学期刊》的这些活动看作更广泛的学科领域建构的一部分。上一章逐步明确的观点是，在许多方面《美国社会学期刊》是一门学科的缔造者，本章为此增添了确凿的证据。在美国社会学会前30年，芝加哥大学出版社是它最主要的经费来源，而事实上我也充分论证了学科的首要现实是作为出版社的一个营销结构。《美国社会学期刊》和《美国社会学评论》的划分，被伯吉斯变成了明显带有广泛代表性的期刊和知识精英期刊的分化。伯吉斯（以及布鲁默）通过一长串的特刊突出了这一定位。值得注意的是，这种分化并没有什么必然性。它是芝加哥人政策的产物。传统并非总是只是自然地产生，它们也可以被积极创造出来，《美国社会学期刊》就是如此。

第五章
向专业主义转型的《美国社会学期刊》

在休斯时代后期,《美国社会学期刊》仍然是一本前现代的期刊。许多今天视为必不可少的品质它都没有,如双向匿名审稿、正式的投稿程序和编辑责任制。尽管如此,这本期刊仍然是非常重要和有影响力的社会行动者(social actor)。即便它不是第二代芝加哥学派的喉舌——《社会问题》扮演着这个角色——它也明显区别于《美国社会学评论》。但是第二章中讨论的芝加哥学派转型,不由得会对《美国社会学期刊》产生极大的影响。通过转型以及学系后来的诸多变化,《美国社会学期刊》才将其初级群体的遗产抛在身后,成为一个完全科层化的全国性机构。

1955年以来的学系与学科

初级群体期刊的解散,首先是因为初级群体本身的解散。对于芝加哥学派来说,1950年代带来了一段漫长的衰退。到1953年,布鲁默已经前往伯克利,沃思去世了,伯吉斯和奥格本已经退休,学系也处于"接管状态"(receivership)。我们看到,校长和院长寻求引进诸如萨穆尔·斯托佛、威廉·苏威尔、罗伯特·默顿和保罗·拉扎斯菲尔德等明星学者,但是毫无所获。初级职位的聘用是稳定而兼收并蓄的,同时还通过平行调动，从本科生院引进了戴维·里斯曼。

然而，这种新的混合并不融洽。在1950年代末，这个争斗和撕裂的系里有了许多新面孔，他们中的大多数来自哥伦比亚大学，包括彼得·布劳、彼得·罗西、伊莱休·卡茨，以及（短暂停留的）詹姆斯·科尔曼。这是一个高度定量的学系，除了哥伦比亚定量学者的聘用（例如科尔曼、罗西和卡茨）之外，还有1950年代到来的詹姆斯·戴维斯、利奥·古德曼和唐纳德·布格。1957年爱德华·希尔斯重新回到系里，但只是兼任。

新的重点被证明存在问题。从1950年代中期开始不断有教员离职。1960年代发生了数次危机：一次围绕全国民意调查中心错综复杂的冲突导致罗西离开，布劳搬家去了哥伦比亚，一场激烈的系主任之争使得学系处于托管状态，最后是1969年玛琳·迪克森（Marlene Dixon）的终身教职案（以及随后的学生罢课）。直到1970年代初，莫里斯·贾诺维茨才组建了一支教师团队，带领学系过渡到另一段漫长的稳定期。科尔曼、威廉·威尔逊（William Wilson）、爱德华·劳曼与杰拉尔德·萨特尔斯，加入了布格、古德曼和豪泽，与贾诺维茨和希尔斯一起构成了一个团队，一直到1990年人员都没有大的变动。

在这段时期，更大范围的学科也经历了重要变化。1950年代极高的增长率虽然在1960年代放缓，但是高等教育的快速扩张使对于新教师的需求居高不下。到1972年，美国社会学会已经达到近15000名会员的顶峰，是支撑中期《美国社会学期刊》时1500名学会会员的10倍。一大批新教员撰写的论文开始涌向各个期刊。

与此同时，社会科学中社会学长期以来的左翼立场，吸引了一批激进主义的学者。这些学者推动这个学科转向政治和历史社会学、马克思主义等非主流的理论传统。功能主义衰落了。社会学也为性别研究者提供了早期的栖身之所，部分是因为新经验主义范式可以毫不费力地将性别作为额外变量加入某个模型。但是 1970 年代末，就业市场急转直下，社会学也非常快速地女性化了，不过没有像其他领域那样，因女性化引起的知识转型（Roos and Jones 1993; Stacey and Thorne 1985）。

1970 年代末，随着政府研究资助迅速减少，产生了经费上的困难。博士就业市场恶化了，并且再也没有恢复。与此同时，美国社会学会分裂成各个孤立的特殊兴趣群体。许多分支领域在其他地方建立了其重要的知识领地（例如犯罪社会学、宗教社会学、科学社会学，乃至组织社会学、网络分析和历史社会学的部分领域）。民粹主义政治使该学科的知识精英在美国社会学会中失去了重要的位置。

事实上，到 1990 年代，社会学在大学分工中的位置似乎已经开始摇摇欲坠了。在几个众所周知的案例中，有大学曾经尝试取消社会学系。常见做法是尝试合并或重组社会学和人类学系，尤其是在四年制学院。与此同时，1960 年代和 1970 年代富有创造力和创新精神的研究生曾涌入社会学，现在这样的学生转向了人类学、历史学和文化研究。更糟的是，随着计量经济学的蓬勃发展，在许多领域中定量社会学家都落了下风。

这些全国性趋势中，有两个特定的方面直接影响了《美国社会学期刊》。第一，那些有意在学科内部建立派系的学者，几乎总要尝试创办他们自己的期刊。在这些新期刊中，一些并非有力的竞争者，反而有利于《美国社会学期刊》，因为它们为中等质量的论文提供了新的出口，《美国社会学期刊》和《美国社会学评论》仍然接收这些领域中一流质量的稿件。但是也有一些新的竞争者，例如《理性与社会》(Rationality and Society)、《理论与社会》(Theory and Society)，以及《科学的社会研究》(Social Studies of Science)，它们与《美国社会学期刊》等综合性期刊争夺其领域内最好的论文。第二，大量新增的专业人员直接带来了一大批新稿件，并间接地使期刊转变为终身教职的重要裁决者。

尽管有这些全国性的趋势，但从1965年到1995年的这段漫长时期中，《美国社会学期刊》的历史沿着学系"危机之后是稳定"的历程，而非学科兴盛与萧条的历史发展。学科兴盛的年代为《美国社会学期刊》带来了危机，从1950年代末开始，期刊经历了长时间的转型，直到1970年代查尔斯·比德韦尔（Charles Bidwell）担任主编后，才进入现在的稳定状态。因此，我认为现代的《美国社会学期刊》可以分为两个时期：第一个时期涵盖了这段长时间的转型，第二个时期则是当前体制下或多或少稳定的状态。

转型的开启：罗西和休斯

在彼得·罗西担任《美国社会学期刊》临时主编期间，他和埃弗里特·休斯之间爆发了激烈冲突，转型也由此开始。我之所以详细考察这场冲突，是因为在其中提出的许多议题，直到当前都一直困扰着《美国社会学期刊》的编辑。

埃弗里特·休斯在做了五年期刊主编、担任了三年系主任之后，于1957—1958年在德国待了一年时间。虽然斯特劳斯、布劳与罗西都担任过副主编，但是休斯推荐罗西作为他的继任者。在离开之前，休斯给学系发了一份总的备忘录，概述了《美国社会学期刊》与学系的关系（埃弗里特·C. 休斯文档，1957 年 9 月 20 日），并电告他意欲在两年内卸任。休斯也提议在 1958 年秋他返回时，就《美国社会学期刊》做一次深入讨论，因为他非常担心，随着社会学多样性的增加和规模的扩大，会使它"很容易陷入这样一种政策，那就是只接受具有某种形式或采用某些技术的文章，而不是其他类型的文章"。

罗西利落地走马上任了。1958 年 1 月他设计了一份读者问卷，来帮助改进《美国社会学期刊》。休斯对此发表了评论，礼貌而坚决地指出罗西假定《美国社会学期刊》的受众为纯专业的读者，而随着社会学快速专业化——这在休斯看来是有害的——他认为《美国社会学期刊》有责任更广泛地发声，以及收录议题更广泛的文章。他想要知道的不仅仅是"读者把我们和其他相当狭窄的专业期刊放在一起时会怎么评价"（埃弗里特·C. 休斯写给彼得·H. 罗西的信，1958 年 1 月 7 日）。[①] 在为丈夫转发这封短信时，海伦·休斯发表了自己的意见：

> 我感觉这份清单［罗西随问卷提供的典型文章］有点偏重事实调查型的稿件，而有些不够重视理论文章，以及会吸引我们的边缘读者兴趣的文章。

罗西没有等待这些反馈或是问卷调查结果，1958 年 1 月 23 日

[①] 那年休斯实际上已拒绝竞选美国社会学会主席，因为他认为学会工作人员和领导推动的专业化极为令人厌恶。后来的通信清楚地表明，他的反对始于社会学与人类学和历史学的分离。这些没有标明日期的信件引用是指《美国社会学期刊》档案中的材料。正如在"资料来源和致谢"中指出的，这些材料没有标明位置，因为（如果）这些文件被打开，它们的存放位置将发生改变。

他给学系发送了一份备忘录,提议对《美国社会学期刊》进行彻底改革。他首先做了一个总的回顾,认为编辑政策完全是被动的,只是在等待投稿。他指出虽然投稿数量不断上升,但是"投稿中可用文章的比例如此之低,以至于我们总是担心正在编辑的当期期刊是否有足够的文章。"(每年期刊收到约200篇来稿,接受其中的20%。)罗西喜欢特刊,特刊有积极主动的编辑政策和较高的投稿录用率,但是他认为书评栏目已经不堪重负,因为它试图评论所有的著作。虽然订户数维持在4439份(大致等同于1951年的数量,参见表7),但是罗西对《美国社会学期刊》许多读者的身份感到困惑,因为根据他的计算,他们并不是美国社会学会会员,而他认为学会囊括了"大多数有价值的社会学家"。

罗西提出了许多新的政策。他会继续出版特刊,但不把重点放在"大佬"上,而关注"扩张过程中的中等人物"。他提议主动约稿:"我们应该知道哪些人正在做令人兴奋的研究,并请求他们给期刊寄送研究成果。"他提议委托撰写评论文章,这成了后来《社会学年度评论》(Annual Review)的模式。他提出了行政改革:更快的决定,更灵活的文章长度,以及编辑中更少的"专业主义"。他提议请"一流专家"就少量著作撰写更长的书评,也建议发表同时介绍几本书、附图书简介的评论文章。他提议取消"新闻和编者按"栏目与博士论文目录。

然而,罗西的大计划是针对编辑人员结构的。他提出限定主编的任期为三到四年,并且要求主编"具体执行由学系制定的各种编辑政策"。学系也应任命两名副主编,与主编一起组成编辑委员会,他们将有权决定哪些著作被评述,哪些人被邀请撰写委托的文章,等等(然而在出现争议时,主编拥有最终的裁决权。)罗西提出加快顾问编辑的轮换,并让他们每月评审两篇文章。他也提议让研究生担任"期刊研究员"(journal fellows)。最后他极力主张模仿《美国社会学评论》,采取双向匿名审稿。

这份文件几乎是对休斯和过去《美国社会学期刊》代表的一切的公然攻击。除去罗西关于"编辑中更少的'专业主义'"的建议,休斯绝大部分都欣然接受。罗西说,《美国社会学期刊》应该"至少给作者留下这样的印象,即他的稿件是由有能力评判其社会学内容的人进行编辑的"。罗西的所指非常明显。休斯等到罗西一次造访芝加哥时,生气地询问他,是否有意暗示实际上是海伦·休斯决定什么能发表。罗西说是的,而休斯在给学系的备忘录中,愤怒地否认了这一点(埃弗里特·C. 休斯写给学系的信,1958 年 3 月 6 日)。更糟糕的是,海伦·休斯与她的丈夫同时同地获得学位,抨击她的社会学专业水准相当于侮辱休斯本人。

在这份长长的备忘录中,休斯指出罗西在许多事实上是错误的。投稿量并非如此之少,以至于发表的文章无法达到期刊的标准。一直有非正式的约稿。至少有十年的时间,《美国社会学期刊》只评述了它接收到的著作中的一小部分。稿件也没有篇幅的限制。研究生研究员曾经存在了很长时间,但是最近由于所得税条款而被禁止了。

此外,在一些政策议题上,休斯也表达了强烈不满。他为海伦·休斯的编辑工作辩护:"有些人的论文被译成英文后,写作的热情高涨;有些人则说,他们将一字不改。"他不仅反对罗西取消新闻和博士论文栏目的念头,希望保持期刊的"某种人情味",也反对所有有关限制主编自由裁量权的提议。在新的期刊专业化模式与过去不太正式的模式之间,可能没有比这更明显的对比了。

143　　休斯与罗西之间的通信持续了整整一年。即使休斯心存怒气，他的信仍一如既往的亲切（"亲爱的皮特"）。（罗西和休斯当时正计划合写一本著作！）后来，罗西自己变得不那么爱争吵了，尽管他坚持认为：

> 甚至在我来芝加哥之前，《期刊》作为一个打交道时令人不快组织的名声，我已经听闻很久了。据我所知，包括我自己在内的许多作者都发誓，再也不将任何研究成果投稿给《期刊》。（彼得·H. 罗西写给埃弗里特·C. 休斯的信，1958 年 5 月 12 日）

休斯当然不同意。但是他在回复中指出了一个问题，而且这个问题在未来 20 年中会非常重要：

> 我认为有一条规则带来了极大的误解，但是通常必须要遵守，那就是不告知作者为何他的文章没被接受，并且在这个问题上不展开任何争辩。你不告诉他们，他们会不高兴，但是如果你真的告诉了他们，他们会气急败坏。

休斯认为主编是唯一的权威。他经常称呼自己为"一个狗娘养的"，并且认为主编的责任最好放在一个人身上，如此一来是个人承担所有指责，而非整个学系。主编应该是一位智慧但又高深莫测的独裁者；公正，但不受质疑，也不受限制。

夏初，系主任菲利普·豪泽给休斯写了一封信，带着他特有的直率风格（菲利普·M. 豪泽写给埃弗里特·C. 休斯的信，1958 年 6 月 14 日），他坦白学系已经利用休斯不在的机会，讨论了《美国社会学期刊》的未来，罗西曾承诺在休斯回来之前不讨论这个问题。②豪泽公事公办地简短告知休斯:"按照期刊旧的规定,我们正推荐你担任 1958—1959 学年的主编。"(休斯自己将这个年度的工作交给了罗西,并明确期望自己在学年结束时全职回到主编岗位,并一直担任主编;现在学系只"允许"他回来后再干一年。)豪泽接着告诉休斯,学系"暂时同意"赋予主编三年任期,并单独推选一名任期更长的副主编,"以错开副主编和主编的任期,以便在主编继替时有连续性"。主编可以选择第二位副主编,三人一起组成期刊的编辑委员会。③

仲夏过后不久,罗西写信给休斯,有些虚伪地说,他没有撤换顾问编辑,因为"你会更喜欢亲自做这件事情,我认为多让他们工作一年,并没有太大损害"(彼得·H.罗西写给埃弗里特·C.休斯的信,1958 年 7 月 22 日)。与过去一样,休斯友善地回复道:

> 你充分表明了你要作主编,而不是代理主编……现在看来,似乎你又在采取代理主编的做法,把杂事留给我处理。我被告知我只有一年的主编临时任期了。

休斯像往常一样,对有违礼节感到不安:

> 我们至少可以给那些五月结束任期的顾问编辑写一封礼貌的信,感谢他们的服务,并且询问他们,由于特殊情况,

---

② 在 1950 年代初的大多数争论中,休斯和豪泽都是对手,事实上,豪泽曾反对休斯担任系主任,当时他自己也被排除在这个职位之外。

③ 在豪泽前往日本避暑的前两天,他及时地口述了这封信。这个年轻的团队急不可耐。由于大学的年龄限制,无论如何休斯都会被迫在 1962 年退休。显然三年时间对于改朝换代来说太长了。罗西有礼貌地表达了对豪泽信件的不安(彼得·H.罗西写给埃弗里特·C.休斯的信,1958 年 6 月 18 日)。

[他们]是否愿意继续服务到 1959 年 5 月。

他在难过的困惑中停笔：

> 你对期刊突然爆发了特别的兴趣和干劲，大举攻击我，可现在又缺少兴趣，想将它全部交还与我，我想一定是有原因，但是我还是不能理解整件事情。也许当我回来的时候，你能解释一下。与此同时，愿你平安。

休斯清楚地知道发生了什么，但是他显然非常聪明，知道对此无能为力。《美国社会学期刊》的中期过去了。一个新的小群体想要掌管《期刊》，并且按照他们所期望的方式来管理它。

双盲的进退两难

也许没有什么议题比双向匿名审稿（当时称为匿名评审）更能象征两代学者的不同范式。前文指出，对于正式的投稿普遍实施审稿，似乎是海伦·休斯的发明，她旨在借此避免 1958 年罗西所做的指控。

然而早期的审稿从来不是双向匿名的。在社会学中，伦纳德·布鲁姆（Leonard Broom）首次尝试了双向匿名审稿。当 1955 年布鲁姆接手《美国社会学评论》时，他"意识到一些审稿审的是人而非稿件"。他考察了主要社会学期刊中作者的所属机构和背景，发现"一些期刊看起来像内部刊物"。[④] 他阅读

[④] 回顾起来，1935 年到 1955 年间《美国社会学期刊》30% 的作者拥有芝加哥博士学位，大大超过芝加哥在学科领域中所占的比例。布鲁姆可能也想到了《社会力》和《社会学和社会研究》。

过去的稿件档案时,发现"有的审稿意见堪称典范,有的则暴露出心胸狭窄、恶意中伤,抑或阿谀奉承的迹象"。(所有引文都出自布鲁姆写给阿伯特的信,1993年1月4日。)作为回应,布鲁姆在执掌《美国社会学评论》后不久的1956年,启动了双向匿名审稿。两年后(1958年1月),罗西也提议《美国社会学期刊》引入这项制度。

我们目前对双向匿名审稿的有效性,甚至是道德正当性都有所预设,当时社会学的权威学者对此提出强烈的反对理由,可能显得有些奇怪。但是面对罗西以及后来的彼得·布劳,休斯如此争辩道:

> [匿名评审]对于我没有吸引力,有多方面的原因。它是一个值得讨论的议题。我宁愿让知道自己认识作者的审稿人来评判一篇文章,而不是让只自己以为知道谁写了这篇文章的审稿人来评判。也没有理由相信,一个人在不确定文章作者的时候,会比在其他情形下更不受偏见影响做出评判。对价值(普遍性的)[着重号为休斯所加;罗西在信中用过"普遍的"这个词]的判断是一个难题。另一方面,大多数人撰写的审稿意见,都是从他们自己的角度对于价值的评判。一些审稿人可能认为所有技术上合格的研究,无论多么微不足道,都应该发表,而不考虑期刊的容量等问题。另一些审稿人则想要发表有重大突破性成果的论文,即使其中有未解决的方法问题。如果我们发表了一篇在一些人看来采用了他们不喜欢的方法的文章,他们会严厉批评我们。还有一些审稿人采用学校教学理念撰写审稿意见,并告诉作者,如果他改了这里、那里,我们就发表这篇文章。(埃弗里特·C.休斯写给学系的信,1958年3月6日)

反对双向匿名审稿的理由是：基于猜测的审稿更不可取；相比对于作者的偏见，还有其他更糟的偏见；对普遍主义的信念是可疑的和多样的；审稿人必然会将自己的编辑政策融入审稿之中。但是休斯只能够推迟而不是阻止这种改变。1961年1月彼得·布劳接手《美国社会学期刊》后，实行了双向匿名审稿。在期刊当时的制度结构下，这项政策是彻底的，为编辑和作者提供了单独的表格。此前在纽约的美国社会学会会议期间，《美国社会学期刊》午餐会上已经讨论过这个议题，当时休斯没有出席。[5] 布劳在给休斯的信中写道（彼得·M.布劳写给埃弗里特·C.休斯的信，1961年2月16日），"虽然仍然有少数编辑强烈反对匿名审稿，但是大多数人都强烈支持"。1961年1月，在回复布劳写给所有编辑的套用信函时，休斯做了最后一次反驳的尝试：

> 你提出的关于匿名的理由之一是对于作者的偏见。但是对于作者的偏见，仅仅是我们任何人都可能有的各类偏见之一。我们对于主题、写作风格和观点都存在偏见。匿名审读文章也不太可能消除这些其他偏见，而其他偏见至少加

---

[5] 奇怪的是，《美国社会学期刊》很长时间都有一项由布劳开启的政策（参见彼得·M.布劳写给戴维·斯特里特的信，1962年6月22日），即当审稿人被告知论文的最终处理结果时，向他们说明作者身份。这项政策直到至少20年后才受到质疑。布劳的意图很难猜测。他似乎认为，这些精英审稿人在评判阶段需要免于他们自身的偏见，但是事后知道谁写得好，谁写得不好，对他们是有用的。有些人特别喜欢这个政策，比如戴维·里斯曼（里斯曼写给彼得·M.布劳的信，1962年6月18日）。关于《美国社会学期刊》午餐会，主编并不总是参加聚会（埃弗里特·C.休斯写给彼得·H.罗西的信，1958年6月25日，以及彼得·H.罗西写给埃弗里特·C.休斯的信，1958年7月22日）。1958年罗西说他负担不起了。休斯后来谈论道："我只是偶尔参加。"（埃弗里特·C.休斯写给彼得·H.罗西的信，1958年7月29日）

第五章　向专业主义转型的《美国社会学期刊》

起来，比对特定个人的偏见更加严重。第二点是在我的认识里，人们在他们所熟悉的领域，几乎肯定会去猜谁写了这篇文章。一个错误猜测可能带来很大的危害。除非人们能够不去猜测，否则匿名审稿可能比知晓作者的名字更为糟糕。最后，我提出我认为更重要的一点。匿名审稿的做法假设每篇文章都是一个独立项，跟一个人之前可能做过什么，以及他未来可能要做什么都没有关联。这完全是一个错误的假设。一个人的一篇特定作品，不仅仅要通过它本身来加以评判，也要作为他已经完成或正在进行中的研究工作的一部分来加以评判。它嵌入他之前已经完成的工作之中。在某些情况下，这篇文章可能是一项独立的研究工作，研究者将不再继续做下去，但是对于更优秀的文章来说，我认为我们会发现最好是将它理解为一个人正在进行的研究工作的一部分，而一个人正在进行的工作，就其性质而言必然是非常个人化的产出，绝不可能是匿名的。

休斯除了扩展和阐明他早先的观点之外，还增加了一点，就是反对脱嵌于整体的研究工作的观念。将作品理解为对于某种更大的科学总体的匿名贡献，或更糟的是，理解为一种孤立的去情境化的知识，都是没有意义的。休斯的立场基于芝加哥经典的社会事实观，即社会事实是处于情境中的，这与新的去情境化的变量社会学截然相对，后者由布劳和罗西所代表（参见第七章）。

布劳带着政治家的风范回应道："我确实认识到我所引入的政策有缺点。另一方面，到目前为止，我觉得利大于弊。也许我会发现我完全错了，如果真的如此，我希望有足够的理智改回来。"但是无论布劳还是其他任何人，都从来没有考虑过回头。个人社会学（personal sociology）的时代过去了。

围绕双向匿名审稿的争论，揭示了社会学中的一个分水岭。休斯准确捕捉到了内在于新伦理中的去个人化，但是他没有看到去个人化背后奇怪的动机组合。对于布鲁姆来说，双向匿名审稿是一项打击当权派的民粹政策。相比之下，对于布劳和罗西来说，它事关科学主义，而科学主义本身就是当权派的意识形态。[因为《美国社会学评论》已经实施了双向匿名审稿，《美国社会学期刊》的改变也可能反映了强制性同构（coercive isomorphism）。]双方都没有看到双向匿名审稿对于正在变得在实体上多样化的社会学的影响。说来奇怪，整个争论中唯有保守派的休斯认为，双向匿名审稿会使我们失去而不是获得多样性。[6]

转型中的主编

在1957—1958年间，罗西的行为已经非常清楚地说明了一件事情。那就是1950年代末，战后接受训练、正在专业化的社会学家，将《美国社会学期刊》的主编职位看得很重要，不能让一个老去的怪人担任。但与此同时，没有人真正想要做这份工作。赫伯特·布鲁默做主编时已经跻身美国一流社会学家之列。休斯到1952年也已经是一位重要学者。然而1962年彼得·布劳仅仅博士毕业九年，还没有成为一位重要学者。在他之后是教育学系的社会学家C.阿诺德·安德森（C. Arnold Anderson），在任何领域中都没有人认为他是一位重要学者。

---

[6] 据我所知，只有一项关于双向匿名审稿对于多样性影响的实验研究。美国经济学会做过一个随机测试，发现相比边缘机构，双向匿名审稿稍稍有利于处于中心的机构（Blank 1991）。

第五章 向专业主义转型的《美国社会学期刊》

1972年,教育学系的另一位教授查尔斯·比德韦尔接替安德森,他不久前(1969年)才获聘社会学副教授(社会学系会议记录,1969年5月6日)。

不足为奇的是,主编的继替有时是临时决定的。当休斯想卸任的时候,他提议了布劳。据豪泽的回忆,布劳渴望执掌《美国社会学期刊》。然而布劳说(个人交流),虽然他的确愿意担任这个职位,但得到主编职位或多或少只是终身教职的安慰奖[后来罗杰·古尔德(Roger Gould)也这么说]。布劳离开后,安德森被选中,但是没有任何关于为何和如何选中他的证据。尽管在布劳休假期间,安德森曾当过一年代理主编,可他被选中的时候,系里有贾诺维茨、罗西和豪泽,这些都是主编的合理人选。

实际上,在《美国社会学期刊》历史上,查尔斯·比德韦尔是首位通过定期召开的教员委员会聘任的主编。教员对这一职位兴趣的恢复是有理由的。安德森执掌时期爆发了一次危机。执行主编的角色再次成为一个问题。这是一段可以预见的历史。从布劳担任主编开始,他和海伦·休斯一直为执行主编和学术主编职位之间的界限争吵,尽管他答应她可以一直工作到和丈夫前往波士顿,但在此之后,他用一名职位更受限的"助理编辑"接替了她。这个人(以及她的职位)仅仅存在了一年。在布劳余下的任期中,《美国社会学期刊》在只有一位"主编助理"的情况下苦苦支撑。

阿诺德·安德森执掌时期,他在两年内先后有五位这样的主编助理。稿件量迅速增加。编辑部陷入了混乱。因此在1968年年中,他重新设置了执行主编的职位。他选择的是一名刚刚停止反战和民权运动活动,有着丰富出版经验,并且对社会科学有着浓厚兴趣的中年妇女。弗洛伦斯·莱文森(Florence

Levinsohn）似乎是这项工作的理想人选。她不仅精力充沛、聪明过人，而且决心要使《美国社会学期刊》在知识上令人兴奋。这是一个决定性的组合。尽管安德森温和善良，但他却是一名无法胜任的主编。莱文森刚好弥补了这种空缺。

从1968年到1974年（查尔斯·比德韦尔辞退莱文森的那一年）的这些年，当然是一段令人兴奋的时期。对于学系来说，这个时期的高潮是在1969年，学系拒绝给予玛琳·迪克森终身教职，学生随即占据了大学行政楼。*这些事件导致了学系研究生教育的全面转型，在贾诺维茨和（学生方面）他的博士生威廉·科恩布鲁姆领导下，师生委员会共同制定了新的培养方案。此外，学系失去了一些教员（罗西、邓肯·麦克雷、布劳、萨特尔斯），并引进了其他人［科尔曼、威尔逊、劳曼、斯坦利·利伯森、巴里·施瓦茨（Barry Schwartz）］，这实际上可视为一次重要的人员更替。

在这期间，《美国社会学期刊》开始了它自身的革命。在福斯特堂的地下一层，学生们聚集在莱文森的咖啡壶周围（在一位学生的回忆中，这里是"芝加哥大学的左岸"）。莱文森结交了出版社的广告部，并且在许多学术期刊上为《美国社会学期刊》打广告。她推出了关于妇女的特刊，并且大获成功。她在美国社会学会举办奢华的派对。她不顾安德森、编辑委员会和众多订户的极力反对，重新设计了期刊的外观版式。所有这些的结果都是令人兴奋的，至少对于出版社来说如此，仅仅在

---

* 迪克森是社会学系颇受学生欢迎的一位副教授。虽然学系没有公开拒绝给予她终身教职的原因，但有学生猜测她是因其左翼激进观点、注重教学而非发表，以及性别才被拒绝。超过400名学生占据了行政楼，要求重新聘用迪克森。不过迪克森本人和一些抗议学生表示，抗议主要是针对当时大学的性别和种族歧视，以及宿舍等学生权益问题。抗议持续了两周，以42名学生被开除，迪克森离职告终。——译者

第五章 向专业主义转型的《美国社会学期刊》

1969年到1971年的两年间,就新增了2200个订户(约25%的增长)。事实上,出版社和主编都很高兴。

与此同时,个性张扬的莱文森近乎成了《美国社会学期刊》的学术编辑。在许多论文送审前,她阅读并且毫不犹豫地拒绝了其中的一些论文。她列席——实际上差不多主持了编委会会议。她推荐审稿人,部分是因为只有她知道谁的进度快、谁的进度慢,部分是因为她积极参与美国社会学会的活动,建立了广泛的人脉。她约稿。她组织特刊并为其招募编辑。事实上,她的意见如此重要,以至于安德森否决了一名教职员作为副主编的提议,他对系主任贾诺维茨说:"对于其他同事来说,提议的人选是志不相投和不受欢迎的,尤其不受编辑部主管的欢迎(并非完全无关紧要)"。到安德森宣布他想要卸任的时候,莱文森认为自己的权力足以跟贾诺维茨就继任者进行讨价还价。

一个小故事很好地说明了莱文森的权力。她因书评编辑没关好窗户而大发雷霆,使得这位年轻教员跑去跟安德森大倒苦水。安德森悄悄地安抚了他,平息了整件事情。最好不要打扰莱文森。从莱文森给作者的信中,可以清楚地看到她对其角色的认识之广。这些信件读起来就像是马克斯韦尔·珀金斯[*]的书信:自信、深思熟虑,有时也很无礼。她显然认为自己是一本重要学术期刊的女主人。

> 我个人没有看到您对自己身处的环境的感受。当然,这个想法并非纯粹出于知识上的关注。我们所有人都对学派有

---

[*] 马克斯韦尔·珀金斯(Maxwell Perkins, 1884—1947),美国著名编辑家。1910—1947年担任美国斯克里布纳书局(Charles Scribner's Sons)编辑,挖掘和提携了F.斯科特·菲茨杰拉德、托马斯·沃尔夫和欧内斯特·海明威等著名作家,是美国出版界的传奇人物。——译者

感情和态度……我希望您能将一些这样的内容加入论文的最终版本。(写给一位作者的信)

我正在不断地策划新的出版活动,用相比过去更多的广告,将《美国社会学期刊》从一本仅有7000人阅读的无聊乏味的期刊,变成一本有10500人阅读的令人兴奋、引发争论的期刊。(写给出版社期刊经理的信)

是的,我们将考虑您的稿件,并且我们的好朋友 X 对它的强烈推荐,使得它对于我们更具吸引力。(给一位询问稿件是否被考虑的作者的回信)

如果[军方控制的报纸]是您唯一的信息来源,那么您对于军方的了解,不可能比军方想要您所知道的更多,这不是我们这里所实践的社会学。(写给一位稿件被拒的作者的信)

非常遗憾,我们已经决定不发表您关于戈夫曼的论文。对于我们来说,这篇文章的分析性不够,不能作为一篇文献综述文章发表。(写给一位稿件被拒的作者的信)

这封信只是想感谢您关于 X 的精彩文章。我当时就希望这本书能激发您那方面的才华。您能完全深入内心,恰好点燃热情,这是多么的不可思议。(写给一位书评作者的信)

安德森十分清楚他对莱文森的亏欠:

《美国社会学期刊》在竞争中表现得多么出色,刚刚推出

第五章 向专业主义转型的《美国社会学期刊》

的7月特刊多么出色，我们所有的志得意满都要感谢莱文森女士［C. 阿诺德·安德森写给出版社期刊主任琼·萨克斯（Jean Sacks）的信，1972年5月24日］

在莱文森改造《美国社会学期刊》的努力中，她获得了不少的帮助。安德森特意从年轻教师中挑选的副主编往往都有冒险精神，他们中的一些人帮助莱文森将被贾诺维茨称为"良好而灰暗的《美国社会学期刊》"，变成一本充满活力、令人兴奋，并享有盛誉的期刊。对于源源不断的调查分析短文，他们中的一些人也感到厌烦，而这类文章恰恰是来稿中的大多数。虽然他们可能不同意莱文森的所有目标，但是他们跟安德森一样愿意全力支持她。

如果莱文森不是在主题方面过于轻举妄动，那么这一切可能都无关紧要。她发现并推出有争议的论文，如来自马克思主义者的论文、关于种族歧视和性别歧视的论文，还有关于气味或旅游社会学主题的只有内行才读得懂的论文。她将喜欢的论文交给会善待它们的人，将不喜欢的论文交给会恶意对待它们的人。最终，其中一些情况引起了学系的注意，尤其是有争议的文章。有开会，有争吵。当安德森卸任后，查尔斯·比德韦尔被请来解除莱文森的权力。他告诉她不要审读稿件，不让她列席编委会会议，从而将她的职位恢复为一名文员。1974年年中，莱文森离开《美国社会学期刊》，去另一家出版社的期刊任职。后来，她成了一名自由撰稿人。⑦

---

⑦ 对于整个学系来说，莱文森的离开显然是一种解脱。他们对《美国社会学期刊》的愿景大相径庭。最后（主人公们对此的记忆都不清晰）似乎是比德韦尔解聘了莱文森，但是在正式解聘前，她已经向出版社辞职了。当我将本章的复印本寄给莱文森时，她表示反对，说把她描绘得太强势了。她认为（接下页）

这两位转型期的主编有完全相反的编辑风格。布劳坚定而绝对地掌控。他亲自阅读每篇文章，撰写所有信函，并且独自做出所有的录用决定（彼得·M. 布劳写给 C. 阿诺德·安德森的信，1970 年 11 月 16 日）。他跟所有顾问编辑都有着可以直呼其名的亲密关系。当他在 1962—1963 年休假时，他坚持把自己仍然作为主编放在刊头，列在他下面的是作为代理主编的安德森。

相比之下，安德森乐于放权，以一种非常随和的方式运营《美国社会学期刊》。他向许多人寻求关于论文的建议。他并不亲自撰写所有正式的文章信函，而是与执行主编和副主编分担。在顾问编辑加入期刊之前，他个人并不认识他们。他有时让弗洛伦斯·莱文森自己拒稿。他是第一个将论文发给学生审稿的人，并且在玛琳·迪克森危机期间复杂的师生谈判中，他写信给系主任贾诺维茨说：

> 在师生委员会的学生成员面前，当您解释这些事情的时候，您可以提到我们准备提议让学生以某种方式来共同运营期刊……我们会考虑在编委会中容纳更多常规成员。

事实上，他甚至考虑允许学生签收正式的文章信函（C. 阿诺德·安德森写给琼·萨克斯的信，1969 年 9 月 29 日）。当然，学生视这种开放为巨大的荣誉和让步，安德森也确实真心愿意帮助和支持这些研究生。但是考虑当时的情况，在很多方面来

（接上页）1960 年代末的《美国社会学期刊》是在安德森领导下团队的努力，也得到了她非常尊重的系里年轻教员的支持，他们担任了期刊的副主编。我也许低估了她回忆中的同事之间的温情。然而从她自己早先的回忆、通信，以及其他人的评论来看，我认为将她视为这个时期《期刊》的重要人物合情合理。

看，这都更像是安德森主编工作随意性的表现。⑧

稿件数量与处理

一个过于活跃的执行编辑的出现，并不是安德森执掌时期的唯一危机。稿件危机也是其中之一。在转型时期稿件数量（demographics of manuscripts）发生了巨大变化。1960年代初，《美国社会学期刊》每年平均有200多篇新稿件。⑨ 在60年代中期，这个数字飙升到了300篇，此后缓慢地增长，直到在1971年到1974年之间，突然攀升到了600篇。投稿如此之快地增长，并不能完全由学科扩张来解释。⑩1970年代初投稿的大幅增加，很可能是莱文森的外展活动的结果，特别是她积极接收非主流的论文，这一点可以通过1973年1月"变迁社会中变化的妇女"特刊得到证实。

然而面对大量的稿件，《美国社会学期刊》完全没有准备好。在1970年到1972年间，稿件处理时间从13周增加到了

---

⑧ 安德森还通过他的个人支票账户管理《美国社会学期刊》的部分临时预算。令人惊讶的是，档案中仍然保存着那些作废的支票，其中包括给英国社会学会、弗洛伦斯·莱文森、彼得·布劳、打字员、出版社等许多其他人的支票。这似乎不是小额备用金，而是常规的运营开支。然而根据弗洛伦斯·莱文森的说法，这些支票包含图书销售的"未登记在册基金"。

⑨ 要记得在那个时候，美国社会学会年会的接受函仍在强调投稿给《美国社会学评论》："《美国社会学评论》或《社会测量学》的主编将乐于考虑发表你的论文。它可以按照目前的形式提交，然而大多数情况下，为了恰当的评价，最好有一个稍微扩展的版本。稿件可在年会之前提交。"（《美国社会学期刊》档案中，日期为1961年4月28日的套用信函）

⑩ 在1960年代中期，美国社会学会发展快速，从1964到1968年每年有约10%的增长。但是增长迅速放缓，到1972年完全停滞。

24周。⑪《美国社会学期刊》的档案中，充斥着作者对于审稿时间的抱怨：

> 五个月后收到一张拒稿单，这可不是我对即将进入的专业中最好期刊的期望。

> 我的论文被拒稿了，这让我很沮丧，不仅仅是因为审稿就用了七个多月的时间。

在这个时期，《美国社会学期刊》发明"龟"函（"turtle" letter）并非没有原因，它是催促审稿人加快速度的信函。

面对大量稿件，最简单的方式就是不经过审稿环节直接退稿。[对于这种做法，我使用本系人生造的新词"预先拒稿（prejection）"。]当时，审稿本身就是一种新做法，而预先拒稿则是整个商业期刊界的常规做法，莱文森从中得到了很多启发。因此在1970年到1972年间，《美国社会学期刊》预先拒稿的论文占了近30%，就不足为奇了。典型的退稿，是来自通

---

⑪ 巴里·施瓦茨和史蒂夫·迪宾（Steve Dubin）（一名助理教授和一名研究生）合作完成了一项关于稿件流转的研究，该研究仍在档案中。本节的写作很大程度上依赖于这项研究，我对两位作者表示衷心感谢。

需要说明的是，从这里开始，我在文中大量匿名引用了来自作者和审稿人的信件。匿名的理由是显而易见的；许多作者仍然活跃在这个学科中，辨认他们的身份也不会有什么好处。我偶尔以"一位著名的社会学家"、"一位奋斗中的年轻作者"，或者其他一些模棱两可的措辞来提及某些人。读者只需要接受我对于这些议题的判断。我不能泄露他们的身份。（当然，我采用通用的男性代词涵盖所有的性别身份。）与此同时，如果没有这些直接引用，将无法支持我关于《美国社会学期刊》历程的某些观点。我希望在讳莫如深和公开之间，我已掌握了分寸。

常界定的社会学之外的论文，或是在写作和思想方面毫无专业性可言的论文。一些退稿被认为无趣或"时机尚未成熟"。因此，《美国社会学期刊》预先拒掉的许多论文，正是莱文森努力吸引的论文。

然而，即使有如此之多的预先拒稿，需要处理的稿件数量还在迅速增长。由于期刊版面相对固定，这种稿件数量的波动，无疑带来录用率下降的趋势。在1970年代中期，当投稿数量达到最高点时，录用率达到了7%的低点。在莱文森时期，出版社的确增加了大约50%的版面，但是这种扩充几乎完全被文章篇幅的增长所填补了。1962年，《美国社会学期刊》平均每篇文章是10.5页（《美国社会学评论》是10.9页）。到1971年，平均长度是18.2页。尽管因为1970年格式的变化，这个数字必然被压缩，但是压缩后的14.25页意味着文章长度仍然增长了40%。因此，新的页面并不能容纳更多的文章。[12]

越多的稿件量越需要科层化的管理。这一时期，《美国社会学期刊》对许多模板表格进行了全面修订，并建立了新的稿件追踪系统。然而这些改变并不成功，到莱文森任期末，编辑部出错成了家常便饭。录用通知发送给了本应收到退稿通知的人，旁注被误认为是正文并得以发表，论文丢失，信件寄错人，等等。

审稿人与学科

由于审读大多数论文的政策，不断增加的论文量意味着审稿人的负担大大增加。在布劳时期，对于《美国社会学期刊》

---

[12] 数据部分来自《美国社会学期刊》年度报告，部分来自《美国社会学评论》报告，见《美国社会学评论》(1961)，第26卷，第983页。

每年150到200篇需要审阅的稿件，大约需要350次的首次审阅，还有一部分需要修改后再审。布劳与编辑委员会（教员）、16名顾问编辑，以及不足100人的特约审稿人，共同处理这些稿件。安德森执掌《美国社会学期刊》之后，第一年审稿人数量维持在过去的水平。但是第二年，特约审稿人就跃升到约190人，第三年是270人，最终在1972年达到了400人。

这种向特约审稿人的转变是一项重要变化，它可能是安德森有意为之的政策。虽然彼得·布劳秉持科学主义，但他是一个休斯式的独断专行者，审稿意见对他来说只是朋友的建议。那时没有编委会会议："我阅读审稿意见，我来做决定。"（个人交流）布劳时期的《美国社会学期刊》仍然是一本小团体刊物，它围绕一名核心权威人物组织起来，拥有共享的价值观。可阿诺德·安德森不仅在精英中没有广泛的人脉，他也为大幅增加审稿人来源的趋势和需要所驱使。到他卸任的时候，《美国社会学期刊》一年审稿450篇，需要900次首次审稿，还有另外约100次修改后再审稿。(其实在这个时期，很多稿件只进行了一次审稿，因此可能总共需要约750次审稿。)这个数量意味着大多数审稿人，并不是他或者他的执行编辑非常熟悉的人。《美国社会学期刊》民主化了，这正是安德森非常期待的变化。但是在这个过程中，审稿变成了一种匿名交流。[13]

---

[13] 有人可能会认为，相对突然且巨大的审稿需求，会由学科中的年轻成员来满足。社会学仍然在快速发展（尽管比战争刚结束时要慢），学科中如此之高的学者"出生率"，也意味着大多数社会学家还在职业生涯的早期。然而在安德森时期，《美国社会学期刊》审稿人的平均职龄，实际上稳定在博士毕业后10年。尽管这个数值可能低于布劳依靠的精英群体的年龄，但是它仍然不意味着压倒性地依靠年轻人。不过，"博士毕业后10年"的数值（接下页）

向大量特约审稿的转变产生了混乱,不是因为安德森和莱文森无法解读这些审稿人给他们的信息,而是新的审稿人不知道如何行事。事实上,莱文森的编辑工作进度远远落后(大多数延误发生在收到审稿意见之后),理由之一是她不得不对许多审稿报告进行编辑,使其不那么无情和轻蔑。作者回复可见一斑:

> 就您拒绝我的论文而言,我从来没有收到这样模棱两可的编辑意见。
>
> 我在贵刊的经历,足以使它跟其他那些期刊一样,在我和其他人眼里名誉扫地。
>
> 最后让我补充一下,审稿意见中盛气凌人而刻薄的语气,使我的情感受到了极大伤害。如您所知,我每年为您审读数十篇论文……我认为您也会发现,我非常谨慎地使我对作者的评论尽可能地委婉。

安德森一次又一次地为期刊辩护。1970 年 7 月 7 日,他在给一

(接上页)有点偏高,因为从数据中可能无法区分的群体是那些没有完成学业的研究生。大约在此时,其他期刊的主编写信给《美国社会学期刊》,想知道如何让学生参与期刊编辑工作,这被认为是"让研究生及时了解学术动向的方式"。一位编辑写道:"可能我们这行中大多数人都不想让羽翼未丰的研究生评论自己的文章,更别说是审稿了。"

这些关于审稿人年龄的数字背后是巨大的努力。1980 年前没有审稿人的电子记录。我扫描了所有已公布的审稿人名单,核对了扫描结果,派学生到实地考察,识别了 1972 年到 1996 年所有年份中超过 80% 的审稿人获得博士学位的日期。这些都是可靠的数据。任何偏差都可能是系统性的,随着时间的推移而持续存在。

位愤怒的作者的信中写道:"出于对作者感受的考虑,我们只把[审稿意见中]建设性的批评转达给作者。"一位作者抗议,他没有得到有助于他未来修改的意见,对此安德森回复:"我们的审稿人经常没有给作者撰写意见,而在其他时候,我们行使我们的编辑判断,决定是否将他们的审稿意见转达给作者。"他请作者将被拒的论文寄回《美国社会学期刊》,其中一位编辑会给予建设性的审稿意见(1968年12月4日)。[14]

纵观这些信件,我们发现编辑和作者都在摸索审稿应该是怎么样的概念。虽然这个问题可能主要源于学科的快速增长和派系化——一个快速分化体制下的社会化问题——但是事实上这些通信表明,对于审稿的伦理结构一开始就没有清晰的想法,尤其是关于双向匿名审稿的情感权利和责任方面。可以肯定的是,学科有极强的多样性。但更重要的是,在这样一个多元的世界里,没有人清楚礼节规范是什么。因此,一个又一个的作者长久地等待,然后受到打击。事实上,休斯正是试图通过拒绝解释退稿理由,来避免这类人身攻击。在寄送审稿意见上,布劳、罗西以及他们这代人持不同的意见,他们相信"科学社会学"的共同原则,不仅用它攻克了老一辈的堡垒,也为普遍性审稿(universalistic reviewing),即双方都接受的共同规范下的审稿,提供了道德基础。但是安德森和莱文森碰巧要在

---

[14] 据莱文森说,她起草了这些信件并署了安德森的名字。安德森显然被眼前发生的事情搞得不知所措。1970年6月4日,安德森写信给埃弗里特·休斯,请他为《美国社会学期刊》75周年纪念撰写一篇论文,他说:"我的印象是,现在来自不同学校的投稿越来越多。但是我认为很少有人阅读这些东西。我认为写信时的专业态度和正常礼节都已经退化了。但是反过来说,你可以选择强调主编如何塑造该领域中的趋势,还是说那是一种幻象?"关于写信的问题,他当然是对的。安德森推动《美国社会学期刊》民主化的时候,他似乎没有想到所接触的审稿人,在兴趣、才能、训练和个性方面会多么的不同。

第五章　向专业主义转型的《美国社会学期刊》

不仅缺乏共同原则,还往往缺少基本礼节的世界中,来面对双向匿名审稿带来的影响。一封接着一封的作者来信,援引道德论据来挑战审稿过程:

> 在我看来……您真正亏欠作者的不只是"礼节性的快速回复",您亏欠他的是一个(审稿人给出的)理由,即为何以一种特定方式来评判他的研究工作。我看不出有什么理由不将这些审稿意见传达给他或她。[着重为本书所加]

其他的来信则抨击了审稿的逻辑结构:

> 当我们最初提交这篇论文的时候,样本的体量就是显而易见且无法改变的事实。如果这是认真考虑过的拒稿理由,那么在初次审稿后就应该做出这样的决定。(一位作者写给C.阿诺德·安德森的信,1969年7月6日)

类似的来信恰恰提出了相反的观点,认为稿件不应一开始就被"筛选"掉,例如因为低应答率。还有人抨击审稿人的道德败坏:

> 他的审稿几乎完全关注这种传统,而非论文的价值。这不是期刊论文的审稿,而是攻击他所不赞成的研究路线的机会。(一位作者写给C.阿诺德·安德森的信,1969年12月7日)

请注意这样一种假设:反对某一特定领域的研究是不道德的,整个领域的研究不可能都是错的。因此,对内容的好恶只能说是偏好不同，不能当作拒稿的合理依据。共同原则的消失是一个既定事实。

还有一种观念是，审稿人充当着《美国社会学期刊》编辑部职员的角色。在莱文森给一位作者的信中写道，"如果［审稿人］满意您对他的回答，我们将乐意发表这篇论文"。但是审稿人发现了进一步的问题，论文被拒稿了。这位愤怒的作者写道：

> 你们的负责人说，如果做出一些修改，论文就会发表，我认为并不公平的是，后来又因为一些新的批评意见拒稿，而这些批评大体上与之前的修改没有关联。

莱文森回复道：

> 审稿人在第二次审读时发现论文中的错误，这不是第一次，也不会是最后一次……我们说过，如果您能让审稿人满意，我们会发表它。显然您做得远远不够。［从今以后］除非我确信论文完全合格，我才会表明发表的可能性。

在这次交流中，我们发现了一种成熟的审稿正当程序的概念，似乎发表的最终标准并非论文的质量趣味或重要性，而是是否遵循了某种程序。这里已经有了一种观念，即《美国社会学期刊》对于任何一篇论文，如果无法肯定地证明它不合格或应被拒稿，那么就不能拒稿。发表成了一种可反驳的假定。

作为这种观念的一部分，我们发现作者认为他们论文的"趣味"与发表的决定无关。仅仅应该由合格（competence）来决定。于是，安德森不得不为一篇负面的审稿意见深表歉意，该意见的全部文字如下："这篇论文没有什么问题，只是在1955年它或许可能令人感兴趣，而此时［1969年］应该是多余的。"从1930年代到1940年代，那些留存下来的审稿意见读起来大都跟这篇一模一样。审稿人的质量评判被完全信任；不需向作者或编辑说明理由。真正的问题是，论文是否能够被一位合格的评判者发现其趣味。现在作者开始认为论文的趣味性、时效性甚至创造性，都不在合格的正当程序评判之内。趣味不仅是不相干的标准，也是不合理的标准。

当然，许多作者认识到期刊和潜在作者之间道德契约的任意性。一位作者写道："顺便说一句，发牢骚不是我的习惯。以前我也有过投稿被拒，我认为是合理的，但是这次我真的感到很受伤。"有些人甚至对于漫长的等待表现出幽默感。一位知名学者写道：

> 我的记录表明，您在1972年12月12日寄给我一张明信片……请让我知道［论文］1）是否已经被审读，现在编辑人员正在就此进行激烈的争论；2）是否已经被审读，而您还没有机会告诉我结果，因为春季暴雨把编辑部淹了；3）它三个月前已经被寄送给一名审稿人，而他跟一名学生跑了，正在南洋某地旅行；4）它被一只碰巧跑进编辑部的狗吃掉了；5）它还在并且保存完好，但是上面沾满了花生酱。

新的道德契约，不仅在期刊与作者之间，也在期刊与审稿人之间。布劳和罗西已经开始实行向审稿人冷寄（cold-mailing）稿件的政策（不事先告知收件人就将稿件寄出），休斯曾指出这种做法明显不礼貌。1974年初，比德韦尔冷寄了一份稿件给一位美国社会学会前会长，他的回复清楚表明了老一辈人的态度:"该死,查尔斯,我从来不做这类工作。下次你再让我做这个,我就读也不读把稿件扔进废纸篓。"这种情形的另一方面是,人们逐渐有了期刊发挥教导功能的观念,这是休斯很早就预料到的。一位被退稿的作者写道:

> 即便审稿决定是否定的,我也感谢你们的付出,我希望这是一种对您和您的审稿人的回报。有时候,这样做似乎是唯一获得专业评价的方式,尤其在我们这样一个相对偏远的系。(一位作者写给C.阿诺德·安德森的信,1969年3月18日)

然而审稿人可能反对这一功能:

> 说得更直白些,我真的对他有所隐瞒。我看不出有什么理由要把从互动论文献中获得的具体想法告诉他……我并不愿为他做这样的工作。(一位作者写给弗洛伦斯·莱文森的信,1972年11月18日)

此外,惩罚审稿人的唯一方式,就是将他们弃之不用:

> 您随函附上的[来自审稿人]的评阅意见真的很糟糕。我对它们的第一印象是这名审稿人真的无法胜任审稿工作,我将写信给阿诺德·安德森,劝他不要再请这位审稿人。(主编助理写给作者的信,1972年12月28日)

159 还有一些审稿人提出他们自己的要求。一位著名学者在对一份冷寄稿件的回复中写道:

第五章 向专业主义转型的《美国社会学期刊》

太好笑了。你还没有将我所对［他的一位同事］的评论发表出来。除非我刚好乐意，不然我为什么要为你工作？（一位作者写给 C. 阿诺德·安德森的信，1972 年 11 月 11 日）

因此审稿的问题有数个维度。作者最想要的是发表，但是由于这具有不确定性，他们至少想要速度、正当程序和一致性。他们往往想学到一些东西，想通过跟本学科中最好的期刊打交道而得以"提高"。最后，作者不想受到伤害，不想觉得受到了人身攻击。在双向匿名审稿中隐含的客体化，大大增加了这种负面经验的可能性，在早期，这显然是非常普遍的现象。

审稿人有着更多样的兴趣。有人试图教导他人，有人对于不得不向他人提供"他们理应知道的信息"感到厌烦。有人认为审稿是一种荣誉（尤其是学生），有人认为它是一件苦差事，有人将它看作一种道义责任。少数人发现它是一个机会，以第三方为代价，打压与其相竞争的人、观点或研究传统。网越撒越广，审稿人的技能也越来越多样，他们被要求承担这种没有回报的工作。他们也期望与《美国社会学期刊》达成协议：不要过度使用他们，不要用那些需要清除的糟糕研究淹没他们。[15]

---

[15] 随着期刊的不断增加，超负荷工作成为了一个问题。当时大约有 30 种社会学期刊。假定每种期刊每年平均大约有 150 篇稿件，总共就有 4500 篇，每篇都需要 2 个审稿人，再加上可能另外有 1000 篇修改稿需要审稿。这样总共大约需要 10000 次审稿。美国社会学会仅仅拥有 13000 到 14000 名会员，其中近一半成为会员不到 5 年。如果引用前述被拒稿作者所说，我们假定审稿的是"最好的专家"，那么最好的专家肯定已经严重超负荷工作了。实际上，这些数字意味着在整个学科范围内，许多稿件，甚至是绝大多数稿件，是由跟作者同一水平或水平稍高的人来审读的。今天这个数据更糟，在这个意义上，整个"教导功能"的说法只是一个神话。

编辑居于中间。他们有责任提升这个领域，维护它的标准，公平地对待作者，平均分配审稿人的工作量（为了公正和自身利益），并防止双向匿名审稿似乎经常带来的情感伤害。但是他们的核心利益在于打造一本令人兴奋的重要期刊。可莱文森所推崇的期刊对有趣论文的一心寻求，既不符合研究的严格规则，也不适合那些不习惯作者市场的脸皮薄的编辑。更糟糕的是，在社会学新拓展的世界中，编辑不仅根本不可能了解作者，对审稿人也知之甚少。每篇审稿意见都是非常个人化的；它的意涵取决于审稿人未知的审稿风格。[16] 直到比德韦尔时代，这种利益冲突和责任纠葛才得以解决，也付出了沉重代价。相比任何其他事情而言，是这些错综复杂的问题——更多是道德和情感上的，而非知识上的——给《美国社会学期刊》转型的历史蒙上了一层阴影，毫无疑问阴影也笼罩着当时的其他社会学期刊。

作者与令人感兴趣的论文问题

到《美国社会学期刊》转型中期，主编和许多其他人都看到了双向匿名审稿系统对作者的性质和类型产生了非常不利的影响，并开始为此感到担忧。重要作者从匿名审稿期刊中流失

---

[16] 当时每个与期刊打交道的人都清楚意识到了这些问题。不足为奇的是，布劳对此采用了一种科学视角。在他担任主编的第一年，他启动了一项关于审稿实践的研究。此时，《美国社会学期刊》拥有一个六级推荐量表，布劳发现35%的情况下审稿人的意见完全一致，67%的情况下只不过是一项之差。详细的数据表明，相比接受稿件来说，审稿人更可能在拒稿上达成一致，并且中间等级的一致意要多于最高等级的（布劳，1962年《美国社会学期刊》年度报告附加的特别报告）。同样不足为奇的是，布劳怀着对一个相对统一的学科的愿景，乐观地解读这些数据。

第五章 向专业主义转型的《美国社会学期刊》

很早就成了谈论的话题，1958年休斯在给学系关于《美国社会学期刊》政策的信中提到（埃弗里特·C.休斯写给学系的信，1958年3月6日）："现在一个重大趋势是著名社会学家只在研讨会上发表论文……因为研讨会论文集不会重印，这些文章很快就被埋没了。"当时，像罗西这样的人认为，重要作者的犹豫不决至少有一部分不能归因于审稿过程，而是因为海伦·休斯干预性的编辑工作。然而随着时间的推移，这种解释变得越来越没有说服力。

有一些明显的例证。一位现代社会学的标志性人物写道，"直到我有名气了，[《美国社会学评论》和《美国社会学期刊》]两本期刊才开始给我带来麻烦，由并不具备评论或建议能力的人，提出了一大堆考虑不周的评论或建议。"（个人交流，1993年5月25日）现在并不清楚知名学者的流失是真实情况，还是某种普遍存在的信念。布劳为《美国社会学期刊》有意寻求重要学者，并发表了大量他们的文章。在他担任主编期间，发表了安吉尔（Angell）、贝尔斯（Bales）、科尔曼、科斯特纳（Costner）、科塞、邓肯、霍林斯黑德（Hollingshead）、休斯、帕森斯、苏威尔、索罗金、托伊伯和威廉姆斯的文章。这无疑是一份知名资深学者的名单。但与此同时，《美国社会学期刊》档案中保存了很多来自知名社会学者的信件，证实了他们作为作者对于拒稿的愤怒（也请注意前述罗西对于休斯的评论）：

恐怕最近发生的这件事，无助于改变我们对给《美国社会学期刊》投稿的负面印象。当然，我不会考虑将我写的任何东西投稿到您的期刊。

随着重要作者的流失，被一些人界定为狭隘的专业主义之外的人也在离开。正如休斯写给学系的信中所说（1957年9月20日）：

> 我的观点是期刊不应该过于专业化。我的意思是我们应该保持边界的开放。因为我们不是任何专业学会的官方出版物，我们处于成为开拓性期刊的理想位置；在这样一本期刊中能够提出新的思想，开辟新的研究领域。除了大学之外，还有许多组织正在开展本质上属于社会学的研究工作。我们不仅应该在方法和主题方面保持开放，还应该在收到稿件的作者和面向的读者类型方面保持开放。

然而在这种新的体制下，突破常规的研究工作可能遭受冷遇。正如安德森给一名作者的信中写道："我们欢迎挑战主流观点的文章，但是我们对待这类文章非常慎重，以免被指责为不负责任。"（1970年3月10日）莱文森只能通过开后门来保护这类文章。一位知名作者在被拒稿后写道：

> 我很感激您愿意接收不同类型的文章，抱歉我没有亲自提醒您注意这篇论文，而是直接寄给了主编。下次我就知道了。

与此同时，转型期的主编确实拥有一定的自由度。一篇现代社会学中奠基性的论文被录用了，除了一句"亲爱的X：我们当然会发表您的论文"外，没有审稿或评论（附带说一句，它不是芝加哥教员的论文）。

因此，虽然对于重要成果从《美国社会学期刊》视野中的消失确实存在一些担忧，但是情况并没有那么令人绝望。然而，趣味性和重要性与合格之间的关系，仍然是一个令人烦恼的问题，使作者、审稿人和编辑，这三个出版关系网中的关键角色长期存在矛盾。

即使这些担忧出现，作者群体的总体格局也没有实质性改变。作者的年龄确实在下降，但是在转型期之前就是如此（参见前文中的表格）。这种下降很大程度上反映了学科的快速扩张，而不是投稿率的变化，并且无论如何，这种情况在1955年就已经发生了。到1965年，《美国社会学期刊》作者的总体格局已经达到了其现代的形式。如表所示，在1955年到1965年的十年间，作者的平均年龄是39岁，他们获得学士学位的平均年龄是23岁，获得博士学位的平均年龄是31岁，这些数据证实作者的职业生涯完全专业化了。至少四分之三的作者是社会学博士，在这个意义上，他们也使得期刊完全专业化了。最后，作者中芝加哥大学博士的比例，从过去四十年的30%，下降到了20%；现在《美国社会学期刊》比以前更具有全国性，也可能更民主。

综上所述，这些证据表明《美国社会学期刊》已被整合进了一个稳定的全国性专业，这个专业不仅具有常规的职业，也有相当民主的组织化的出版系统。这种整合在知识层面还有一些证据，因为在1955年到1965年间的《美国社会学期刊》中，一种新的"专业化"修辞结构似乎变得更加普遍（Abbott and Barman 1997）。

小的议题

在《美国社会学期刊》的转型期，书评栏目逐渐作为独立业务来运作。虽然莱文森深度参与"大佬"的评述，正如她经常插手"大佬"的论文那样,但主要的操作是在书评编辑之下独立运行的。从实体上来说,到 1960 年代,《美国社会学期刊》和《美国社会学评论》的书评栏目有了显著差异。1967年,《美国社会学期刊》所做的一项研究发现,在 1962 年到 1965 年间两本期刊共同评述的著作只有 305 本。《美国社会学期刊》评述了《美国社会学评论》没有评述的 546 本著作,而《美国社会学评论》评述了《美国社会学期刊》没有评述的 495 本著作(1967 年《美国社会学期刊》年度报告)。因此,《美国社会学期刊》不评述它收到的大多数著作的模式并非只此一家。

然而整个 1960 年代和 1970 年代,收到的著作中被评述的比例逐步下降。这有几个原因。一方面,期刊收到了越来越多的著作。1960 年代初,《美国社会学期刊》每年收到大约 600 本著作,1960 年代末大约是 1000 本,而到 1972 年是 1500 本。起初,书评的数量保持同步增长,但是安德森执掌时期,书评数量大幅削减(从 71 卷中的 209 篇到 72 卷中的 121 篇、73 卷中的 87 篇)。显然,这是有意选择让评述更长。1967 年的书评平均是 0.96 页,与 1962 年的大致相当。(即使在那时《美国社会学期刊》的书评也比《美国社会学评论》的更长,1962 年后者平均是 0.65 页。)1972 年《美国社会学期刊》的书评平均是 2.3 页。《美国社会学期刊》收到的著作中被评述的比例,从约四分之一降到了十分之一。莱文森卖掉剩下的书,建立了一笔备用基金,用于新办公室的家具、空调和偶尔的聚会。这种减少简短的信息类评述,增加争论性知识内容的变化,很明显是莱文森总体战略的一部分。1972 年从《美国社会学评论》中分裂出来了《当代社会学》(*Contemporary Sociology*),目的之一就是发表更多实质性的评述文章,这使得《美国社会学期刊》

的举措显得很有先见之明。

在休斯担任主编时期，年度特刊时代早早就终止了。特刊仍然偶尔出现，其中一期"变迁社会中妇女的变化"成为了学术界的畅销书。这期特刊是莱文森发起的，她邀请了时任伊利诺伊大学助理教授的琼·休珀（Joan Huber）担任编辑。休珀努力克服了那些编辑过程中无法避免的问题，包括拒绝一些知名学者为特刊撰写的稿件，该特刊大多数论文来自公开投稿。莱文森准确看到了一个快速发展的市场，于是拿出全部家当来做赌注。这包括122000份宣传册、57000封直邮，以及数以百计寄送给女权主义组织和出版物的信件，加上在《女士》（Ms.）期刊安排的评论。最后，特刊非同寻常的成功让系里的那些悲观论者都感到惭愧。首版在付印前就销售一空，平装本提前两个月上市来满足需求。最终的销量有2万多册，还没有包括必然收到这期特刊的订户（查尔斯·E. 比德韦尔写给爱德华·O. 劳曼的信，1979年8月21日，另见《美国社会学期刊》年度报告）。这次成功帮助说服出版社创办了《符号》（Signs）。然而其他特刊的表现不尽如人意。相比之下"郊区变化的面貌"（The Changing Face of the Suburbs）和"转折点"（Turning Points，一期生命史特刊）都是较小的成功，单行本只卖了约1800本。

1974年后，随着查尔斯·比德韦尔坚定地重申《美国社会学期刊》的纯专业性质，转型时期终结了。转型期的两任主编造就了混合式的期刊（hybrid journals）。在布劳时期，《美国社会学期刊》引入了学科中新的双向匿名审稿制度，并且相比休斯夫妇的《期刊》来说，它有着更狭窄的专业聚焦。可它仍然是一件小规模的事务，是由一位独断专行的精英及其同事制作的一本有针对性的期刊。在安德森时期，《美国社会学期刊》变得民主化，在编辑业务、作者、审稿人和主题等方面都超越任何人的想象。它重回了更广泛的休斯式构想，反映了弗洛伦斯·莱文森想要创办一份具有可读性的专业期刊的冲劲，而直到1987年《经济学展望期刊》(Journal of Economic Perspective)的出现，这类期刊才在社会科学中取得成功。但在安德森时期，《美国社会学期刊》被淹没在如雪崩一般的投稿中，这些投稿对布劳和罗西想象的整个审稿的实践和道德结构提出了质疑。是查尔斯·比德韦尔让《美国社会学期刊》回归到一种更常规的结构，并以此摆脱了编辑、作者和审稿人之间道德关系中的一些基本困境。

第六章
现代形式下的《美国社会学期刊》

《美国社会学期刊》的许多参与者如今仍然是活跃的社会学家，因此相比对它早期的讨论，我有必要更少地聚焦它近些年的情况。对《期刊》过去25年来的主要知识兴趣，在于由查尔斯·比德韦尔和爱德华·劳曼所确立的有关主编角色和《美国社会学期刊》出版政策的现有概念。对这些问题的讨论，自然而然地引出了有关期刊在当前学科中扮演何种角色的结论。

主编及其工作量

社会学系在为《美国社会学期刊》寻找主编上一直存在困难，过去四十多年来，芝加哥大学的杰出教员大多不曾担任期刊主编即是明证。我们可以理解为什么布格和古德曼这些定量专家没有成为《美国社会学期刊》的主编，而萨特尔斯没有成为主编或许是因为对等但相反的理由。但是豪泽、科尔曼、威尔逊或贾诺维茨等人从未担任期刊主编，传递出一种显而易见的信息，那就是肩负重要行政管理职责的学者，没有时间承担主编工作。这既排除了像豪泽、威尔逊和贾诺维茨这些系主任，也排除了像豪泽和科尔曼这些接受大额资助的学者。在这些人中，只有贾诺维茨承担了实质的编辑工作，他试图通过他的"社会学遗产"丛书,使芝加哥学派重新恢复活力。豪泽等人有别的通往权力的道路,显然对编辑《美国社会学期刊》不感兴趣,也认为没有义务。

这项工作是一件苦差事,标志之一是主编任期的缩短。法里斯、伯吉斯、布鲁默和休斯执掌了《美国社会学期刊》整整36年。接下来34年里有6位主编:布劳、安德森、比德韦尔、劳曼、白威廉(William Parish)和玛塔·廷达。(相比之下,过去40年里美国社会学会的期刊主编任期一直都是3年。)如果没有查尔斯·比德韦尔在提升效率方面的积极努力,那么这项工作可能会更加糟糕。比德韦尔创建的制度结构,加上劳曼引入、白威廉扩展的计算机数据库的支持,使得对于在职教员来说,这项工作还是一项合理的任务。

相比容易解决的稿件效率问题,比德韦尔的努力起因于更具体的担忧。1970年代中期《美国社会学评论》考虑引入版面费,对于各个有着大量基金资助的学科来说,通过版面费使得期刊获得资金支持是一项通行政策。美国社会学会最终勉强决定收取投稿费,从1978年底开始实施。期刊的这类收费极大地改变了作者的投稿动机。比德韦尔担心稿件大量涌入不收费的《美国社会学期刊》。比德韦尔一直在咨询《社会力》期刊的埃弗里特·威尔逊(Everett Wilson),并且在1977年引入了稿件处理费,而当时美国社会学会的讨论仍未结束。虽然两个人都担心这一政策对贫困学者的影响,但是与此同时他们认识到这对于广大订户来说是节省开支,后者其实一直在补贴潜在的作者。最重要的是,比德韦尔说:"紧跟时代似乎更好,部分也是因为我们担心如果不这样做,那些不重要和不合适的稿件将大幅增加。"(查尔斯·E. 比德韦尔写给埃弗里特·威尔逊的信,1977年11月2日)此刻《美国社会学期刊》财政上相当

第六章 现代形式下的《美国社会学期刊》

困难,所以这笔资金也会有所帮助。

结果是引人注目的。投稿率从 1970 年代中期的每年约 600 篇稿件的峰值水平,迅速回落到 1980 年的约 300 篇。在实施投稿费政策的第一年,投稿率就下降了一半。自此以后,投稿一直稳定在每年约 300 篇,除了个别几年。

这项政策的另一个后果是没有经过审稿的拒稿几乎消失了。查尔斯·比德韦尔刚接任的时候,继续实施预先拒稿政策,尽管不及先前严苛。1974 年共处理了 643 篇稿件,其中 17% 没有评审就被退稿了。在新政策下,会被预先拒稿的论文似乎消失了。(现在可能每年只收到 10 到 20 篇这样的论文。)因此,《美国社会学期刊》的做法与该领域中正在形成的规范相一致;美国社会学会的伦理守则(2.C.1,2)最终明确要求实施普遍审稿制度。

还有一个后果是稿件录用率的恢复。到 1980 年,这个比率回升到了约 14%,这是长期以来的平均水平。然而,这一数字在 1980 年代缓慢回落,并在 1980 年代末和 1990 年代再次开始跌至 10% 以下。罪魁祸首是文章长度。在 1962 年到 1971 年间,文章长度增长了约 40%。到廷达担任主编的时候(1992 年),这个数字又上升了 40%,达到平均每篇约 30 页(按新的版面计算),大约是 30 年前文章长度的两倍。

《美国社会学期刊》文章长度增加的一个重要原因是参考文献的增加,文中和结尾所附的文献都增加了长度。1973 年到 1992 年间《美国社会学期刊》上发表的文章,平均引用文献的数量从约 30 篇增加到约 60 篇,几乎翻了一倍。因此大多数变化发生在文章的尾部。《美国社会学期刊》总是发表一些有大量参考文献的文章;早在 1970 年代中期就出现了有 160 条或更多参考文献的文章。但是参考文献很少的文章消失了。在我的样本中，1970年代中期的某一年中，参考文献最短的文章通常引用10到15条，到1990年代则是25到30条。①整页表格的数量也大幅增加，这一变化对文章长度的影响甚至更大。

比德韦尔像在他之前和之后的主编一样，试着通过鼓励作者将常规论文改写成研究简报来控制页数的增长。一如既往，这个政策被证明是失败的。作者只是将他们的文章投到别处，或是在文章中插入新的理论转向而使它们的长度合理化。复制性研究（replication）从来没有成为一种社会学论文类型。

对于公共关系来说，更重要的是比德韦尔对审稿时间的过度关注。对于审稿时间的担忧可以追溯到休斯担任主编的时期。莱文森时期这些担忧持续存在，学系的教员是最糟的违规者。当比德韦尔接手期刊的时候，做出决定的中位时间约为20周，其中许多稿件等待的时间超过了六个月。在1974年到1975年间，比德韦尔将这个时间缩短到了平均5.3周，但是这之中大多数是因预先拒稿而实现的。审阅稿件平均花费的时间是7.1周。到1970年代末，预先拒稿已经被放弃了。平均审稿时间再次上升到三个月以上。

随着时间的推移，投稿数量下降帮助了比德韦尔。在他最初执掌期刊的时候，一年中总共使用了大约600位审稿人，他坦白地告诉顾问编辑，这导致了明显的质量问题。但是投稿数量的下降，意味着对于特约审稿人的需求减少，比德韦尔希望这样可以让他摆脱对缓慢而糟糕的特约审稿人的依赖。事实上，在收取投稿费后，他能够减少约20%的特约审稿人。此外，工作量被转嫁给了顾问编辑，他们被告知期望一个月完成

---

① 我考察了从1973年到1992年每卷3月号前10篇实体性且非综述类的文章。

第六章 现代形式下的《美国社会学期刊》

两篇论文的审稿——这既不是第一次,也非最后一次(回想1957年罗西的计划)。所有论文都会寄送给一名顾问编辑和一名特约审稿人。在1974年之前的三年中,顾问编辑实际上只审读了5%的论文,编辑委员会成员(学系教员)13%,本校其他教员或学生7%,特约审稿人75%。到了1976年,顾问编辑审读了27%,编辑委员会8%,教员和学生8%,特约审稿人57%。随着顾问委员会的扩大,这项数据还在进一步发生变化。

结果发现,审稿的重新分配对审稿时间几乎没有直接影响,四组审稿人的平均审稿时间大致相当,而且几乎不随时间而变化。但重新分配意味着更好的质量控制,这反过来意味着更少修改审稿人给出的意见和更少有分歧的决定。因此,比德韦尔大幅减少了收到审稿意见后做出决定的时间。再加上他更快地将文章分配给审稿人,这些时间的缩减使他可以接受一个不变的审稿周期(从寄出稿件到收回审稿,中位时间大约是一个月),对于所有接受审稿的论文来说,总周转时间仍然实现了大幅削减。

比德韦尔对于质量控制的努力,使他明显偏爱更年长的学者。在比德韦尔任期初,审稿人平均的职业年龄提高到博士毕业后13年。但在比德韦尔任期末这项数据趋于稳定或稍微下降,体现了他对学生审稿人的日益青睐。(在他担任主编后期,教员和学生审读了多达11%的论文。)在此之后,随着新近年轻社会学家加入的速度放缓,特约审稿人的年龄缓慢增长,就像整个学科也在逐渐变老一样。在劳曼和白威廉时期,这项数据逐步上升,到白威廉任期末,达到了博士毕业后18年。从另外的角度来看,在博士毕业6年之内、担任助理教授职位的特约审稿人,其比例从安德森时期的约40%,下降到白威廉时期的约 20%。

比德韦尔与其他重要期刊主编之间的通信表明，这个时期《美国社会学期刊》面临的工作过量和审稿质量问题，对于社会学期刊来说相当普遍。事实上，在美国社会学会年会中，社会学期刊主编定期召开的小组会议已经对这些共同的问题进行了讨论。1930 年代《美国社会学期刊》和《美国社会学评论》之间铸就的"高墙"，至少存续了 20 年。在 1950 年代，海伦·休斯极为重视她的老同学、《美国社会学评论》主编 R. E. L. 法里斯对《美国社会学期刊》的一次秘密访问。但到了 1960 年代，各期刊的主编都参与美国社会学会的年会专题论坛，它成了一个有着广泛议程的常规活动。议程主要围绕工作量和审稿质量问题，但是在许多方面，最重要的议题是在新的学术出版领域中，究竟何为编辑、作者和审稿人的义务。学科的变化催生了这个问题，与之相伴的还有一直以来对高水平论文和创造性研究工作流失的担忧。

作者与稿件的情感经济

相较查尔斯·比德韦尔对《美国社会学期刊》投稿过剩的控制，可能更重要的是，他将编辑工作定位于对这些期刊义务问题采取一致的道德和情感立场。他创建的结构随后被他的继任者爱德华·劳曼巩固和拓展。比德韦尔对编辑工作的变革的核心，是他认识到期刊不断加重的道德义务，因为他和其他的期刊主编都清楚地认识到，现在典型的准作者都是职业生涯面临风险的年轻人。

很难准确地弄清楚 1970 年后年轻人在多大程度上更有可能投稿给《美国社会学期刊》。首先，学科的人口结构保证了

第六章　现代形式下的《美国社会学期刊》

年轻人在期刊中不断提高的主导地位。学科中1960年代学者的"出生率"如此之高，犹如一波"婴儿潮"，意味着一个年轻化的学科，也意味着相对更多的年轻投稿者。更重要的是，1960年代迅速扩张的大学，急不可待且少有质疑地吸收了这些年轻学者。但是随着1970年代的到来，扩张速度放缓了，而且正好在专业婴儿潮一代完整渡过博士生产线之前，留在学术界所要求的能力水平开始提高。此外，许多大学乃至四年制学院利用市场优势，重塑了自身的研究模式，加强了强调发表而忽视教学的研究伦理。虽然这稍微缓和了就业市场，但是它意味着发表变得更重要。对为数众多的年轻一代来说，除非他们的导师能够将他们的研究成果放进编纂的论文集，否则除了匿名审稿期刊外就没有其他发表渠道。

所有的这些原因，确保了1970年代起年轻作者在期刊中的主导地位。学科中资深知名的学者似乎在不断地退出，助长了将年轻人推向期刊的这股力量。通常一次糟糕的经历，就足以促使他们忙不迭地转向更有保障的学术论文集和约稿。

> 审稿过程慢得令人无法容忍，并未明显快过其他同等地位的期刊。相比那些更爱抱怨的作者来说，我并不幻想我温和的怨言对你能有什么影响……但是"惩罚"你给我带来快乐。我能把这个故事讲给朋友和孙子，讲那时我们使好人查尔斯·比德韦尔失去了发表一些有趣东西的机会。（一位非常著名的学者撤回了要求他修改后重新提交的稿件，1977年）。

自从那次经历之后，我有许多年没有给《美国社会学期刊》投稿了：一位评审人无条件接收了论文，而另一位则

170

对它狠批。我反驳了审稿人蹩脚的审稿意见，但也无济于事（一位知名学者为审稿文档作的附记，1980年）

劳曼在1980年给一位顾问编辑的信中写道："许多知名学者不再尝试重要期刊，因为他们觉得会被过于挑剔的审稿人折磨。不幸的是，我认为这就是我们为审稿过程匿名性付出的代价。"

尽管重要期刊的稿件供过于求，但是那些竭力维持中的新期刊编辑经常急需论文，尤其是知名学者的论文，这一不寻常的事实促使了知名学者的流失。通常的做法是直接向知名社会学家约稿。此外，"特刊"也迅速扩散，对于大多数期刊来说，特刊本质上是缺少论文的主编让其他人编辑一期，以填补期刊版面的手段。特刊的编辑总是想要一些高知名度的作者，这些特刊也的确经常源于（受邀的）会议，它们对于知名度有着同样需求。另一个重要因素是快速发展的年刊市场，它们几乎全是约稿。尽管《美国社会学年度评论》坚持发表真正的述评类文章——在《美国社会学期刊》或《美国社会学评论》中根本没有过这类文章——但是相当多其他年刊开始只发表理论文章和最新研究。这些年刊对于作者知名度的需求，使它们为重要学者的文章大开方便之门，否则它们只得流向需要审稿的期刊。如果这些知名学者选择二流期刊或年刊的话，他们可以通过约稿发表大多数或所有的研究成果。

在1970年代，由于这些诱因的存在，资深学者似乎比之前更快地放弃了重要期刊。那些留下来的学者更可能是和年轻学者合著，因为到1970年代中期，作者名单显示合著论文显著增加。这个趋势可能部分反映了合作研究的真正增加，但是在许多情况下，分工比例与1950年代和1960年代完全一样。到1970年代末，给进行回归分析的研究助理挂名已经成为一种常态，无疑部分是因为学术市场变得竞争如此激烈。[②]

随着年轻人的大量涌入和知名学者的退出，到1970年代末，期刊发表显然已成为一个年轻人的游戏。因此像《美国社会学期刊》这样的期刊成为了年轻人在申请终身教职时，判断其研究工作的主要依据。档案中的通信突显了这一事实。1977年11月2日比德韦尔回复一所重要大学的系主任，担保X的论文的确正在《美国社会学期刊》审稿。1981年爱德华·劳曼收到一位已在《美国社会学期刊》发表论文的作者来信，这位作者写道：

> 在我所在的系内，教职成员当然熟知《美国社会学期刊》，也认为它有着最高水准。然而系外那些参与终身教职和晋升评审的官员（如院学术委员会、院长等），并不一定熟悉《美国社会学期刊》，或任何其他社会学家发表论文的期刊。录用或拒稿率等信息似乎有助于这些人评价一本期刊的质量……如果您刚好知道X年（我的文章发表的年份）的这些比率，那将是对我莫大的帮助。

难以想象彼得·布劳会收到或回复这类来信，但是劳曼尽职尽责地告知了85%的拒稿率。

这些文档是海量的终身教职评审档案中的冰山一角。收到这些信件的主编清楚地发现院长及其委员会既无法或不愿阅读申请人的学术成果，也不信任他们自己学系的判断，并且除了数数简历上的发表记录，不愿做更多的事情。年轻学者的职业

---

② 是否"真的"存在期刊逐渐被年轻人占据主导地位，超出了人口结构变化预期的程度的现象？这一点之所以难以确定，原因之一便是合著惯例的改变。在现代，合著的上升是大势所趋。

生涯直接依赖于这些期刊。因此正当程序有着很高的风险。

对于年轻学者来说，他们普遍相信审稿的随意性（最好的情况）。一位被拒稿的年轻作者通过《美国社会学期刊》联系上了一位给他肯定评价的愤怒的审稿人，他本人正处于职业生涯的中早期，他回复："不要因为发表上的困难而气馁，在过去九年里我发表了29篇文章，根据这一经历，我可以严肃地告诉你，发表是审稿人选择性过程'纯属偶然'的结果，而与文章质量无关"（1977年）。

如果情况不是如此悲哀的话，其实一切是很滑稽的。潜在的资深作者逃离期刊，使他们自身免于审稿人的麻烦，可因此也向大多数同事隐藏了其研究工作。潜在的年轻作者认为对于他们的职业生涯来说，文章的进展极其重要，但这或多或少又具有随意性。与此同时，编辑感到有一种巨大的保证公平的责任，甚至是一种对公平的痴迷。

1974年刚刚接手《美国社会学期刊》的比德韦尔，立即发现了这些议题非同寻常的复杂性。他的应对是让编辑角色充满道德光环。在给一位抱怨收到太多糟糕论文的评审人的信中，他写道："尽管我和副主编试着筛除掉最差的论文，我们也不愿意太过严厉，以至于无法让作者从审稿人的评阅意见中受益。"他不仅仅担忧论文质量，也要考虑安抚备受困扰的审稿人的情绪，并对明确偏离程序的道德问题深感忧虑。无论是他跟作者、审稿人还是编辑的通信，都贯穿着这种劝慰和关怀的语气。

> 我遗憾地告诉您，我们不能将这些论文作为系列发表。如果您希望它们被单独考虑，我们会非常高兴……我总是高兴认识那些对为《美国社会学期刊》审稿感兴趣的人。（写给某位志愿审稿人的信）

第六章　现代形式下的《美国社会学期刊》

我们大量利用同事来审稿，所以我很高兴拥有您这样有用的智力资源（写给另一位志愿者的信）。

它的内容虽然非常有趣，但是恐怕演讲归演讲，文章是文章。（写给某位要求他快做决定的作者的信）

当遭到攻击的时候，比德韦尔坚持其道德立场的明确性和一致性。一位作者抱怨："您审阅我的文章耗费了七个月的时间，这在专业上是不负责和不道德的。"比德韦尔回应：

这次审稿采用了五位审稿人。如果我们没有告知您我们在审稿中的困难，那么您说我们是不道德的是正确的。但我相信我们已经尽力了，并且履行了我们的义务。我们一直在向您通报您的论文在审稿中的缓慢进展。如果您愿意，可以在三个月期限之后随时撤稿。

这段话完全的虚拟语气，凸显了比德韦尔在进行编辑工作时高度自觉的道德关怀。在他对《美国社会学期刊》发送所有审稿人意见的复本给作者和其他审稿人的政策讨论中，强调要解决诸如审稿人不守规则的问题："我们的确将所有审稿人的意见都寄送给作者。唯一例外的是那些明显不负责任，或是带有人身攻击的意见，自从我担任期刊主编以来，还没有看到这样的意见。"这样的意见实际上是存在的，但是比德韦尔迅速清除了它们。

尽管道德的规则化（moral regularization）使作者、评审人和编辑之间的关系稳定下来，但仍然存在有趣和高水平成果流失的问题，而且越来越恼人。当然，这种失落感的一部分——我们不知道有多少——可以归因于年纪渐长带来的永久的悲伤。编辑是一项中年人的活动，而我们在中年时所知道的任何东西，都不可能像在职业生涯初期读到的东西那样，具有不可辩驳的伟大意义。不过，尽管很清楚这种趋势，比德韦尔和劳曼仍然深信他们面临优秀论文匮乏的问题。

事后来看，正如休斯曾经预测的那样，这类研究成果的流失，明显部分是由于论文审稿的公开、正当程序的需要所致。虽然道德的规则化是一系列问题的解决方案，但是在某种程度上又是其他问题的来源。著名学者撰写了大量重要而有趣的成果，可现在他们没有动力将其投给《美国社会学期刊》。有趣成果的流失也受到一个事实推动，那就是社会学中几个热门的新领域都倾向于出版专著，而不是文章，尤其是政治社会学、历史社会学和马克思主义的大量领域。与此同时，到1970年代中期，能够采用因果论的新定量技术完成的开创性研究成果已经出现。剩下的只有大量常规科学的论文，而使这些论文成为可能的是邓肯-布莱洛克的世界观。这种范式下的新文章更适合《心理学报告》(*Psychological Reports*)特有的研究简报格式，而不是《美国社会学期刊》越来越长的格式。然而据我所知，尽管《美国社会学期刊》或其他社会学期刊的主编都做出了积极努力，但都没有成功且有效地推广这种简短格式。结果期刊都被高度合格的常规科学论文所淹没，同时正当程序的压力，迫使它们越来越多地基于合格而非有趣和重要性进行审稿评判。③

---

③ 因此，每一篇关于地位获得的新稿件都有理论上小小的新进展，就像1980年代关于革命和人口生态学的论文一样。结果是一种"理论炮制"，而不是至少如邓肯所期望的科学复制(scientific replication)。正如1974年比德韦尔在《美国社会学期刊》午餐会上对编辑们所说的那样："显然编辑必须非常谨慎，不要过多地录用那些除了合格之外没有其他更大价值的论文。"

第六章 现代形式下的《美国社会学期刊》

在许多方面，有趣论文是否正在消失的"现实"，不如对这个假定现象的界定与反应更加重要。外人倾向于将优秀论文的消失归因于编辑部的胆怯。一位审稿人在一份附录中写道：

> 我想，考虑到社会学"主要"期刊版面的压力，如果审稿人对于一篇论文有一点点的疑虑，就相当于对论文宣判死刑，整个事情就变得太过关乎运气，取决于谁拿到了稿件。这太不幸了。此外，可能有一种趋向正统性的压力，它使得我们的期刊如此无趣和乏味。(1980年)

前文中引述的审稿人，对于一位因有分歧的审稿意见而被拒稿的年轻作者继续说道：

> 在期刊上很少出现两类论文：一种是非常差劲的，另一种不幸的是至今为止出现过的最好论文。您的论文属于后者，所以不要对您可能遇到的任何困难感到惊讶。真正好的成果几乎总是被拒：(1) 审稿人过于无知，无法理解它的意义（通常情况下是这样）；(2) 它威胁到这个领域中知名学者的利益。

事实上，甚至某些编辑也相信这种解释。1978年，另一本顶尖社会学期刊的主编写信给比德韦尔，这位主编看到了胆怯和不力来稿的两相结合：

> 从本质上说，主编的胆怯问题，与来稿平淡无奇的现实结合在一起——后者是研究生训练的后果之一。我们如何评

253

判这些论文？最清晰和最简单的标准是收集、归纳和处理数据的成熟老到。如果达不到这些要求，我们就拒稿。如果符合，我们就倾向于接收，而不顾它在内容上是否缺少生成性（a generative quality）……我们有动力接收解决问题的论文，而不是开启问题的论文。我认为在其他条件相同的情况下，一篇尽管存在错误但有启发性的稿件，相比正确可乏味地致命，抑或是致命地乏味的稿件更加重要。

出现这种情况，并非因为在研究方法上受到过于完美的训练。这是不可能的。而是因为在其他领域受到的训练过于薄弱，尤其是理论方面。

但是比德韦尔和劳曼发现，认为他们的胆怯造成了问题在几个方面是错误的，与他们的自我认知相当不符。首先，墨守成规的知名教授扼杀革命性论文的观点的确可疑。扼杀者往往都是年轻人。一位曾担任过期刊编辑的审稿人在1980年给劳曼的信中，说到了审稿人面临过量工作的困境，她代表了很多人：

> 我可以将稿件交给年轻同事或高年级研究生，他们跟我一样擅于淘汰那些无药可救的论文。问题出在那些有修改潜力、最终有价值的论文。像绝大多数人一样，我的后辈傲慢自大，我觉得有一种责任，至少要检查他们给予那些可怜作者的评论，但如果我没有亲历整个过程，就无法发现一篇可能被修改为真正有贡献的论文。

大多数有经验的编辑似乎都同意，年轻人比他们的长辈有更多成见。

更重要的是，编辑无法发表那些根本没有寄送给他们的论

第六章　现代形式下的《美国社会学期刊》

文。1980年（可能还有其他的年份）有一本排名很高的社会学期刊为了好论文竟做起了广告，给所有国家科学基金资助的获得者寄送了一封通用格式的信函：

> 当您受国家科学基金资助的研究成果成形后，如果您能从中拿出一篇或两篇论文，我们将乐于尝试在 X 上发表。我们所需要的论文（如您所知）有着诗歌般的简约、E. B. 怀特式的清晰，以及一种新世界观的惊人影响。又及：非常认真地说，我们很感兴趣。

甚至连审稿人都想知道好论文去哪了。一名定期的审稿人写信询问比德韦尔：

> 是我拿到的稿件异常差劲？还是我异常挑剔？还是我所看到的稿件质量导致《美国社会学期刊》有这么高的拒稿率？（1978年）

比德韦尔回复：

> 对于我寄送给您的稿件，我希望您不要为它们的质量过于不安。恐怕您所拿到的稿件，在普遍的质量上来说是相当好的了。

但是，当一些审稿人想知道他们为何从来没有拿到有趣的论文时，另一些人会认为一篇论文的"有趣"程度是无关紧要或者不合理的考虑因素，只有合格才是重要的。一位审稿人在婉拒一篇稿件的审稿时说："这篇论文的整个主题令我厌烦，我怀疑自己难以做到公正。"似乎他的厌烦本身并不是一种有关而重要的评判依据。另一位审稿人因为录用函中并不要求他所建议的修改,抗议:

> 正如另一位评阅人所指出的,这是一篇雅致而有趣的文章,但是写得有些太单薄、太含糊。我赞成《美国社会学期刊》录用这篇论文,并且我希望它继续这样做。然而《美国社会学期刊》的标准是极其严格的。……因此,我为这个编辑决定而感到不安,它很不尊重审稿人的判断。

劳曼回复:

> 问题在于如何区分"合格而有启发"和"明显的不足"。很多时候,这个问题几乎完全取决于观者的看法。

> 因此出现了一种复杂的计算法,有些人将有趣和质量相提并论,有些人视质量跟有趣彼此独立,而有些人认为有趣完全不相关。但是每个人似乎都同意,期刊短缺的是质量和有趣兼备的论文。到劳曼任期初,《美国社会学期刊》公开要求编辑们到处寻觅论文。

作为主编,劳曼延续了比德韦尔式的道德结构。但是他在通信中更少关注于此,现在每个人都知道如何行事。劳曼将注意力更多地放在为发表制定自觉的标准,着眼于建立寻找有趣研究成果的规章。

> 只有特别重要和创新的文章,我们才勉强同意分为两部分发表。一般来说,我们想要避免那些基本上是对理论

家已发表著述进行阐释的论文,尽管我们偶尔发表这类论文。

这篇论文以现在的形式无法通过《美国社会学期刊》常规的发表评审,因为它的描述性太强,似乎也与更大范围的社会学文献之间联系不足。

我们的政策是发表经验上、理论上或方法论性质上有贡献的原创性研究。我们不发表文献评述文章。……显然这两类文章之间的界限并不总是不言自明的。

虽然我们在这些方面没有硬性政策,但我们通常想要那些原创的经验性、理论性和/或方法论的论文,而不是研究"现状"或应然如何的论文。

当然,我要补充说,论文必须要有创新。……期刊长期以来的政策规定,我们只发表原创性的学术作品(例如,有别于文献评述或概述其他地方已发表成果的文章)。

考虑到我们多元化的读者群,我们热烈欢迎公布重要的新成果,或者做出独特的理论系统阐述的稿件,它们需要超越"常规科学",对特定的专门领域有所贡献。

这些引文许多都来自劳曼给作者的回信,当作者来信询问初步意见时,劳曼相较比德韦尔更频繁地给予意见。它们表明,他把过于专门化、过于非学术化和过于标准化的论文剔除了。结果是营造了一个具有特定利基(niche)的期刊,尤其是跟《美国社会学评论》相比。在伯吉斯的文档中，他1936年已经从许多方面描绘过这种利基。从积极方面来看，劳曼传达出的信息大体上有助于《美国社会学期刊》吸引创新性论文。从消极方面来看，坚持要有某种创新（以及其他方面类似的坚持）导致大量论文"炮制理论"，作者试图对已有理论观点稍作改变，包装为重要创新。

与此同时，整个学术过程的规范化也在稳步进行。到劳曼时代出现了一个明确的系统，按照周转时间、"黑洞"系数（"blackhole" coefficient）、与其他评审人一致的情况等对审稿人进行评级。糟糕的审稿人也有一份黑名单，大多数由一些看起来非常合适但是实际上工作糟糕的知名人士组成。现在"教导"的动机是标准化的，甚至规范化的。当一位审稿人因为她的审稿意见比其他人长很多，写信给劳曼想知道她是否"过度审稿"时，劳曼回复：

> 我只希望更多审稿人能像您一样认真负责，帮助他们的同行改进工作。我们给审稿人寄送其他审稿人意见的复本，正是为了鼓励他们提高自己的审稿水平，也让他们对于自己评判的聚合效度（convergent validity）有一些了解。

将所有审稿意见寄给所有审稿人的政策，始于比德韦尔执掌的1970年代中期。现在教导不仅发生在审稿人与作者之间，也发生在审稿人之间。我们已经远离了布劳模式的期刊，在该模式下由精英们来评判他们自己和后辈。

到了劳曼时期，关于寻找审稿人也有了明确的政策，那就是已发表成果的引用文献目录。然后这些人的工作接受检验，如果做得好就留用。从审稿人名单中清除某些人，也是

第六章 现代形式下的《美国社会学期刊》

一件定期例行的事情。偶尔有写信来的志愿审稿人,大多数都会寄来一份简历和一封描述他们兴趣的来信。(其中少数人会被列入名单。)还有一些组织(几乎总是女性社会学家的组织)有时会寄来一份长长的潜在审稿人名单。[④] 但是对于审稿人的核心评判标准,仍旧是他们对审稿人应该如何行事有一定的认识,获得这种经验的最有效方式来自负面的个人经验。因此已经发表的文献是寻找行为良好审稿人的最佳场所,他们不会如前述提到的研究生那样"傲慢自大"。当然,这种寻找新审稿人的方法也极为有效地加速了审稿人队伍的规范化。

《美国社会学期刊》履行所有冲突的道德和情感义务的尝试,有明显的代价。其中最主要是科层化和详细审查的进一步增加。纵观比德韦尔和劳曼时期,来稿中被要求修改的比例缓慢但非常平稳地从低于 10% 增长到 15% 以上。后来它进一步上升,有时达到 25%。因为对于修改稿更高的接收率(在比德韦尔时期大约是 30%,在劳曼初期上升到近 67%,并且在过去 10 年间稳定在约 50%),作者几乎总是想要被要求修改。因此对于许多审稿人来说,这些论文出现了两次。早在 1980 年代,《美国社会学期刊》就面临着大量特约审稿人因工作过量而拒绝审稿的严重问题。在 1983—1984 年,30% 的稿件为了获得必需的两次审稿回复,不得不需要四位或更多的审稿人。现在没有被要求修改的论文凤毛麟角,平均每年少于十篇。

[④] 1982 年美国社会学会妇女地位委员会寄给劳曼一份附带简历的 116 人名单,其中包含了相当多的知名女学者,她们已经为《美国社会学期刊》审稿多年。

商业事宜

对于芝加哥大学出版社来说，现代时期的《美国社会学期刊》继续扮演着一个主要现金流项目的角色。不巧的是，出版社不愿意公开它当前和近期的预算数据。但是根据《美国社会学期刊》记录中已有的数据，我能够在这里报告一些数字。以1981年为例，期刊订阅的销售收入是25万美元，广告费收入是1.8万美元，还有其他一些次要的收入来源（投稿费、重印，以及单印本销售），总收入是28.2万美元。与之相对应的是制作成本8.5万美元、编辑费用4.5万美元、邮寄费用1.5万美元、营销费用1万美元，以及其他一些开销——总计约19.5万美元。出版社收取了5.9万美元的管理费。这些管理成本体现在直接按小时计费的制作、编辑和广告工作人员，再加上商业和订户办公室的成本，后者是按照出版社整个订户数中《美国社会学期刊》所占比例进行计算的。最后，它获得了2.8万美元的净利润，占收入的10%，十分可观。相比之下，《美国社会学评论》获得了数十万美元的"账面利润"，但其预算编制惯例却截然不同。奇怪的是，芝加哥大学出版社起初将美国社会学会视为一个垄断市场，依靠学会来支持它的社会学期刊，而现在美国社会学会则是将它的期刊项目［（按照规范的术语）会员市场很大程度上是垄断性的］作为支持组织活动的摇钱树。总之，美国社会学会的期刊为组织贡献了一大笔盈余，即使它们之中只有两三本真正赚钱。

任何读者都知道，芝加哥大学出版社满怀热情地推广《美国社会学期刊》，甚至到了近乎狂热的程度。在一个典型的年份（1980年）中，《美国社会学期刊》的宣传册和样刊出现在

13个出版社的展位上,除了通常的美国社会学会、美国政治学会和美国人类学会的会场,还远至法兰克福书展和社会工作教育委员会的会场。作为其他展览(比如美国大学出版社协会)的组成部分,相同的材料还出现在另外26个会议现场,包括在蒙特利尔举办的关于重新界定公私领域的会议,在威奇托举办的堪萨斯州社会福利协会会议,以及大急流市举办的五大湖地区历史学会议。⑤

作为时间机构的《美国社会学期刊》

在总结《美国社会学期刊》历史的时候,我想要回到先前章节所强调的变化和延续的主题。我数次指出,《美国社会学期刊》最重要的延续性是物理上的。在期刊存续的一个世纪里,它看起来像一个单一的事物。即便如此,它在不同时期实际上有若干不同的社会和文化特质。

《美国社会学期刊》最初是一个人发表的个人陈述,表达了他对一系列可以而且应该被整合进一个系统的思想的构想。诸如改良主义、社会形式研究(formal study of society)、历史反思等思想,为一系列以相当随意的方式从不同来源攫取的文化产物,赋予了一种松散的统一性。在现代意义上,斯莫尔并

---

⑤ 至少在最近这段时期开始,出版社也推动《美国社会学期刊》登载综合性(非学术性)广告。从期刊创办以来,这一直是不被鼓励的做法。但是当彼得·罗西1957年开始企图"政变"时,出版社明显就此事施压。海伦·休斯在给罗西的信中,带着毫不客气的嘲讽口吻写道(1958年1月7日):"你会有兴趣知道,这不是出版社第一次提出让我们登载酒店、铁路、办公用品公司等广告。……我认为近年来《美国人类学家》刊载西南部的飞机、火车旅行和旅馆广告,使它看起来很廉价。"

不是一门学科的成员。毋宁说他和他的同伴正在尝试创建一门学科；在这一努力中，《美国社会学期刊》是一个有用的工具，正如芝加哥大学出版社发现美国社会学社对于其自身的拓展和利润目标来说，是一个有用的营销工具一样。对于斯莫尔及其同事来说，《期刊》就像新生的社会学系和全国性协会，是旨在特定制度环境下（美国大学新近的转型）锚定一类探究（迄今为止在细节上并不明确）的机构。当然，结果并不必然就如他们所愿。斯莫尔就绝没有想要让改良主义从社会学中消失。

中期的《美国社会学期刊》建立在这个基础上。但是正如同一时期的美国社会学会，它本身从改良主义传统中分离出来，强调一种"科学伦理"，从而缓和了这种转变，尽管它为统计学范式打开了一扇门，而这种范式最终统治了社会学。阿尔比恩·斯莫尔的《美国社会学期刊》被回溯性地重新界定［在 H. P. 贝克尔（Becker 1930, 1932）等人的研究中］为一门正式学科前期的萌芽，间或被明确的改良主义作品和历史的模糊性所搅乱。中期的《美国社会学期刊》由一小群密友所掌控，体现出一种共同的视野，即何为做社会学研究——第二章描述过其最终形式——但是它不是通过一系列固定的实践或惯例来实现，而是通过共享对研究工作的评判来实现的。这个时期的审稿表明，即使相当严重的差异也被忽视了；主编不仅信任同事对于稿件的评判，将他们的专业知识视作理所当然，也在考察论文是否合格之余，转向关于论文的趣味和重要性的考察。

支撑中期《美国社会学期刊》的初级群体，肯定也是构成这门学科的成员，但是由于大萧条和战争的威胁，在这段时期的大部分时间里，学科都处于衰落状态。此外，在1930年代社会学作为一种社会结构最终稳定下来之后，便立刻开始了分化的过程，这种分化产生的分支学科（及其期刊）一直稳定到现在。在《美国社会学期刊》中期的大部分时间中，虽然它的另一个重要背景学系仍然相当稳定，但是在该时期临近结束之时，它经历了危机。事实上，《美国社会学期刊》的罗西-布劳转型，就直接源于1950年代末定量派的胜利。

如我所说，这种转型也体现了其他一些力量：学科数量的突然膨胀，年轻一代学者的代际过渡产生的更加专业化的时期，以及更加科学化的调查研究意识形态的兴起。在这样的背景下，《美国社会学期刊》可以服务于新的目标。《期刊》作为一种社会结构，在布劳掌管下保持相对稳定；它仍然基于人际信任。它的主要变化是转向了双向匿名审稿制度，这一制度的强预设是学科有其共享的规范，后者是科学主义意识形态的另一面向。但是从主编角度来看，即使这种新技术也仍然依赖于人际信任。布劳保留了休斯担任主编时的专断作风，可转型时期确实带来了审稿过程的全面和正式规范化。因此，转型期的《美国社会学期刊》是一种混合物，它基于一种观念，即按照程序进行审稿的形式理性，将直接与共享的科学行为规范相结合。它预设了一种学科的统一性，但实际上只是单一范式下的统一性。

尽管1960年代增长略微放缓，但是此时社会学家数量的绝对数量如此之大，以至于即使缓慢的增长也再次颠覆了《美国社会学期刊》的社会和文化结构。特别是在1960年代，这种增长带来了非同寻常的多样性，1950年代末设想的科学同行评审很快成了海市蜃楼。对审稿人大量新的需求，凸显了该学科中能力和兴趣的多元化。查尔斯·比德韦尔像在其他期刊的同行那样，为了驯服这股旋风般的变化，选择高度依赖程序理性。在某些方面，他是因为期刊在终身教职评审程序中的新角色被迫如此，而在其他方面，双输的学术市场几乎驱使所有投稿人远离期刊，只剩下那些最有竞争力、最有渴求和最理性的投稿人。此时，《美国社会学期刊》正被学科从外部塑造，而不是像在早期和中期时那样塑造学科。

《美国社会学期刊》在系里的位置也是新的。纵观它存在的前70年，它一直是学系生活的中心，但在现代时期《期刊》却变得越来越边缘化。在学系的会议中，除了敷衍了事的年度报告外，可能多年都没有关于《美国社会学期刊》事务的讨论。这也意味着《期刊》为更大的学科结构所控制。尽管如此，1936年由恩斯特·伯吉斯首先提出的《美国社会学期刊》和《美国社会学评论》之间的界线，目前仍然存在。相比美国社会学会的期刊，《美国社会学期刊》不仅继续刊发更长的文章、更长的评述，并且通常来说刊发更少套话式的知识内容。

简而言之，在《美国社会学期刊》漫长的历史中，它一直保持着某种内在延续性和发展谱系，同时它发现自身在结构上是由一系列不断变化的环境因素构成的。社会结构的内在谱系最好在编辑过程的历史中加以捕捉：从个人的事业到初级群体的共享，再到全面的科层化。在这个过程中，学生变得越来越重要（《美国社会学期刊》现在拥有的学生副编辑与教师副编辑一样多），而教师的重要性越来越小［"编委会"绝大多数成员（教师）只发挥了审稿人功能］。我指出，与这种内在连续性相结合的外在谱系发生了巨大改变。典型的作者群已经从编辑的密友，变成正在形成的学科精英中的（不同年龄的）同

第六章　现代形式下的《美国社会学期刊》

行,再变成一门已获得认可的学科中雄心勃勃的年轻人。就这些层面而言,《期刊》已经成为了年轻人的机构。然而,社会结构中最重要的变化在于,一般性的学科规范现在在多大程度上融入了《美国社会学期刊》对它自身作为一种机构的主要认知。这在一定程度上体现了学系向折中主义的转变。但是,即使是1970—1990年长期稳定的教师团队——他们对芝加哥的特殊性抱有强烈的信念——也没有将《期刊》重新置于学系的控制之下。事实上,正是这一代人巩固了《美国社会学期刊》的学科视野,而不是学系视野。

文化谱系也发生了变化。就内在层面而言,现在《美国社会学期刊》在前所未有的程序理性的标志下生存。文章变得很长,充满了引用、表格,以及其他的学术工具。现在,文章的有趣与否是一个饱受争论的议题,而在《期刊》史上大多数时间,它都是发表的核心标准。主编、编辑委员会成员和审稿人都嘀咕说许多发表的文章合格但无趣,这种抱怨不仅至少追溯到1950年代,而且大大超出了《美国社会学期刊》的范围。在经历了莱文森时期的短暂放纵之后,《美国社会学期刊》再次成为了"良好而灰暗的《美国社会学期刊》"。

所有这一切都标志着《美国社会学期刊》以某种方式被学科所吸收,用"内部"或"外部"等字眼描述这一过程并不恰当。现在,《美国社会学期刊》是一个普通的学科文化装置(cultural apparatus)的一部分,在所有方面都与它的竞争对手没有区别。它的内部历史现在是更大历史的一部分。

在《美国社会学期刊》自身的发展中,没有任何东西迫使产生这一结果。埃默里·鲍加德斯(Emory Bogardus)八十年前在南加州大学创办的个人性期刊《社会学与社会研究》(*Sociology and Social Research*)近来停刊了,即使在1935年它还被认为是《美国社会学期刊》的替代选择,即使在过去十年还创办了像《社会学论坛》(Sociological Forum)那般成功的综合性期刊。当然如《美国社会学评论》一样,《社会学论坛》作为东部社会学会的官方期刊也是垄断受众的期刊,在论文和订户方面都有优先权。而《美国社会学期刊》六十年来都缺乏这样的机会,它是通过努力保持自己的声望,成为一门学科而非一个学系的期刊而生存下来的。

冒着过多重复自己的风险,我必须在结尾强调,如果我们认为《美国社会学期刊》的历史是一种目的论的叙述:"理性化"、"一门科学学科的兴起"、"正当程序的胜利",那么我们就错了。从今天的视角来看,它或许看起来是这样。但是《期刊》唯一真正的延续性是其物理结构,以及在"获取文章并发表文章"上的表面相似性。《美国社会学期刊》的目标、构成成分、其相对于学系和学科的地位、其复杂的社会和文化结构,所有这些都在不断转变,有时是回应外部力量,有时是经由内在驱动。这些转变从来没有完成。围绕和贯穿《美国社会学期刊》的各种谱系的重新排列是缓慢而复杂的。但是它们叠加起来就是一个渐进的蜕变过程,这个过程让我们对代词"它"产生疑虑,因为我们很容易用"它"来表示这个故事的中心主体。

《美国社会学期刊》的历史或许看起来漫长而连续,但是它实际上由多个继替的当下构成,每个都跟上一个一样短暂。这意味着在接下来五到十年发生的事件,也许能完全重新界定它的故事,如"社会学中纸质期刊业的终结",或者"一本舆论期刊的前史",或者"反对方法论的革命"。也就是说,在某种意义上今天的当下是不同的。因为我们对今天的当下采取行动的方式,不同于对过去的当下采取行动的方式。

第六章　现代形式下的《美国社会学期刊》

社会学期刊业的实然与应然

通过纵观整个《美国社会学期刊》的历史，我们来到了它的当下状态，看到当下一些重要的困境。读者会注意到我对社会学期刊业有独特的观点。更详细地阐明这些观点是有帮助的。我从探讨一些对社会学期刊的既有研究工作开始，然后转向理论议题和应然如何。

大多数关于社会学期刊的研究著述由两种关注所激发。[⑥] 到目前为止，其中最主要是对公平的关注。一篇典型论文关注的问题是，美国社会学会反对一稿多投的规则是否造成了对非

---

⑥ 在接下来的部分，我不仅作为研究《美国社会学期刊》的历史学家，也作为美国社会学会出版委员会的前任主席（1993—1995年）发表观点。一个需要强调的经验现象，是很难找到愿意编辑这些重要期刊的人。

下面是一些与本节相关的论文。哈根斯 1991 年的文章（Hargens 1991）评论了期刊数量以及其中研究成果的引用。伯特和多里安 1982 年的论文（Burt and Doreian 1982）检验了期刊规范模型。若干作者撰写了关于声望和引用的论文（Glenn 1971; Teevan 1980; Gordon 1982; Christenson and Sigelman 1985; Michaels and Pippert 1986）。其他人研究了有影响力的作者（Oromaner 1980）。埃文斯的一项研究更是聚焦于《美国社会学期刊》、《美国社会学评论》和芝加哥（Evans 1986-1987）。有很多这类专题文献（Buehler, Hesser and Weigert 1972; Champion and Morris 1973; Szreter 1983; Assadi 1987; Kinloch 1988; Murray 1988; Garnett 1988）。一些人致力于研究作者的特征，通常是性别（Mackie 1977, 1985; Ward and Grant 1985; Logan 1988）。关于真实编辑行为的不同方面，如审稿、拒稿等，文献最少，但最为有趣（Page 1981; Snizek, Dudley and Hughes 1982; Snizek 1984; Bakanic, McPhail, and Simon 1987, 1989, 1990）。在《美国社会学家》（American Sociologist）1976 年第 11 卷第 3 期中，有一些关于社会学期刊业的诸多观点的有趣综述，共 5 篇文章。为了跟经济学做个有趣的比较，可参见《经济学展望期刊》第 8 卷第 1 期中的论文，尤其是哈默迈希的文章（Hammermesh 1994）。

精英期刊的偏见（Peters 1976）。文献中的另一种关注更为温和，并与知识内容相关：一个挥之不去的担忧是这个系统没有很好地服务于学科，好的研究成果被忽视，审稿充其量也是草率的（例如 Glenn 1976）。

这两种关注不仅长期存在，也激发了社会学的规范性热情（normative passions），自从这个学科从社会福利运动中出现以来，这种热情就一直伴随着它。它们产生于我们熟悉的美国民主与精英统治价值之间的矛盾。从逻辑上说，只有当一个系统中所有参与者在某种程度上具有同等的优绩（merit）时，这两种价值才能一致。然而任何参与维系一门知识学科的人都不能持有这种信条，否则这门学科对于接受还是拒绝投稿（contribution）就没有标准，也无法作为一个可清晰界定的事物而有效存在。[7] 在实践中，这两种价值实际上导致了对期刊不同的观点。一些评论者更惧怕民主，另一些人更惧怕精英统治。惧怕民主的人将期刊的历史视为战胜精英主义的平等斗争。惧怕精英统治的人将其视为知识优绩试图在多元化的职责中延续的问题。

我指出，过去大多数对于社会学期刊的研究都遵循着公平／精英主义的传统。它们关注作者排名、方法、性别或所属单位对于特定文章发表的影响，而不是在期刊上出现的作者类型的整体变化。它们通常只考虑一本期刊，忽视了投稿过程中固有的自我选择，对于谁的文章出现在哪里这一问题，自我选择可能解释其中的大部分差异。

---

[7] 我意识到当前有大量理论认为精英统治和民主之间在某种意义上是不矛盾的。尽管我很想同意他们的观点，但是我担心这类理论只是为了满足他们自己的方便而重新界定了这两个术语，尤其是精英统治的概念。将一种矛盾称为不矛盾，并不能使事实如此。

第六章 现代形式下的《美国社会学期刊》

至少自 1950 年代以来,《美国社会学期刊》主编就更关注优绩。在这方面他们并非个例。佩奇（Page 1981）在写到他作为《美国社会学评论》主编的那些年时说："在 50 年代，按照许多人对《美国社会学评论》的批评，它在理论方面薄弱，小篇幅的研究报告过多，也忽视了一些重要的社会和社会学议题。我同意这些指责。"佩奇转向了约稿，从诸如比尔斯特德（Biersted）、古德（Goode）、休斯、克鲁伯、默顿、穆尔、帕森斯和里斯曼等学者处获得论文。然而，关于重要研究工作的议题，根本不存在可靠且非轶事性的数据资料。这些界定也很成问题。（什么是重要的？）选择性偏见是巨大的。最后，因果关系经常被颠倒；被发表的论文重要，部分是因为它被发表了。由于这些问题的存在，甚至关于重要成果是否从《美国社会学期刊》或其他期刊中逐步消失这一问题成立与否，也并不清楚。

在讨论现代《美国社会学期刊》时，我提到了一些使我们可能认为重要的研究工作从学科主要期刊上消失的原因。对这个议题的关注也绝非社会学家独有的。经济学家最近提供了一份长长的名单，包括了那些由重要作者撰写并在同行评审中被拒的经典论文（Gans and Shepherd 1994）。例如詹姆斯·托宾（James Tobin）将概率单位回归分析扩展到多元回归案例的论文，被《美国统计学会期刊》（Journal of the American Statistical Association）拒稿不是一次而是两次。但是在社会学中，证据并没有这般清晰。当然在 1970 年代和 1980 年代，社会学中一些主要的新领域都不是发端于期刊论文。历史社会学这样的领域始于专著和编纂的论文集。一些领域是发端于期刊——例如一个公认的例子是 1950 年代到 1960 年代的标签理论——但它们经常是发端于为其量身定制的期刊（在这个例子中是《社会问题》)。一些领域是混合的形式。新的科学社会学虽然拥有一本专门的期刊,但是它真正被引入更大的学科之中,是通过戴维·布卢尔(David Bloor)等人的专著。网络分析、对数线性分析和事件史分析,可能是过去数十年来,诞生于主要期刊的三项革命性的社会学贡献。令人惊讶的是,它们都是方法论的创新。[8]

《美国社会学期刊》(以及其他刊物的)编辑关注的另一个议题是期刊文章的同质化。当然,编辑过程中的一些变化可能导致标准化。蒂文(Teevan 1980)利用盲评小组对已发表的文章进行评级,他发现期刊内部的评级差异相比期刊之间要更大,尽管他采用的是六本综合性社会学期刊,而这些期刊基于格伦(Glenn 1971)的声望量表评级有很大差异。这个结果表明了同质化的一个方面。另一种现象哪怕不意味着同质化,也意味着可以催生同质化的一种程序,那就是"退回修改和重新提交"评判的出现,近年来社会学期刊中这种评判变得非常普遍。巴卡尼克、麦克费尔和西蒙(Bakanic, McPhail and Simon 1987)的文章指出,在 1977 年到 1982 年间《美国社会学评论》的一审中,有 28% 的文章被要求修改和重新提交。不过,虽然退回修改和重新提交可能是标准化的一种委婉说法,但从另一个角度解释,大幅修改要求的增加,带来的不是贫乏的同质化,而是"高标准"。[9]

---

[8] White, Boorman, and Breiger 1986; Boorman and White 1976; Goodman 1972,1973; Tuma, Hannan, and Groenveld 1979.

[9] 关于研究领域的议题,有确凿的证据表明,重要的社会学期刊都存在方法论偏见(偏好定量研究,参见 Bakanic, McPhail and Simon 1987),而在整个 1970 年代和 1980 年代,《美国社会学评论》一直存在关于政治偏见的争论。(《美国社会学期刊》作为私营的期刊,免于这类调查。)

因此，关于重要的研究成果和研究者都已逃离学科最重要的期刊，同时这些期刊正在变得越来越常规化的经验证据是非常含混的。这些观点在理论层面上似乎才更有说服力。

事实上，有数个合理的理论依据暗示，最重要的同行评审期刊作为知识场所的影响力会变得越来越小。一个广泛的理由指向了使期刊转型的内在过程。最常见的观点是韦伯主义的：编辑流程越来越理性化，导致概念、数据集和研究发现的可互换性（interchangeability）。例行的审稿实践向标准化的评判标准演化，部分是以公平的名义，部分是以效率的名义。结果是遵循如此实践的期刊，变得越来越不利于变革范式的研究工作，而越来越有利于常规科学，以及诸如统计上正确的容易"衡量"质量的文章。事实上，用库恩的话说，对于变革范式的研究工作的恰当界定，就是在现行传统下为常规评判所拒绝的研究工作。拒稿是重要研究成果的必要（但不是充分）条件。[10]

一个更宽泛的论点并没有特别关注理性化，而是更普遍的制度化和例行化趋势。舒茨（Schutz）、伯格（Berger）和卢克曼（Luckmann），以及许多其他人都认为常规的编辑实践，是编辑理解这些复杂且源源不断的各类稿件的方式。（这确实描述了1974年比德韦尔的问题。）

这两种论点被推到极限，都坚持必须终结例行化；完全例行化的实践必须获得新的合法性，要么就应该消亡。反之，这意味着一本期刊，或者更广泛意义上，一种特定的传播方式（例如期刊、著作、编纂的论文集）只能在有限时间内保

---

[10] 进一步的推论是，这种发展有利于那些能够转化为常规科学的知识探索类型，至少假设不同类型的知识探索内在地且不同程度地拥有这种能力。

持主导地位。随着它的内容变得致命地常规化，它就必须使自身恢复活力，否则就会由其他期刊或传播方式所替代。[11] 当然，关于这个理论坊间也有一些证据。例如1960年代，在许多知识领域中指导性"读本"具有重要影响力。事实上，符号互动论的经典文献（例如Blumer 1969）就是以这种论文集的形式出现，它通常用于教学。如今我们很少看到这类有影响力的本科生读本，尽管还有一些明显的例证（例如性别研究领域）。

第二类观点关注的不是期刊的内在过程，而是期刊之间的分化。按照米歇尔斯的观点，学科机构为特定的精英所掌控，他们利用这些机构助长他们自己的范式和利益。这个视角预示着期刊是有限的折中主义，体现着主办院系的利益。[12] 同样地，该理论认为当这种霸权掌控重要期刊的时候，新观点将

---

[11] 戴维·莱廷（David Laitin）基于个人经验，向我指出所有传播模式都是风行一时。他特别提到"课程读本"在1960年代末的重要性，以及近年来政治科学中编纂论文集的重要性。我对此有一些疑问，这究竟是一种随机趋势，还是一个与大众化（massification）关联的趋势？于我而言，在过去半个世纪中，这种大众化推动了整个社会科学的学科变化。也参见哈根斯（Hargens 1991）关于社会学中著作与文章的影响力的研究。

[12] 它也预示着《美国社会学期刊》《社会力》《社会学和社会研究》与《美国社会学评论》有着非常不同的命运。私有期刊应该与公共期刊有不同的发展。（然而许多人，或许是大多数人，都认为《美国社会学评论》比《美国社会学期刊》更例行化。）关于这种论点，在《美国社会学期刊》中，定量的、基于变量的正统性最终变成最重要且唯一的内容，却也许是偶然的，因为基于精英的论点应该相信，权力是自身之父（progenitor）。对学科重要期刊这类资源的掌控，可以加强这个精英群体的力量，使它能够与学科中各类外部力量相抗衡。基于这个论点，《美国社会学期刊》中占主导的正统很可能是符号互动论，或是其他一些（宽泛意义上）定量主流研究，因为这类精英碰巧掌控着芝加哥社会学系。

第六章 现代形式下的《美国社会学期刊》

大多数收录在新的期刊或新的媒介中。在社会学中,《社会问题》是一个明显的例子,由一场明确反精英的社会运动所创办。自此以后还有许多这类期刊。这些不同领域的专业期刊反映了一个不同的过程,与其说是从霸权中挣脱,不如说是简单的分化。[13]

然而,这些理论观点并不是唯一可能的。与目前给出的两类论点——编辑政策和分化/霸权——相比,人们可能认为建立一致且普遍接受的规范是严肃学科传播的前提条件,而不是结果。在默顿看来,科学共同体建立的前提是共同规范的建立,比如审稿、评判或撰写的规范。(出身哥伦比亚大学的布劳和罗西对《美国社会学期刊》采用了规范管理,也就不足为奇了。)这一观点恰好否认了所有其他观点一开始的前提:有趣的研究工作不可能被所谓的"过度规范"排除在外,因为在共同规范出现前,这种工作甚至不可能出现。那么真正的问题变成了"共同规范"是意味着《美国社会学期刊》历史中期宽松的规则,还是近期更严格的规则。

奇怪的是,虽然新科学社会学反默顿主义,但是它在更小的范围内赞成同样的事情。它假借地方性话语和共识来强调规范。但是地方规范相比全球规范有着不同的意义。结果是像前述第二个观点那样,这个框架引出了对地方正统论的期待——当然是在空间上,也许是在时间上的地方正统论。这一理论还认为,芝加哥大学社会学系和美国社会学会出版委员会(对于《美国社会学评论》负有监管责任)的差异化政治,会为《美

---

[13] 各种综合性社会学期刊也创刊了,增加了综合性的版面[例如 1952 年创刊的《社会学探索》(*Sociological Inquiry*)和 1958 年的《太平洋社会学期刊》(*Pacific Journal of Sociology*)]。

国社会学期刊》和《美国社会学评论》带来完全不同的结果。但是在这两本期刊历史上大部分时间里，数据清楚地表明它们实际上处于同一个精英群体控制之下。

这些立场中的一部分可以归纳为制度同构论。当某些期刊朝着规范管理的方向发展时，其他期刊不得不效仿。在1960年代和1970年代的社会学中，制度同构的"共同专业"（common professions）来源，显然发挥着巨大的作用，那也正是研究生培养中新专业主义的全盛时期。这种同构的模仿性也很明显；年会提供了关于其他人正在做什么的材料，模仿是很简单的。这之中也存在强制，在版面费的问题上，《美国社会学期刊》就被迫效仿《美国社会学评论》的做法。尽管如此，似乎还是最好将同构的力量视为将期刊联结为一个系统的力量，而将其他力量视为使它们开始趋向理性化过程的力量。

这些不同理论之间的若干差异，显然取决于对关键术语的界定。什么是变革范式的研究工作？什么是规范性分歧的"可接受度"？什么是"重要的"科学传播？从许多方面来看，这些都是无法回答的问题，尤其是因为对这一切做出最终评判的是后人。经典是一种正在生成，而不是已经存在的事物。

隐含的问题仍然令人不安，即使如我之前所指出的，它还不能以令人满意的方式提出来。那就是在何种意义上，在任何特定的时间内，社会学中最令人兴奋的研究工作出现在诸如《美国社会学期刊》这类重要期刊上，而不是在《社会问题》或《性别与社会》（Gender and Society），或是课程读本抑或其他著作之中？

当我们展望未来的时候，这个问题就更重要了。纸质期刊

第六章　现代形式下的《美国社会学期刊》

高成本，手续烦琐。很可能到了发表后五年，也可能只要两三年，它们上面的许多文章就没有人阅读了。电子文献数据库的功能与纸质期刊完全相同，也同样能够进行评审，事实上一些数据库已经这样做了。很可能，纸质期刊只能作为有关观点和争论的时效短暂的期刊而存在。令人吃惊的是，我们的经济学同行选择在1987年创办了《经济学展望期刊》，该期刊非常成功，旨在对最广泛的专业领域的特定争议进行系统报道。有人曾经数次向美国社会学会出版委员会提议创办类似的期刊，最终于1997年被接受。症结在于，这类期刊只有通过积极的约稿才能成功，委员会认为美国社会学会会员不会接受这样的政策。[14]

那么在某种意义上，当下的基本议题是期刊的档案功能和争议功能的相对平衡。然而期刊并不只具备知识性的功能。对

---

[14] 哈根斯（Hargens 1991）的评述表明，几乎所有文章最终都被引用了，正好反驳了哈密尔顿（Hamilton 1991）的研究发现。但是，哈格斯特罗姆（Hagstrom）并没有排除自引的可能，存在一次引用也并不能证明一篇论文真的需要被发表。1976年，约翰·森德斯（John Senders）首次在社会学中提议使用电子期刊。我应该指出，对于期刊的抱怨一点也不新鲜。1936年11月号的《弗吉利亚法律评论》（*Virginia Law Review*）就法律评论刊发了一组研讨性文章，其中包括一篇由耶鲁大学的弗雷德·罗德尔（Fred Rodell）撰写的文章，标题是滑稽抨击式的《再见法律评论》。在此引用如下段落："法律评论的写作传统是低劣的尊严和虚假的学识，例外很罕见，写得很美一样很罕见。""总的来说，法律评论风格的束缚，扼杀了它们成为生动文献的可能。""这些为法律评论撰写文章的学生，为一种令人欣慰的想法所怂恿，即当他们毕业时肯定能够找到工作，作为对他们的奴役的回报，而那些承担编辑工作或脏活累活的超级学生，则被一种想法更强烈地怂恿，即他们能获得更好的工作。""因此，每个跟法律评论有关的人都是要讨生活的。……这是一幅漂亮的小全家福，任何有着人们可以走出家门，呼吸新鲜空气的疯狂想法的人，都可能会被咬掉脑袋。"罗德尔的这篇文章非常值得去法律图书馆一读。

于期刊来说，现在其他功能也许更普遍、更重要，并且为期刊所独有。我们必须理解这些其他功能，以筹划期刊的未来。

这些功能中的第一个是裁决。50 年前典型的终身教职教授在其职业生涯中发表过一篇文章。彼时，美国社会学会拥有约 1000 名成员，假定职业生涯持续约 35 年，整个学科一年可能只有不超过 30 个终身教职岗位。只需一本期刊一半的版面，就足够获得终身教职了。如今美国社会学会有 1 万到 1.2 万名学术界成员。每年可能有多达 300 个社会学的终身教职岗位。但是，因为典型的非终身教职教授现在尝试发表多篇而不是一篇文章，评上终身教职需要大约五倍的期刊版面。结果这种竞争使得期刊明确成为职业成功的初审法院。[15]

第二个新功能是专业教育。正如我在回顾《美国社会学期刊》的历史时所表明的，期刊一直朝着更"负责任"的审稿过程发展，而不是秒拒，30 年前这还是许多论文的命运。现在除了很小一部分论文之外，绝大多数论文都进行了细致的审稿，即使是那些完全不合格、没有任何发表机会的论文。期刊旨在

---

[15] 当然，大学完全可以废除终身教职制度。从另一个角度来看，一些人可能认为期刊版面与终身教职岗位数量成比例地增长。但是所有新期刊的版面加起来，也没有以往版面的 10 倍。1945 年已经存在《美国社会学期刊》、《美国社会学评论》、《社会力》、《美国社会学年度评论》、《社会学与社会研究》、《教育社会学期刊》、《人口》、《人口研究》(*Population Studies*)、《社会研究》(*Social Research*)、《农村社会学》、《公共舆论季刊》、《社会测量学》、《婚姻和家庭期刊》、《种族》、《社会研究期刊》(*Journal of Social Studies*)、《社会议题期刊》(*Journal of Social Issues*)，这里只提到重要的期刊，省略了跨学科期刊、地区性期刊，以及相关学科的期刊。这个名单也只包含了美国期刊；如果我们把海外期刊包括在内，那么数量会翻倍。对于当前统计数据的比较，参见哈根斯（Hargens 1991）的研究，通过相当广泛的统计，他找到了 1990 年世界范围内的 245 种社会学期刊。按照哈根斯的标准，1945 年可能有 40 或 50 种"社会学"期刊。

第六章 现代形式下的《美国社会学期刊》

教人如何成为一个更好的学者。

然而这种普遍审稿的计算是令人担忧的。大概有100种社会学期刊，平均每年（每本期刊）大概100篇稿件，并且现在大部分文章通常至少要经历一个修改的阶段，每年的审稿总量是美国社会学会规模的数倍，而且并非所有学会成员都能够或愿意审稿。那些低知名度期刊的编辑知道：大多数文章并不是由它们所涉及领域的全国知名专家审稿，而是由水平较低的人审稿，甚至经常是由那些学术评判水平很难为编辑所完全了解的人审稿，如研究生、待发表文章参考文献目录中挑选出来的人、朋友在接到一通急迫的电话求助后提议的人选。从整个系统来看，大多数审稿人并不会比他们正在审读的那些研究成果的作者更有水平。认真教导在这样一个系统中起作用的观念，只能是一厢情愿；我们所拥有的是完全字面意义上的同行评审。教导时有发生，也许比我们料想的要更多，并且在精英期刊中更多，因为它们更有能力请更好的学者来审稿。但这是一个运气问题。期刊并不能替代有效的研究生培养。⑯

我们大多数人都希望期刊满是重要的革命性研究成果。但像许多人一样，我将《美国社会学期刊》束之高阁，并没有阅读它，对待所有其他期刊也是一样。我这样做是因为我知道绝大多数学术成果很少有革命性的水准，当然也包括我自己的成果。会有人为我确定重要的研究成果，当我需要阅读它的时候，它就在书架上。当然它也可以从计算机参考文献数据库中

---

⑯ 在美国社会学会出版委员会的会议上，期刊的专业教育功能被反复强调。我作为一名主编［《工作与职业》(*Work and Occupations*)］也从个人经验出发谈了看法。100本是哈根斯的全世界245本期刊的40%，这是一个保守的数字。

获取，也许在这个意义上，在现代电子时代继续出版期刊，很大程度上是一种仪式。

也许期刊因争议性而存在。也许它们真正的目的就是争辩和刺激思考。但是这也能发展出一种仪式感，正如美国社会学会上没完没了的专题小组讨论所表明的那样：我们说，又是一场关于"理性选择和历史社会学"，或者"地位获得的理论预设"，或者"文化复兴"的会议。事实上，报纸本身就能告诉我们，多么轰动的事情也不过是寻常。

人们可以与仪式共存。它们提醒着我们，我们是谁。只要这些期刊完成了归档、引发争论，以及偶尔发表革命性论文的仪式，它们就实现了我们需要它们所发挥的功能。相比事关期刊基本功能的仪式感，更令人不安的是期刊的其他功能对发表的驱动。

我已经提到过，通过期刊进行"教导"的系统负担过重，这一系统实际上是一种错觉。终身教职制给期刊带来的问题，似乎无法逃避。当然，我们发表的东西太多了。当然，多数或者大多数已经发表的论文都是粗制滥造、呆板或者空洞的。然而，我们很难指望我们的年轻同事在他们的前辈没有约束自己的情况下，只发表重要、深思熟虑和内容充实的研究工作，作为个体这样做无异于自杀。这场战争应该发生在学系内部的教职评审环节，应该向学部主任表明我们更重视知识的实质内容，而非论文数量。但在学系里，激励机制也反对这样做。在大学政治中，这种自我否定得不偿失。终身教职制将控制着期刊，直到学术界的人口结构趋于稳态，或是教学变成真正同等重要的终身教职标准，抑或终身教职自身衰落了。

然而，无论机构如何为其他结构之网所束缚，没有哪个机构会完全失去行动或转型的能力。在1926年接收它的学系看来，斯莫尔时期的《美国社会学期刊》似乎深深陷入社会福利的世界。可五年内《期刊》就完全实现了转型。休斯时期《美国社会学期刊》似乎同样稳固，可布劳及其同事也迅速改造了它。

今天也是如此。毫无疑问会有行动拆解松散的力量之网，这些力量似乎将《美国社会学期刊》固定为一门学科的资深代表，而这个学科正慢慢沦为无足轻重。采取行动的关键在于理解这种无足轻重来自何处。它源于我们把知识上的愿景和贡献看得不如其他事情重要。克服这种知识上的徒劳，关键是要有社会学应该往何处去的愿景，并在发表上予以体现。在下一章，我将转入这个主题。

第七章
芝加哥学派的持续重要性

193　　在前一章中，我们放下了此前历史性和理论性的基调，进入了更应然性的基调。本章延续这种应然的趋向，再为它增添一点争辩性的尖锐——这是因为本章原本是一篇讲台上的演说——这与本书其余部分审慎的语调有些不协调。但是当下要以前所未有的方式拥抱改变，谨慎似乎并不适合于此刻。在此我转而提出，我和其他许多人都认为，由阿尔比恩·斯莫尔等人如此勇敢地创建的这门学科，当前近乎处于危机状态。我对这种情形的解读，将我带回第一章和第二章的论域，因为在我看来，贯穿芝加哥传统的主题为开创社会学新时代提供了诸多工具。

　　现在芝加哥传统已经有一个世纪的历史了。当然，周年纪念往往是告别仪式。百年纪念有时候与行将就木相联系，正如女王登基的钻石禧年可能表明她已经无关紧要，许多人金婚纪念时婚姻已经名存实亡。然而并不必然如此。有生命的社会关系每天都在欢庆，而周年纪念则是它们兴奋的节点。

　　那么我们该如何理解芝加哥大学社会学的百年历史？它仅仅是一个讴歌的时刻吗？毕竟，芝加哥在社会学中的主导地位已经过去半个世纪了。虽然战后在戈夫曼、贝克尔、贾诺维茨等人的努力下，芝加哥传统得到了更新，但是在其主导的岁

第七章　芝加哥学派的持续重要性

月以后，芝加哥最杰出的校友中的许多人更属于主流，而不被视为芝加哥传统的一部分，比如方法论专家斯托佛、人口学家豪泽和基菲茨（Keyfitz）、宏观社会学家本迪克斯和维伦斯基。不过，芝加哥传统的核心仍然是当代社会学发展中的核心洞见。因此，我在此不对芝加哥传统进行讴歌。唯有逝者才被讴歌。①

社会学的困境

显然，如果我认为芝加哥学派拥有一个答案，我也必须认为首先存在一个问题，或者至少是一种困境。社会学的突出问题，如华盛顿大学社会学系的裁撤，以及近期耶鲁大学社会学系的死里逃生，相比那些更不易察觉的问题来说，可能不是最重要的。这些不易察觉的问题之一就是社会学未能持续吸引到与人类学、政治学和经济学所吸引的学生能力相当的研究生。无论我们多么怀疑标准化的考试和平均学分绩点，上述差异

---

① 这篇论文引发了大量评论。令人吃惊的是，有益的评论（以及可喜的大量读者来信）不仅来自于我非常熟悉的人，也有比较陌生的人。因此我在这一章得到的帮助比我所写的其他东西都要多。以下所有人都贡献了重要的意见：丽贝卡·亚当斯、约安·奥尔德斯（Joan Aldous）、马戈·安德森（Margo Anderson）、詹姆斯·科尔曼、克劳德·费希尔、杰弗里·戈德法布（Jeffrey Goldfarb）、唐纳德·莱文、戴维·梅因斯（David Maines）、道格拉斯·米切尔（Douglas Mitchell）、约翰·莫德尔（John Modell）、约翰·帕吉特（John Padgett）、莫伊什·波斯通（Moishe Postone），以及查尔斯·梯利（Charles Tilly）。这篇文章最初是1992年4月10日的美国社会学会索罗金演讲，面向南方社会学会（Southern Sociological Society）的会员。我对它稍微做了修改，但是保留了原文的演说风格。毕竟它主要的观点之一，就是社会学已经变得过于严肃了。

学系与学科

都太大、太一致了，以至于不容忽视（D'Antonio 1992; Huber 1992）。另一个标志是在政府政策顾问这一角色上，社会学已经彻底被经济学取代。虽然我们可以关起门来取笑经济学家，但是他们独占了君王的耳朵（参见如 Rhoads 1978）。

另一个令人沮丧的标志是我们分裂成为毫无联系的不同部分。美国社会学年会上聚集的各个群体，在知识风格、方法论实践或实体性关切等方面几乎没有共同之处（参见 Ad Hoc Committee 1989）。诚然，这在某种程度上是一种活力的标志，表明我们乐意接受某些类型的差异。然而这些小的派系也表明，我们之中的大多数实际上非常不愿接受新的观点；有新观点的人被诚挚地邀请在别处安营扎寨，有时候在美国社会学会内部，有时候在它的外部。理性选择理论进入社会学的可能，引起了历史社会学家的抵抗。后现代主义在其他地方也引起了相同反应。甚至女性主义的命运也同样显示出这种分裂式自满。在人类学、历史学和政治学中，都围绕女性主义理论爆发了激烈争论。但是吸收了社会科学中最多妇女的社会学，却没有丝毫改变其知识结构和风格以回应女性主义思想。②

也许最令人沮丧的是，社会学失去了它许多令人兴奋的部分。我们仍然通过一些著作吸引本科生，诸如伊莱贾·安德

---

② 关于历史社会学，参见 Abbott 1991a。1991 年美国社会学会比较历史社会学分会主办了一场名为"理性选择理论与历史社会学"的会议，简直可以说是一场猎巫。关于女性主义，参阅乔治·瑞泽尔（Ritzer 1988）的当代理论教材是很有启发的，其中关于女性主义有一个独立的章节，不是由瑞泽尔，而是两位受邀的女性学者写的。分裂主义而非融合的模式是非常清楚的。也参见 Stacy and Thorne 1985。不过，一些人相信这种分裂是社会科学中的普遍现象（例如 Levine 1981）。

第七章　芝加哥学派的持续重要性

森的《街角之地》（Elijah Anderson 1978），或是戴维·哈利的《美国工人》（Halle 1984），或是米切尔·邓奈尔的《斯利姆的桌子》（Duneier 1992），但是我们阅读这类著作只是为了教我们的学生，并不鼓励他们撰写类似的作品。我们太忙于科学化了，可即使我们的科学也有一种疲惫感。我们订阅期刊，但不阅读它们。对版面的竞争使我们的方法和风格变得如此规范，以至于作者有时候似乎都对自己的材料感到厌烦；他们只是简单地完成标星号的系数、小的 R^2 值，做出适宜而谨慎的理论进展推论。今天谁会发表戴德利·邓肯在《美国的职业结构》中的综合同期群分析，他用一大段话承认这种分析是一种胡闹（Blau and Duncan 1967: 183）？今天哪本主流期刊会发表欧文·戈夫曼（Goffman 1956）有关尴尬的理论，或是埃贡·比特纳（Bittner 1967）对贫民窟中警察的观察，抑或塔尔科特·帕森斯对于美国生活的难以理解的诠释［例如 Parsons（1939）1954］？

也许正如理论家经常告诉我们的那样，在他们的阵营中情况稍好。毕竟在今天的学科中，理论和方法彼此几乎毫无关系。对于美国社会学会各分会共同会员的研究非常清楚地表明，不仅理论分会区隔于各个主流的经验分会，参考文献目录也证实了这种在他人领地上各自的巨大沉默。[3] 然而理论家以著作为基础的文献，很难对以文章为基础的经验主义文献有所提升。它仅仅影响了深刻性，而非实证性；评判作者的标准是其哲学假设的正确性，而不是其统计数据的通用性。当然，我

---

[3] 卡佩尔和古特博克（Cappell and Guterbock 1986, 1992）非常清楚地揭示了这种分离。因为二维标度的高应力值，我对恩尼斯文章（Ennis 1992）中模棱两可的结果不太相信。

们不能指责这些理论家与经验主流缺乏关联,甚至不能指责他们与经验现实缺乏关联。对于他们而言,经验现实似乎无足轻重,除非其涉及整个国家或文明的历史。④

总之,社会学已经退化为若干公式(formulas):经验的、理论的抑或历史的公式。我们不再有足够的激情去冒险,提出非正统的观点,或偷袭他人的地界。我们已经放弃了关于真实世界的书写,躲在调查变量、历史力量和理论抽象的风格化世界里。我想知道,我们之中有多少人能声称从大学毕业后,哪怕是有整一年的时间是在非学术的社会环境中度过的?

我相信社会学首要的问题是知识层面的问题。外部的政治威胁、吸引学生的困难、分裂,所有这些都反映了一种根本上的思想缺陷。我们社会学家已经很长时间没有看到真正令我们兴奋的思想,可以改变我们的知识实践的思想,抑或能够令我们想要阅读期刊的思想了。我认为芝加哥学派正好代表了这样一种思想:托马斯、帕克、伯吉斯以及他们的学生有一种理论上的洞察力,能够引导我们摆脱当前的困境。在此,我期望发展这种思想,探讨它跟当前的理论和方法论实践的关系,以及概述学者为复兴它所做的初步努力。

芝加哥的洞见

一段时间以来,把芝加哥学派说成有任何理论思想,都显

---

④ 因此,吉登斯在一个代表性的句子中设置了他的标准(Giddens 1984, xxvii):"在构想结构化理论时,我希望摆脱与客观主义和主观主义有关的二元论"(而不是"在构想结构化理论时,我期望回答以下问题")。亚历山大著名的四部曲(从 Alexander 1982 开始)很好地阐述了"没有经验参照的理论"学派。

得不合时宜。一个广泛流传的形象描绘了一种经验主义的芝加哥，它不仅从来没有达到马克思、韦伯和涂尔干等人的理论高度，也从来没有摆脱向善论的社会福利主义。芝加哥学派至多被认为是在社会学中开启了大规模研究的实践，并在都市研究和犯罪学这些领域中做了奠基性的经验研究工作。（例如参见 Ritzer 1988 对于芝加哥的描述，甚或 Bulmer 1984 等更友好的研究著作。）

然而芝加哥看似是非理论的，只不过是因为我们——我们之中的大多数——都是取代了芝加哥的范式的忠实拥趸，在此我称之为"变量"范式。在这种范式及其对欧洲经典的阐释中，理论化就是对"性别"、"资本主义"、"教育"和"科层制"这些抽象概念的关系作出论断。我们中的大多数人，都认为这类论断实际上才是严肃社会学的本质，无论我们是历史社会学家、地位获得的研究者，抑或性别社会学家。在这样一种世界观下，芝加哥学派被界定为非理论的，它从来不相信"性别"和"科层制"之类的抽象概念。但是，也许当前社会学的困境应该让我们悬置这种评判，先来清楚阐述芝加哥的理论立场。

简而言之，芝加哥学派曾经认为——现在也认为——如果不理解特定社会时间和空间中特定社会行动者的安排，就无法理解社会生活。另一种表述是芝加哥认为，任何社会事实都不能抽离其所处的社会（通常是地理上的）空间和社会时间情境而产生任何意义。社会事实是在某处的（located）事实。这意味着在共时性分析（synchronic analysis）中关注社会关系和空间生态，就像在历时性分析（diachronic analysis）中关注过程。每个社会事实都是情境性的，为其他情境性的事实所包围，并且通过将它与过往情境关联起来的过程而存在。⑤

一个直接的推论是,变量不仅在现实中并不存在,而且它们作为唯名论惯例(nominalist convention)也具有误导性。因为变量的概念是一个尺度的概念,无论在何种情境下,都具有相同的因果意涵:例如"教育"能够对"职业"产生"影响",与个体其他的特征无关,无论这些特征是其他过往的经验、其他的个人特质,还是亲朋好友和社会关系。在基于变量的思维之中,虽然会根据情况用一些"交互作用"修正单一的因果意涵,但是变量独立的基本形象体现在"控制其他变量后的净值"的术语中,以及通过实验或统计操作发现这种净值效应的目的中。净值效应的概念是社会科学的胡说八道,这一直是芝加哥的观点。在社会世界中所发生的一切都不可能"不考虑其他变量后"。所有社会事实都是处于情境中的事实。那么,何苦假装它们不是呢?⑥

如果说这种观点当前少有追随者,那是轻描淡写了。大多数当代社会学都没有将社会事实的位置或者关系作为核心。当然,时间出现了,但只是作为时钟的嘀嗒声。人物和事件并不位于其中,变量才是。情节和过程没有贯穿其中,因果的箭头才是。对于空间来说更是如此。大多数社会学文章都假定了毫无关联的个体,无论工人、企业还是协会。这些个体是"分析

---

⑤ 在此,我的意思不仅在于社会事实总是具象化的,总是见于具体的例子,尽管这个主张是进一步理解我的意思的基础。社会事实总是具象化的,它们也总是处于与其他社会事实和社会主体的关系之中。这种位置才是知识的核心,而不仅仅是具象性这一简单的事实。

⑥ 我详细阐述了这一观点(Abbott 1988a, 1990, 1992a),正如彼得·阿贝尔这个背叛变量阵营的人所做的那样。阿贝尔1987年的文章对这些议题有精彩讨论(Abell 1987)。

单元"，而非社会关系中的行动者。然而在芝加哥的著述中，我们发现了典型案例的历史示意图——例如思拉舍（Thasher 1927: 70）的帮派生涯图——我们也发现了一幅接一幅的地图，标出了妓院、精神分裂症患者、民宿、商店，或是任何其他引人兴趣的东西。在芝加哥的著述中，我们处处都能发现时间和地点。

当然，还有认真对待社会时间和空间之中的位置的社会学家，一些是芝加哥的传人，一些不是。许多历史社会学家，尽管在方法论写作中相当重视因果关系，但在实践中却对时间位置（temporal location）非常重视。职业社会学家仍然延续着埃弗里特·休斯的芝加哥的对于时间过程的强调，而社会运动研究者承续了罗伯特·帕克的思想。微观社会学——无论它们源于抑或反对符号互动论这一老芝加哥的嫡系后代——也坚定地保留着对于时间的强调。⑦

至于空间位置，社区和网络研究者一直保持着对它的兴趣。对于前者来说，它直接源自芝加哥，因为社区是芝加哥核心的关注之一。相比之下，网络理论家对于位置的兴趣的根源则是形式性的。主要的网络分析方法与数学社会学家相关，包括詹姆斯·科尔曼的小团体分析，以及哈里森·怀特的结构对等性。尽管他们都曾在芝加哥大学任教，但他们的网络思想却

---

⑦ 关于历史社会学，参见 Abbott 1991a。关于职业的文献中，正是专业化（professionalization）的概念使过程的观念得以延续。参见 Freidson 1986 或 Abbott 1988b。关于社会运动，参见极好的文献评述 McAdam, McCarthy and Zald 1988。关于符号互动论，参见 Rock 1979 和 Lewis and Smith 1980，以及梅因斯近期的研究工作（例如 Maines 1993）。

与此关系不大。⑧

然而大体上来说，社会事实是在某处的事实，是处于社会时间和空间之中的事实，这在当代社会学中是一种奇怪的思想。不过，芝加哥的著述今天仍然是可读的，一如它在1930年代时那样。在这些作品之中，我们能发现对社会事实在时间和空间情境中位置的持续强调，而我们已经遗忘了这一点。罗兰·巴特曾经说过："正是因为我遗忘了，所以我阅读。"（Barthes 1974: 10）那么，我愿意重新阅读芝加哥关于时间和社会情境的构想。

时间和地点

我希望此前的章节已经充分论证了芝加哥传统的存在远远超出了第一个芝加哥学派的范围。尽管如此，在本章中我将基于1920年代和1930年代芝加哥的标志性研究工作进行论证。

芝加哥学派的核心通常是由帕克或伯吉斯指导完成，有关芝加哥等地的社会结构和过程的博士论文和专著：内尔斯·安德森（Anderson 1923）关于流浪者、保罗·克雷西（Cressey 1932）关于出租舞厅、哈维·佐尔博（Zorbanah 1929）关于近北区、埃德温·思拉舍（Thraser 1927）关于帮派、鲁斯·肖

---

⑧ 遵循芝加哥大学的肖和麦凯（McKay）的传统，如今空间理论也在犯罪学中复兴。网络理论家中，经典的研究工作一方面有 Coleman 1961 和 Coleman, Katz, and Menzel 1966，另一方面有 Lorrain and White 1971 和 White, Boorman and Breiger 1976，以及 Boorman and White 1976。关于相关的论文集，参见 Marsden and Lin 1982, Wellman and Berkowitz 1988，以及 Breiger 1990。至少有一位学者将芝加哥都市研究的主题和网络研究结合起来［费希尔（Fischer 1982）对于个人网络的研究］。地理学本身也在社会学中卷土重来，例如参见 Hochberg 1984, Hochberg and Miller, n. d.。

第七章 芝加哥学派的持续重要性

恩尔·卡文（Cavan 1928）关于自杀、恩斯特·希勒（Hiller 1928）关于罢工、莱福德·爱德华兹（Edwards 1927）关于革命、沃尔特·雷克利斯（Reckless 1933）关于妓院、路易斯·沃思（Wirth 1928）关于犹太人聚居区、克利福德·肖［Shaw（1930）1966］关于青少年犯罪，以及 E. 富兰克林·弗雷泽（Frazier 1932）、恩斯特·莫勒（Mowrer 1927）和其他人关于家庭的研究。这实在是一份长长的名单。

这些芝加哥学者不只是简单论证社会事实存在于社会时间和空间的情境中，并就此作罢。他们区分了所谓的情境性（contextuality）程度。⑨首先考虑到的是时间过程。学派的基本概念之一是"自然历史"（natural history）的概念。自然历史是一种遵循着相对可预测进程的时间模式。它可能被周围的事实改变或重塑，但是其一般序列可以被理解为一个整体，超越偶然的细节。在这些经典著作中，这个概念最清晰的例子是爱德华兹（Edwards 1927）对于革命的分析。对于爱德华兹来说，革命按照一种内在的逻辑展开。虽然它们可能转向或被重塑，也可能失败，但是其一般逻辑是有规律的。

相比之下，思拉舍（Thrasher 1927）的分析认为发展中的帮派非常容易受到情境的影响。资源的可得性、竞争者的力量、环境的物理结构等，所有这些都能塑造帮派的生涯，思拉

---

⑨ "情境"拥有两种意义，对于我的论点来说，其中一个要比另一个更重要。我这里所关注是严格意义上的情境，指的是在研究的事物的周围，从而界定它的那些事物。宽泛意义上，情境只是表示细节。敏锐的读者会注意到，这两种意义与对情境信息所具有的科学价值的两种判断非常一致。一方面，如果去情境化只去除多余的细节，那么在科学上它是一件好事。另一方面，如果它去除界定位置的信息，那么它是一场科学灾难。我感谢唐纳德·莱文提出对此加以阐明的要求。

舍显然认为这种情境性塑造比爱德华兹在对革命的研究中看到的更强。我们或可称这种有着更大情境依赖性的时间过程为"生涯"（career），以将它们区别于自然历史。

最后，在芝加哥的大量著述中，情境性是如此重要，以至于我们再也不能聚焦单一的过程。相反我们必须研究整个交织在一起的过程网络。这之中最著名的例子是佐尔博的《黄金海岸和贫民窟》（Zorbaugh 1929）。初看上去——我记得这是我作为一名研究生的阅读感受——这本书似乎是一部写得很好但是有些漫无目的的芝加哥近北区历史。但是事后再看，人们能够明白佐尔博的分析是芝加哥学派"互动场域"（interactional field）概念最清晰的表达。近北区是由它的种种情境性所界定的；换言之，对于佐尔博来说，社区的边界是互相约束的边界，这些约束界定了那里发生的事情——有的是地理的约束，有的是社会的，有的是经济的。在这样一个社区内，每个群体的动向都如此依赖其他群体的动向，以至于单单书写他们之中的任何一个都毫无意义。我们只能书写作为整体的互动场域。

芝加哥学者认为在时间过程中有三种程度的情境性：情境性相对少的自然历史，情境性相对多的生涯，以及情境性非常多，以至于个体过程被密不可分地编织在一起的互动场域。值得指出的是，所有这些概念都界定了时间过程。也就是说，这些社会事实不可能脱离它们的时间情境。问题在于：特定的时间过程，在多大程度上独立于社会情境？

人们可以问恰恰相反的问题。特定的一系列空间或社会结构，能在多大程度上独立于时间情境？在此，芝加哥人做了类似的区分。与自然历史相对应的是自然区域（natural area）。帕克在界定自然区域的时候，谈及"从只是一种地理的表述转为一种邻里（neighborhood）"，"换句话说，有着情感、传统和它自身历史的地方性（locality）……每种地方性的生活都以它自身的某种动力前进，或多或少独立于周围更大的生活圈及与其相关的利益"（Park 1925: 6）。这个概念如同自然历史的概念，其中有一个相对独立于它周围环境的实体，但是其中的所有事物都按照其位置来界定。在安德森的《流浪者》（Anderson 1923: 15）中，有一幅关于西麦迪逊街上流浪者"主干道"的小型地图。街道本身以及当地流浪者社区的社会动态，都与沿街商店的分布密切相关。

安德森的研究案例清楚表明，在自然区域与周围的都市之间实际上存在深刻的隐性关系。流浪者聚居区是由某种经济需求（对于临时移民劳动力的需求），与都市内部的交通、经济和社会结构的力量所造就的。但是这些力量在短期内保持不变，因此将流浪者聚居区看作稳定的自然区域是有意义的，这种自然区域与环境之间的关系虽然重要，但它不是权变的，而是时间上固定的。因此自然区域是社会结构，由社会情境决定，但是暂时不需要分析其时间情境。

从大的方面来说，这类思维导向了从"解组"的角度对社会问题进行生态分析。不同的自然区域拥有不同程度的组织和解组；社会问题被认为跟后者直接相关。这成为了芝加哥关于精神疾病（Faris and Dunham 1939）、离婚（Mowrer 1927），尤其是关于犯罪和青少年违法行为（Shaw and McKay 1942）研究的基本线索。[10]

自然区域模型与基于变量的技术在一定程度上相互一致，

---

[10] 关于解组是一个好概念还是坏概念，我不做任何表态，在这个议题上人们已经花费了非常多的笔墨［参见卡茨文章（Kurtz 1984: 55—57）中引用的各种文献来源，尤其是阿里汉 1938 年的论文（Alihan 1938）］。确切地说，我对社会解组生态学研究的关注，是因为它们认真对待了空间、联系和情境。

这一点具有某种历史重要性。随着芝加哥学派的衰落，自然区域中的位置仅仅成了描述个体的又一个变量。但是在这种转换中，这个概念的理论内涵丢失了，以至于罗宾逊对生态相关和生态谬误的著名抨击中（Robinson 1950），原初的生态力量的概念只剩下一个影子，暗含于群体层次变量（group-level variables）的观念之中。⑪

芝加哥人经常将自然区域明确看作是相互关联的，这使得空间效应的诸种模式取决于各种环境因素。这必然涉及向时间性的转变。在1921年的教材中，帕克和伯吉斯给出了芝加哥的概念体系，其核心是诸如"接触"、"冲突"、"同化"、"适应"之类的概念，它们描述了群体与周围其他群体之间相互决定的时间模式。在此，这种情形与生涯概念的情形类似，而生涯是芝加哥人处理时间情境提出来的概念。相比在自然历史中，在生涯的概念中包含有更大比重的社会情境和权变性，而相比在自然区域中，在"区域生涯"中时间环境也发挥着更重

---

⑪ 罗宾逊文章中抨击的目标，包括奥格本、肖和政治学系的哈罗德·戈斯内尔（Harold Gosnell）这些知名的芝加哥学者。大家熟知，罗宾逊的数学论证表明，因为与变量的聚类相关联的人为原因，生态相关性普遍高于个体相关性。许多人将罗宾逊的文章理解为强行进行个体层次的分析，这是新兴调查分析所具有的去情境化特征。然而罗宾逊自己承认，他的论证并不影响那些关注真正"区域层面"（area-level）的测量的人（Robinson 1950, 352）。相反，他说，"例如在研究青少年犯罪的时候，即使彻头彻尾的生态学家主要依靠的也是描述个体的数据，而非地区的数据。"（1950: 352）（他以克利福德·肖为例。）因此，罗宾逊只是简单地否定了比率是解组的群体层面属性的指标，他认为它们只是个体行为的指标。这当然是他理论上的判断，而不是肖的。值得注意的是，在这方面，像通常的调查传统那样，罗宾逊简单地忽略了传播和扩散的问题，假定独立的个体是分析单位，这与生态学的理论传统相悖。

第七章　芝加哥学派的持续重要性

要的作用。

沃思（Wirth 1928）对芝加哥犹太人聚居区的讨论就是这样的"区域生涯"类型。犹太人聚居区与更大的都市扩张力量的关系、与犹太商业的不断变化的主顾关系，以及与世代相传的时间模式和连续移民潮的关系，都形塑了犹太人日常生活的经验。沃思的分析以犹太人社区为中心，正如思拉舍（Thrasher 1929）对于帮派生涯的分析聚焦于单个帮派。但是相比在自然历史或自然区域中，每个学者都考虑到了更广泛的权变性；继替的犹太人社区的发展，就是这个群体在复杂的社会和地理空间中的生涯。

在极限情况下，一个社会结构的时间情境的范围变得如此之大，以至于它再次要求我们远离单个案例，将互动场域作为整体来讨论。佐尔博的《黄金海岸和贫民窟》再次提供了最清晰的例证，因为互动场域的思想不仅涉及一系列的社会情境，也涉及一系列的时间情境。近北区的故事不仅涉及经济结构的变迁和移民人口的构成这类长时段过程，也涉及邻里的地方继替这类短时段过程，甚至还涉及合租公寓中租客的流转这类更快的过程。从空间来看，互动场域不仅涉及整个区域与都市的大规模分化和相互依存，也涉及教区居民流动产生的教堂会众的融合，以及近北区自身各个部分之间经济上相互依存这类更短期的现象。

互动场域的概念不像自然区域的概念，并不能简单地过渡到变量世界。尽管如此，在一些分支领域，尤其是在历史社会学中，这个概念仍然存在并且生机勃勃。伊曼纽尔·沃勒斯坦的《现代世界体系》（Wallerstein 1974）和我自己的《职业系统》（Abbott 1988b）都描述了这类互动场域。以我更熟悉的职业研究为例，我的观点的核心是职业本身就像芝加哥的族群，

293

彼此互相推搡，职业所起的作用相当于都市本身的物理和社会地理。职业的历史就是地盘争夺的历史。我们无法书写任何单个职业的历史，因为每个职业都极大地依赖于它周围其他职业的所作所为。我们只能描述职业之间冲突的场域，包括互动的规则、策略、欺诈和附属行为。不时有更大的力量进入这个场域，如由于技术和组织发展引起职业工作的变化，相当于都市交通和经济模式的变化。这些都在互动场域引起了进一步的连带变化。这个场域也有规则，就像都市中的政治规则。诸如此类，以此类推。这种寻根溯源看似久远，但我的著作本质上就是对传统芝加哥概念的阐发。

那么我们可以想到一个三乘三的表格，其中行的维度描述时间情境性的递增程度，列的维度描述社会情境性的递增程度（参见表12）。基本上，我论证了芝加哥学者的研究几乎总是属于最后（最具情境性的）一行或一列，这两者相交之处的单元格3.3，就是互动场域的概念，它假定了多层次的社会和时间情境。在互动场域概念中，我们必须像佐尔博、沃勒斯坦或我那样，脱离个案的层次，开始描述整个场域的互动规则和规律。情境的权变性是如此复杂，以至于我们无法直接研究单个案例，并且除了最一般的预测之外无法做出任何预测。

我稍后会讨论这个小表格中的其他单元格。目前我只想强调，在对情境和权变的整个关注中，暗含着一致的社会结构观。芝加哥学者认为社会结构是在流变和相互决定过程中的一系列时间稳定性。社会世界是由彼此互相决定的行动者构成的，有时是蓄意为之，有时是意料之外。但是芝加哥视角的基石是位置，社会时间和空间中的位置引导着相互决定的游戏。所有社会事实都位于特定的物理地点和社会结构之中，也都位于一个或多个继替、同化、冲突等过程的时间逻辑之中。这意味着芝加哥视角是,社会结构嵌入在时间中,社会结构嵌入在过程中。

表12 芝加哥学派的情境

		情境性程度:空间		
		无	一定程度	高度
情境性程度:时间	无			自然区域(帕克)
	一定程度			区域"生涯"(沃思)
	高度	自然历史(爱德华兹)	生涯(思拉舍)	互动场域(佐尔博)

我如是总结不免有些讽刺。历史社会学家不是告诉我们,1970年代社会学中马克思主义的普遍重要性,在于它赋予了社会学家一种思考变迁和过程的方式吗(Abbott 1991a)?理性化和其他过程的韦伯不是在同一时期取代了帕森斯式的韦伯吗,并且有着几乎相同的作用?为什么当代社会学完全忘记了芝加哥学派的观点?为什么芝加哥学派不是我们的"经典社会学"?[12]

部分是因为芝加哥的研究工作处于经典和当代之间。当我们阅读经典的时候,我们忽略其中的陈旧的意识形态和奇怪的措辞,以便更好地关注文本中长久、不变、持久的部分。因此我们认为涂尔干、韦伯和马克思都是重要的社会理论家,而不

---

[12] 对于芝加哥社会学为何没能成为经典理论这个问题,标准答案是因为它没有理论,其经验研究著述的关注已经过时。我在前面已经讨论了第一个观点。对于第二个观点,不仅芝加哥的研究今天读起来令人兴奋(如同我将要指出的那样),而且对于想要用当前方法重新分析它们的研究者来说,芝加哥的数据档案实际上是一个宝藏。然而令人吃惊的是,C. 赖特·米尔斯(Mills 1959)对于1950年代社会学共识(在"宏大理论"与"抽象经验主义"之间)的指责,并没有提及芝加哥社会学,即使他主要抨击的主题之一就是去情境化。

295

顾涂尔干愚蠢的新法团主义、韦伯对生硬分类的嗜好,以及马克思对早已不复存在的工厂体系的专注。但是芝加哥学派温暖的散文风格,却让人误将它作为当代的著述来阅读。[13]然后,人们一下子对帕克认真的种族融合理论、克雷西对"滥交倾向"的描述(Cressey 1932: viii),以及思拉舍的"流浪癖"分析(Thrasher 1927:第10章)感到尴尬。因此,问题是芝加哥学派的著述似乎既没有足够久远到可以成为经典,也没有足够新近到可以成为当代著述。

另一个问题纯粹是势利。芝加哥的著述缺少欧洲人的拉丁文素养和高雅腔调。我们的社会学理论家像亨利·詹姆斯(Henry James)和之前的许多人一样,觉得美国思想中的朴素洞见并不符合他们的口味。他们更喜欢欧洲的精致,不知怎的就忘记了实用主义对哈贝马斯(Habermas 1971)这些欧洲理论家的影响,而正是这种美国哲学首先形塑了芝加哥社会学。

对于今天的我们来说,无论忽视芝加哥的原因是什么,它的核心概念位置性(locatedness)都有着独特重要性,因为它能帮助我们调和理论和经验研究工作。无论是欧洲大陆还是美国,当代抑或经典,大多数社会学理论都将社会事实置于其情境之中。它们关注过程、关系、行动和互动。但是,我们当前的大多数经验研究关注的是去情境化的事实,它与过程、关系和行动只有微弱的联系。相比我们当下的方法论,基于在情境中的行动的一般经验研究方法,可以更顺畅地与我们的一般理论传统接轨。

---

[13] 在埃弗里特·休斯1928年关于芝加哥房地产委员会的博士论文开篇,他写道:"在文中,我们观察的不是恐龙的骨头,我们必须想象出它的肉身,想象出芝加哥市一个鲜活年轻的机构挣扎的肉身本身。"

这种理论与经验研究工作之间的裂缝，必须引起每一位当代社会学家的高度关注。当然，每个分支领域都有自己的理论家和理论，正如默顿（Merton 1948）在他关于中层理论的名言中所力推的那样，而这些区域理论家，我们可以这样称呼他们，相比一般理论家的确与经验研究工作联系得更加紧密。但是，他们在研究工作中使用的是涉及因果关系、效应和情境的词汇，无论他们是否愿意，这之中都隐含着一种一般性理论。这种一般性理论实际上源于现代社会学去情境化的方法论范式。现在让我更详细地探讨这种范式。

关于社会学方法和理论间关系的评注

将社会事实从其情境中抽离的观点，并非始于1930年代老芝加哥的衰落。在某种意义上，任何社会统计都是如此，而社会统计学毕竟可以追溯到17世纪。由于1880年代穿孔制表机的出现，统计学家已经能够进行广泛交叉分类的社会统计，同一时期的相关发明也有助于完成这一任务。交叉分类和相关性主要用于描述，比如说 X 类型的人也可能是 Y 和 Z。说得温和些，这种类型化在某种程度上是一种情境性思维，它将变量的值放入其他变量的"情境"当中。然而它已经是迈向去情境化的重要一步，因为它从单个变量中构建类型，而不是将它们作为格式塔或突生物来分析。[14]

---

[14] 关于统计学到1900年为止的历史，参见 Stigler 1986。关于各个相关主题，参见 Owen 1976，也可以参见 Anderson 1989。关于"因果分析"的历史，一个有价值的资料是贝尼特的研究（Bernert 1983）。对此更近的分析，参见 Abbott 1998。在接下来的一节中，有用的一般性资料来源是特纳兄弟的著述（Turner and Turner 1990）。

在社会学中正式运用统计学方法的第一个重要倡导者是富兰克林·吉丁斯,他是20世纪前30年哥伦比亚大学社会学系的主导人物,也是霍华德·奥多姆、威廉·奥格本和F.斯图尔特·蔡平等杰出学者的导师。吉丁斯在《归纳社会学》(Giddings 1901)中将因果关系的理解作为社会学的目标,并且将因果关系构想为必要原因的充分结合。然而在带有密尔之风的令人激动的导言之后,该书大体上转为开列一份长长的、关于不同社会现象的变量清单,附以测量的提示。社会学定律是对引力定律和理想气体定律的模仿,因此本质上是对经验相关性的总结。按照我的三乘三表格,吉丁斯感兴趣的是单元格1.1,这个单元格在空间或时间上都有着最低限度的情境性。同样明显,从根本上说,他只将理论视为简单的经验概括。因果关系无论在原理层面多么使人感兴趣,似乎也都需要一个建构中的经验概括作为基础。

与吉丁斯的这些方法及其变量和相关性形成鲜明对比的,是所谓"社会调查":对社区、机构和社会问题进行广泛的田野研究,通常由社会工作者及其在慈善组织运动中的助手来实施。这些都是焦点研究(focused studies),通常采用了多种方法,但总是保存处于直接情境中的事实,因为调查者想要弄清楚特定的社会问题为何和如何发生,以便改变它们。有对特定产业工人的访谈研究,有夹杂着官方统计数据、描述和案例研究的犯罪报告,还有研究团队参与的整体社区研究。例如《中镇》(Lynd and Lynd 1929)就是社会调查运动最后的重要作品之一。这场调查运动没有理论目标。例如它从来不是旨在发现诸如"工作"与"对家庭的投入"这类抽象概念之间的关系——这类"规律"恰是吉丁斯研究项目的核心——而是研究(继续举例)某个社区和某种工业背景下某个工人群体与他们

第七章 芝加哥学派的持续重要性

家庭的关系。⑮

在经验层面，芝加哥学派在很多方面是社会调查传统和吉丁斯"科学"社会学的混合产物［吉丁斯厌恶调查（Blumer 1984: 67）］。尽管帕克和伯吉斯花费了大量时间，将他们"科学导向"的研究工作与调查运动的向善论区分开来（Blumer 1984：第 5 章；Turner and Turner 1990: 25），然而对于今天的读者来说，芝加哥学派的著述读起来更像是社会调查的文献，而不是吉丁斯学派的著述。⑯

---

⑮ 关于调查运动，参见特纳兄弟的讨论（Turner and Turner 1990），更广泛地可参见布尔默、贝尔斯和斯克拉书中（Bulmer, Bales, and Sklar 1991）的各篇论文。在第一章中，我联系迪甘有关芝加哥学派的观点，简要讨论了这场运动。

⑯ 尽管芝加哥学派似乎将调查运动对具体细节的关注，与吉丁斯学派的科学雄心结合起来，但是两者几乎没有直接联系。伯吉斯参与过一项调查（Blumer 1984: 73; Harvey 1987a: 87），帕克教过一门关于调查的课程，但是他们都认为芝加哥的研究实践是以更系统的方式进行的。（然而，迪甘发现它与调查传统之间有更强和更直接的联系，参见 Deegan 1988）在"科学的社会学"方面，帕克和伯吉斯都熟悉吉丁斯的研究工作——他们的教材涉及了相关的内容［Park and Burgess（1921）1970］——但是他们非常清楚他们属于不同的传统（例如，参见帕克为该教材撰写的导言）。

不过，芝加哥的著述读起来确实像调查。例如，我们很容易将奥格本 1912 年在哥伦比亚大学关于童工法的博士论文［Ogburn（1912）1940］，与克丽丝特尔·伊斯曼（Crystal Eastman）1910 年的《工伤事故与法律》——它是伟大的匹兹堡调查中的一卷——以及埃弗里特·休斯关于芝加哥房地产委员会的博士论文进行比较。虽然三人都研究了监管机构的兴起，但是奥格本关注各州允许进入劳动力市场的平均年龄，探讨了随着时间的推移，这些年龄越来越一致；伊斯曼和休斯则研究了特定情境中的真实事件。特定的行动者容易被识别出来，围绕特定事件的系列动因与模式也同样如此。我们可以在特定案例中追踪这些过程（在伊斯曼的案例中是血淋淋的文字细节）。这在奥格本的作品中则绝无可能。

然而芝加哥学派有理论上的雄心。这不仅使它的研究程序有别于调查运动，也赋予了学派的著述一种连贯性，而这是调查运动的著述所缺少的。我指出，芝加哥的理论侧重于社会事实的位置性，以及情境权变性的重要意义。[17]这种理论承诺要求芝加哥学派在方法上进行融合，因为如果因果关系由环境因素决定，没有一种原因会产生统一的结果，那么具体的理论一定是关于系列动因的理论，而不是单个原因的理论。案例研究是发现这种系列动因的最快方式，因为纯粹的组合学使得在总体层次上研究这类问题很困难。在更一般的意义上来说，只有民族志、统计学、生命史和组织史等方法折中的组合，才能充分公正地处理社会事实的空间和时间情境的多重层次。[18]

相比之下，吉丁斯的因果关系观念——必要原因的充分结合本身被视为抽象概念——促使人们直接探究独立单元的不同属性。只有当因果关系从根本上取决于情境时，采用芝加哥式的研究才有意义。对于最低限度情境性的单元格1.1，没有必要

---

[17] 与人们对芝加哥的常见判断相反，生态学过去和现在都是一种完全受人尊重的科学理论类型。我们当下的理论观受到变量范式的形塑，以至于我们遵循这一范式来界定理论。大多数社会学家认为，理论就是严格描述个体单元的两个变量属性之间的关系。然而，只要看一看催化或是演化理论就会发现，因为情境对原因的影响，有时有必要直接根据系统内部关系来理论化系统。芝加哥式的生态学属于这种理论化的分支。

[18] 折中的组合是布鲁默的"芝加哥流形"（Blumer 1984）。值得注意的是，组合学的观点意味着案例研究和生态学的关系更多是一种选择性亲和，而不是一种必然性，这一点在1930年代的方法论大辩论中被遗忘了。这些辩论倾向于将一系列的二分法，化约为定量和定性研究工作的简单对立。参见伯吉斯1927年的著述（Burgess 1927），他极为苦恼地呼吁开放的心态，这在接下来的讨论中被忽视了。（Bulmer 1984，以及Turner and Turner 1990在一定程度上涉及了这一主题。）

第七章　芝加哥学派的持续重要性

浪费时间来给事实定位。那么于我而言，芝加哥学派似乎代表着在吉丁斯研究项目之上独特的智识进展，它不仅处理了社会生活的复杂性，而且是在一种明白的科学框架之下处理的。它用更加细微的情境论路径，取代了变量方法的极简单版本。

在帕克和伯吉斯的教材中可以清楚地看出，这种强调情境的新观点拥有一个非凡的知识谱系。重要的欧洲源头是古斯塔夫·拉兹恩霍弗和格奥尔格·齐美尔。令人吃惊的是，前者在美国的主要解读者是备受争议的阿尔比恩·斯莫尔；因此，在齐美尔的学生罗伯特·帕克到来之前，芝加哥的学生已经学习"生态"理论很长时间了，并且是将其作为历史来源学习的，我们今天也从查尔斯·拉金（Ragin 1987）这些历史社会学家那里听到类似的观点。[19] 除了这些欧洲思想源头外，还应当加上 W. I. 托马斯和乔治·赫伯特·米德的独特贡献，后者是由埃尔斯沃斯·法里斯引介的，他们提出了一种社会心理学，它不像涂尔干的社会化木偶，或塔德（和吉丁斯的）知识渊博的模仿者那样机械和抽象。托马斯和兹纳涅茨基的《身处欧美的

---

[19] 据我所知，拉兹恩霍弗的著作还没有被翻译成英文。（斯莫尔翻译了一部分，在他自己的著述和《美国社会学期刊》上发表，参见《美国社会学期刊》第 10 卷，1904 年，第 177—188 页）。英文的主要文献来源是斯莫尔的《普通社会学：从斯宾塞到拉兹恩霍弗的社会学理论主要发展的阐述》（Small 1905）的第 4 和第 5 部分。对于斯莫尔来说，拉兹恩霍弗的核心洞见在于，探究的主题不是社会而是社会过程，社会过程是冲突性利益持续的相互作用所构成。斯莫尔的情境论在《社会科学的意义》（1910）一文中表现得极为强烈。例如在提及社会原因时，斯莫尔说："这些因素之一在某一特定时刻所起的作用，是同一时刻所有其他因素的功能"（1910: 20）。关于齐美尔的文献来源如此广为人知，以至于没有必要引用它们。唐纳德·莱文向我强调，齐美尔对于互动的兴趣是高度抽象化的，因此在某种程度上也是去情境化的（宽泛意义上），而正是帕克坚持将社会形式带入复杂的、情境化的关联。

波兰农民》(Thomas and Znaniecki 1918-1920)表明社会环境的复杂面向如何影响个体生命,然后通过个体反过来重塑环境及其制度。因此个人和社会的关系本身被重新概念化为一种彼此之间共同的情境。

209　　在我看来,芝加哥学派通过其情境性的核心观念,将科学化和调查传统两者结合,取得了决定性的进展。为了使情境性成为芝加哥学派的核心焦点,我背离了芝加哥关于社会生活的著述中强调主体性、价值和主体间性(intersubjectivity)的作用的传统(例如 Harvey 1987a,以及一定程度上从布鲁默本人开始的所有符号互动论的历史学家;参见如 Rock 1979)。我认为主体间性的重要面向与其说是它的主体性特征,不如说是它的关系性特征。事实上,我觉得那些在社会学新近的"文化"转向中找到救星的学者,经常将这种趋势与芝加哥学派或自布鲁默以降的学术脉络联系起来,他们都犯了同样的错误。重要的是关注意义之间的关系,而非仅仅研究意义本身,后者可以而且已经以能想见的最呆板的方式完成了。

　　在将情境性作为芝加哥学派的核心时,我也界定了芝加哥学派对过程的关注,这一点许多人之前注意到了,我认为对过程的关注在逻辑上与芝加哥对地点的关注相关联,包括物理的和社会的地点。当然这样做的时候,我的解读是有选择性的。在此,我的目标并不是要对学派全部的复杂性进行研究。我们已经看到,其他人已经将这类工作做得很好了。准确地说,在此我的目标是获取这一学派的核心思想,并将它放回当下社会学意识的前台。这就是我将芝加哥学派的著述作为经典文本来阅读的意涵。

　　接下来的历史表明,芝加哥的情境性综合很快失败了。若干力量导致了这种失败。一些是机构层面的。1932 年洛克菲勒纪念资金耗尽了。帕克离开芝加哥前往菲斯克大学。芝加哥大学的新校长罗伯特·梅纳德·哈钦斯对于社会科学毫无热情。然而还有其他智识层面的力量,这些力量更为重要。[20]

首先,到1930年代,赫伯特·布鲁默通过强调芝加哥方法的符号性和主体间性的一面,并通过借用米德的社会心理学(有人说是徒劳的;参见 Harvey 1987a: 161),奠定了符号互动论的基础。在这个过程中,他抨击《身处欧美的波兰农民》这类早先的、更折中的芝加哥作品是不科学的,因为其分类并没有直接从资料中产生。布鲁默因而接受了社会学的科学目标,但是通过一方面结合客观主义、定量研究和基于变量的方法,一方面结合主观主义、定性研究和基于案例的方法,使得社会学内部进一步分裂。(我前面指出,此前相互交叉的二分法统一此时转变成整体的对立,并在学系中布鲁默和奥格本的个人恩怨中得到了体现。)布鲁默也没有抓住情境性的要点,他认为基于变量的方法的主要问题是它们未能捕捉这种情形中的主观模糊性,而不是它们否认了普遍因果关系中的情境决定性,

---

[20] 马丁·布尔默(Bulmer 1984)的著作表明,芝加哥也在社会学中开创了由外部资助的大型研究项目,从《身处欧美的波兰农民》一直持续到劳拉·斯皮尔曼·洛克菲勒纪念基金支持的鼎盛时期。毫无疑问,芝加哥的突出成就部分源自这种支持,部分源自教条主义的吉丁斯未能获得同样的资助(Blumer 1984: 142)。关于芝加哥的衰落(及其各种解释)的相关文献,参见 Blumer 1984 和 Turner and Turner 1990。在研究这种衰落时,明智的做法是将学系在学科中的政治失势(表现为《美国社会学评论》的创刊和1936年的"叛乱",而许多年轻的芝加哥研究生参与了这次叛乱)与如今被标签化为"芝加哥学派"的思想的衰落分开。在某些方面,这是非常不同的故事。琼·奥尔德斯向我提出了一个有趣的设想,那就是芝加哥在知识意义上的衰落,原因之一是人们过于从字面上看待它,仿佛芝加哥的知识就是同心圆理论本身,而不是情境和位置的重要性。

主观性问题只是其中的一部分而已。[21]

然而在芝加哥的衰落中，更重要的力量是1930年代民意调查和市场研究的兴起。这是吉丁斯变量范式的一个大大改进的版本。极端派是由保罗·拉扎斯菲尔德领导的。拉扎斯菲尔德偏好纯粹的操作主义社会科学，有意忽视因果过程和理论，因为他对这些都不抱希望（Turner and Turner 1990: 105, 114）。［科尔曼（Coleman 1990: 89）说拉扎斯菲尔德"很难理解社会学理论"。］他的典型项目是关于消费者态度的市场研究，其最终目的不是要弄清楚消费者为什么这样想，而是要发现他们偏好哪些产品（参见 Lazarsfeld and Rosenberg 1955: 396–398）。[22]

这类项目的核心是去情境化，一部分是因为在基于当前品味的足够情境化的理论提出来之前，消费者的品味就会发生改变，一部分是因为市场营销人员无法保证在调查和购买情境下"其他事物相同"。特定社会属性的必要的去情境化，是通过快速发展的抽样技术来实现的，它不仅将个体从他们的亲朋好友等社会情境中分离出来，也以实现对变量空间"更完整"认识的名义，有意忽略单个变量在其他变量的情境中。抽样不仅仅将情境效应驯化为纯粹的相互作用（interactions），还产生情境性因果关系被有意降至最低的数据集。这后来使得整整一代社会学家把相互作用当作一种方法论上的麻烦，而非社会现实

---

[21] 对于布鲁默观点变化的讨论，参见 Harvey 1987a: 136、Turner and Turner 1990: 67 以及 Bulmer 1984: 第10章。在布鲁默对《身处欧美的波兰农民》的著名批评中，他阐述了自己的观点（Blumer 1939）。他对于变量概念的抨击很早（1931），而且一再重申（例如1956）。但由于布鲁默经常将其他概念（有时例如"严谨"与"变量"混为一谈，他在很大程度上造成了当时不必要的两极化。

[22] 令人深思的是，拉扎斯菲尔德公开表示，购物行为是人类行为的缩影（Lazarsfeld and Rosenberg 1955: 389–390）。

运行的方式。[23]

像拉扎斯菲尔德一样,温和调查研究派的领导者萨默尔·斯托佛相信唯有现代调查分析能够奠定一门学科的基石(参见如 Stouffer 1950)。斯托佛在他著名的博士论文(1930)

---

[23] 在我看来,这个时期的主要文本:拉扎斯菲尔德和罗森伯格的《社会研究的语言》(Lazarsfeld and Rosenberg 1955),转向了一种完全去情境化的立场。在列昂·费斯廷格(Leon Festinger)早期的数篇论文和丹尼尔·古达克(Daniel Goodacre)撰写的一篇社会测量学的论文中,有过短暂对案例之间的关系的讨论。只有一篇论文(作者是艾伦·巴顿)谈及变量之间的关系(即变量范式中理解的情境)。除此之外,数十篇论文中充分应用了变量范式,独立案例、独立变量和叙事被视为变量中的趋势或面板变化。对于拉扎斯菲尔德和罗森伯格来说,方法论的另一面是制度研究和民族志,对此他们说,"在这些情形中,我们都找不到对所涉及的方法论问题的系统分析!"(1955: 5)就拉扎斯菲尔德和斯托佛所感兴趣的"情境"而言,它只不过是一个生态变量的问题,而非把特定案例的特定位置视作首要问题。例如斯托佛的士兵受到旅、营和连的效应的影响,同样受到了个人的影响。[拉扎斯菲尔德也同样对突生的"全体性"(global)变量感兴趣(Coleman 1990: 87)。]但是,生态变量总是通过个体单元,而不是作为整体结构起作用。我感谢约翰·莫德尔提出对此加以阐明的要求。

随着抽样的发展,随机抽样被证明存在问题。因为,变量空间中的案例聚类(以及在样本可获得性的方面),意味着随机抽样提供的关于不寻常群体的信息很少。对此的解决办法是分层抽样,在分层抽样中,利用变量空间中案例真正聚类的信息来绕过这种聚类,以便越过它们的存在对不寻常群体进行抽样,之后通过权重将其信息重为适当的比例。因此聚类信息不是一种需要调查的事物,而是一个调查设计中的问题。在理论上,其目的是使关于不寻常案例的信息达到跟通常案例的信息同样的相对误差(大数法则确保了快速接近总体参数)。但这涉及一个哲学假定,即在深层空间中的关系是广义线性的,体现在统计操作上,即把不同抽样策略下的参数行为变成了选择统计数据的主要标准。否则认真对待不寻常的案例就没有必要;人们宁愿根据聚类来分析空间,也就是说根据互动来分析。关于抽样的历史,参见 Chang 1976 和 Hansen and Madow 1976。现代抽样的基本结构源于杰西·内曼 1934 年的一篇论文(Neyman 1934)。

中，强调了调查研究和芝加哥学派之间的对比，他测试了四名同学做态度判断的速度和效率，并与一组编码协议进行了比较。在很短的时间内，编码协议得出了相同的答案，在斯托佛看来，这无可置疑地证明了编码协议是社会研究的首选方法。当然，通过提出诸如"什么是给变量编码最快的方法"这样的问题，他已经预设了答案。1930年代围绕案例研究和调查方法之间的争论，其核心议题并非调查是否能更快地找到变量；当然能。更确切地说，核心议题是变量的概念——把社会事实从情境中抽离而形成的概念——是否首先是合理的概念。斯托佛的精妙实验在这一点上没有结论。斯托佛深深地执着于变量的思想，他之后的论述清楚表明，一般性理论"并没有为我们提供互相关联的命题，这些命题可以如下形式提出：如果 x_1，给定 x_2 和 x_3，那么 x_4 有着很大的可能性"（1950：359）。理论的目标是为这类可检验的有关变量的陈述提供演绎性的来源，如果一种理论不能提供这些演绎，那么它就过于模糊，没有用处。变量就是现实。[24]

调查研究的操作主义在实践层面的重要性，在于它服膺于1920年代由罗纳德·费舍尔（Ronald Fisher）及其同事发明的同样具有操作性的统计程序。（参见 Anderson 1989 关于这些程序日益占据主导的讨论。）拉扎斯菲尔德自己更偏好他那难懂的"潜在结构方法"。然而对于不太熟练的人来说，费舍尔

---

[24] 霍华德·贝克尔和查尔斯·梯利都向我重复过一个经典故事，斯托佛通过观察堆积在 IBM 卡片分拣机插槽中的卡片来激发他的理论思考，这体现了他以数据为导向的特性。他的研究室不得不有额外的线路来支持三台分拣机［特里·克拉克（Terry Clark），个人交流］。关于文中的引用，值得注意的是 x_1、x_2、x_3 和 x_4 都不是行动（在这种情形下，斯托佛会提出概化叙事），而是个体分析单元的变量属性。

氏方法高度可操作，它是为了特定的操作目标而设计的。在费舍尔的例子中，是用来决定肥料是否对特定土地有用。[1930年代初斯托佛跟随皮尔逊（Pearson）和费舍尔学习（Bulmer 1984: 179）。]没有人假装费舍尔氏因子设计有助于得到因果理论，尽管反过来，如果我们拥有有效的因果理论，就更易于检验假设（参见 Kempthorne 1976 对此的概述）。对于因果的强调是后来才出现的（Bernert 1983; Abbott 1998）。与此同时，未来的费舍尔派和保守派之间的主要争论是围绕情境性因果的议题。费舍尔和其他大多数生物统计学家都通过实验设计来控制情境效应。即使如此，费舍尔氏统计学还是遭遇了来自杰西·内曼（Jerzy Neyman）的精彩情境论抨击，他在1930年代中期激烈抨击了弗朗西斯·耶茨（Francis Yates），内曼指明整个程序依赖于未经检验的假定，即情境（互动）效应表现良好（Traxler 1976）。奇怪的是，内曼的评论没有产生任何影响。（毕竟内曼自己完成了抽样的基础性研究工作。）事实上，因为费舍尔氏方法的非理论性，针对它的精彩但无果的抨击已经持续了数十年，最近的抨击来自伯克利的无与伦比的戴维·弗雷德曼（例如 Freedman 1987）。

这场新变量革命的发动者认为，通过将社会事实从其紧密的情境中剥离，可以让其从新的推论统计学中汲取力量。一旦人们在概念上实现了飞跃，即认为在各种不同情境下"变量的值"都是可比较的，那么相关方法、回归、因子分析等所有的假设检验方法就都适用了。即使坚定的情境论者也必须承认，调查方法和统计学的结合是激进且令人兴奋的。如同之前情境论和互动论的洞见一样，它孕育了社会学一段异常繁荣的时期，出现了拉扎斯菲尔德、贝雷尔森和高德的《人民的选择》[Lazarsfeld, Berelson, and Gaudet（1944）1968]，斯托佛等人的

《美国士兵》(Stouffer et al. 1949)，贝雷尔森、拉扎斯菲尔德和麦克菲的《投票》(Berelson, Lazarsfeld, and Mcphee 1954)，李普塞特的《政治人》(Lipset 1960)，科尔曼的《青少年社会》(Coleman 1961)，以及布劳和邓肯的《美国的职业结构》(Blau and Duncan 1967)等著作。这是一份非常杰出的名单。[25]

如果你花时间重新阅读这些著作，你会发现它们是质朴、鲜活和令人兴奋的。重读布劳和邓肯的时候，能感受到两位作者极度的兴奋感。邓肯渴望尝试变量范式最巧妙的方法——结构方程法，讽刺的是，它是由罗伯特·帕克芝加哥的同事、伟大的生物学家休厄尔·赖特（Sewall Wright）提出的方法。令当代读者大为吃惊的是，布劳和邓肯以叙事形式撰写了这本书。在每章中，作者都仔细向读者展示他们一步步的工作，而非以某种适当的"科学"或逻辑顺序来呈现。因此作者是在场而且可见的。他们再三表达了对于数据缺陷的极度失望。他们坦率地承认了他们在统计学和方法论上的强假设，以及这些假设在有些方面违背了对社会过程的合理看法。他们的道歉很简单，只是说也许激进的假设会产生令人兴奋的结果。人们被卷

---

[25] 值得指出的是，这个名单上有些著作超出了变量范式的范围。在一定程度上，《青少年社会》是一本网络分析的著作，其他几本出自哥伦比亚社会学系的重要著作也是如此，如 Katz and Lazarsfeld 1955。尽管如此，在这些著作中，网络并没有被视为整体结构，而是依据与被访者最终的联系来划定。卡茨和拉扎斯菲尔德都谈论了影响的"序列"，如同贝雷尔森、拉扎斯菲尔德和麦克菲（1954）谈论了投票的"过程"一样。但是这两个"叙述"都是根据作为变量收集来的资料重构出来的，因而失去了大多数过程性细节。然而，在这些著作中我们可以看到，研究者尝试在变量框架内保留特定的社会和时间位置的概念。只是在因果关系革命（参见下文）之后，这种尝试才消失。读者应当记得，如同我对芝加哥的分析一样，我并不关心拉扎斯菲尔德和哥伦比亚大学社会学系在组织层面上的重要贡献。关于这些问题的评述，参见 Glock 1979。

入了他们的兴奋情绪中,即使不愿支持的读者也会勉强承认他们的假设,只是为了看看这会带来什么结果。如同情境论范式一样,变量范式产出了富有吸引力和启发性的著述。㉖

到了1960年代,变量范式已经构筑了整座社会分析的大厦。由于拉扎斯菲尔德等学者的努力,它在商业调查文献,即市场研究和民意测验中占据了主导。但是它也接管了经验社会学。当巴纳德·贝雷尔森和加里·斯坦纳发表他们有关"行为科学现在对人类行为的认识"的总结之时(Berelson and Steiner 1964: 3),这一范式达到了全盛。在这本书中(书名为《人类行为:研究成果盘点》),大多数"真理"实际上都是双变量相关,有时候有一两个控制变量。其中较少涉及事情为什么发生。㉗

这种情形很快就改变了。在1960年代,社会学家开始接受概率因果关系的图景,这一图景一直隐含在结构方程方法之

㉖ 我不是第一个主要以文学眼光阅读布劳和邓肯的人。参见 Gusfield 1980。我在此将它与地位获得的研究传统中后来的研究工作进行对比,而若将它与《泰利的街角》对比,它看起来就像是一本截然不同的著作了。

㉗ 詹姆斯·科尔曼(Coleman 1990, 1991-1992, 1992)认为社会学变得越来越个体主义,因为它所处的社会确实如此。对于我所注意到的方法论变化(转向操作主义和基于变量的概念),他含蓄地将其定位为迈向个体化、无联结的社会进程的一部分。尽管这种争论已经超出了本章的范围,但是我认为恰恰相反,社会科学新的个体主义实际上是社会个体主义的构成部分。无论如何,在此我有意寻求一种对学科的内部解读,因而不考虑他(重要而令人不安)的观点。

约翰·莫德尔也准确指出我忽视了芝加哥遗产和新标准社会学之间至关重要的联系,这种联系通过麦肯齐(McKenzie)和霍利(Hawley)等人,从人类生态学贯穿到人口学。尽管篇幅所限,我无法触及社会学的这一分支,然而令人惊奇的是,今天的人口学完全不由理论生态学的关注甚或狭义的人口学主导,而是由源自拉扎斯菲尔德遗产的方法的常规应用所主导,这种遗产正是我在此所讨论的。

中。休伯特·布莱洛克（Blalock 1964）等学者从自然科学中借用了这种概率因果关系的图景，来论证他们的研究工作。与市场研究者和生物学家不同，使用变量模型的社会学家开始认为，主效应就代表因果力量。他们的文章暗示诸如性别、科层制和收入这些变量会在社会世界中"起作用"。㉘

215　　随着代际更替，新一代学者接受了这种因果图景。到1960年代，接受前变量范式训练的一代学者开始退出历史舞台。新一代学者学习的方法，既不是更一般性分析的补充，也不是为了快速解决互动论范式设定的经验问题。相反，按照真正库恩主义的方式，他们从这种方法中学到一系列关于社会现实的假设，这从根本上形塑了他们对于社会世界的看法。这种范式逐渐变得自我封闭，因为它的方法否认了任何它无法理解的社会事实。到了1970年代，许多社会学家将社会世界想象为一种广义线性现实（Abbott 1988a）。这种范式的封闭性甚至主导了分支领域的理论家，而默顿曾经希望他们会阻止这种封闭。即使像约翰·迈耶（John Meyer）这样的学者，在宣告组织研究中的新制度主义时，也坚持用双变量和去情境化（在其他条件相同的情况下）的假设阐述它［参见 Meyer and Rowan 1977; Scott and Meyer（1983）1991］。

　　正是这迈向"因果分析"的最后一步，在理论和方法之间造成了真正的鸿沟。像斯托佛这样的学者，他的一只脚还踏在旧的范式上，而另一只脚已经迈进了新的范式。斯托佛是在一个由民族志主导的学系接受训练，但是他自己却远离了民族志。他深信吉丁斯的概化类型，也梦想着人们能创建出演绎

㉘　关于概率因果关系的确凿证据，参见 Blalock 1964。在该书前几页，能看到语言从关注真实事件，迅速转向关注远离真实的变量层次。关于这类语言的详细分析，参见 Abbott 1992a 和 Abbott 1998。

性的理论,其经验推论具有可检验的决定性的差异(Stouffer 1950)。在哈佛大学,与斯托佛一起的塔尔科特·帕森斯也大致有同样的信念,尽管他希望把主要精力放在构建理论上,而且他所指的理论比斯托佛所认为的更抽象。后来,帕森斯的理论从来没有具体化为任何经验推论,但此刻两人都支持理论和方法之间暂时的和解,这使得社会学在1950年代末和1960年代初经历了重要的繁荣时期。在哥伦比亚大学,默顿和拉扎斯菲尔德之间也有相似的,但更紧密、更协同的关系。㉙

㉙　准确地考察这种接合如何得以完成是有益的。一个经典例子是贝雷尔森、拉扎斯菲尔德和麦克菲的《投票》(Berelson, Lazarsfeld, and McPhee 1954),帕森斯对其有细致的回应(Parsons 1959)。对于1965年以来已经习惯因果论语言的读者来说,贝雷尔森等人著作的惊人之处,在于每章都以一长串双变量相关分析作结,有时候还有控制变量。该书最后列出了大量这类内容,并与其他几项研究进行对比。因此,按照当前的术语来说,这本书感觉是一本高度描述性的著作。今天我们会问因果分析在哪里?此外,这本著作对于特定细节的关注,给人相当的历史感(不仅仅因为那是些过去的细节;因此在宽泛意义上它是情境性的)。诚然,在形式上,过程只是作为一个不成熟的面板原因图(281),并在两种二分法在两个时间点进行交叉分类得到的16格表中保留。但是这本著作不仅关注了特定的政治代际和历史过程,而且还基于三波实际调查。

事实上,理论上的启示与实际结果之间没有什么关系。这本书的结论有两章。第一章——写给学科专业人士——准确地将这本著作定位为在投票的心理学研究与更具历史意义的结构视角之间进行调和的尝试。第二章——明显是写给普通读者看的——探讨这些发现对于民主的规范性理论的启示。第二章中的结论是帕森斯在评论这项研究时唯一关心的结论。帕森斯(1959)对贝雷尔森等人以很特别的方式使用各种"悖论"为他们的著作做出结论,给出了一段长长的解释。他将这些编入了政治系统的平衡功能理论。因而,在默顿也许会感兴趣的"中层"结论(第13章)与宏大理论式(帕森斯式)的结论(第14章)之间近乎完全脱节。这种脱节使得帕森斯相信,这项研究实现了他在1948年提出来的目标:"理想情况是拥有这样一种理论范畴,那就是有关变量的经验值是我们观察程序的直接产物。"(1948:158)帕森斯和斯托佛的所谓"接合"实际上是凭信仰之跃弥合的一道鸿沟。因此,1959年米尔斯如何将宏大理论和抽象经验主义作为不同的事物加以抨击,就变得很清楚了,(接下页)

然而，因果论并不止于此。一旦经验社会学家开始认为，主效应实际上代表的不仅仅是分析上的便利，他们就与真实社会行动中的学科理论基础失去了联系。变量范式源于奥格本、斯托佛、邓肯和拉扎斯菲尔德，他们通过变量的观念，幸运地将新统计学跟社会学思想结合起来。因果论将这座桥梁限定为单行道。

结果是变量范式从来没有真正自我更新。如今它已经老了、累了。在本章一开始，我所描述的那种知识枯竭，实际上是变量范式的枯竭。在多年的杰出而重要的研究工作之后，它已经失去了令我们兴奋的能力。这种兴奋的丧失部分是由于自说自话的技术主义［米尔斯所说的"形式化而空洞的精巧"（Mills 1959, 75）］；部分是由于它失去了与真实的人的联系，包括读者和分析对象；部分是由于如我已经说过的，它失去了与社会理论的联系，而社会理论过去和现在都关乎社会行动和互动。

然而也许最重要的是，乐趣消失了。今天，我们再也看不到邓肯在尝试又一个牵强的计算时机灵地挤眼了。我们再也看不到任何人机灵地挤眼了。[30] 今天，新方法也不再必然带来新结果的涌现，不再像《政治人》那样，其中新的调查方法使得对政治生活的全景式刻画变得可能。我们再也无法以这种方式获得惊喜了。现在我们仅仅是在填充细节。变量的思想是一种伟大的思想。但是它作为一种令人兴奋的知识来源的时代终结了。

（接上页）即使它们的实践者认为它们只是同一个事物的不同方面。值得注意的是，默顿和拉扎斯菲尔德之间的联系，相比帕森斯和斯托佛之间的联系，不仅更加紧密，而且更为持久（Coleman 1990: 89）。

[30] 1984年，邓肯出版了他在社会学领域最后一本重要著作《社会测量札记》，他最后一次对每个人挤眼。该书对线性结构关系模型（第209—210页）到职业量表（第194页）等当前社会学研究和方法论的广大领域都进行了抨击。不幸的是，它一直只是一部受少数人推崇的经典。

第七章 芝加哥学派的持续重要性

社会学方法论的未来

现在你可能以为我要说,只要我们读一读芝加哥学派的著述,听一听它的启示,乌云就会消散,社会学就会变得令人兴奋,政策制定者就会蜂拥到我们的门前。可这是无稽之谈。芝加哥学派和变量范式二者的兴盛——我在此作为一名好芝加哥人发言——都取决于诸多事物的结合。这不仅仅涉及好的理论。在这两种情形中,大量的方法和分析技术已经准备就绪。芝加哥人直接在长久以来的社会调查传统上建造。变量范式直到开始采用费舍尔氏分析技术,都毫无进展。因此,只是吸收芝加哥经典的情境论启示对我们没有帮助,除非有方法将这种启示付诸积极的经验实践。好消息是这些方法正在等着我们。

让我从最迫切的需要开始。情境论社会学的方法论必须把我前面概括的芝加哥学派的基本概念付诸某种经验实践。我们需要发现自然历史的方法——它们是长期、一致的事件模式。我们需要解析生涯的方法——它们是由实体环境因素决定的复杂序列。我们还需要描述互动场域的方法。我们还需要探究复杂的空间相互依存性的方法,并使得这种空间相互依存性在时间上越来越结构化,直到我们再次实现对互动场域的描述和测量。

值得注意的是,我没有对所需的数据类型做任何说明。回归情境论的一个核心理由是,它会将长期分离的各种社会学研究结合起来。我前面说,历史社会学家的确经常讨论自然历史、生涯和互动场域。在互动论传统下,大多数学者的确讨论空间的相互依存性。我们的理论家也的确常常表述在时间和空间中结构化行动的理论。那么，接下来我将主要关注情境论的实证主义的、形式化的方法。因为它们是学科最需要的方法，而且幸运的是，它们似乎即将广泛使用。[31]

表 13 情境主义方法论举例

		情境性程度：空间		
		无	一定程度	高度
情境性程度：时间	无	主流方法论		网络分析（怀特）
	一定程度			稳健行动（帕吉特）、网络博弈（阿贝尔）
	高度	序列分析（阿伯特）	叙事形式主义（阿贝尔，海斯）	编码

那么，最后我想要讨论某些开始发展这些方法的研究工

---

[31] 在这方面，多次有人问我，为何没有在此讨论文化的主题。这是一个重要问题，因为文化是今天社会学中的一个核心主题（本该如此），尤其在很多人头脑中，它与社会时间性和社会地理学有着紧密联系，而这两者都被视为社会建构的。在某种程度上，我忽略文化只是为了处理上的方便。因为将它加入我的论证，会迈向一般性的理论化，而我这里的目标是重述芝加哥的传统。第二个原因是我认为意义（因果的或其他的）的生成部分源自情境的思想，与意义本质上是多元或复杂的思想并不相同。我认为后者才是那些就文化向我提出质疑的人的核心关注点，部分原因是他们对我"叙事实证主义"概念的疑惑反应（Abbott 1992b）。叙事不该有单一的意义）。我确实认为文化是一个核心主题，但是当我已经卷入情境性和因果性的争论时，我不敢再去讨论它。像布鲁默一样，本章此前的一些读者也陷入了一种境地，一方面将变量、定量研究、客观主义和分析的严谨性混为一谈，另一方面将阐释、民族志、主观主义和叙事混为一谈。（关于这种混为一谈的例子，参见 Richardson 1990。）我认为对于情境的共同关注，使得对其余那些二分法有着不同立场的各个群体联合起来。尽管如此，很明显需要一篇像这样的文章，来论及文化从主流经验社会学中消失的问题。

作。我并不是说新方法实际上是将要革新社会学的特定技术，而是说它们展示的那种思维，将产生革新社会学的技术。再一次，我通过考虑表格中高度情境性的单元格来论证。

我从社会情境的研究开始，相比时间情境来说，这类研究工作我们能看到更多，主要是已为大家熟知的网络分析。网络分析有着大量经验成果。爱德华·劳曼和戴维·诺克的《组织国家》（Laumann and Knoke 1987）采用网络分析揭示了国家政治中复杂而多变的结构，而这种结构通过标准的基于变量的技术完全无法揭示出来。在此，位置是一个核心主题，它贯穿劳曼著作的始终。网络分析在经验上的成功，反映出由哈里森·怀特及其学生发展出来的一系列理论基础也同样强大。网络思维的经验和理论两个方面结合在一起，形成一种研究社会实在的方法，这种方法比变量范式的任何方法都更为紧密统一。当然这种网络思维也以非常令人难堪的方式，向主导范式提出了情境决定论的问题，正如怀特1970年的著作《机会链》（*Chains of Opportunity*），该书影响了公务员、精神病医生、国家警察等群体的劳动力市场研究。（关于"空缺链"系统的评论，请参见Chase 1991；关于网络分析一般性的资料来源，参见前文中注释8所引的资料。）

有些大胆的研究者正在推动网络分析转向时间复杂性（表13中的单元格2.3）。彼得·阿贝尔（Abell 1990a）开始将他对叙事相似性的形式分析与行动的理性选择模型相结合。其结果是一个"网络中的博弈"的概念。另一个例子是约翰·帕吉特对于佛罗伦萨美第奇政党长达一个世纪的逐步建立的关系网络的分析（Padgett and Ansell 1993）。帕吉特运用从怀特的模块模型（block modeling）发展出来的方法，以优雅的细节描述了亲属、经济和政治网络漫长且常有偶然性的构建,这种网络最终赋予了科西莫·德·美第奇"稳健行动"的能力,这种行动很大程度上独立于在他之下的控制和结盟(这种行动恰恰是劳曼和诺克的组织所无法采取的行动)。如同当代大部分社会学理论一样,帕吉特的直接关注是结构中的行动。[怀特已经就这个主题撰写了一本理论著作(White 1992)。]

同一类型的方法论发展,也逐渐出现在对时间模式和情境决定的研究中。一些理论家一直致力研究形式模型,尤其是托马斯·法拉罗和约翰·斯科弗雷兹(例如 Fararo and Skvoretz 1984)。但是在这里,我们也看到了实用经验方法的发展(对此的评论参见 Abbott 1992b, 1995b)。

其中第一个方法直接针对一个经典问题,即跨单元的叙事的比较和分类:表13的单元格3.1中,虽然时间情境很强,但是单元基本上是独立的。帕克在强调自然历史、生涯以及其他类型的时间模式时是否正确,是一个实践层面上的问题。我自己在所谓序列分析方面的工作就聚焦于此。我采用标度技术分析了美国医生群体的专业化叙事,清楚表明地方权力比地方知识重要(Abbott 1991b)。我也采用更难理解的技术——源自计算机科学的序列比较算法——分析音乐家的职业生涯(Abbott and Hrycak 1990)和福利国家的历史(Abbott and De Viney 1992)。对于这些研究的回顾评述参见阿伯特和蔡1998年的文章(Abbott and Tsay 1998)。

其他人——主要是戴维·海斯(David Heise)和彼得·阿贝尔——关注涉及若干相互依存的行动者的、更复杂的互动叙事。海斯的方法(参见 Heise 1989, 1991 和 Corsaro and Heise 1990)源自他尝试以一致的方式为复杂的民族志叙事编码。这些方法提炼出复杂故事的逻辑结构,可以在一种故事类型（比如与警察的争吵）或不同故事类型（比如将与警察的争吵同学术研讨会相比）的案例之间进行比较。一个精巧的例子是格里芬（Griffin 1993）对于私刑的分析。阿贝尔（Abell 1987, 1990b, 1993）采用不同的方式（强调数学而非逻辑），对复杂叙事进行了类似的编码。阿贝尔对消费者合作社的研究表明，在看似极为不同的叙事（和因果）前提下，如何呈现出惊人的相似结果。其他学者（例如 Padgett 1981）还尝试了其他技术。㉜

在批评者眼里，所有这些强调时间情境和空间情境的研究都存在致命缺陷。它们缺少"因果分析"，也没有告诉我们"哪些是关键变量"。但这恰恰是它们的全部观点所在。自从因果关系于1965年在社会学中出现以来，它就非常具体化。事实上，社会生活只不过是在反复发生的结构中循环出现的行动模式。这些方法中的每一个都以它自己的方式，交汇于直接分析时间和社会情境中的社会活动模式，而这正是芝加哥学派的核心。它们告诉我们哪些是关键的真实模式，而非哪些是关键的变量。后者是我们的非社会学的想象力的一种

㉜ 读者会注意到我没有讨论单元格3.3，它有着很强的时间和社会情境性。这部分是因为我认为还没有人就此完成严肃的经验分析。诚然，在缺少模拟的情况下，这种分析也许是不可能的。但是更重要的是，它反映出我的判断，即对于情境论的时间线（海斯、阿贝尔和我自己的叙事实证主义）与怀特式网络分析的社会情境论，两者的统一需要某种深厚的理论工作。最重要的是，我认为时间论者需要克服暗含在他们的叙事比较中的目的论；毕竟过去并不是"真的在某个地方"。我认为可以通过过去的叙事被"编码"在当前的社会结构中的概念来处理这个问题。但这是一篇文章或一本著作才能处理的问题，不是此处一个小段落所能处理的。一些读者可能担心我还没有讨论事件史分析以及隐含其中的社会现实模型，这些似乎都是时间导向的。事实上我已经就这个主题撰写了一篇文章（Abbott 1990），这里就略过了。

虚构。[33]

这些新情境论范式的研究者既像帕克和伯吉斯,又似奥格本和斯托佛,大多数都在社会学自身之外找到了他们的方法论。在将情境结构形式化时,哈里森·怀特和彼得·阿贝尔充分利用了他们作为物理学博士所拥有的知识。我则主要借用来自生物学和计算机科学的知识。查尔斯·拉金(Ragin 1987)的定性比较分析是情境论的变量框架版本,它最初来自于电气工程。

在这些借用来的技术中,有些要求大量的数学训练,但涉及时间或空间模式分类的大量问题则无需这些训练。碰巧的是,关于复杂模式分类的研究工作在当前计算机科学研究文献中占了很大的一部分。这些针对模式匹配的动态编程方法,广泛应用于生物学、计算机科学、认知心理学以及相关领域。毫无疑问,在任何类型的数据分析中,它们都是目前正在发展中的最通用的一组技术。由于它们能够应用于有多个维度的模式,它们最终将适用于进行网络的比较,正如我使用它们进行

---

[33] 令人吃惊的是,经验社会科学最初的大本营市场研究,是标度和聚类这类非因果分析技术最发达的阵地。市场营销学者为标度分析赚上了数百万〔多维标度毕竟是在约瑟夫·克鲁斯卡尔(Joseph Kruskal)领导下,由贝尔实验室市场研究团队开发出来的〕,而社会学家——除了爱德华·劳曼是一个明显例外——从来没有发表过这些分析。当然有大量关于因果关系的文献,其中马里尼和辛格(Marini and Singer 1988)1988年的文章是一篇有用的评述。社会学的因果关系与医学所探讨的有着大量的相同之处。其原初模型寻找个体层面上的必要原因,因为它的目标经常是操作性的,正如在医学中一样,个体层面必要原因的窄颈使得绝对的操作控制成为可能。在医学中,这类因果思维对黄热病起作用,可对关节炎或癌症无效。后面这类复杂病症需要对导致共同结果的复杂路径进行分析。如马里尼和辛格(1988: 355)所指出的,探究这类情形的原因,可以归结为"在一种充分而不必要条件下寻找不充分且非多余的部分"。这是今天社会学中"因果分析"的现实。

叙事的比较。(对于现状的概述,参见 Abbott 1993 中引用的资料来源。)[34]

设想如果我们不只是能这样告诉政策制定者:"好的,如果你在这个问题上投入 x 数量的资金,那么这个问题下一年就会比原来少增长 15%。"而是设想我们可以这样说,"好的,如果你对这个问题投入 x 数量的资金,那么 a 和 b 都可能发生。如果 a 发生,那么 c 也可能发生,但是如果 a 和 b 都发生,那么 c 完全不可能发生。由于 c 对于 d 的发生来说是必要条件,而 d 是你希望达成的目标。因此,除非你能够避免 b,否则通过这种方式无法解决你的问题。"设想如果这不仅仅是我们在解释回归结果时,可以而且确实在进行的思想实验,而是标准方法应用于政策经验数据所得到的直接结果。那么这将是真正的政策科学。事实上可以催生这种科学的方法是存在的。它们只是在等待我们的想象力。

六十年前,社会学发生了一场智识革命,即变量革命。正如经常发生的那样,许多参与者误解了这场革命。斯托佛认为变量是一条通往社会学真理的捷径,他仍然在情境论和互动论范式中理解这种真理(Turner and Turner 1990: 107)。奥格本认为变量是一种使社会学科学化的方式,而不是一种既定领域中的范式变革。

如今我们站在这段旅程的终点。变量范式已经老了、累了。我们是如此幸运,不仅拥有伟大的互动论理论遗产有待重

---

[34] 我对这些新分析技术的信念,反映了它们对模式、关系、情境和联系的直接关注。这些技术可以直接着眼任何类型的模式,包括在时间和空间中互动的复杂模式,这是老芝加哥社会学的核心。看到这些方法,我们能够意识到老芝加哥的消亡,部分是因为它的理论过于超前于它的方法。这些定量方法会被帕克和伯吉斯视为科学的社会学分析的理想方法。

新发现,与此同时一批社会学家也已经开始发展研究情境中行动的方法,这些方法继而可以利用大量的模式识别技术。由于这种情况,我们现在可以创建一种"实证主义",用于解决由我们自身的理论传统所带来的问题。现在,我们拥有经验性的力量,可以将社会事实还原到它们的时间和空间情境。我们可以直接观察特定社会行动者在特定社会时间和空间中的社会行动。㉟

因而在我看来,我们完全没有陷入危机。恰恰相反,社会学正处于即将到来的伟大繁荣的前夜。有新的方法可以借用。有待分析的问题比以往任何时候都更加紧迫,也更加令人兴奋。尤其是我们拥有芝加哥学派留给我们的丰厚遗产,那就是在情境论和互动论传统下的理论性和经验性研究工作。这些研究工作为社会学应该往何处去奠定了基础,提供了示例。那么,没有必要为芝加哥传统撰写告别辞了。唯有逝者才被讴歌。

㉟ 最重要的是,就互动论与情境决定论的思想而言,我们的学科在社会科学中拥有最强大的理论传统。在我们的竞争对手经济学家的概念装置中,完全缺少这种思想。博弈论是他们首次勉强承认他人的行动也许对自我的行动有决定性的影响。

后 记

我从一开始就承诺过,这将是一段令人疲倦的旅行,穿梭在"细节的灌木丛、复杂性的树丛和事实的密林"中。想必无人会反对这样的描述:我们阅读了主编的备忘录,参加了久远的、已经结束的论争。然而我刚刚扮演了胜利的向导,推开最后的树枝,展现前景光明的未来。

读者也许已注意到贯穿本书的历史哲学预设坚决摒弃目的论的姿态。我们已经抵达了一片空地,或者说一座小山,我们在此可以四处看看,但是目之所及都是密林。说得更夸张也更准确些,我们一进入这片空地,密林就在我们周围茂盛地生长出来。我们待在这片小小的空地上越久,用眼睛看向四周的时间越长,我们就越能清楚地看到这片空地上也布满了以前看不到的障碍物。没有胜利的时刻;只有奋力抵达另一个当下,然后喘口气,环顾四周。

在此,我将重新审视序言中所提及的几个问题。第一,我认为我们通常所说的社会事物,与其说是事物,不如说是过程,是社会生活中具有特定特征的地方场所的生成方式,芝加哥学派就是现成的例子。我在序言中含蓄地,后来又明确地指出,所有社会事物都是传统,我在文中的用词是"谱系"。而它们的事物性的秘密,在于它们如何将社会过程中各种先前的谱系结合起来。从这些观点中,直接引出了我在序言中的第二个论点,那就是我们只能历史地探究社会事物。在深层意义上，纯粹共时性的分析毫无意义。

我在序言中的第三个论点是由前两个推论而来：在社会世界中，这些不同的谱系或传统相互交错。名称的延续性尤其不应蒙骗我们，使我们相信被命名者的延续性。诸如《美国社会学期刊》和芝加哥社会学系这类名词短语的持续存在，就像社会学家或宗教这类名词的持续存在一样，是一块透明的幕布，幕后的舞台工作人员不停地来回移动道具。当我们每次打开共时性分析的背光灯之时，都能看到不同的布景。

我的第四个主题涉及作为一种讨论模式出现的应然。当我们步入当下时，我们对应然更自在，我们实际上要求更多的应然。除非挖掘逝去的东西能够服务于我们目前的论争，否则我们会认为，不如就让那些逝去的东西埋葬它们自身吧。在第一章和第二章中，我报告了不同学者的挖掘工作，虽然并不总是很仔细。尽管我最终形成了我自己的应然如何的想法，支持位置这一芝加哥的核心概念，但是我搁置了更一般意义上的应然议题。

那么就这四个问题来说，我们已经取得了哪些进展呢？首先，我们现在有了谱系的概念，我有时候隐蔽地，有时候公开地尝试用它来替代简单名词的现时名词化。显然，社会世界不断由无数的谱系贯穿，这些谱系将各种社会生活事件编织成历史的结。每个事件都在多个谱系中同时拥有其位置。在我看来，通过将这些事件置于互相强化的结构之中，这些单个谱系获得了连贯性。当这种重新置入成功的时候，社会实体就出现了，而当它失败的时候，社会实体就会消亡。一种失败经常转为另一种成功，就芝加哥学派而言，作为社会实体的第一个芝加哥学派在芝加哥终结了，而芝加哥学派作为文化客体却稳固下来。

总之，这种来来回回的"共振"已经成为组织本书的一个关键主题。只有通过细致的探究，我们才可以在显而易见的地

后记

方之外，即在有着名义上的延续性的人和组织之外，看到这种共振其实无处不在。为了在难以捉摸的"芝加哥传统"中看到这种共振，我们必须认识到这个传统的成员如何通过彼此之间的争论，以某种共振方式来再造它。然而第二章也给了我们一个共振失败的有趣视角。豪泽时期芝加哥社会学系的"折中主义"并没有带来极大的繁荣，或者说没有形成一个有凝聚力的学系。事实上，它如同一块幕布，掩盖了从学系到学科在凝聚力水平上的转变。在这个意义上，1955年后的芝加哥大学社会学系的影响力比以前更小了，因而不那么像一个事物，只是一个空洞的名字，除非我们承认莫里斯·贾诺维茨复兴它的现实。

我的目标首先是展现谱系的重置是如何发生的，尤其是在关于《美国社会学期刊》的章节中，所有重置谱系的尝试都是为了建立某种类型的共振。在《美国社会学期刊》的历史中，《期刊》的延续性首先是物理上和名义上的，而其他与《美国社会学期刊》相联系的谱系：行为规范、科学概念、初级群体和科层组织、老人和年轻人、出版社和学科，所有这些都在延续性的幕布之后迅速洗牌。对于作为一种社会现象的《美国社会学期刊》，所有这些历史之中的零碎事物，有时是非常重要的事物，被推进推出。《期刊》在一连串的当下之中不断地被重造。从某种程度上说，整个"芝加哥传统"是另一块这样的幕布。目前"芝加哥"的大部分已经不在芝加哥。记住什么消失了也很重要。改良主义并没有因为被《美国社会学期刊》的编辑工作或美国社会学学会清除出去，而完全从社会世界中消失。它与其他的谱系相结合，进入了都市管理、都市规划学派、社会工作、左派文化政治，等等。事实上，它现在已经重返《美国社会学期刊》，因为《美国社会学期刊》像当前所有的社会学一样，包含了大量"科学的"写作，这种写作在主题、风格和分析目标上的选择都是改良主义的。今天在社会学领域中谋求职业发展的人，是不会声称不平等是自然事态的。[诚然已故的布鲁斯·马修（Bruce Mayhew）尝试过，但是没有成功。]

编织的概念意味着社会事物永远对行动保持开放，无论实体还是谱系，无论我们如何称呼它们，都是如此，至少在整个社会中谱系关联的完整模式所提供的约束下，任何类型的重置都是可能的。诚然，对于任何地方的谱系来说，似乎都存在一个"外部"，一组"更大的力量"。正因为如此，我不惮于使用"内部/外部"的语言，但是外在实际上是一个海市蜃楼。"外部"只是所有其他与我们恰好感兴趣的事件缠绕在一起的谱系的一个代码词。（这些缠绕不是原子化而是结构化的，这也是为什么经济学家的市场概念，无法为我们提供当前困境的出路。）整个社会世界是由局部的互动所构成，即使是"最大"的事件（例如整个学科的衰落或一个国家的诞生）也必定不时被建立，或再造，或反转。在这种视角下，行动/结构的问题不复存在，因为芝加哥学派认为，在这种视角下，这些行动和谱系的网络所处位置的实际细节，决定了未来行动的结果。没有结构能外在于当前的当下，不受行动的影响。如同马克思主义者继承的生产方式辩证法一样，理性的狡黠是一种黑格尔式的错觉。

如果说所有社会事件都有其位置，而且位置对它们的影响也有着至关重要的意义，那么就意味着没有位置的事件是没有意义的，更准确地说是没有具体的意义。我们可以将这种无位置性事件能够而且应该被探究的思想灌输于人，正如短期内获得极大成功的变量范式所做的那样。但是我希望我已经说服读者，作为探究的一般性规则，这并不明智。

后记

只有在其位置被指定时才有意义的事物,哲学术语称之为"索引"(indexicals)。著名的索引是代词(我、她、他们等),以及表示空间和时间关系的词汇(这里、那里、现在、此时、以前等)。但是,根据第七章中芝加哥的论点,所有事件和社会现象在某种程度上都是索引。一个明显的例子是"科学"。罗伯特·帕克认为他是科学的,埃弗里特·休斯在发展了一种更结构化的帕克主义时也这么认为,彼得·罗西也认为自己是科学的,他反而认为休斯对科学一无所知。当路易斯·沃思责难"抽象概念是如此抽象,以至于不再能够回到具体的实例或经验情境中",他只不过是说了一些所有社会学家,无论是之前或之后的,都会赞成的观点,即使他的同事当时驳斥了他(参见第二章,第67页)*。因此,正是社会事件的位置性为索引性奠定了基础。它既产生了使不相关事件汇聚起来的团结,也产生了促使它们分离的误解。

许多社会学为了回应索引性的复杂面向,把文化概念作为一块亮闪闪的床罩盖在现实之上。我们的人类学同事确实把文化概念制成了一块精美的织物,但是许多人只是借用它抹平无法满足的结构性细节。因此,前进的一个方向是直接思考索引性的结构。正如我们在此看到了单个谱系内部索引性事件的展开,我们也能在整个学科范围内更广泛地考察这种展开。如果社会科学是基于这些看似持续存在的索引性结构,比如科学和非科学的对立,或者实证主义和阐释,又或叙事与分析的对立,那么它又如何或应该如何进行呢?关于学科这种系统性的混沌状态,正是我下一本著作中所探讨的问题。**

226

---

* 此处指英文本页码,即本书边码。——译者

** 指安德鲁·阿伯特,《学科的混沌》(*Chaos of Disciplines*),芝加哥:芝加哥大学出版社,2001年。——译者

资料来源与致谢

在本书中引用了两类未出版的资料来源，分别是个人交流和保存于芝加哥大学约瑟夫·雷根斯坦图书馆的手稿收藏。手稿的部分工作是我与伊曼纽尔·盖兹亚诺共同完成的，我们合作撰写了第二章。个人交流（所有交流都是与我本人）从书面形式到非正式谈话都有，交流的人和时间如下所示（除非另有说明，所有职位都指芝加哥大学的）：

查尔斯·比德韦尔（Charles Bidwel），社会学教授，1994年6月20日

彼得·布劳（Peter Blau），北卡罗来纳大学社会学荣休教授，曾任芝加哥大学社会学副教授，1995年3月17日

唐纳德·布格（Donald Bogue），社会学荣休教授，1994年6月30日

伦纳德·布鲁姆（Leonard Broom），《美国社会学评论》前主编，1993年1月4日

利奥·A. 古德曼（Leo A. Goodman），加利福尼亚大学伯克利分校社会学教授、社会学荣休教授，1994年4月16日

约瑟夫·古斯菲尔德（Joseph Gusfield），毕业生，加利福尼亚大学圣地亚哥分校社会学荣休教授，1994年8月5日

昌西·哈里斯（Chauncy Harris），社会科学部荣休主任，1994年5月6日

菲利普·豪泽（Philip Hauser），社会学荣休教授，1993年

1月9日。(我同豪泽谈及《美国社会学期刊》的事情;在准备第二章的时候,在我能跟他广泛地谈及战后时期的情况前,他去世了。)

唐纳德·N. 莱文(Donald N. Levine),社会学教授,1994年6月23日

弗洛伦斯·莱文森(Florence Levinsohn),《美国社会学期刊》前任执行主编,1992年12月30日,1998年10月5日

F. B. 林德斯特伦(F. B. Lindstrom),毕业生,1993年4月26日

罗伯特·K. 默顿(Robert K. Merton),哥伦比亚大学社会学荣休教授,1994年4月15日

老威廉·苏威尔(William Sewell Sr.),威斯康星大学社会学荣休教授,1994年6月27日

安塞尔·莎娜斯(Ethel Shanas),毕业生,伊利诺伊大学芝加哥分校社会学荣休教授,1994年7月13日

本书查阅的手稿如下,所有这些手稿都保存于芝加哥大学的约瑟夫·雷根斯坦图书馆。

个人文档

EWB	Ernest Watson Burgess Papers	恩斯特·W. 伯吉斯文档
PMH	Philip M. Hauser Papers	菲利普·M. 豪泽文档
ECH	Everett C. Hughes Papers	埃弗里特·C. 休斯文档
MJ	Morris Janowitz Papers	莫里斯·贾诺维茨文档
WFO	William F. Ogburn Papers	威廉·F. 奥格本文档
AWS	Albion Woodbury Small Papers	阿尔比恩·伍德伯里·斯莫尔文档

| RMT | Ralph M. Tyler Papers | 拉尔夫·M. 泰勒文档 |
| LW | Louis Wirth Papers | 路易斯·沃思文档 |

机构文档

PP89	Presidential Papers 1889–1925	校长文档（1889—1925 年）
PP45	Presidential Papers 1945–1952	校长文档（1945—1952 年）
PP52	Presidential Papers 1952–1960	校长文档（1952—1960 年）
PPAB	Presidential Papers on appointments and budgets, 1925–1940	关于任命和预算的校长文档（1925—1940 年）
UCP	University of Chicago Press Archives (includes annual reports, abbreviated UCPAR)	芝加哥大学出版社档案（包括年度报告，缩写为 UCPAR）
MDS	Minutes of the Department of Sociology	社会学系会议记录
SSR	Papers of the Society for Social Research	社会研究学会文档

下列手稿收藏虽然经过查阅，但是没有发现任何相关的资料，包括玛丽昂·塔尔波特（Marion Talbot）文档、C. R. 亨德森文档、弗雷德里克·斯塔尔（Frederick Starr）文档。

对于手稿收藏的引用都是在注释中给出的。由于所有这些收藏都被整理存放在盒子里的文件夹中，它们按照如下格式引用：EWB 33: 2—4 指的是伯吉斯文档，第 33 盒，文件夹 2—4。（这些是在第二章中讨论的教员研讨会会议记录。）一些资料位于社会科学部典藏库（Social Science Division vault）。它们以 SSV 的形式被引用。我们得到了时任社会科学部主任、现任牛津大学副校长科林·卢卡斯的慷慨应允，得以查阅它们。

关于第二章，重要的是要认识到资料的可获得性影响着我们对于过去的重建。尤其是布鲁默和沃纳没有任何个人的文档，休斯的个人材料也相对缺乏（他的大部分丰富的资料涵盖了他在布兰迪斯大学的职业生涯），意味着我们必须透过他人之眼来评判这些学者。从1939年到1956年间，学系也没有集中收集会议记录。现存的都是教员（大多数是沃思）碰巧保存的。

关于第二章更直接的资料来源，还应该感谢更多人。我和曼尼·盖兹亚诺将初稿的副本寄给了六位社会学家，他们都曾在战后不久担任了芝加哥的教员：霍华德·贝克尔、奥提斯·戴利、邓肯·尼尔森·福特、利奥·古德曼、小阿尔弗雷德·赖斯和安塞姆·斯特劳斯。所有人都非常热心，他们在很短的时间内通读了文稿，并且给予了大量意见。这些意见有的将我们导向新的资料来源，有的让我们回看旧的资料来源。他们常常挑战我们的解释。尽管无疑仍然存在问题和分歧，但是因为这六位学者给予我们的帮助，这章已经好多了。我们对他们付出的时间和给予的关注表示诚挚的感谢。

关于《美国社会学期刊》历史的资料来源，需要分开解释。《美国社会学期刊》保存下来的档案分为若干部分。

AJS1 "《美国社会学期刊》记录1967—1975年，"1982年存档，12箱
AJS2 "《美国社会学期刊》记录附录1960—1983年，"1986年存档，19箱
AJS3 "《美国社会学期刊》记录附录1983—1986年，"1988年存档，6箱
AJS4 "《美国社会学期刊》记录附录，未注明日期，"1990年存档，4箱
AJS5 "《美国社会学期刊》记录附录，未注明日期，"1992年存档，6箱
AJS6 "《美国社会学期刊》记录附录，未注明日期，"1993年存档，5箱

这些都还没有归类整理到文件夹。我只是按照纸箱的编号加以引用。AJS2.19指的是《美国社会学期刊》记录附录1960—1983年，第19箱。目前在《美国社会学期刊》档案中的这些信件等材料，当它们被正式存档和开放后，很难说将被置于何处。这些文档只是被从文件柜中取出来，放进箱子里，然后拿

到了图书馆。各个时期的材料分散在整个《美国社会学期刊》档案的不同位置。在这些记录被打开之后，它们的存放位置无疑会发生改变，提供位置信息难免让读者感到疑惑，为此我只在文中按照写信人、收信人和日期引用所有的信件。在一些地方我采用了这种形式，（例如）AJS1.12 指的是《美国社会学期刊》首次赠予，第 12 箱。相比之下，AJS5:112 指的是《美国社会学期刊》第 5 卷，第 112 页，采用标准格式。年份很容易计算，只需记住《美国社会学期刊》是从 1895 年开始出版；将卷期与 1895 相加，就可以得到年份，不过由于《美国社会学期刊》卷号始于 7 月，你的结果可能比实际出版年份晚一年。

在关于《美国社会学期刊》的注释中，另一个常见的参考文献是《美国社会学会年刊》，全篇都缩写为《年刊》(*Publication*)。[*] 从 1905 年到 1934 年，它由芝加哥大学出版社发行，并且在 1936 年改名为《美国社会学评论》（全篇都缩写为 ASR）。AJSAR 指特定年份的《美国社会学期刊》年度报告。通常情况下，这些报告会由主编交给出版社。在美国社会学会年度午餐会上，额外的稿件信息也会提交给顾问编辑。

在所有引用中，《美国社会学期刊》的主编都是按照姓名首字母列出来[**]：

AWB——Albion Woodbury Small（阿尔比恩·伍德伯里·斯莫尔）、EF——Ellsworth Faris（埃尔斯沃斯·法里斯）、EWB——Ernest Watson Burgess（恩斯特·W. 伯吉斯）、HB——Herbert Blumer（赫伯特·布鲁默）、ECH——Everett Cherrington Hughes（埃弗里特·彻林顿·休斯）、PHR——Peter H. Rossi

---

[*] 遵照中文译文规范，全文中按照该文献的全名翻译。——译者

[**] 遵照中文译文规范，全文中按照人名全名翻译。——译者

（彼得·H. 罗西）、PMB——Peter M. Blau（彼得·M. 布劳）、CAA——C. Arnold Anderson（C. 阿诺德·安德森）、CEB——Charles E. Bidwell（查尔斯·E. 比德韦尔）、EOL——Edward O. Laumann（爱德华·O. 劳曼）、WP——William Parish（白威廉）、MT——Marta Tienda（玛塔·廷达）。有时候其他一些人也按照他们的姓名首字母加以引用：威廉·费尔丁·奥格本（William Fielding Ogburn, WFO）、海伦·麦吉尔·休斯（Helen MacGill Hughes, HMH）、弗洛伦斯·莱文森（Florence Levinsohn, FL）。

第二章到第六章的绝大多数内容都基于档案资料，因为在我看来，这些资料远比回忆更加可信。我采用的个人回忆，既来自前面名单中所列之人，也有阅读第二章草稿的六位评论人，很大程度上都是为了证实档案材料。在任何情况下，我所呈现为事实的任何信息，都不会只依赖于个人回忆，而没有其他的资料来源。正因为如此，我通常省去了个人交流的直接引用。

在此我要感谢那些帮助挖掘资料来源的人。在他们之中，第一要感谢的是雷根斯坦图书馆特藏部的工作人员。关于芝加哥社会学史有如此多杰出的工作，原因之一是手稿收藏的检索工具在资料来源方面已经包含了非常之多的有用信息。第二要感谢的是社会科学部主任办公室的助理主任玛丽·布兰登（Mary Brandon），她在关于学部的资料方面帮助了我们。在该项目的不同部分，数位研究助理都付出了辛勤劳动。用"劳动"这个词绝不是夸张。参与第三章的助理在各种资料中找出了上千名我们同事的身份和历史，而他们的信息常常不为人知，这些资料来源非常的多样化，我只能从一开始就在相关的脚注中列出它们。我尤其感谢这些学生：吉尔·康拉德（Jill

Conrad)、艾米莉·巴曼，以及朱利安·戈。（我亲自编写了数据库程序，上帝保佑。）曼尼·盖兹亚诺开始是我的研究助理，后来成了第二章的合作者。安杰拉·蔡（Angela Tsay）开发了第一章所基于的数据库。这几位研究助理不仅受到来自芝加哥大学出版社的资助，在我担任社会科学部本科生院长期间，社会科学部和本科生院实际上也通过为我提供研究经费资助了他们。

参考文献

Abbott, A. 1988a. "Transcending General Linear Reality." *Sociological Theory* 6:169–86.
———. 1988b. *The System of Professions*. Chicago: University of Chicago Press.
———. 1990. "Conceptions of Time and Events in Social Science Methods." *Historical Methods* 23:140–50.
———. 1991a. "History and Sociology." *Social Science History* 15:201–38.
———. 1991b. "The Order of Professionalization." *Work and Occupations* 18:355–84.
———. 1992a. "What Do Cases Do?" In *What Is a Case?* ed. C. Ragin and H. S. Becker, 53–82. Cambridge: Cambridge University Press.
———. 1992b. "From Causes to Events." *Sociological Methods and Research* 20:428–55.
———. 1993. "Measure for Measure." *Journal of Mathematical Sociology*. 18:203–14.
———. 1995a. "Things of Boundaries." *Social Research* 62:857–82.
———. 1995b. "Sequence Analysis." *Annual Review of Sociology* 21:93–113.
———. 1998. "The Causal Devolution." *Sociological Methods and Research* 27:148–81.
Abbott, A., and E. Barman. 1997. "Sequence Comparison via Alignment and Gibbs Sampling." *Sociological Methodology* 27:47–87.
Abbott, A., and S. DeViney. 1992. "The Welfare State as Transnational Event." *Social Science History* 16:245–74.
Abbott, A., and A. Hrycak. 1990. "Measuring Resemblance in Sequence Data." *American Journal of Sociology* 96:144–85.
Abbott, A., and A. Tsay. 1998. "Sequence Analysis and Optimal Matching Methods in Sociology." Unpublished manuscript, Department of Sociology, University of Chicago.
Abell, P. 1987. *The Syntax of Social Life*. Oxford: Oxford University Press.
———. 1990a. "Games in Networks." *Rationality and Society* 1:259–82.
———. 1990b. "The Theory and Method of Comparative Narratives." Manuscript, University of Surrey, Department of Sociology.
———. 1993. "Some Aspects of Narrative Method." *Journal of Mathematical Sociology* 18:93–134.
Adams, R. 1977. "An Organization and Its Uncertain Environment." M.A. thesis, University of Chicago.
Ad Hoc Committee on ASA Future Organization Trends. 1989. "The Future Organizational Trends of the ASA." *Footnotes* 17, 6:1–6.
Adler, P. A., P. Adler, and E. B. Rochford Jr. 1986. "The Politics of Particiaption in Field Research." *Urban Life* 14:363–76.
Alexander, J. C. 1982. *Positivism, Presuppositions, and Current Controversies*. Berkeley: University of California Press.

Alihan, M. 1938. *Social Ecology*. New York: Columbia University Press.
Anderson, E. 1978. *A Place on the Corner*. Chicago: University of Chicago Press.
Anderson, M. 1989. "Expanding the Influence of the Statistical Association." In *Proceedings of the American Statistical Association Sesquicentennial*, 561–72. Washington, D.C.: American Statistical Association.
Anderson, N. 1923. *The Hobo*. Chicago: University of Chicago Press.
Ashmore, H. S. 1989. *Unseasonable Truths*. Boston: Little, Brown.
Assadi, B. 1987. "The Social Construction of Knowledge." Ph.D. diss., Howard University.
Bakanic, V., C. McPhail, and R. J. Simon. 1987. "The Manuscript Review and Decision-Making Process." *American Sociological Review* 52:631–42.
———. 1989. "Mixed Messages." *Sociological Quarterly* 30:639–54.
———. 1990. "If at First You Don't Succeed." *American Sociologist* 21:373–90.
Baldwin, J. D. 1990. "Advancing the Chicago School of Pragmatic Sociology." *Sociological Inquiry* 60:115–26.
Bannister, R. C. 1987. *Sociology and Scientism*. Chapel Hill: University of North Carolina Press.
Barthes, R. 1974. *S/Z*. New York: Hill and Wang.
Becker, H. P. 1930. "Distribution of Space in the American Journal of Sociology, 1895–1927." *American Journal of Sociology* 36:461–66.
———. 1932. "Space Apportioned Forty-eight Topics in the American Journal of Sociology, 1895–1930." *American Journal of Sociology* 38:71–78.
Berelson, B., P. F. Lazarsfeld, and W. N. McPhee. 1954. *Voting*. Chicago: University of Chicago Press.
Berelson, B., and G. A. Steiner. 1964. *Human Behavior*. New York: Harcourt, Brace and World.
Berger, B., ed. 1990. *Authors of Their Own Lives*. Berkeley: University of California Press.
Bernard, L. L. 1909. "The Teaching of Sociology in the United States." *American Journal of Sociology* 15:164–213.
———. 1930. "Schools of Sociology." *Social Science Quarterly* 11:117–34.
Bernert, C. 1983. "The Career of Causal Analysis in American Sociology." *British Journal of Sociology* 34:230–54.
Bittner, E. 1967. "The Police on Skid Row." *American Sociological Review* 32:699–715.
Blackwell, J. E., and M. Janowitz, eds. 1974. *Black Sociologists*. Chicago: University of Chicago Press.
Blake, J. A. 1978. "The Structural Basis of Theory Production." *Quarterly Journal of Ideology* 2:2–19.
Blalock, H. 1964. *Causal Inference in Non-experimental Research* Chapel Hill: University of North Carolina Press.
Blank, R. M. 1991. "Effects of Double-Blind versus Single-Blind Reviewing." *American Economic Review* 81:1041–67.
Blau, P. M., and O. D. Duncan. 1967. *The American Occupational Structure*. New York: Free Press.
Blumer, H. 1931. "Science without Concepts." *American Journal of Sociology* 36:515–33.
———. 1939. *An Appraisal of Thomas and Znaniecki's "The Polish Peasant in Europe and America."* Bulletin 44. New York: Social Science Research Council.
———. 1956. "Social Analysis and the 'Variable.'" *American Sociological Review* 21:683–90.

———. 1969. *Symbolic Interactionism*. Englewood Cliffs, N.J.: Prentice-Hall.
Bodemann, Y. M. 1978. "A Problem of Sociological Praxis." *Theory and Society* 5:387–420.
Boelen, W. A., W. F. Whyte, A. R. Orlandella, A. J. Vidich, L. Richardson, N. K. Denzin, P. A. Adler, P. Adler, J. M. Johnson, et al. 1992. "Street Corner Society Revisited." *Journal of Contemporary Ethnography* 21:2–132.
Bogue, D. J. 1974. "Introduction." In *The Basic Writings of Ernest W. Burgess*, ed. D. J. Bogue, ix–xxv. Chicago: Community and Family Studies Center.
Boorman, S. A., and H. C. White. 1976. "Social Structure from Multiple Networks II. *American Journal of Sociology* 81:1384–1446.
Breiger, R., ed. 1990. *Social Mobility and Social Structure*. Cambridge: Cambridge University Press.
Brumbaugh, A. J. 1948. *American Universities and Colleges*. 5th ed. Washington D.C.: American Council on Education.
Brunt, L. 1993. "Een stad als symbol." *Sociologische Gids* 40:440–65.
Buehler, C., G. Hesser, and A. Weigert. 1972. "A Study of Articles on Religion in Major Sociology Journals." *Journal for the Scientific Study of Religion* 11:165–70.
Bulmer, M. 1984. *The Chicago School of Sociology*. Chicago: University of Chicago Press.
———. 1985. "The Chicago School of Sociology." *History of Sociology* 5:61–77.
Bulmer, M., K. Bales, and K. K. Sklar, eds. 1991. *The Social Survey in Historical Perspective*. New York: Cambridge University Press.
Burgess, E. W. 1927. "Statistics and Case Studies as Methods of Sociological Research." *Sociology and Social Research* 12:103–10.
Burns, L. R. 1980. "The Chicago School and the Study of Organization Environment Relations." *Journal of the History of the Behavioral Sciences* 16:342–58.
Burns, T. 1996. "The Theoretical Underpinnings of Chicago Sociology in the 1920s and 1930s." *Sociological Review* 44:474–94.
Burroughs, E. R. 1920. *Thuvia, Maid of Mars*. Chicago: A. C. McClurg.
Burt, R. S., and P. Doreian. 1982. "Testing a Structural Model of Perception." *Quantity and Quality* 16:109–50.
Camic, C. 1995. "Three Departments in Search of a Discipline." *Social Research* 62:1003–33.
Cappell, C. L., and T. M. Guterbock. 1986. "Dimensions of Association in Sociology." *Bulletin de Méthode Sociologique* 9:23–29.
———. 1992. "Visible Colleges." *American Sociological Review* 57:266–73.
Carey, J. 1975. *Sociology and Public Affairs*. Beverly Hills, Calif.: Sage.
Cartter, A. M. 1964. *American Universities and Colleges*. 9th ed. Washington D.C.: American Council on Education.
Cassedy, J. H. 1983. "The Flourishing and Character of Early American Medical Journalism." *Journal of the History of Medicine and Allied Sciences* 38:135–50.
Castells, M. 1968. "Y a-t-il une sociologie urbaine?" *Sociologie du Travail* 10:72–90.
Cavan, R. S. 1928. *Suicide*. Chicago: University of Chicago Press.
Champion, D. J., and M. F. Morris. 1973. "A Content Analysis of Book Reviews in AJS, ASR, and Social Forces." *American Journal of Sociology* 78:1256–65.
Chanfrault-Duchet, M.-F. 1995. "Biographical Research in the Former West Germany." *Current Sociology* 43:209–19.

Chang, W.-c. 1976. "Statistical Theories and Sampling Practice." In *On the History of Probability and Statistics,* ed. D. B. Owen, 299–315. New York: Marcel Dekker.
Chapoulie, J.-M. 1996. "Everett Hughes and the Chicago Tradition." *Sociological Theory* 14:3–29.
Chase, I. 1991. "Vacancy Chains." *Annual Review of Sociology* 17:133–54.
Christakes, G. 1978. *Albion W. Small.* Boston: Twayne.
Christenson, J. A., and L. Sigelman. 1985. "Accrediting Knowledge." *Social Science Quarterly* 66:964–75.
Coleman, J. S. 1961. *The Adolescent Society.* New York: Free Press.
———. 1990. "Columbia in the 1950s." In *Authors of Their Own Lives,* ed. B. Berger, 75–103. Berkeley: University of California Press.
———. 1992. "Sociology and the National Agenda." Paper presented at the Centennial Conference of the University of Chicago Department of Sociology, Chicago, 2 May 1992.
Coleman, J. S., E. Katz, and H. Menzel. 1966. *Medical Innovation.* Indianapolis: Bobbs-Merrill.
Corsaro, W. A., and D. R. Heise. 1990. "Event Structures from Ethnographic Data." In *Sociological Methodology,* ed. C. Clogg, 1–57. Oxford: Basil Blackwell.
Cortese, A. J. 1995. "The Rise, Hegemony, and Decline of the Chicago School of Sociology, 1892–1945." *Social Science Journal* 32:235–54.
Coser, L. A. 1971. *Masters of Sociological Thought.* New York: Harcourt, Brace.
Cote, J.-F. 1996. "Le réalisme social et l'école de Chicago." *Cahiers de Recherche Sociologique* 26:115–37.
Coulon, A. 1992. *L'école de Chicago.* Paris: PUF.
Crane, D. 1967. "The Gatekeepers of Science." *American Sociologist* 2:195–201.
Cressey, P. G. 1932. *The Taxi-Dance Hall.* Chicago: University of Chicago Press.
Cruttwell, P. [1954] 1960. *The Shakespearean Moment.* New York: Vintage.
D'Antonio, W. V. 1992. "Recruiting Sociologists in a Time of Changing Opportunities." In *Sociology and Its Publics,* ed. T. C. Halliday and M. Janowitz, 99–136. Chicago: University of Chicago Press.
Deegan, M. J. 1988. *Jane Addams and the Men of the Chicago School.* New Brunswick, N.J.: Transaction.
———. 1995. "The Second Sex and the Chicago School." In *A Second Chicago School?* ed. G. A. Fine, 322–64. Chicago: University of Chicago Press.
———. 1996. "Dear Love, Dear Love." *Gender and Society* 10:590–607.
Denzin, N. K. 1995. "Stanley and Clifford." *Current Sociology* 43:115–23.
———. 1996. "Post-pragmatism." *Symbolic Interaction* 19:61–75.
Dibble, V. 1975. *The Legacy of Albion Small.* Chicago: University of Chicago Press.
Diner, S. J. 1975. "Department and Discipline." *Minerva* 13:514–53.
Duncan, O. D. 1984. *Notes on Social Measurement.* New York: Russell Sage.
Duneier, M. 1992. *Slim's Table.* Chicago: University of Chicago Press.
Eastman, C. 1910. *Work Accidents and the Law.* New York: Charities Publications Committee.
Ebert, M. 1952. "The Rise and Development of the American Medical Periodical." *Bulletin of the Medical Library Association* 40:243–76.
Edwards, L. P. 1927. *The Natural History of Revolution.* Chicago: University of Chicago Press.
Ennis, J. G. 1992. "The Social Organization of Sociological Knowledge." *American Sociological Review* 57:259–65.

参考文献

Evans, R. 1986–87. "Sociological Journals and the 'Decline' of Chicago Sociology: 1925–1945." *History of Sociology* 6–7:109–30.
Fararo, T. J., and J. Skvoretz. 1984. "Institutions as Production Systems." *Journal of Mathematical Sociology* 10:117–82.
Farber, B. 1988. "The Human Element." *Sociological Perspectives* 31:339–59.
Farber, N. 1995. "Charles S. Johnson's *The Negro in Chicago*." *American Sociologist* 26:78–88.
Faris, R. E. L. 1967. *Chicago Sociology, 1920–1932*. San Francisco: Chandler.
Faris, R. E. L., and H. W. Dunham. 1939. *Mental Disorders and Urban Areas*. Chicago: University of Chicago Press.
Faught, J. D. 1980. "Presuppositions of the Chicago School in the Work of Everett C. Hughes." *American Sociologist* 15:72–82.
Feffer, A. 1993. *The Chicago Pragmatists and American Progressivism*. Ithaca: Cornell University Press.
Fine, G. A., ed. 1995. *A Second Chicago School?* Chicago: University of Chicago Press.
Fischer, C. S. 1982. *To Dwell among Friends*. Chicago: University of Chicago Press.
Fish, V. K. 1981. "Annie Marion MacLean." *Journal of the History of Sociology* 3:43–62.
Fisher, B. M., and A. L. Strauss. 1978a. "The Chicago Tradition and Social Change." *Symbolic Interaction* 1:5–23.
———. 1978b. "Interactionism." In *A History of Sociological Analysis*, ed. T. Bottomore and R. Nisbet, 457–98. New York: Basic.
———. 1979a. "George Herbert Mead and the Chicago Tradition of Sociology" (part 1). *Symbolic Interaction* 2, 1:9–26.
———. 1979b. "George Herbert Mead and the Chicago Tradition of Sociology" (part 2). *Symbolic Interaction* 2, 2:9–20.
Frazier, E. F. 1932. *The Negro Family in Chicago*. Chicago: University of Chicago Press.
Freedman, D. A. 1987. "As Others See Us." *Journal of Educational Statistics* 12:101–28, 206–23.
Freidson, E. 1986. *Professional Powers*. Chicago: University of Chicago Press.
Gans, J. S., and G. B. Shepherd. 1994. "How Are the Mighty Fallen." *Journal of Economic Perspectives* 8:165–79.
Garnett, R. 1988. "The Study of War in American Sociology." *American Sociologist* 19:270–82.
Gaziano, E. 1996. "Ecological Metaphors as Scientific Boundary Work." *American Journal of Sociology* 101:874–907.
Giddens, A. 1984. *The Constitution of Society*. Berkeley: University of California Press.
Giddings, F. H. 1901. *Inductive Sociology*. New York: Macmillan.
Glenn, N. D. 1971. "American Sociologists' Evaluation of Sixty-three Journals." *American Sociologist* 6:298–303.
———. 1976. "The Journal Article Review Process." *American Sociologist* 11:179–85.
Glock, C. Y. 1979. "Organizational Innovation for Social Science Research and Training." In *Qualitative and Quantitative Social Research*, ed. R. K. Merton, J. S. Coleman, and P. Rossi, 23–36. New York: Free Press.
Goffman, E. 1956. "Embarrassment and Social Organization." *American Journal of Sociology* 62:264–71.

Goodman, L. A. 1972. "A General Model for the Analysis of Surveys." *American Journal of Sociology* 77:1035-86.
———. 1973. "Causal Analysis of Data." *American Journal of Sociology* 78:1135-91.
Gordon, M. 1982. "Citation Ranking versus Subjective Evaluation in Determination of Journal Hierarchies in the Social Sciences." *Journal of the American Society for Information Science* 33:55-57.
Gouldner, A. 1970. *The Coming Crisis of Western Sociology.* New York: Avon.
Grafmeyer, Y., and I. Joseph, ed. 1979. *L'école de Chicago.* Paris: Aubier.
Greenwald, M. W., and M. Anderson. 1996. *Pittsburgh Surveyed.* Pittsburgh: University of Pittsburgh Press.
Griffin, L. J. 1993. "Narrative, Event Structure Analysis, and Causal Interpretation in Historical Sociology." *American Journal of Sociology* 98:1094-1133.
Gusfield, J. 1980. "Two Genres of Sociology." In *The Rhetoric of Social Research,* ed. A. Hunter, 62-96. New Brunswick: Rutgers University Press.
———. 1992. "The Scholarly Tension." In *General Education in the Social Sciences,* ed. J. MacAloon, 167-77. Chicago: University of Chicago Press.
Habermas, J. 1971. *Knowledge and Human Interests.* Trans. J. J. Shapiro. Boston: Beacon.
Halbwachs, M. 1932. "Chicago, expérience ethnique." *Annales d'Histoire Économique et Sociale* 4:11-49. (Reprinted in Grafmeyer and Joseph 1979 pp. 279-327.)
Halle, D. 1984. *America's Working Man.* Chicago: University of Chicago Press.
Hamilton, D. P. 1991. "Research Papers." *Science* 251:25.
Hammermesh, D. S. 1994. "Facts and Myths about Refereeing." *Journal of Economic Perspectives* 8:153-63.
Hammersley, M. 1989. *The Dilemma of Qualitative Method.* New York: Routledge.
Hannerz, U. 1980. *Exploring the City.* New York: Columbia University Press.
Hansen, M. H., and W. G. Madow. 1976. "Some Important Events in the Historical Development of Sample Surveys." In *On the History of Probability and Statistics,* ed. D. B. Owen, 75-102. New York: Marcel Dekker.
Hargens, L. L. 1991. "Impressions and Misimpressions about Sociology Journals." *Contemporary Sociology* 20:343-49.
Harscheidt, M. 1989. "Biographieforschung." *Historische Sozialforschung* 14:99-142.
Harvey, L. 1987a. *Myths of the Chicago School of Sociology.* Avebury: Aldershot.
———. 1987b. "The Nature of Schools in the Sociology of Knowledge." *Sociological Review* 35:245-78.
Heise, D. R. 1989. "Modeling Event Structures." *Journal of Mathematical Sociology* 14:139-69.
———. 1991. "Event Structure Analysis." In *Using Computers in Qualitative Research,* ed. N. Fielding and R. Lee, 136-63. Newbury Park, Calif.: Sage.
Helmes-Hayes, R. C. 1987. "A Dualistic Vision." *Sociological Quarterly* 28:387-409.
Henry, C. P. 1995. "Abram Harris, E. Franklin Frazier, and Ralph Bunche." *National Political Science Review* 5:36-56.
Hiller, E. T. 1928. *The Strike.* Chicago: University of Chicago Press.
Historical Statistics of the United States to 1970. 1976. Washington D.C.: Government Printing Office.

参考文献

Hochberg, L. 1984. "The English Civil War in Geographical Perspective." *Journal of Interdisciplinary History* 14:729-50.
Hochberg, L., and D. W. Miller. n.d. "Internal Colonialism in Geographic Perspective." In *Geography of Social Change*, ed. C. Earle and L. Hochberg. Stanford: Stanford University Press. Forthcoming.
Hoyt, H. 1933. *One Hundred Years of Land Use Values in Chicago*. Chicago: University of Chicago Press.
Huber, J. 1992. "Report of the ASA Task Group on Graduate Education." Washington D.C.: American Sociological Association.
Hughes, E. C. 1928. "A Study of a Secular Institution." Ph.D. diss., University of Chicago.
Hughes, H. M. 1972. "Maid of All Work or Departmental Sister-in-Law?" *American Journal of Sociology* 78:767-72.
Irwin, M. 1956. *American Universities and Colleges*. 7th ed. Washington D.C.: American Council on Education.
Jackson, K. T. 1985. *Crabgrass Frontier*. New York: Oxford University Press.
Jackson, P. 1985. "Urban Ethnography." *Progress in Human Geography* 9:157-76.
Jaworski, G. D. 1995. "Simmel in Early American Sociology." *International Journal of Politics* 1995:489-17.
———. 1996. "Park, Doyle, and Hughes." *Sociological Inquiry* 66:160-74.
Jazbinsek, D., and R. Thies. 1997. "Grosstadt Dokumente." *Schriftenreihe der Forschungsgruppe "Metropolenforschung"* FSII:96-501. Berlin: WZB.
Joas, H. 1993. *Pragmatism and Social Theory*. Chicago: University of Chicago Press.
Karesh, M. 1995. "The Interstitial Origins of Symbolic Consumer Research." M.A. thesis, University of Chicago, Department of Sociology.
Katz, E., and P. F. Lazarsfeld. 1955. *Personal Influence*. New York: Free Press.
Kempthorne, O. 1976. "The Analysis of Variance and Factorial Design." In *On the History of Probability and Statistics*, ed. D. B. Owen, 29-54. New York: Marcel Dekker.
Kinloch, G. C. 1988. "American Sociology's Changing Interests as Reflected in Two Leading Journals." *American Sociologist* 19:181-94.
Kornblum, W., and V. W. Boggs. 1986. "42d Street." *Social Policy* 17:26-27.
Kuklick, H. 1980. "Chicago Sociology and Urban Planning Policy." *Theory and Society* 9:821-45.
Kurent, H. P. 1982. "Frances R. Donovan and the Chicago School of Sociology." Ph.D. diss., University of Maryland.
Kurtz, L. R. 1984. *Evaluating Chicago Sociology*. Chicago: University of Chicago Press.
Lal, B. B. 1990. *The Romance of Culture in an Urban Civilization*. London: Routledge.
Laperrière, A. 1982. "Pour une construction empirique de la théorie." *Sociologie et Sociétés* 14:31-41.
Lauer, R. H. 1976. "Defining Social Problems." *Social Problems* 24:122-30.
Laumann, E. O., and D. Knoke. 1987. *The Organizational State*. Madison: University of Wisconsin Press.
Lazarsfeld, P. F., B. Berelson, and H. Gaudet. [1944] 1968. *The People's Choice*. New York: Columbia University Press.
Lazarsfeld, P. F., and M. Rosenberg. 1955. *The Language of Social Research*. New York: Free Press.

Lebas, E. 1982. "Urban and Regional Sociology in Advanced Industrial Societies." *Current Sociology* 30:1–264.
Lengermann, P. M. 1979. "The Founding of the American Sociological Review." *American Sociological Review* 44:185–98.
———. 1988. "Robert E. Park and the Theoretical Content of Chicago Sociology." *Sociological Inquiry* 58:361–77.
Levine, D. 1981. "A Sense of Unease." Draft manuscript, University of Chicago, Department of Sociology.
Lewis, J. D., and R. L. Smith. 1980. *American Sociology and Pragmatism*. Chicago: University of Chicago Press.
Lincourt, J. M., and P. H. Hare. 1973. "Neglected American Philosophers in the History of Symbolic Interactionism." *Journal of the History of the Behavioral Sciences* 9:333–38.
Lindner, R. 1993. "Literature and Sociology." *Sociologische Gids* 40:4–19.
———. [1990] 1996. *The Reportage of Urban Culture*. Cambridge: Cambridge University Press. First published as *Die Entdeckung der Stadtkultur*. Frankfurt: Suhrkamp.
Lindstrom, F. B., and R. A. Hardert, eds. 1988. "Kimball Young on the Chicago School." *Sociological Perspectives* 31:298–314.
Lipset, S. M. 1960. *Political Man*. New York: Doubleday.
Lofland, L. 1980. "Reminiscences of Classic Chicago." *Urban Life* 9:251–81.
———. 1983. "Understanding Urban Life." *Urban Life* 11:491–511.
Logan, J. R. 1988. "Producing Sociology." *American Sociologist* 19:167–80.
Logan, J. R., and H. L. Molotch. 1987. *Urban Fortunes*. Berkeley: University of California Press.
Lorrain, F., and H. C. White. 1971. "The Structural Equivalence of Individuals in Social Networks." *Journal of Mathematical Sociology* 1:49–80.
Lundberg, G. A. 1929. *Social Research*. New York: Longmans.
Lynd, R. S., and H. M. Lynd. 1929. *Middletown*. New York: Harcourt, Brace and World.
MacAloon, J. J., ed. 1992. *General Education in the Social Sciences*. Chicago: University of Chicago Press.
Mackie, M. 1977. "Professional Women's Collegial Relations and Productivity." *Sociology and Social Research* 61:277–93.
———. 1985. "Female Sociologists' Productivity, Collegial Relations, and Research Style Examined through Journal Publications." *Sociology and Social Research* 69:189–209.
Maines, D. R. 1989. "Repackaging Blumer." *Studies in Symbolic Interaction* 10:383–413.
———. 1993. "Narrative's Moment and Sociology's Phenomena." *Sociological Quarterly* 34:17–38.
Maines, D. R., J. C. Bridges, and J. T. Ulmer. 1996. "Mythic Facts and Park's Pragmatism." *Sociological Quarterly* 37:521–49.
Marini, M. M., and B. Singer. 1988. "Causality in the Social Sciences." In *Sociological Methodology*, ed. C. Clogg, 347–409. Washington, D.C.: American Sociological Association.
Marquand, J. P. 1949. *Point of No Return*. Boston: Little, Brown.
Marsden, P. V., and N. Lin. 1982. *Social Structure and Network Analysis*. Beverly Hills, Calif.: Sage.
Marsh, C. S. 1936. *American Universities and Colleges*. 3d ed. Washington D.C.: American Council on Education.

Matthews, F. H. 1977. *The Quest for an American Sociology*. Montreal: McGill-Queens University Press.
———. 1985. "Ontology and Chicago Sociology." *Philosophy of the Social Sciences* 15:197–203.
Matza, D. 1969. *Becoming Deviant*. Englewood Cliffs, N.J.: Prentice-Hall.
McAdam, D., J. D. McCarthy, and M. N. Zald. 1988. "Social Movements." In *Handbook of Sociology*, ed. N. Smelser, 695–737. Newbury Park, Calif.: Sage.
McCracken, J. H. 1932. *American Universities and Colleges*. Washington, D.C.: American Council on Education.
McNeill, W. H. 1991. *Hutchins' University*. Chicago: University of Chicago Press.
Meltzer, B. N., J. W. Petras, and L. T. Reynolds. 1975. *Symbolic Interactionism*. Boston: Routledge and Kegan Paul.
Merton, R. K. 1948. "Response." *American Sociological Review* 13:164–68.
Meyer, J. W., and B. Rowan. 1977. "Institutionalized Organizations." *American Journal of Sociology* 83:340–63.
Michaels, J. W., and J. M. Pippert. 1986. "Social Science Journal Characteristics and Journal Citation Measures." *Social Science Journal* 23:33–42.
Miller, Z. L. 1992. "Pluralism, Chicago School Style." *Journal of Urban History* 18:251–79.
Mills, C. W. 1943. "The Professional Ideology of the Social Pathologists." *American Journal of Sociology* 49:165–80.
———. 1959. *The Sociological Imagination*. London: Oxford University Press.
Mowrer, E. 1927. *Family Disorganization*. Chicago: University of Chicago Press.
Murray, S. O. 1988. "The Reception of Anthropological Work in Sociology Journals." *Journal of the History of the Behavioral Sciences* 24:135–51.
Neyman, J. 1934. "On the Two Different Aspects of Representative Method." *Journal of the Royal Statistical Society* 97:558–606.
Niemeyer, H. 1989. "Die Biographie." *Sociologia Internationalis* 27:89–97.
Nisbet, R. 1966. *The Sociological Tradition*. New York: Basic.
Oberschall, A. 1972. *The Establishment of Empirical Sociology*. New York: Harper.
Ogburn, W. F. [1912] 1964. "Progress and Uniformity in Child Labor Legislation." In *W. F. Ogburn on Culture and Social Change*, ed. O. D. Duncan, 110–30. Chicago: University of Chicago Press.
Ohm, R. M. 1988 "The Continuing Legacy of the Chicago School." *Sociological Perspectives* 31:360–76.
Oromaner, M. 1980. "Influentials in Textbooks and Journals, 1955 and 1970." *American Sociologist* 15:169–74.
"Organization of the American Sociological Society." 1906. *American Journal of Sociology* 9:535–69, 681–82.
Owen, D. B., ed. 1976. *On the History of Probability and Statistics*. New York: Marcel Dekker.
Padgett, J. F. 1981. "Hierarchy and Ecological Control in Federal Budgetary Decision-Making." *American Journal of Sociology* 87:75–129.
Padgett, J. F., and C. K. Ansell. 1993. "Robust Action and Party Formation in Renaissance Florence." *American Journal of Sociology* 98:1259–1319.
Page, C. H. 1981. "The American Sociological Review, 1958–1960. *American Sociologist* 16:43–47.
Park, R. E. 1925. "The City." In *The City*, ed. R. E. Park, E. W. Burgess, and R. D. McKenzie, 1–46. Chicago: University of Chicago Press.

Park, R. E., and E. W. Burgess. [1921] 1970. *Introduction to the Science of Sociology*. Chicago: University of Chicago Press.
Parsons, T. [1939] 1954. "The Professions and Social Structure." In *Essays in Sociological Theory*, 34–49. New York: Free Press.
———. 1948. "The Position of Social Theory." *American Sociological Review* 13:156–64.
———. 1959. "'Voting' and the Equilibrium of the American Political System." In *American Voting Behavior*, ed. E. Burdick and A. J. Roderick, 80–120. Glencoe, Ill.: Free Press.
Pennef, J. 1990. *La méthode biographique*. Paris: Armand Colin.
Persons, S. 1987. *Ethnic Studies at Chicago*. Urbana: University of Illinois Press.
Peters, C. B. 1976. "Multiple Submissions." *American Sociologist* 11:165–79.
Pfautz, H. W., and O. D. Duncan. 1950. "A Critical Evaluation of Warner's Work in Community Stratification." *American Sociological Review* 15:205–15.
Platt, A. 1991. *E. Franklin Frazier Reconsidered*. New Brunswick: Rutgers University Press.
Platt, J. 1992. "Acting as a Switchboard." *American Sociologist* 23, 3:23–36.
———. 1994. "The Chicago School and Firsthand Data." *History of the Human Sciences* 7:57–80.
———. 1995. "Research Methods and the Second Chicago School." In *A Second Chicago School?* ed. G. A. Fine, 82–107. Chicago: University of Chicago Press.
———. 1996. *A History of Sociological Research Methods in America* Cambridge: Cambridge University Press.
Plummer, K., ed. 1997. *The Chicago School: Critical Assessments*. London: Routledge.
Ragin, C. C. 1987. *The Comparative Method*. Berkeley: University of California Press.
Raushenbush, R. E. 1979. *Robert E. Park*. Durham: Duke University Press.
Reckless, W. 1933. *Vice in Chicago*. Chicago: University of Chicago Press.
Reinharz, S. 1995. "The Chicago School of Sociology and the Founding of the Graduate Program in Sociology at Brandeis University." In *A Second Chicago School?* ed. G. A. Fine, 273–321. Chicago: University of Chicago Press.
Reynolds, M. 1995. *From Gangs to Gangsters*. Guilderland, N.Y.: Harrow and Heston.
Rhoads, S. E. 1978. "Economists and Policy Analysts." *Public Administration Review* 38:112–20.
Richardson, L. 1990. "Narrative and Sociology." *Journal of Contemporary Ethnography* 19:116–35.
Riesman, D. 1990. "Becoming an Academic Man." In *Authors of Their Own Lives*, ed. B. M. Berger, 33–74. Berkeley: University of California Press.
———. 1992. "My Education in Soc 2 and My Efforts to Adapt It in the Harvard Setting." In *General Education in the Social Sciences*, ed. J. J. MacAloon, 178–216. Chicago: University of Chicago Press.
Ritzer, G. 1988. *Contemporary Sociological Theory*. New York: Knopf.
Robertson, D. A. 1928. *American Universities and Colleges*. Washington, D.C.: American Council on Education.
Robinson, W. S. 1950. "Ecological Correlations and the Behavior of Individuals." *American Sociological Review* 15:351–57.
Rock, P. 1979. *The Making of Symbolic Interactionism*. Totowa, N.J.: Rowman and Littlefield.
Rodell, F. 1936. "Goodbye to Law Reviews." *Virginia Law Review* 23:38–45.

Roos, P. A., and K. W. Jones. 1993. "Shifting Gender Boundaries." *Work and Occupations* 20:395–428.
Ross, D. 1991. *The Origins of American Social Science.* Cambridge: Cambridge University Press.
Salerno, R. A. 1987. *Louis Wirth.* New York: Greenwood.
Satzewich, V. 1991. "Aboriginal Peoples in Canada." *Innovation* 4:183–302.
Schwendinger, H., and J. R. Schwendinger. 1974. *The Sociologists of the Chair.* New York: Basic.
Scott, W. R., and J. W. Meyer. [1983] 1991. "The Organization of Societal Sectors." In *The New Institutionalism in Organizational Analysis*, ed. W. W. Powell and P. J. DiMaggio, 108–40. Chicago: University of Chicago Press.
Senders, J. 1976. "The Scientific Journal of the Future." *American Sociologist* 11:160–64.
Shanas, E. 1944. "The *American Journal of Sociology* through Fifty Years." *American Journal of Sociology* 50:522–33.
Shaw, C. R. [1930] 1966. *The Jackroller.* Chicago: University of Chicago Press.
Shaw, C. R., and H. D. McKay. 1942. *Juvenile Delinquency and Urban Areas.* Chicago: University of Chicago Press.
Shils, E. 1948. *The Present State of American Sociology.* Glencoe, Ill.: Free Press.
———. 1991. "Ernest Watson Burgess." In *Remembering the University of Chicago*, ed. E. Shils, 3–14. Chicago: University of Chicago Press.
Short, J. F. 1971. *The Social Fabric of the Metropolis.* Chicago: University of Chicago Press.
Sibley, E. 1963. *The Education of Sociologists in the United States.* New York: Russell Sage.
Skocpol, T. 1979. *States and Social Revolutions.* Cambridge: Cambridge University Press.
Skura, B. 1976. "Constraints on a Reform Movement." *Social Problems* 24:15–36.
Small, A. W. 1905. *General Sociology.* Chicago: University of Chicago Press.
———. 1910. *The Meaning of Social Science.* Chicago: University of Chicago Press.
———. 1916. "Fifty Years of Sociology in the United States." *American Journal of Sociology* 21:721–864.
Smith, D. 1988. *The Chicago School.* New York: St. Martin's.
Smith, W. D. 1979. "The Emergence of German Urban Sociology." *Journal of the History of Sociology* 1:1–16.
Snizek, W. E. 1984. "Casting the First Rock." *Scientometrics* 6:215–22.
Snizek, W. E., C. J. Dudley, and J. E. Hughes. 1982. "The Second Process of Peer Review." *Scientometrics* 4:417–30.
"Social Scientist David Riesman." 1954. *Time* 64 (27 September): 22–25.
Stacey, J., and B. Thorne. 1985. "The Missing Feminist Revolution in Sociology." *Social Problems* 32:301–16.
Stigler, S. M. 1986. *The History of Statistics.* Cambridge: Harvard University Press.
Storr, R. J. 1966. *Harper's University.* Chicago: University of Chicago Press.
Stouffer, S. A. 1930. "An Experimental Comparision of Statistical and Case History Methods of Attitude Research." Ph.D. diss., University of Chicago.
———. 1950. "Some Observations on Survey Design." *American Sociological Review* 15:355–61.
Stouffer, S. A., E. A. Suchman, L. C. DeVinney, S. A. Star, and R. M. Williams Jr. 1949. *The American Soldier.* Princeton: Princeton University Press.

Strauss, A. 1996. "A Partial Line of Descent." *Studies in Symbolic Interaction* 20:3-22.

Szreter, R. 1983. "Writings and Writers on Education in British Sociology Periodicals, 1953-1979." *British Journal of the Sociology of Education* 4:155-68.

Teevan, J. J. 1980. "Journal Prestige and Quality of Sociological Articles." *American Sociologist* 15:109-12.

Thomas, J. 1983a. "Chicago Sociology." *Urban Life* 11:387-95.

———. 1983b. "Towards a Critical Ethnography." *Urban Life.* 11:477-90.

Thomas, W. I., and F. Znaniecki. 1918-20. *The Polish Peasant in Europe and America.* 5 vols. Chicago: University of Chicago Press; Boston: R. G. Badger.

Thrasher, F. M. 1927. *The Gang.* Chicago: University of Chicago Press.

Tiryakian, E. 1979. "The Significance of Schools in the Development of Sociology." In *Contemporary Issues in Theory and Research,* ed. W. E. Snizek, E. R. Fuhrman, and M. K. Miller, 211-33. Westport, Conn.: Greenwood.

Tolman F. 1902-3. "The Study of Sociology in Institutions of Learning in the United States" (parts 1-4). *American Journal of Sociology* 7:797-838, 8:85-121, 8:251-72, 8:531-58.

Traxler, R. H. 1976. "A Snag in the History of Factorial Experiments." In *On the History of Probability and Statistics,* ed. D. B. Owen, 283-95. New York: Marcel Dekker.

Tuma, N. B., and M. T. Hannan. 1984. *Social Dynamics.* Orlando, Fla.: Academic.

Tuma, N. B., M. T. Hannan, and L. P. Groenveld. 1979. "Dynamic Analysis of Event Histories." *American Journal of Sociology* 84:820-54.

Turner, R. H. 1988. "Collective Behavior without Guile." *Sociological Perspectives* 31:315-24.

Turner, S. P., and J. H. Turner. 1990. *The Impossible Science.* Newbury Park, Calif.: Sage.

Van Delinder, J. 1991. "Streetcorner Sociology." *Mid-America Review of Sociology* 15:59-69.

Verhoeven, J. C. 1993. "An Interview with Erving Goffman, 1980." *Research on Language and Social Interaction* 26:317-48.

Wacker, R. F. 1983. *Ethnicity, Pluralism, and Race.* Westport, Conn.: Greenwood.

———. 1995. "The Sociology of Race and Ethnicity in the Second Chicago School." In *A Second Chicago School?* ed. G. A. Fine, 136-63. Chicago: University of Chicago Press.

Wallerstein, I. 1974. *The Modern World-System.* New York: Academic.

Ward, K. B., and L. Grant. 1985. "The Feminist Critique and a Decade of Published Research in Sociology Journals." *Sociological Quarterly* 26:139-57.

Wellman, B., and S. D. Berkowitz. 1988. *Social Structures.* Cambridge: Cambridge University Press.

White, H. C. 1970. *Chains of Opportunity.* Cambridge: Harvard University Press.

———. 1992. *Identity and Control.* Princeton: Princeton University Press.

White, H. C., S. A. Boorman, and R. L. Breiger. 1976. "Social Structure from Multiple Networks." *American Journal of Sociology* 81:730-80.

Wilcox, C. 1997. "Encounters with Modernity." Ph.D. diss., University of Michigan.

Winkin, Y. 1988. *Les moments et leurs hommes.* Paris: Seuil.

Wirth, L. 1928. *The Ghetto.* Chicago: University of Chicago Press.

Wright, R. 1945. "Introduction." In *Black Metropolis,* by St. C. Drake and H. Cayton, xvii-xxxiv. New York: Harcourt Brace.

Young, A. A. 1994. "The 'Negro Problem' and the Character of the Black Community." *National Journal of Sociology* 7:95–133.

Yu, H. 1995. "Thinking about Orientals." Ph.D. diss., Princeton University.

Zorbaugh, H. W. 1929. *The Gold Coast and the Slum.* Chicago: University of Chicago Press.

索引

（索引页码为原书页码，即本书边码）

如果包含那些一笔带过的人在内，本书共涉及近1000人。我在索引中仅列出出现了数次或被充分讨论的人。

Abbott, Andrew 阿伯特，安德鲁 203，218—220

Abell, Peter 阿贝尔，彼得 197，219—221

Alihan, Milla 阿里汉，米拉 8—9

American Journal of Sociology《美国社会学期刊》，另参见 American Sociological Association；University of Chicago Press

　文章长度 153，166—167

　书评 125，141，162—163

　发行和订阅 97—100，108，113—114，135，149

　顾问编辑 106，109，114，116，123，142，144，146，151，154，167—168，170，173

　内容 96

　作者 89—92，127—132，162

　~的情感 155—158，169—173

　主要作者 88—89，127—131

　~与学系 92，130—131，181—182

　~与学科 129，137，162，181—182

　编委会 102，111，118，120，144，149，151，154，182

　编辑政策 87—89，93—96，116，141—142，149—151，176—177

　主编职位 117—119，140，142—144，147—148，154，159，165，172

　财务 98—101，108，110—111，113—115，117，134—135，178—179

　感兴趣的论文 157，160—161，

173, 175—176, 182
执行主编职位 119—121, 142, 148—151
审稿费 166
稿件流转 123—124, 131—132, 134, 140, 152—155, 166—168, 171, 178
编辑部常规工作 119—120, 124—125, 142, 149, 151—153, 155, 167
稿酬 94—95
预先拒稿 153, 166
营销 97, 135, 179
审稿 121—124, 127, 144—147, 152—158, 166, 173, 181
~的道德结构 122—123, 126, 155—160, 169, 172—173, 173, 176, 178, 181
~的教导功能 158—159, 177
审稿人
~的年龄 154, 168
~的学科化 158—160, 168, 173, 175, 177—178
~的情感 158—159, 174—176
~的来源 155, 178
研究简报 167
约稿 93, 95, 125, 141
特刊 132—134, 163
投稿 93—94, 125—127, 141

补贴 99, 108, 111
增刊 135
"理论炮制" 167, 173, 177
~与芝加哥大学出版社 96—102, 108—114, 153, 178—179
American Sociological Association 美国社会学会 78, 97—98, 102, 105—112, 124, 139, 146, 149, 152, 159, 166, 168, 178—180, 189, 194
~与芝加哥大学出版社的合同 97, 109—111
基金 86
会员 86, 124, 139, 152
American Sociological Review 《美国社会学评论》78, 106—117, 132, 134, 137—138, 140, 145, 147, 153, 162—163, 166, 170, 177, 185, 188
财务 112, 179
Anderson, C. Arnold 安德森, C. 阿诺德 148—152, 154—157, 161—163, 165
Anderson, Nels 安德森, 内尔斯 6, 20, 199—200
anthropology 人类学 7, 15, 36, 74—75, 85, 116

Bain, Read 贝恩, 里德 111, 128

347

Bean, Donald 比恩，唐纳德 108—112

Becker, Howard S. 贝克尔，霍华德·S 20，60，71，79，128，193

Bell, Daniel 贝尔，丹尼尔 37—38，77

Bernard, Luther L. 巴纳德，鲁斯·L 8，86—87，107，111，128

Bidwell, Charles 比德韦尔，查尔斯 148，151，158，160，163—167，169，171—174，177—178，181

biographical analysis 传记分析 25，27

Blalock, Hubert M. 布莱洛克，休伯特·M 173，214

Blau, Peter M 布劳，彼得·M 36，53，57，127，138，140，145—149，151，154，156，158，160，163，165，171，178，181，213

Blumer, Herbert 布鲁默，赫伯特 6，10，20—21，26，28，35，41，43—44，47—49，50—52，54，58，61—66，68—74，76—79，82，104，110—111，113，117—118，120—124，126—127，132，138，147，209—210

Bogue, Donald 布格，唐纳德 36，54，56—57，79，128，138—139，165

Brandeis University 布兰迪斯大学 63

Broom, Leonard 布鲁姆，伦纳德 145，147

Bulmer, Martin 布尔默，马丁 4，12—15，17，19—21，29—30，32，107，196

Burgess, Ernest W. 伯吉斯，恩斯特·W. 1，5，10，12，26，28，35，38—40，42—47，50，54，61，63—66，70—72，77—78，104，110—112，117，119，121—123，125，127—128，133—135，138，177，196，199，206，221

Burroughs, Edgar Rice 伯勒斯，埃德加·赖斯 33

career concept 生涯概念 199

Carey, James 凯里，詹姆斯 10，29

causality 因果关系 205，207—208，212，214—216，220—221。另参见 theoretical concepts

Chapin, F. Stuart 蔡平，斯图尔特·F. 128，136，206

Coleman, James S. 科尔曼，詹姆

斯·S. 19, 36, 59, 79, 138—139, 149, 165, 194, 198, 210, 213—214

Columbia 哥伦比亚 9—10, 19—20, 36, 41, 53, 55, 59, 61, 65—66, 68, 78—79, 87—88, 91, 104, 130, 138, 213, 215

contextualist paradigm 情境论范式 147, 196—204, 208—209, 212—213, 217—218, 222, 225。另参见 theoretical concepts

culture entity 文化实体 32, 70—72, 77, 79

culturalist paradigm 文化论范式 217

Davis, James A. 戴维斯，詹姆斯·A. 49, 59, 128, 138

Davis, Kingsley 戴维斯，金斯利 49, 52—53

Deegan, Mary Jo 迪甘，玛丽·乔 14, 16, 18, 22, 24—26, 30

Dibble, Vernon K. 迪布尔，弗农·K. 26, 60

Dixon, Marlene 迪克森，马琳 139, 148, 151

Duncan, Otis Dudley 邓肯，奥蒂斯·戴德利 19—20, 36, 40, 42—43, 45—47, 49—50, 53, 57—58, 65, 72, 74, 77, 79, 128, 149, 173, 195, 213, 216

ecology 生态学 6—8, 17, 23, 72, 107, 201, 207, 214

Edwards, Lyford 爱德华兹，莱福德 6, 199

ethnography 民族志 15, 17, 27, 31, 55

excessive publication 过度发表 191—192

Faris, Ellsworth 法里斯，埃尔斯沃斯 6, 10, 26, 42, 51—52, 75—76, 82, 104, 107, 110—111, 117, 121—123, 128, 208

Faris, Robert E. Lee 法里斯，罗伯特·E. 李 6, 10, 42, 116

feminism 女性主义 24—25, 163, 194

Fisherian statistics 费舍尔氏统计学 212—213, 217

Foote, Nelson 福特，尼尔森 36, 45, 50, 53, 56—60, 63, 65, 69, 71, 73, 76—77, 79

Ford Foundation 福特基金会 34, 62

Frazier, E. Franklin 弗雷泽，E. 富兰克林 6, 27, 133, 199

Giddings, Franklin 吉丁斯，富兰

349

克林 6，95，206—207，215
Goffman, Erving 戈夫曼，欧文 27，193，195
Goldhamer, Herbert 戈德哈默，赫伯特 36，42，53
Goodman, Leo A. 古德曼，利奥·A 19，35，46，56—57，59，61，128，138—139，165
Grodzins, Morton 格罗津斯，莫顿 41，54

Halbwachs, Maurice 哈布瓦赫，莫里斯 8，133
Harper, William Rainey 哈珀，威廉·雷尼 83—84，97
Harris, Chauncy 哈里斯，昌西 41，56—58
Hart, Clyde 哈特，克莱德 38—39，44，46，56，66，69
Harvard 哈佛大学 10，17，19—20，41，55，65—66，68，78，104，130，215
Hauser, Philip 豪泽，菲利普 28，36，38，40—42，44，46—48，50—55，57—58，60—62，112，118，126，139，143，148，165，193，224
Heise, David 海斯，大卫 220
Henderson, Charles 亨德森，查尔斯 84，88，92
historiography 历史编纂 2，29—30，80，87，223。另参见 theoretical concepts
Horton, Donald 霍顿，唐纳德 36，45—46，49，56，74
Hughes, Everett Cherrington 休斯，埃弗里特·彻林顿 10，21，27—29，35，38—39，41，44，46—63，66，68—70，74—77，79，82，104，117—120，125—126，133，140，142—148，156，161，185，198，226
Hughes, Helen MacGill 休斯，海伦·麦吉尔 82，116—120，120，123—125，127，136，141—142，160
Hutchins, Robert Maynard 哈钦斯，罗伯特·梅纳德 37，40—41，45，48，55

indexicals 索引 70，225—226
interactional field 互动场域 200，202，220
interactionism 互动论 13，17

Janowitz, Morris 贾诺维茨，莫里斯 10，18—19，27—28，37，53，55，60，63，139，148—151，165，193，224
Johns Hopkins University 约翰·霍普金斯大学 84，90—91

Journalism 期刊业 15
  医学~, 87

Katz, Elihu 卡茨, 伊莱休 55, 57, 59
Kimpton, Lawrence 金普顿, 劳伦斯 37, 41, 49, 51—52, 54, 57—59, 61
Kornblum, William 科恩布鲁姆, 威廉 60, 149

Lal, Barbara 拉尔, 芭芭拉 24
Laumann, Edward O. 劳曼, 爱德华·O 139, 149, 165, 169—171, 173—174, 176—178, 218—219
Lazarsfeld, Paul F. 拉扎斯菲尔德, 保罗·F. 43, 53, 71, 78, 138, 210—211, 213—216
Levinsohn, Florence 莱文森, 弗洛伦斯 148—153, 155—157, 159, 161, 163—164, 167, 182
Lewis, David 刘易斯, 戴维 12, 29
Lieberson, Stanley 利伯森, 斯坦利 128, 149
lineage 谱系 2, 80—81, 96, 103, 180, 182—183, 223—225。另参见 theoretical concepts

MacRae, Duncan 麦克雷, 邓肯 59, 149
market research 市场研究 77, 210, 221
Matthews, Fred 马修斯, 弗雷德 11—13, 22, 29
Mead, George Herbert 米德, 乔治·赫伯特 9, 62, 71, 208
Merton, Robert K. 默顿, 罗伯特·K. 43, 53, 70, 78, 138, 205, 215
models of scholarly communication 学术传播的模式 185, 187

natural area 自然区域 200
natural history 自然历史 199
network analysis 网络分析 185, 218—219
Neyman, Jerzy 内曼, 杰西 211—213

objectification 客观化 74, 76—77。另参见 theoretical concepts
Odum, Howard 奥多姆, 霍华德 125, 206
Ogburn, William F. 奥格本, 威廉·F. 26, 35, 41—42, 44, 50, 52, 63, 72, 104, 111, 114, 118—119, 121—122, 125, 128, 136, 138, 206, 210, 216, 221
orthodoxy 正统 173—174

Padgett, John 帕吉特，约翰 194, 219—220

Park, Robert Ezra 帕克，罗伯特·埃兹拉 1, 5, 9—11, 23—24, 28—29, 55, 63—64, 67—68, 75—76, 104, 128, 135, 196, 198—199, 204, 206, 208—209, 213, 221, 226

Park and Burgess textbook 帕克和伯吉斯的教材 1, 70, 96, 201, 208

Parsons, Talcott 帕森斯，塔尔科特 9, 19, 38, 47, 62, 67, 71, 76, 78, 185, 215—216

pattern recognition 模式识别 221

personalities of sociologists 社会学家的个人特征 10, 25—28

Persons, Stow 珀森斯，斯托 24

positivism 实证主义 9, 217, 222

pragmatism 实用主义 12—13, 31, 205

processualism 过程主义 13

professions 专业化 202

quantitative sociology 定量社会学 55, 78, 82, 107, 121, 139, 173, 210

race and ethnicity 种族与族群 23—24

radical sociologists 激进的社会学家 11, 15

Ratzenhofer, Gustav 拉兹恩霍弗，古斯塔夫 88, 208

red-baiting 赤色调查 50

Redfield, Robert 雷德菲尔德，罗伯特 27, 74—75

Reiss, Albert 赖斯，艾伯特 20, 63—64, 72, 76—77, 79

relativism 相对主义 73

religion 宗教 84—85, 97—98

resonance 共振 224

revisionism 修正主义 16, 30

Riesman, David 里斯曼，戴维 36—38, 50—51, 53—62, 76—77, 79, 185

Rock, Paul 洛克，保罗 12, 29

Rossi, Peter 罗西，彼得 36, 39, 55, 58—59, 61, 128, 138, 140—145, 147—149, 156, 158, 160—161, 181, 226

sampling 抽样 210—211

Sapir, Edward 萨丕尔，爱德华 126, 132—133

schools of science 科学的学派 21, 34, 62—64, 66, 224

Schwendinger, Herman 施文丁格，赫尔曼 11

Schwendinger, Julia 施文丁格，茱莉娅 11

sequence analysis 序列分析 219—220

Sewell, William H. 苏威尔，威廉·H. 46, 49, 53

Shanas, Ethel 莎娜斯，埃塞尔 39, 118—119, 128

Shibutani, Tomatsu 涩谷户松 27, 36, 42

Shils, Edward 希尔斯，爱德华 27, 36—38, 41, 53, 60, 109, 138—139

Short, James 肖特，詹姆斯 10, 19, 29, 59

Simmel, Georg 齐美尔，格奥尔格 19, 88, 208

Sims, Newell 西姆斯，纽厄尔 109—111

Small, Albion Woodbury 斯莫尔，阿尔比恩·伍德伯里 10, 26, 28, 64, 75, 81—85, 87—97, 100, 102, 104, 117—118, 120—121, 125, 128, 180, 193, 208

Smith, Dennis 斯密斯，丹尼斯 11, 15, 29

Smith, Richard 斯密斯，理查德 12, 29

social disorganization 社会解组 201

social entity 社会实体 1, 2, 5, 30—33, 62—64, 66—67, 70, 79—81, 83, 180—183, 223—225。另参见 theoretical concepts

social organization 社会组织 59, 65, 67, 74—76, 107

social psychology 社会心理学 6, 13, 36, 42, 59, 65, 67—73, 76, 107

social reform and progressivism 社会改良与进步主义 14, 25, 31, 85, 97—98, 105, 206—207, 225

social surveys 社会调查 14—15, 31, 206—207

Society for the Study of Social Problems 社会问题研究会 11, 78

sociological theory and theorists 社会学理论和理论家 47, 53, 195, 204—205, 207, 216, 219

sociology 社会学

~的定义 47, 66—68, 72

作为学科的~ 77—78, 81—82, 85—87, 98, 103—105, 111, 114, 139—140, 173, 180—181, 194—196

学科的人口结构 82, 92, 169, 171

~中的派系主义 194

同质化 195

~与宗教 84—85，97—98

教材 9

sociology journals 社会学期刊 138，140，145，168—169，174—175，183—192

作者从~流失 143，160—161，169—170，185—186

~中的合著者 170—171

编辑常规工作 186—187

~中的公平 184—185

~的创办 105，134，140，188，190

~的同质化 186，188

~中感兴趣的论文 157，160—161，173，175—176，182，189，191

为~约稿 170，175

品质 184—185

审稿 159，190。另参见 AJS，refereeing

审稿人来源 191

~的教导功能 190—191

特刊 170

~与终身教职 171，190

~中的"理论炮制" 167，173，177

Speier, Hans 斯皮尔，汉斯 43，54，133

Stouffer, Samuel A. 斯托佛，萨穆尔·A. 49，78，104，119，123，138，211—212，215—216，221

Strauss, Anselm 斯特劳斯，安塞姆 27，36，54，57—60，77，79，128，140

subjectivism 主观主义 210

Suttles, Gerald 萨特尔斯，杰拉尔德 60，139，149

symbolic interactionism 符号互动论 12，22，31，70，198

theoretical concepts 理论概念

causality 因果关系 205，207—208，212，214—216，220—221

contextualist paradigm 情境论范式 147，196—204，208—209，212—213，217—218，222，225

cultural entity 文化实体 32，70—72，77，79

historiography 历史编纂 2，29—30，80，87，223

lineage 谱系 2，80—81，96，103，180，182—183，223—225

objectification 客体化 74，76—77

social entity 社会实体 1，2，5，30—33，62—64，66—67，70，79—81，83，

180—183，223—225
variables paradigm 变量范式 196—197，201，203—206，210—217，222
Thomas, William Isaac 托马斯，威廉·伊萨卡 6，9—10，64，75—76，88，91—92，104，133，196，208
Thrasher, Frederic 思拉舍，弗雷德里克 199，204
Tiryakian, Edward 蒂尔阿肯，爱德华 21
Trotsky, Leon 托洛茨基，列昂 127
Tyler, Ralph 泰勒，拉尔夫 39，41，44，48—50，58，61

United States Census 美国普查局 47—48，119
University of Chicago 芝加哥大学
　芝加哥社区调查 39，40，46，56
　学院 37—38
　人类发展委员会 39，50，56
　社会思想委员会 41，53
　社会学系
　　与《美国社会学期刊》92，130—131，181—182
　　系主任 44，48—49，51，56—57，59
　　学系工作人员 35—36，104，138

折中主义 52—53，207
聘用 36，41，43，45—46，49，53—55，59
孤立 41，43，47，49，52—53
中的个人关系 35，42，44，54，57，69，107，120
两极分化 48，50—52，54—59，61，69
预备考试 52
～的自我研究，1951—1952年 34，45，62—77
～的社会研究会 19，135
社会科学部 12，37（另参见 Grodzins, Morton；Harris, Chauncy；Tyler, Ralph）
家庭研究中心 39
工业关系中心 39
图书馆 94
全国民意调查中心 38—40，46，53，56，59，78，138
出版社 96—102，108—114，118，153，163，180
～的社会学丛书 24，134
urban sociology 都市社会学 6，13—15，22—23，198

variables paradigm 变量范式 196—197，201，203—206，210—217，222。另参见 theoretical concepts

Warner, W. Lloyd 沃纳，W. 劳埃德 26, 35, 38—39, 41, 44, 46—47, 50, 52, 56—57, 59, 62, 66, 68, 70, 74—76, 104, 119

White, Harrison C. 怀特，哈里森·C 60, 198, 219, 221

Wilensky, Harold 维伦斯基，哈罗德 36, 39, 193

Williams, Josephine 威廉姆斯，约瑟芬 39, 42, 63

Wilson, William Julius 威尔逊，威廉·朱里斯 139, 149, 165

Wirth, Louis 沃思，路易斯 6, 10, 23, 27, 35—37, 39—42, 44, 46—48, 50—52, 54, 61—63, 65—68, 70, 72, 75—78, 82, 104, 113, 117—118, 120, 122—128, 133, 138, 199, 202, 226

Zorbaugh, Harvey 佐尔博，哈维 6, 199, 200, 202—203

图书在版编目(CIP)数据

学系与学科:芝加哥社会学一百年/(美)安德鲁·阿伯特著;邢宇宙译. —北京:商务印书馆,2023
(2024.12重印)
ISBN 978-7-100-22232-7

Ⅰ.①学… Ⅱ.①安… ②邢… Ⅲ.①社会学 Ⅳ.①C91

中国国家版本馆 CIP 数据核字(2023)第 082181 号

权利保留,侵权必究。

学系与学科
—— 芝加哥社会学一百年
〔美〕安德鲁·阿伯特 著
邢宇宙 译
肖永虹 汤欣哲 倪羌頔 校

商 务 印 书 馆 出 版
(北京王府井大街36号 邮政编码100710)
商 务 印 书 馆 发 行
北京通州皇家印刷厂印刷
ISBN 978-7-100-22232-7

2023 年 12 月第 1 版　　开本 880×1230　1/32
2024 年 12 月北京第 2 次印刷　印张 11⅜
定价:68.00 元